Le Routard

Sénégal

Cofondateurs : Philippe GLOAGUEN et Michel DUVAL

Directeur de collection et auteur
Philippe GLOAGUEN

Rédacteurs en chef adjoints
Amanda KERAVEL
et Benoît LUCCHINI

Directrice de la coordination
Florence CHARMETANT

Directrice administrative
Bénédicte GLOAGUEN

Directeur du développement
Gavin's CLEMENTE-RUIZ

Conseiller à la rédaction
Pierre JOSSE

Direction éditoriale
Hélène FIRQUET

Rédaction
Isabelle AL SUBAIHI
Emmanuelle BAUQUIS
Mathilde de BOISGROLLIER
Thierry BROUARD
Marie BURIN des ROZIERS
Véronique de CHARDON
Fiona DEBRABANDER
Anne-Caroline DUMAS
Éléonore FRIESS
Géraldine LEMAUF-BEAUVOIS
Olivier PAGE
Alain PALLIER
Anne POINSOT
André PONCELET
Alizée TROTIN

Responsable voyages
Carole BORDES

2019/20

hachette

TABLE DES MATIÈRES

PRÉAMBULE

ARRIVER – QUITTER 36

SÉNÉGAL UTILE 43

Important : dernière minute

Sauf rares exceptions, *Le Routard* bénéficie d'une parution annuelle à date fixe. Entre deux parutions, des événements fortuits (formalités, taux de change, catastrophes naturelles, conditions d'accès aux sites, fermetures inopinées, etc.) peuvent modifier vos projets de voyage. Pour éviter les déconvenues, nous vous recommandons de consulter la rubrique « Guide » par pays de notre site • *routard.com* • et plus particulièrement les dernières ***Actus voyageurs.***

Recommandation à ceux qui souhaitent profiter des réductions et avantages proposés dans *Le Routard* par les hôteliers et les restaurateurs

À l'hôtel, pensez à les demander au moment de la réservation ou, si vous n'avez pas réservé, **à l'arrivée.** Ils ne sont valables que pour les réservations en direct et ne sont pas cumulables avec d'autres offres promotionnelles (notamment sur internet). Au restaurant, parlez-en **au moment** de la commande et surtout **avant** que l'addition soit établie. Poser votre *Routard* sur la table ne suffit pas : le personnel de salle n'est pas toujours au courant et une fois le ticket de caisse imprimé, il est souvent difficile de modifier le total. En cas de doute, montrez la notice relative à l'établissement dans *Le Routard* de l'année et, bien sûr, ne manquez pas de nous faire part de toute difficulté rencontrée.

Un collecteur de noix de coco, route de Ziguinchor

LA RÉDACTION DU ROUTARD

(sans oublier nos 50 enquêteurs, aussi sur le terrain)

Thierry, Anne-Caroline, Éléonore, Olivier, Alizée, Pierre, Benoît, Alain, Fiona, Emmanuelle, Gavin's, André, Véronique, Bénédicte, Jean-Sébastien, Mathilde, Amanda, Isabelle, Géraldine, Marie, Carole, Philippe, Florence, Anne.

La saga du *Routard* : en 1971, deux étudiants, Philippe et Michel, avaient une furieuse envie de découvrir le monde. De retour du Népal germe l'idée d'un guide différent qui regrouperait tuyaux malins et itinéraires sympas, destiné aux jeunes fauchés en quête de liberté. 1973. Après 19 refus d'éditeurs et la faillite de leur première maison d'édition, l'aventure commence vraiment avec Hachette. Aujourd'hui, *Le Routard*, c'est plus d'une cinquantaine d'enquêteurs impliqués et sincères. Ils parcourent le monde toute l'année dans l'anonymat et s'acharnent à restituer leurs coups de cœur avec passion.

Merci à tous les Routards qui partagent nos convictions : liberté et indépendance d'esprit ; découverte et partage ; sincérité, tolérance et respect des autres.

NOS SPÉCIALISTES SÉNÉGAL

Alain Pallier : il a longtemps été lecteur du *Routard,* qui l'accompagnait toujours pendant ses vacances d'enseignant. Après un premier contact, à la suite d'un courrier de lecteur, la direction l'a sollicité pour quitter le chemin de l'enseignement. Il a alors trouvé son bonheur sur les routes buissonnières en devenant rédacteur, responsable de titres. Avec, comme terres de prédilection, le pourtour méditerranéen et l'Afrique.

Thierry Bessou : ses origines agricoles auraient pu l'amener à cultiver la terre, finalement il la sillonne. Pourtant, il a peur de prendre l'avion ! En équilibre précaire sur un éléphant, les doigts gelés au pied d'un glacier, de marchés en musées, ses antennes restent déployées. C'est dans la Ville Rose qu'il écrit, inspiré par mille lieux foulés, mille regards croisés.

Romain Meynier : il n'était pas si mal, dans son Sud, entre rivières et cigales. Pourtant, à 22 ans, après des études de journalisme, il s'est dit que l'herbe était plus verte ailleurs. Il est allé le vérifier, le long des pistes brûlantes en terre inconnue. L'herbe était jaune. Et c'est bien mieux comme ça, inattendu. Tout à découvrir, et autant à raconter.

UN GRAND MERCI À NOS AMI(E)S SUR PLACE ET EN FRANCE

Pour cette nouvelle édition, nous remercions particulièrement tous les amis de la région qui nous ont donné un sacré coup de main :

- **Ronan Guéguen** à Tambacounda ;
- **Ansoumane Samokho** au parc national du Niokolo Koba ;
- **Boudi** à Dindéfélo et **Marc** à Bandafassi ;
- **Véronique Chiche, Modou Diouf** et l'équipe de l'office de tourisme à Ziguinchor ;
- **Élisabeth** à Oussouye ;
- **Frédérique, Érik** et leur équipe de l'agence *Cap Safari* à Cap Skirring ;
- **Lamine Diop Sané** à Cap Skirring ;
- **Éric** à Kafountine ;
- **Galien** pour son flegme et **Lamine** pour son endurance !
- **Denis** et **Chantal** à Dakar ;
- **Delphine Calmettes** et **Moustapha** de l'Institut français du Sénégal à Dakar.

Pictogrammes du Routard

Établissements

- Hôtel, auberge, chambre d'hôtes
- Camping
- Restaurant
- Terrasse
- Boulangerie, sandwicherie
- Pâtisserie
- Glacier
- Café, salon de thé
- Café, bar
- Bar musical
- Club, boîte de nuit
- Salle de spectacle
- Boutique, magasin, marché

Infos pratiques

- Office de tourisme
- Poste
- Accès Internet
- Hôpital, urgences
- Adapté aux personnes handicapées
- Ordinateur à disposition
- Connexion wifi

Sites

- Présente un intérêt touristique
- Point de vue
- Plage
- Spot de surf
- Site de plongée
- Recommandé pour les enfants
- Inscrit au Patrimoine mondial de l'Unesco

Transports

- Aéroport
- Gare ferroviaire
- Gare routière, arrêt de bus
- Station de métro
- Station de tramway
- Parking
- Taxi
- Taxi collectif
- Bateau
- Bateau fluvial
- Piste cyclable, parcours à vélo

Tout au long de ce guide, découvrez toutes les photos de la destination sur • *routard.com* • Attention au coût de connexion à l'étranger, assurez-vous d'être en wifi !

Le *Routard* est imprimé sur un papier issu de forêts gérées.

I.S.B.N. 978-2-01-626712-7

NOUAKCHOTT
NORD
Rosso
Dagana
Podor
PARC NAT. DU DJOUDJ
Richard-Toll
Thillé Boubakar
Ndiayèr Pendao
Barrage de Diama
Ngnith
PARC NAT. DE LA LANGUE DE BARBARIE
Saint-Louis
Lac de Guiers
Langue de Barbarie
Keur Momar Sar
FOUTA
OCÉAN ATLANTIQUE
Louga
Lompoul-sur-Mer
Diokoul
Kébémer
Linguère
DAKAR ET SES ENVIRONS p. 72
M'Boro-sur-Mer
N 2
Lac Rose
Kayar
Tivaouane
N 3
Rufisque
Thiaroye-sur-Mer
Toubab Dialaw
Thiès
Touba
Cap-Vert
Dakar
Petite Côte
Mbacké
Île de Gorée
Sindia
N 3
Diourbel
Popenguine
Rés. de Bandia
La Somone
N 1
LA PETITE CÔTE p. 153
Saly
Mbour
Nianing
voir carte détaillée du Sine Saloum
Fatick
Mbodiene-Plage
Joal-Fadiouth
Kaolack
Delta du Saloum
N'Dangane
Foundiougne
Kaffrine
Mar Lodj
Passi
Djiffer
Sokone
LE SINE SALOUM p. 173
Cercles mégalithiques de Sénégambie
Toubacouta
Nioro du Rip
Karang
Keur Ayip
Gambie
Barra
Amdallai
Farafenni
Banjul
Soma
Senoba
LA CASAMANCE p. 216
Séléti
Abéné
Diouloulou
N 4
N 5
Kafountine
Bignona
Diaroumé
Marsassoum
Kolda
Djindé
Sedhiou
Ziguinchor
N 6
Diembering
Niaguis
Tanaf
Oussouye
Cap Skirring
voir carte détaillée de la Casamance
GUINÉE-BISSAU
0
50
100 km

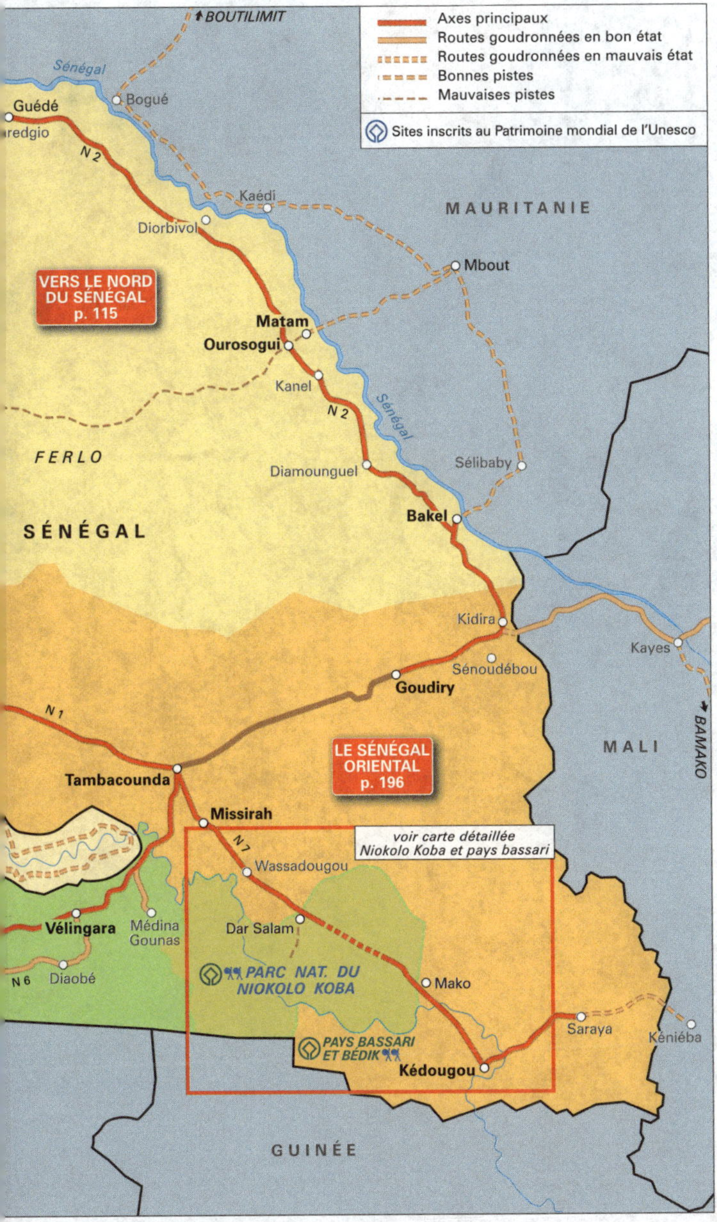
BOUTILIMIT
Axes principaux
Routes goudronnées en bon état
Routes goudronnées en mauvais état
Bonnes pistes
Mauvaises pistes
Sites inscrits au Patrimoine mondial de l'Unesco
Sénégal
Bogué
Guédé
redgio
N 2
Kaédi
Diorbivol
MAURITANIE
Mbout
VERS LE NORD DU SÉNÉGAL p. 115
Matam
Ourosogui
Kanel
N 2
Sénégal
FERLO
Diamounguel
Sélibaby
Bakel
SÉNÉGAL
Kidira
Kayes
Sénoudébou
Goudiry
N 1
BAMAKO
LE SÉNÉGAL ORIENTAL p. 196
MALI
Tambacounda
Missirah
N 7
voir carte détaillée Niokolo Koba et pays bassari
Wassadougou
Dar Salam
Vélingara
Médina Gounas
N 6
Diaobé
PARC NAT. DU NIOKOLO KOBA
Mako
Saraya
Kéniéba
PAYS BASSARI ET BÉDIK
Kédougou
GUINÉE

LE SÉNÉGAL

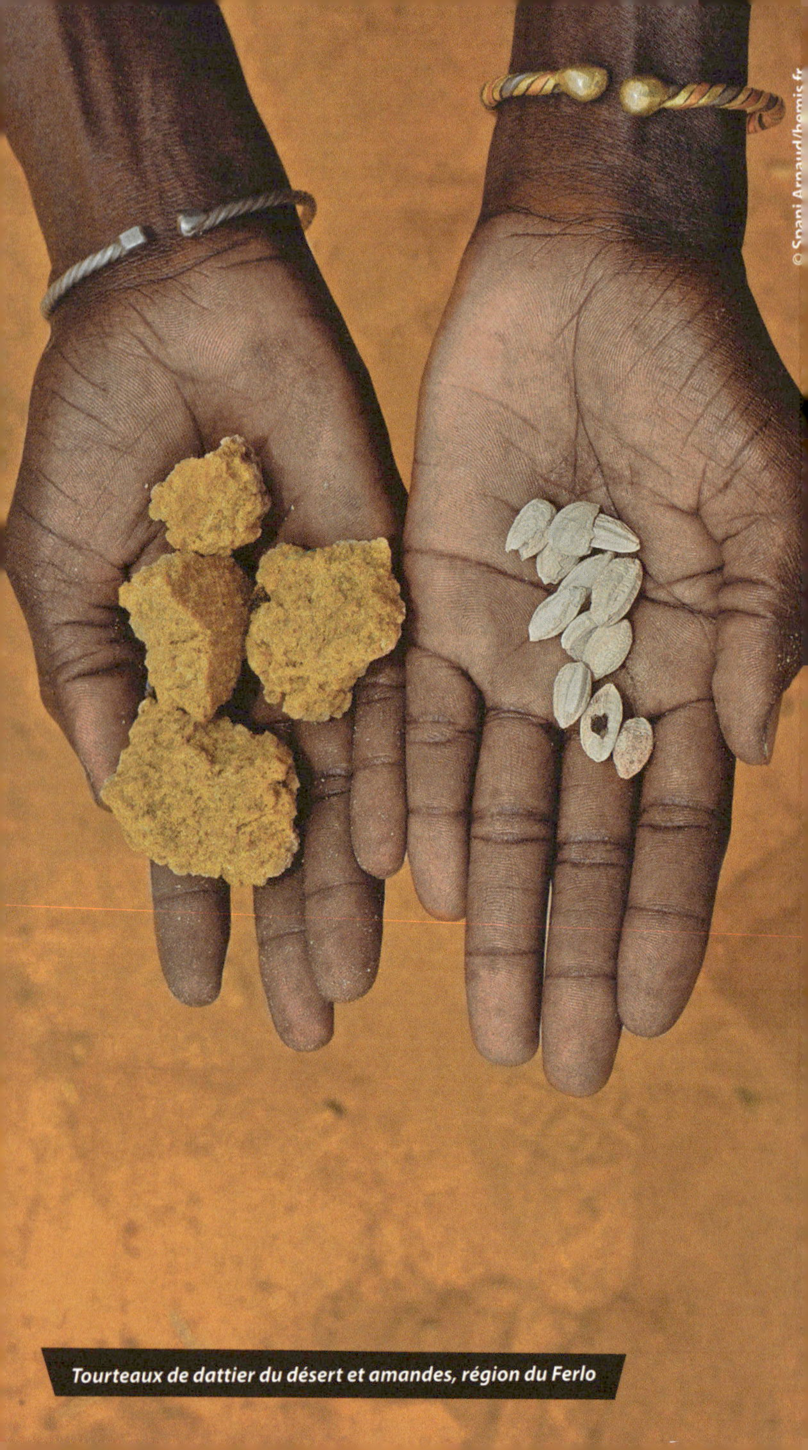

Tourteaux de dattier du désert et amandes, région du Ferlo

« Attends d'avoir traversé la rivière avant de dire que le crocodile a une sale gueule. »
Proverbe africain

Le Sénégal n'offre sans doute pas les paysages les plus somptueux d'Afrique, mais **il possède des sites inoubliables** qui vous apporteront un dépaysement total. Ses **parcs nationaux,** comme celui du **Djoudj,** au nord de Saint-Louis, riche en oiseaux de toutes sortes, ou celui du **delta du Saloum,** avec ses îles, sans parler de **la Casamance,** région encore trop méconnue du grand public, où l'on se perd avec délices dans un réseau de *bolongs,* dans la mangrove, ont tout pour séduire le voyageur. Et pour ceux qui ne souhaiteraient pas trop se fatiguer, ses **plages** agréables, bordées d'une végétation luxuriante et variée, sont déjà une belle promesse de vacances dépaysantes.

Un des atouts qui rendent ce pays singulièrement attachant est sa **population enjouée,** communicative et accueillante. Le terme ***teraanga*** (« hospitalité » en wolof) n'est pas un vain mot.

Cela dit, le Sénégal ne révèle son âme qu'à ceux qui savent le respecter, l'écouter et lui parler. Car, si la période coloniale y a laissé des traces indéniables telles que la langue française, parler la même langue ne signifie pas forcément le même langage. En effet, n'oublions pas que, après plus de 50 ans d'indépendance, les mentalités reflètent à la fois les préoccupations économiques internes, une perception du monde, une observation des attitudes occidentales via le tourisme, la conformité aux règles exigées par la tradition et, enfin, le renforcement de l'islam.

Par conséquent, l'esprit dans lequel on visitera le pays sera particulièrement important : le quotidien peut apporter son lot de péripéties, qui seront, selon l'ouverture ou la philosophie de chacun, drôles ou irritantes. Mais même dans ce dernier cas, pourquoi ne pas adopter l'extraordinaire **sens de l'humour sénégalais** – l'humour noir, comme ils se plaisent à le qualifier –, fait à la fois d'autodérision et d'espièglerie ?

Bref, si vous savez vous y prendre, la perspective de bien belles découvertes, comme celle de discussions enrichissantes, s'offre à vous.

Pêcheur à l'épervier, Sine Saloum

NOS COUPS DE CŒUR

1 Passer une journée à Gorée, et encore mieux, une nuit, pour s'imprégner davantage du charme et de la douceur de vivre de l'île.

Gorée est si proche de l'agitation de Dakar et pourtant, paradoxalement, en est si éloignée ! Au programme : flâneries dans des ruelles très joliment restaurées, farniente aux terrasses des petits restos posés face à la mer et, bien sûr, la découverte, culturellement enrichissante, de ce haut lieu de l'histoire de l'esclavage. *p. 102*

***Bon à savoir :** les hébergements de Gorée sont moins chers et nettement plus sympathiques que ceux de Dakar – bref, d'un meilleur rapport qualité-prix. Une raison supplémentaire d'y dormir !*

2 À Dakar, faire un dîner romantique, les pieds dans le sable, dans l'un des restos de la pointe des Almadies, à l'extrémité de la péninsule du Cap-Vert. *p. 98*

Bon à savoir : *on peut aussi y déjeuner, ce qui permet de profiter après le repas des miniplages aménagées face aux rochers. En soirée, y aller avant la tombée de la nuit, histoire de profiter du soleil couchant sur la mer.*

3 Découvrir le lac Rose, à 45 km à l'est de la capitale, qui accueillait autrefois l'arrivée du rallye Paris-Dakar.

Cette étendue d'eau, plus salée que la mer Morte (et 10 fois plus que l'eau de mer !), doit son nom à la teinte rose, violacée même parfois, dont est responsable une algue minuscule secrétant un pigment rouge (en particulier pendant la saison sèche). Autre particularité : on peut s'y baigner en lisant un livre… tant la salinité empêche de s'y enfoncer vraiment. *p. 112*

Bon à savoir : *la rive sud du lac recèle quelques charmants campements et gîtes, le coin se prête donc parfaitement à une excursion d'un week-end au départ de Dakar.*

4 **Se croire en plein Sahara le temps d'un séjour dans l'un des camps de tentes mauritaniennes installés au milieu des dunes du (mini) désert de Lompoul.**

À moins de 150 km de Dakar, cette étendue de dunes n'est pas bien grande (moins de 20 km²), mais le sable fin aux tons ocre, si photogénique au moment du coucher du soleil, n'est nullement un mirage. Et en plus, l'océan Atlantique n'est qu'à 8 km. *p. 121*

Bon à savoir : plusieurs agences proposent l'hébergement en khaïma, *ces belles grandes tentes traditionnelles dites mauritaniennes. Au programme des activités, promenade à dos de dromadaire, dîner sous la voûte étoilée autour d'un feu de camp.*

© Giuglio Gil/hemis.fr

©Irène Alastruey/Author's Image/Photononstop

5 **Flâner dans le centre historique de Saint-Louis, inscrit au Patrimoine mondial de l'Unesco, et admirer sa richesse architecturale.**

Certes, ce patrimoine – composé pour l'essentiel de bâtiments coloniaux – tombe en ruine par endroits, mais, pour certains, c'est justement là ce qui fait son charme ! Les autres seront heureux d'apprendre qu'une (bonne) centaine de bâtiments du centre historique doivent être bientôt restaurés, à l'image de ce qui s'est fait à Gorée. *p. 135*

Bon à savoir : *l'office de tourisme de la ville propose des visites guidées, à pied ou en calèche, du cœur de Saint-Louis.*

© Nicolas Thibaut/Photononstop

6 À Saint-Louis toujours, aller traîner dans le quartier des pêcheurs, situé entre « l'île » (le centre historique de la ville) et l'océan.
Le spectacle de toutes ces grandes barques bariolées jonchant la plage est grandiose ! Sans oublier celui de l'activité liée à la pêche, hautement photogénique (on vous conseille tout de même de rester discret en prenant des clichés). En un mot, vous assisterez ici à l'une des scènes les plus riches, humainement, du pays ! *p. 138*
Bon à savoir : *le matin et la fin de la journée sont les meilleurs moments pour s'y rendre, car c'est alors que les pêcheurs partent en mer ou en reviennent.*

© Nicolas Thibaut/Photononstop

7 Admirer un coucher de soleil sur la lagune, entre fleuve et océan, tranquillement installé dans un campement de la Langue de Barbarie.
Un havre de paix à une vingtaine de kilomètres au sud de Saint-Louis. Bien sûr, il faudra aussi en profiter pour explorer le parc national de la Langue de Barbarie juste à côté – colonisé par de nombreuses espèces d'oiseaux (hérons cendrés, sternes royales, pélicans gris, flamants nains, la liste de ces gracieux volatiles est longue !). *p. 139*
Bon à savoir : *la meilleure période pour s'y rendre s'étend d'octobre à mars (ciel plus dégagé et animaux présents en plus grand nombre).*

8 **Se mettre dans la peau d'un ornithologue (ébahi) en visitant le parc national du Djoudj.**

Troisième réserve d'oiseaux au monde (rien que ça !), le parc est inscrit au Patrimoine mondial de l'Unesco. Au programme : là aussi, flamants roses et pélicans par (dizaines de) milliers, mais également oies de Gambie, cormorans, balbuzards, aigles pêcheurs, canards pilet, avocettes, spatules, sarcelles d'été, ibis et même des phacochères, singes rouges et varans (du Nil). *p. 141*

Bon à savoir : *menacé jusqu'il y a peu par l'action du barrage de Diama, le parc a été récemment retiré de la liste des sites en péril par l'Unesco. Un soulagement ! Comme pour la Langue de Barbarie, mieux vaut s'y rendre entre octobre et mars.*

9 Remonter la vallée du fleuve Sénégal, jusqu'à Podor.

La source du fleuve est un peu loin, au Mali, à 1 000 km de l'océan Atlantique, mais Podor, cet ancien comptoir colonial, aujourd'hui ville sahélienne quelque peu endormie sous le soleil de plomb, possède un remarquable fort, restauré par la France. On y trouve également de bons hébergements. En profiter pour visiter dans les environs quelques mosquées anciennes, dites omariennes. *p. 143*

Bon à savoir : *Podor est à 215 km de Saint-Louis par la route, mais on peut l'atteindre également par le fleuve, dans le cadre d'une belle croisière assurée par le bateau* Bou-el-Mogdad *(renseignements : • compagniedufleuve.com •).*

© Peter Giovannini/imageBroker/Agefotostock

10 À Toubab Dialaw, sur la Petite Côte, s'offrir deux ou trois nuits au *Sobo-Badè*, une structure hôtelière à l'architecture amusante.

L'établissement s'intègre à merveille dans son environnement, juste en surplomb de la belle plage (encore préservée) du village. L'endroit idéal pour ne rien faire d'autre que se prélasser face à l'océan… *p. 154*

Bon à savoir : *les chambres nichées dans les tourelles offrent une formidable vue panoramique sur la mer. Si vous êtes du genre actif, le lieu organise aussi des cours de danse, de musique, de peinture et autres disciplines artistiques. Une belle retraite en perspective !*

© Espace Sobo Badè

11 Vivre l'effervescence d'un retour de pêche au port de Mbour, le deuxième du pays.

Le spectacle se déroule tous les jours en fin de journée, vers 18h, avec son ballet de pirogues colorées et ses tranches de vie pittoresques. Un grand moment où tous les sens sont sollicités ! À compléter par une petite visite au chantier naval voisin, où sont fabriquées les magnifiques pirogues que vous voyez en action ainsi que les grosses pinasses. *p. 165*

Bon à savoir : *on conseille d'engager un guide officiel (s'adresser à l'office de tourisme de Mbour) qui sera une mine d'informations et qui vous permettra de mieux comprendre ce spectacle.*

© René Mattes

12 Visiter l'étonnante île de Fadiouth, près de Joal, la ville du président Senghor.

Cette île artificielle est un amas coquillier (comprendre que le sol est entièrement constitué de débris de coquillages) qu'on rejoint en franchissant un pont en bois piéton long de 600 mètres. Accompagné d'un guide local, on visite tranquillement le village, un cimetière de coquillages, les greniers à mil sur pilotis, dans une ambiance touristique bon enfant. *p. 170*

Bon à savoir : *à proximité de Joal-Fadiouth (8 km seulement), ne manquez pas d'aller jeter un œil au baobab sacré, le plus gros du Sénégal.*

13 Découvrir en pirogue la fantastique beauté naturelle des îles du delta du Saloum.

Cette zone protégée (à la fois parc national et réserve de biosphère), parfois appelée « l'Amazonie du Sénégal », est parsemée de villages traditionnels isolés dans les mangroves, où la vie s'écoule à un rythme paisible. Pour les amateurs d'ornithologie, c'est un must : flamants, pélicans, hérons, aigrettes et bien d'autres sont fidèles au rendez-vous. *p. 195*

Bon à savoir : *même si une bonne partie du Sine Saloum est bel et bien sur la terre ferme, ce sont les îles (comme Mar Lodj, Niodor, Dionewar) qui offrent le meilleur de cette région.*

14 Voir, et surtout écouter, la messe à l'église de Mar Lodj, une île tranquille du Sine Saloum.

Les tam-tams font de cette célébration un véritable spectacle riche en émotion, tant la ferveur est réelle. La Vierge noire de l'église est l'autre attraction du site. Les incroyants, quant à eux, iront pendant ce temps admirer, juste à côté, le fromager, le rônier et le caïlcédrat entremêlés, qui symbolisent le christianisme, l'islam et l'animisme. *p. 182*

Bon à savoir : *l'embarcadère pour Mar Lodj se trouve à N'Dangane et la traversée pour Mar Lodj est rapide. L'office religieux se déroule le dimanche à 10h.*

15 Partir sur les pistes du parc du Niokolo Koba, le plus grand parc national du Sénégal.

Il ne soutient pas la comparaison avec les grands parcs animaliers du Kenya ou d'Afrique du Sud : ici, pas de Big Five, mais avec un peu de chance et surtout de patience, vous pourrez voir différentes variétés d'antilopes, des phacochères, des singes, ainsi que nombre d'oiseaux – pour des lions, il faut beaucoup de chance. *p. 199*

Bon à savoir : *la meilleure période pour visiter le parc est avril-mai (inconvénient : il fait chaud) ou encore un peu plus tard (juin à mi-juillet), quand les températures commencent à baisser, mais impérativement avant la saison des pluies.*

© Flpa/Hemis.fr

16 **Goûter l'hospitalité des villages du pays bédik et bassari.**
Isolés en pleine brousse, Bédik et Bassari ne sont guère que quelques milliers et comptent parmi les ethnies les plus discrètes et les plus fascinantes du Sénégal. Leurs fêtes rituelles animistes, pendant lesquelles coulent le *dolo* (bière de mil) et le vin de palme, rythment toujours l'année, comme imperméable aux assauts de la modernité. *p. 206*

***Bon à savoir :** la région est très enclavée, il faut de la patience et de l'endurance (pas mal de piste) pour la rejoindre. Il peut être plus simple de passer par un tour-opérateur local pour organiser sa venue. Brousse oblige, le confort des hébergements est sommaire.*

17 **Parcourir tranquillement à vélo la région d'Oussouye (Casamance).** Partez à la découverte des cases à impluvium ou à étages, à M'Lomp ou vers la pointe Saint-Georges, et faites de belles rencontres en allant au-devant des villageois que vous croiserez sur le bord du chemin. La région est plate, les pistes faciles, même si on n'est pas un as de la petite reine, et les grands fromagers offrent une ombre bienvenue. *p. 236*

Bon à savoir : *pour les activités de plein air, on conseille de passer par l'incontournable adresse qu'est* Casamance VTT *à Oussouye.*

18 **Goûter à l'ambiance paisible de l'île de Carabane, en Casamance, et prendre la mesure du temps qui passe en suivant des yeux la ligne du fleuve.**

Rien d'autre à faire ici que profiter des journées qui s'écoulent de manière indolente, et attendre, comme les dauphins, le retour des pêcheurs, à moins de taquiner soi-même la ligne – la pêche sportive est possible. *p. 242*

Bon à savoir : *accès en pirogue au départ d'Élinkine. Et si vous vous rendez en Casamance en bateau au départ de Dakar, sachez que l'Aline Sitoe fait un stop à Carabane sur le chemin de Ziguinchor.*

19 Profiter des splendides et immenses plages de Kafountine, dans le nord de la Casamance.

Cette région est épargnée par le tourisme de masse, et on pourrait parfois s'y croire (presque) seul au monde. Le quartier des pêcheurs, l'un des plus actifs du Sénégal, est impressionnant. Chaque année, le village s'anime tout particulièrement au moment de son célèbre carnaval, haut en couleur, qui est la vitrine de la culture diola à travers de nombreuses manifestations artistiques de groupes casamançais. *p. 263*

Bon à savoir : *le carnaval se déroule en février et dure une bonne semaine. Réserver bien à l'avance son hébergement à Kafountine ou, à défaut, dans le village voisin d'Abéné.*

© Torrione Stefano/Sime/Photononstop

20 Partager la vie quotidienne des Casamançais en séjournant dans l'un des nombreux campements villageois créés par et pour la population.

Exemples réussis de ce qu'on appelle souvent le « tourisme rural intégré », ces campements communautaires sont une spécificité de la Casamance et sont souvent les seules possibilités d'hébergement dans certains villages un peu isolés, comme à Affiniam par exemple. Un moyen sans équivalent d'être au contact d'une population particulièrement chaleureuse. De plus, tous ces campements sont à prix très doux : même si le confort est modeste, le touriste n'est pas perdant. *p. 220*

© S.Nicolas/Iconotec/Photononstop

ITINÉRAIRES CONSEILLÉS

Pays relativement petit, le Sénégal se visite aisément en voiture, et les distances ne sont pas très importantes, sauf pour se rendre dans le Sénégal oriental. Le pays offre une grande variété de paysages : on aura tout le temps de les admirer, puisque les routes ne permettent pas de faire des moyennes très élevées.

Itinéraire 1 : 8 jours de Dakar au Sine Saloum

- **Jour 1 :** ne pas s'attarder plus que nécessaire à **Dakar (1)** qui n'offre pas de monuments inoubliables, même si l'on visite sans déplaisir le musée Théodore-Monod et quelques marchés.
- **Jour 2 : l'île de Gorée (2).** À deux encablures de Dakar et pourtant si loin déjà de la capitale, on conseille d'y dormir pour profiter de la douceur d'une soirée à Gorée, une fois repartis les visiteurs venus pour journée.
- **Jour 3 : Toubab Dialaw (3),** sur la Petite Côte, à moins d'une heure de Dakar, a su éviter le développement touristique désordonné qu'on déplore plus au sud, vers Saly, et est resté ce genre de village de pêcheurs qu'on adore.
- **Jour 4 :** à la porte du Sine Saloum, **Joal-Fadiouth (4)** constitue une étape sympathique avec son île au sol couvert de coquillages, reliée au continent par un pont en bois.

- **Jour 5 : Palmarin-Djiffer (5),** 1re étape dans le Sine Saloum, longue presqu'île entre l'océan et delta du Saloum.
- **Jour 6 : Mar Lodj (6).** S'il faut ne visiter qu'une seule île du Sine Saloum, opter pour celle-ci, facile d'accès. On y trouve plusieurs campements pour tous les budgets.
- **Jour 7 :** le petit village de **Toubacouta (7),** tranquille, est une bonne base pour une balade en pirogue dans la partie sud du delta du Saloum.
- **Jour 8 :** retour sur **Dakar (8)** via Kaolack.

Itinéraire 2 : 8 jours entre Dakar et le fleuve Sénégal

Le nord du Sénégal est beaucoup plus sec que les régions du Sine Saloum et de Casamance mais on retrouvera l'élément liquide en atteignant les rives du grand fleuve Sénégal.

- **Jours 1 et 2 : Dakar (1)** et **Gorée** (**2** ; voir itinéraire 1).
- **Jour 3 : le lac Rose (3)** est une curiosité naturelle qui ne demande pas de faire un gros détour et constitue une agréable étape.
- **Jour 4 : Lompoul (4).** On y trouve, à quelques kilomètres seulement de l'océan, le seul (petit) désert du Sénégal où quelques campements ont poussé parmi les dunes.
- **Jours 5 et 6 : Saint-Louis (5),** la grande ville du nord, conserve un remarquable patrimoine bâti : la visite de la ville et de ses monuments coloniaux (même décatis), ainsi que du quartier des pêcheurs, est incontournable. Tout comme la visite du **parc national du Djoudj (6),** un paradis pour les ornithologues et, plus largement, pour les amoureux de la nature.
- **Jour 7 :** remonter la vallée du Fleuve, à la rencontre d'une facette différente du Sénégal, celui de l'intérieur, jusqu'à **Podor (7),** ancien comptoir colonial.
- **Jour 8 :** retour sur **Saint-Louis** et **Dakar (8).**

Baobab dans la région du Sine Saloum

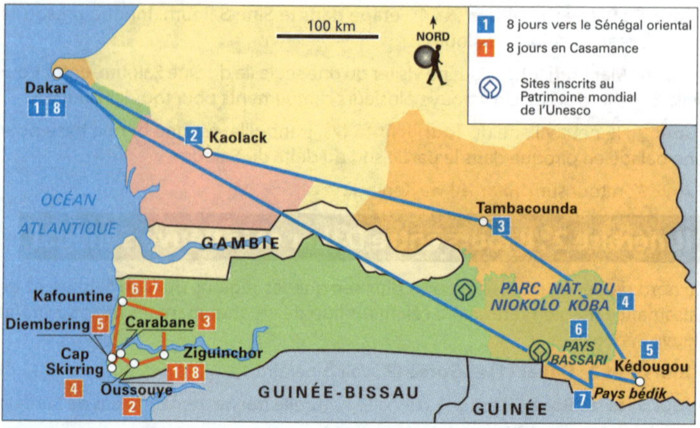

Itinéraire 3 : 8 jours vers le Sénégal oriental

En tournant le dos à la côte Atlantique, on part à la découverte d'une partie méconnue du Sénégal, pour s'enfoncer dans le pays profond, celui des ethnies (méconnues) bassari et bédik.

- **Jour 1 : Dakar** (1 ; voir itinéraire 1).
- **Jour 2 : Kaolack (2),** en bordure du Sine Saloum, capitale de l'arachide, ville-étape connue pour son grand marché et ses bâtiments coloniaux.
- **Jour 3 : Tambacounda (3),** autre ville-étape, porte d'entrée du Niokolo Koba, où faire une pause après une route généralement éprouvante.
- **Jour 4 : parc du Niokolo Koba (4),** le seul véritable parc animalier d'Afrique de l'Ouest, pas extraordinairement riche en faune mais dépaysant tout de même… Nuit dans l'un des campements autour du parc.
- **Jours 5, 6 et 7 : Kédougou (5) et le pays bédik (7) et le pays bassari (6).** On passe par Kédougou pour organiser son passage au pays bassari et au pays bédik avec une agence locale. Ici, on se doit de prendre son temps : les pistes sont difficiles, les villages se découvrent au rythme de la marche. Bon trek !
- **Jour 8 :** retour sur **Dakar (8).**

Possibilité de prolonger l'itinéraire 3 en rejoignant la Casamance (itinéraire 2) par la route.

Itinéraire 4 : 8 jours en Casamance

La Casamance est comme un « autre » Sénégal, si différent du reste du pays. Si vous vous rendez en Casamance par la route depuis Dakar, ajoutez une pleine journée de trajet, traversée de la Gambie incluse. Trajet aussi possible en bateau depuis Dakar et, bien sûr, si vous êtes pressé, en avion.

- **Jour 1 : Ziguinchor (1).** Souvent appelée la « belle endormie », la capitale, alanguie en bord de fleuve, baigne dans une douce indolence, parfaite introduction au tempo de la région.
- **Jour 2 : Oussouye (2),** petite ville de l'intérieur qui est une sorte de conservatoire de la culture diola ; au passage, faire un détour vers la pointe Saint-Georges et son

aire marine protégée. On pourra aussi faire d'Oussouye son camp de base pour explorer les îles des environs (Égueye, Ehidj).

- **Jour 3 :** il n'existe pas plus reposant que l'**île de Carabane (3)** qu'on atteint en pirogue depuis Elikine ; c'est simple, il n'y a rien de spécial à y faire, à part pêcher.
- **Jours 4 et 5 : cap Skirring (4).** Après Carabane, on retrouve la civilisation et son animation, voire son agitation (toute relative) de station balnéaire. Nombreuses activités possibles. Les proches environs, vers **Diembering (5),** occuperont une seconde journée.
- **Jours 6 et 7 :** on doit repasser par Ziguinchor pour traverser le fleuve et se diriger vers le nord de la Basse-Casamance, direction **Kafountine (6-7)** et ses grandes plages, où la vie s'écoule paisiblement.
- **Jour 8 :** retour sur **Ziguinchor (8).**

Les itinéraires 1 et 4 peuvent être regroupés, en traversant la Gambie au sud de Toubacouta, ou plus à l'est, pour gagner la Casamance, très proche.

Pays bassari, fêtes d'initiation

© Renaudeau Michel/hemis.fr

SI VOUS AIMEZ...

Les joies de la mer : la façade atlantique déroule ses plages sur des centaines de kilomètres, de Saint-Louis à Cap Skirring.

L'ambiance des anciennes villes coloniales : les visites de Gorée, Saint-Louis, Rufisque, ou encore de Foundiougne (Sine Saloum) vous plairont.

Les zones humides : Sine Saloum et Casamance vous tendent leurs *bolongs* entre terre ferme et mangroves.

La nature : partez découvrir la faune dans le parc du Djoudj (un must pour ornithologues) ou celui du Niokolo Koba, ou plus simplement les baobabs de la réserve de Bandia, sans parler de ces vastes régions restées on ne peut plus « nature » que sont le Sine Saloum et la Casamance.

Village diola, Casamance

LU SUR routard.com

100 % Sénégal
(tiré du reportage d'Éric Milet)

À seulement 5h et quelques d'avion de Paris, le Sénégal offre un dépaysement total. Pays de musique et de poésie, il est aussi l'un des derniers États sûrs d'Afrique, défini l'un des territoires les plus variés d'Afrique de l'Ouest et s'enracine dans une ***tradition d'échange et d'accueil.*** C'est un Sénégal 100 % africain qu'on vous propose de découvrir ici.

Pays de terre et de sel, pays de pêcheurs-paysans mais aussi du poète-président Senghor, le ***Sine Saloum*** est un labyrinthe de petites îles couvertes de palétuviers, de cours d'eau et de langues de sable, dont le nom provient de la confluence des fleuves Sine et Saloum. Il a été épargné par l'histoire en raison de son isolement jusqu'à la période coloniale. L'occasion de tutoyer l'Afrique dans ce qu'elle offre de plus édifiant : une parfaite adéquation entre l'homme et son environnement. Pour ça, il faut le parcourir à pied, à la voile, en pirogue ou en charrette tirée par des ânes. Partir à la rencontre de pierres dressées, d'une forêt de baobabs ou de salines, où les femmes triment sous un cagnard aveuglant. Savoir privilégier l'espace, la relative frugalité d'un repas de poissons d'eau douce, les soirées autour d'un feu sous un ciel crépitant d'étoiles...

Situé dans la partie orientale du Sénégal, le ***parc du Niokolo Koba*** est l'une des plus grandes réserves animalières d'Afrique de l'Ouest. Rien à voir avec les parcs ténors du reste de l'Afrique : ici, le dernier éléphant a été aperçu il y a une vingtaine d'années ! Pour autant, le Niokolo mérite le détour. La jungle y règne encore en maître. C'est le refuge de singes de tout poil, d'antilopes rares et d'une myriade d'oiseaux, tous plus colorés les uns que les autres. C'est aussi un fleuve, la Gambie, sur les rives duquel on trouve des campements plus ou moins rustiques pour aller observer, de nuit, hippopotames et crocos. Bien sûr, là aussi, il faut laisser son confort à Tambacounda (dernière localité digne de ce nom), endosser sa panoplie d'Indiana Jones et se préparer à une nuit à la dure pleine de cris d'animaux.

Plus loin encore, nous voici dans ces endroits reculés de la brousse où vivent les ***Bassari.*** Célèbres en Afrique de l'Ouest pour la dimension théâtrale de leurs rites initiatiques, ils forment une communauté d'à peine 20 000 âmes. Ici, la nature n'est pas bien généreuse. On imagine la nécessité impérieuse de s'accorder la clémence des esprits pour espérer y vivre en harmonie ! Les masques bassari sont de sortie notamment lors du *nitj,* la cérémonie de passage à l'âge adulte des jeunes garçons. Un spectacle exceptionnel et mystérieux. Les Bassari l'ont bien compris, qui en font aujourd'hui un véritable business. Fort heureusement, cela n'ôte rien à la magie, et les masques et parures très esthétiques méritent grandement qu'on se déplace pour assister à ces rites surgis du fond des âges.

LES QUESTIONS QU'ON SE POSE AVANT LE DÉPART

➢ Quels sont les documents nécessaires ?

Pour le Sénégal, pas de visa obligatoire. Pour traverser la Gambie afin de se rendre en Casamance, un visa est nécessaire si vous la traversez via Banjul. En revanche, en passant par Farafenni, une sorte de visa de transit pris à la frontière suffit, en principe (pour plus d'informations, se reporter au chapitre « La Casamance »).

➢ Quelle est la meilleure saison pour visiter le Sénégal ?

De novembre à février-mars, le ciel est bleu, les températures plus qu'agréables et le climat sec. De fin juin à septembre, le ciel est changeant, les pluies fortes mais passagères, et les paysages reverdissent.

➢ Quel budget prévoir ?

En voyageant « routard », on peut manger et dormir pour l'équivalent d'environ 15-20 €/jour et par personne. Si on tient à son confort, les prix se rapprochent de ceux pratiqués en Europe.

➢ Les cartes de paiement sont-elles facilement acceptées ?

Non, seuls les grands hôtels acceptent les cartes de paiement. Cela dit, on peut retirer facilement des devises avec les cartes *Visa* et *MasterCard* auprès des banques des grandes villes.

➢ Quel est le décalage horaire avec la France ?

Il est 1h de moins qu'en France en hiver et de 2h de moins en été.

➢ Quel est le temps de vol ?

Un vol Paris-Dakar dure environ 5h45.

➢ Côté santé, quelles précautions ?

Le vaccin contre la fièvre jaune est indispensable, même s'il n'est pas exigé par les autorités (cela peut toujours changer). Bien sûr, mieux vaut être également à jour avec ses vaccins classiques universels. Un traitement antipaludéen est très fortement conseillé également. Pour les bobos sur place, les pharmacies de la capitale et des grandes villes sont assez bien approvisionnées. Comme chez nous, les antibiotiques ne sont délivrés que sur prescription.

➢ Est-il facile de voyager en individuel, hors des sentiers battus ?

Le Sénégal ne pose aucun problème pour le voyageur individuel qui le visite par ses propres moyens (voiture de location, taxi-brousse). Le réseau routier est assez bien développé dans l'ensemble et fait l'objet d'améliorations régulières, même si certaines routes secondaires sont encore détériorées. Après la période des pluies, les axes très fréquentés, souvent dégradés, peuvent devenir impraticables. Pour certaines pistes, 4x4 indispensable.

➢ Peut-on se déplacer en toute sécurité au Sénégal ?

En général oui, mais certains secteurs éloignés de la Casamance peuvent connaître des problèmes ponctuels, et il convient d'être vigilant à Dakar.

➢ Peut-on facilement voyager avec des enfants ?

Oui, et les centres d'intérêt sont nombreux pour vos petits loups : plages, réserves animalières, réserves naturelles et randonnées... Repérez nos meilleurs sites grâce au symbole 👫.

➢ Quelle(s) langue(s) parle-t-on ?

Le français est la langue administrative, comprise à peu près partout mais un peu moins parlée dans certaines régions rurales.

➢ Peut-on se baigner facilement ?

Oui, bien sûr, l'océan est plutôt chaud. Attention toutefois à la force des courants.

ARRIVER – QUITTER

EN AVION

▲ **AIR FRANCE**

Rens et résas au ☎ 36-54 (0,35 €/mn – tlj 6h30-22h), sur • airfrance.fr •, dans les agences Air France et dans ttes les agences de voyages. Fermées dim.

➢ Air France relie Paris-CDG à Dakar avec 1 vol/j.

Air France propose à tous des tarifs attractifs toute l'année. Pour consulter les meilleurs tarifs du moment, allez directement sur la page « Nos meilleurs tarifs » sur *• airfrance.fr •* *Flying Blue,* le programme de fidélité gratuit d'Air France-KLM, permet de gagner des *miles* en voyageant sur les vols Air France, KLM, Hop ! et les compagnies membres de *Skyteam,* mais aussi auprès des nombreux partenaires non aériens *Flying Blue...* Les *miles* peuvent ensuite être échangés contre des billets d'avion ou des services (surclassement, bagage supplémentaire, accès salon...) ainsi qu'auprès des partenaires. Pour en savoir plus, rendez-vous sur *• flyingblue.com •*

▲ **BRUSSELS AIRLINES**

Rens au ☎ 0892-64-00-30 (0,34 €/mn) en France et ☎ 0902-51-600 (0,75 €/mn) en Belgique. • brusselsairlines.com •

➢ Liaisons à partir de Bruxelles depuis Roissy-Charles-de-Gaulle, Strasbourg, Lyon, Marseille, Nantes, Nice, Toulouse et Genève. De Bruxelles, 1 vol/j. pour Dakar.

▲ **CORSAIR INTERNATIONAL**

Rens et résas au ☎ 39-17 (0,35 €/mn, tlj 7h-23h) ou sur • corsair.fr •

➢ Corsair propose 4-7 vols/sem pour Dakar au départ de Paris-Orly.

▲ **ROYAL AIR MAROC**

– Paris : 38, av. de l'Opéra, 75002. ☎ 32-60, dites « Royal Air Maroc », ou ☎ 0890-800-0800. • royalairmaroc.com • Lun-ven 9h-18h.

➢ Vols à destination de Dakar, via Casablanca, au départ de Paris ou de province (Bordeaux, Lyon, Marseille, Nantes, Nice, Toulouse, Strasbourg) ainsi que de Bruxelles et de Genève ou de Zurich.

LES ORGANISMES DE VOYAGES

En France

▲ **ALLIBERT TREKKING**

– Paris : 37, bd Beaumarchais, 75003. ☎ 01-44-59-35-35. • allibert-trekking.com • Ⓜ Chemin-Vert ou Bastille. Lun-ven 9h-19h, sam 10h-18h. Agences également à Chamonix, Nice, Chapareillan et Toulouse.

Née en 1975 d'une passion commune entre 3 guides de montagne, Allibert propose aujourd'hui des voyages aux quatre coins du monde tout en restant une entreprise familiale. Découvrir de nouveaux itinéraires en respectant la nature et les cultures des régions traversées reste sa priorité. Pour chaque pays, différents niveaux de difficulté. Allibert est le premier tour-opérateur certifié tourisme responsable par ATR.

▲ **COMPTOIR DES VOYAGES**

• comptoir.fr •

– Paris : 2-18, rue Saint-Victor, 75005. ☎ 01-53-10-30-15. Ⓜ Maubert-Mutualité. Lun-ven 9h30-18h30, sam 10h-18h30.

– Bordeaux : 26, cours du Chapeau-Rouge, 33800. ☎ 05-35-54-31-40. Lun-sam 9h30-18h30.

– Lille : 76, rue Nationale, 59160. ☎ 03-28-34-68-20. Ⓜ Rihour. Lun-sam 9h30-18h30.

– Lyon : 10, quai Tilsitt, 69002. ☎ 04-72-44-13-40. Ⓜ Bellecour. Lun-sam 9h30-18h30.

– Marseille : 12, rue Breteuil, 13001. ☎ 04-84-25-21-80. Ⓜ Estrangin. Lun-sam 9h30-18h30.
– Toulouse : 43, rue Peyrolières, 31000. ☎ 05-62-30-15-00. Ⓜ Esquirol. Lun-sam 9h30-18h30.
Comptoir des Voyages s'impose comme une référence incontournable dans le voyage sur mesure, avec 80 destinations couvrant les 5 continents. Ses voyages s'adressent à tous ceux qui souhaitent vivre un pays de façon simple, en s'y sentant accueilli. Les conseillers privilégient des hébergements typiques, des moyens de transport locaux et des expériences authentiques pour favoriser l'immersion dans la vie locale. Comptoir vous offre aussi la possibilité de rencontrer des francophones habitant dans le monde entier, des *greeters,* qui vous donneront, le temps d'un café, les clés de leur ville ou de leur pays. Comptoir des Voyages propose aussi une large gamme de services : échanges par visioconférence, devis web et carnet de voyage personnalisés, assistance téléphonique 24h/24 tous les jours pendant votre voyage...

▲ HUWANS – CLUB AVENTURE
☎ 04-96-15-10-20. • huwans-clubaventure.fr •
– Paris : 18, rue Séguier, 75006. Ⓜ Saint-Michel ou Odéon. Lun-sam 10h-19h.
– Lyon : 38, quai Arloing, 69009. Ⓜ Bellecour ou Ampère. Lun et sam 10h-13h, 14h-18h. Mar-ven 9h-19h.
– Marseille : 4, rue Henri-et-Antoine-Maurras, 13016. ☎ 04-96-15-10-20.
Spécialiste du voyage d'aventure, ce tour-opérateur privilégie la randonnée en petits groupes, en famille ou entre amis pour parcourir le monde hors des sentiers battus. Son site offre près de 1 000 voyages dans 90 pays différents, à pied, en pirogue ou à dos de chameau. Ces voyages sont encadrés par des guides locaux et professionnels.

▲ JEUNESSE ET RECONSTRUCTION
– Paris : 10, rue de Trévise, 75009. ☎ 01-47-70-15-88. • volontariat.org • Ⓜ Cadet ou Grands-Boulevards. Lun-ven 10h-13h, 14h-18h.
Jeunesse et Reconstruction propose des activités dont le but est l'échange culturel dans le cadre d'un engagement volontaire. Chaque année, des centaines de jeunes bénévoles âgés de 17 à 30 ans participent à des chantiers internationaux en France ou à l'étranger (Europe, Asie, Afrique et Amérique), et s'engagent dans un programme de volontariat à long terme (6 mois ou 1 an).
Dans le cadre des chantiers internationaux, les volontaires se retrouvent autour d'un projet d'intérêt collectif (1 à 4 semaines) et participent à la restauration du patrimoine bâti, à la protection de l'environnement, à l'organisation logistique d'un festival ou à l'animation et l'aide à la vie quotidienne auprès d'enfants ou de personnes handicapées.

▲ MONDE AUTHENTIQUE
– Paris : 5, rue Thorel, 75002. ☎ 01-53-34-92-71. • monde-authentique.com • Ⓜ Bonne-Nouvelle. Lun-ven 9h30-19h, sam sur rdv – ou à domicile sur Paris et en Île-de-France (moyennant participation).
Envie de sortir des sentiers battus, de découvrir ce qu'un pays peut proposer de meilleur ? Depuis 2003, Monde Authentique propose des itinéraires individuels à l'écart des sentiers battus sur des destinations originales. En parfaits artisans et connaisseurs du monde, les 14 créateurs de voyages maîtrisent à la perfection les destinations sur lesquelles ils travaillent. Monde Authentique s'adresse à des clients exigeants et désireux de faire de beaux voyages.

▲ NOMADE AVENTURE
– Paris : 40, rue de la Montagne-Sainte-Geneviève, 75005. ☎ 01-46-33-71-71 (0,15 €/mn + prix appel). • nomade-aventure.com • Ⓜ Maubert-Mutualité. Lun-sam 9h30-18h30.
– Lyon : 10, quai Tilsitt, 69002. Ⓜ Bellecour. Lun-sam 9h30-18h30.
– Marseille : 12, rue Breteuil, 13001. Ⓜ Estrangin. Lun-sam 9h30-18h30.
– Toulouse : 43, rue Peyrolières, 31000. Ⓜ Esquirol. Lun-sam 9h30-18h30.
Nomade Aventure propose des circuits inédits partout dans le monde à réaliser en famille, entre amis, avec ou sans guide. Également la possibilité

d'organiser, hors de groupes constitués, un séjour libre en toute autonomie et sur mesure. Spécialiste de l'aventure avec plus de 600 itinéraires (de niveau tranquille, dynamique, sportif ou sportif +) faits d'échanges et de rencontres avec des hébergements chez l'habitant, Nomade Aventure donne la priorité aux expériences authentiques à pied, à VTT, à cheval, à dos de chameau, en bateau ou en 4x4.

▲ POINT-VOYAGES

☎ 04-75-97-20-40. Plateau téléphonique lun-ven 10h-18h. • point-voyages.com •

La vocation première de Point-Voyages fut de désenclaver des régions fragiles de l'Afrique saharienne et sahélienne en créant des liaisons aériennes à des tarifs très compétitifs.

Aujourd'hui, Point-Voyages propose des randonnées à pied, à dos de chameau, des trekkings, des séjours libres ou encore des circuits alternant 4x4, pinasse, balade... encadrés par des guides locaux.

▲ ROOTS TRAVEL

– Paris : 17, rue de l'Arsenal, 75004. ☎ 01-42-74-07-07. • rootstravel.com • Ⓜ Bastille. Lun-ven 10h-13h et 14h-18h ; sam sur rdv.

Roots Travel est un spécialiste des séjours individuels à la carte pour découvrir le Sénégal en logeant chez l'habitant et en hôtels de charme. Réservation de vols, de logements en chambre d'hôtes et d'hôtels typiques. Extension possible sur les îles du Cap-Vert. Roots Travel est aussi spécialisé sur Cuba, la République dominicaine, Madagascar et le Maroc.

▲ SÉNÉGAL ORIGINAL

• senegal-original.com •

Contactez Sénégal original, une agence locale de confiance, pour organiser votre voyage sur mesure au Sénégal. Nos conseillers, fins connaisseurs du terrain et de la réalité du pays, vous accompagnent dans la préparation de votre voyage, en couple, en famille ou en groupe d'amis. Vous avez ainsi accès à un service personnalisé en bénéficiant d'un prix accessible. Étant membre de *bynativ,* la communauté des agences de voyage locales, Sénégal original vous propose un maximum de garanties et de services : règlement de votre voyage en ligne, et ce, de façon sécurisée, possibilité de souscrire à une assurance voyage et de bénéficier de garanties solides en cas d'imprévu. De quoi voyager de façon authentique et en toute tranquillité !

▲ TERRES D'AVENTURE

N° Indigo : ☎ 0825-700-825 (0,15 €/mn + prix appel) • terdav.com •

– Paris : 30, rue Saint-Augustin, 75002. ☎ 01-70-82-90-00. Ⓜ Opéra ou Quatre-Septembre. Lun-sam 9h30-19h.

Agences également à Bordeaux, Grenoble, Lille, Lyon, Marseille, Nantes, Rennes, Rouen, Strasbourg et Toulouse.

Depuis 1976, Terres d'Aventure, spécialiste du voyage à pied, propose aux voyageurs passionnés de marche et de rencontres des randonnées hors des sentiers battus à la découverte des grands espaces de notre planète. Voyages à pied, à cheval, en bateau, en raquettes... Sur tous les continents, des aventures en petits groupes ou en individuel encadrés par des professionnels expérimentés sont proposées. Les hébergements dépendent des sites explorés : camps d'altitude, bivouac, refuge ou petits hôtels. Les voyages sont conçus par niveaux de difficulté : de la simple balade en plaine à l'expédition sportive en passant par la course en haute montagne.

En province, certaines de ses agences sont de véritables *Cités des Voyageurs* dédiées au voyage. Consultez le programme des manifestations sur son site internet.

▲ VOYAGEURS DU MONDE

Le spécialiste du voyage en individuel sur mesure. • voyageursdumonde.fr •

– Paris : La Cité des Voyageurs, 55, rue Sainte-Anne, 75002. ☎ 01-42-86-16-00. Ⓜ Opéra ou Pyramides. Lun-sam 9h30-19h. Avec une librairie spécialisée sur les voyages.

– Voyageurs en Afrique (Afrique du Sud, Botswana, Cap-Vert, Congo, Éthiopie, Kenya, Madagascar, Malawi, Mozambique, Namibie, Ouganda,

Rwanda, Sénégal, Swaziland, Tanzanie/Zanzibar, Zambie, Zimbabwe) : ☎ 01-42-86-16-60.
Également des agences à Bordeaux, Grenoble, Lille, Lyon, Marseille, Montpellier, Nantes, Nice, Rennes, Rouen, Strasbourg, Toulouse, et à Bruxelles et Genève.
Parce que chaque voyageur est différent, que chacun a ses rêves et ses idées pour les réaliser, Voyageurs du Monde conçoit, depuis plus de 30 ans, des projets sur mesure. Les séjours proposés sur 120 destinations sont élaborés par ses 180 conseillers voyageurs. Spécialistes par pays, et même par région, ils vous aideront à personnaliser les voyages présentés à travers une trentaine de brochures d'un nouveau type et sur le site internet où vous pourrez également découvrir les hébergements exclusifs et consulter votre espace personnalisé. Au cours de votre séjour, vous bénéficiez des services personnalisés Voyageurs du Monde, dont la possibilité de modifier à tout moment votre voyage, l'assistance d'un concierge local, la mise en place de rencontres et de visites privées, et l'accès à votre carnet de voyage via une application iPhone et Android.
Chacune des 15 Cités des Voyageurs est une invitation au voyage : accessoires de voyage, expositions-ventes d'artisanat et conférences. Voyageurs du Monde est membre de l'association ATR (Agir pour un tourisme responsable) et a obtenu sa certification Tourisme responsable AFAQ AFNOR.

Voir aussi au sein de chaque ville les agences locales que nous avons sélectionnées.

Comment aller à Roissy et à Orly ?

Toutes les infos sur notre site ● *routard.com* ● à l'adresse suivante : ● *bit.ly/aeroports-routard* ●

En Belgique

▲ CONNECTIONS
Rens et résas : ☎ 070-233-313. ● *connections.be* ●
Fort d'une expérience de plus de 20 ans dans le domaine du voyage, Connections dispose d'un réseau de 30 *travel shops* dont un à Brussels Airport. Connections propose des vols dans le monde entier à des tarifs avantageux et des voyages destinés à des voyageurs désireux de découvrir la planète de façon autonome et de vivre des expériences uniques. Connections propose une gamme complète de produits : vols, hébergements, location de voitures, autotours, vacances sportives, excursions, assurances « protections »...

▲ SENS INVERSE ÉCOTOURISME
– Louvain-la-Neuve : cours d'Orval 5A, BE, 1348. ☎ 010-688-528. ● *sensinverse.eu* ●
Agence de voyages écotouristique qui propose des voyages accompagnés de guides locaux passionnés, et axés sur la découverte de l'environnement naturel, culturel, rural et humain de différentes régions de France comme à l'étranger, notamment au Sénégal. L'équipe est très engagée dans la protection de la nature et la sauvegarde du patrimoine et des cultures. Tous ses voyages ont comme point commun la marche à pied à un rythme modéré et en petit groupe.

▲ TERRES D'AVENTURE
– Bruxelles : chaussée de Charleroi, 23, 1060. ☎ 02-543-95-60. ● *terdav.com* ● *Lun-sam 10h-19h.*
Voir texte plus haut dans la partie « En France ».

▲ VOYAGEURS DU MONDE
– Bruxelles : chaussée de Charleroi, 23, 1060. ☎ 02-543-95-50. Le spécialiste du voyage en individuel sur mesure. ● *voyageursdumonde.com* ●
Voir texte plus haut dans la partie « En France ».

En Suisse

▲ HUWANS - CLUB AVENTURE
– Genève : 51, rue Prévost-Martin, 1205. ● *huwans-clubaventure.fr* ●
Voir texte plus haut dans la partie « En France ».

▲ STA TRAVEL
☎ 058-450-49-49. ● *statravel.ch* ●
– Fribourg : rue de Lausanne, 24, 1701. ☎ 058-450-49-80.
– Genève : rue Pierre-Fatio, 19, 1204. ☎ 058-450-48-00.

– Genève : rue Vignier, 3, 1205. ☎ 058-450-48-30.
– Lausanne : bd de Grancy, 20, 1006. ☎ 058-450-48-50.
– Lausanne : à l'université, Anthropole, 1015. ☎ 058-450-49-20.
Agences spécialisées notamment dans les voyages pour jeunes et étudiants. 150 bureaux STA et plus de 700 agents du même groupe répartis dans le monde entier sont là pour donner un coup de main *(Travel Help)*.
STA propose des tarifs avantageux : vols secs *(Blue Ticket)*, hôtels, écoles de langues, *Work & Travel*, circuits d'aventure, voitures de location, etc. Délivre la carte internationale d'étudiant et la carte *Jeune*.

▲ TERRES D'AVENTURE
– Genève : 19, rue de la Rôtisserie, 1204. ☎ 022-518-05-13. • geneve@terdav.com • Lun-ven 10h-19h et sam 9h30-18h30.
Voir texte plus haut dans la partie « En France ».

EN VOITURE

Très long voyage (plus de 6 000 km) demandant de traverser le Maroc et la Mauritanie. Visa biométrique nécessaire pour la Mauritanie *(en 2018, il coûtait 55 € pour 1 mois-1 entrée, et 95 € pour 3 mois-2 entrées)*, à prendre soit dans le pays d'origine *(en France, 5, rue de Montevideo ; ☎ 01-45-05-88-54 ; • ambassaderimparis.com •)*, soit à la frontière (possible aussi à l'ambassade de Mauritanie à Rabat – bien vérifier que c'est un visa biométrique qui vous sera délivré). Bien se renseigner auprès des autorités ou sur les forums de voyage car, selon les périodes, les formalités peuvent changer (heures d'ouverture, jours de dépôt, jours de retrait, etc.), et toujours garder en tête que ce qui est annoncé comme possible à tel moment peut ne plus l'être quelques semaines plus tard.
Pour le passage de la frontière entre la Mauritanie et le Sénégal, deux possibilités : Rosso et Diama. Quelques petites choses à savoir : autrefois beaucoup de routards descendaient avec leur véhicule, qu'ils revendaient ensuite sur place, au Sénégal. Mais une loi sénégalaise a interdit l'achat de véhicules particuliers de plus de 5 ans et contraint les voyageurs qui en possédaient et qui n'avaient pas prévu un ***carnet de passage en douane*** soit à faire demi-tour, soit à abandonner la bête. Depuis 2012, les 5 ans ont été portés à 8.
Le Sénégal accepte le ***carnet ATA*** (autorisation temporaire d'admission), délivré par toutes les chambres de commerce et d'industrie, moins cher et moins contraignant que le *carnet de passage en douane* : le prix de la prime de cautionnement est variable selon la valeur du véhicule. À l'arrivée au poste-frontière sénégalais, à Rosso ou à Diama, un passavant, coûtant 2 500 F. CFA, est établi, valable seulement 48h (prorogé de 24h en cas de jour férié). Il faut ensuite se rendre au port de Dakar (Nord ou Sud), au bureau des douanes, où le carnet ATA sera tamponné : l'admission temporaire du véhicule est valable 6 mois au maximum.
Lors des nombreux contrôles, on vous demandera :
– le permis de conduire international ;
– le carnet de passage en douane ou le carnet ATA ;
– l'assurance pour l'Afrique de l'Ouest (qui s'obtient auprès de n'importe quelle compagnie d'assurances d'un des pays de la Communauté économique des États de l'Afrique de l'Ouest ; celle que l'on prend dès son arrivée en Mauritanie est différente de celle demandée pour le Sénégal, la Mauritanie ne faisant pas partie de la CEDEAO ; pour le Sénégal, elle se prend à la frontière entre Mauritanie et Sénégal). Le carnet ATA n'est pas exigé en Mauritanie (où l'on fait une déclaration sur l'honneur, disant que l'on ne vendra pas son véhicule sur place). Ce carnet n'est pas reconnu en Gambie (contrairement au carnet de passage en douane), si vous devez la traverser pour vous rendre en Casamance.
Petit conseil : vu le grand nombre de contrôles durant le voyage, au Maroc comme en Mauritanie, préparez des fiches (une bonne trentaine) sur lesquelles vous indiquez les informations

indispensables : vos nom, prénom, date de naissance, nationalité, adresse, numéro, date et lieu de délivrance du passeport, noms de votre père et de votre mère, ainsi que type de véhicule, numéro d'immatriculation, numéro de châssis. Vous serez tranquille ensuite et n'aurez pas à le faire à la main une multitude de fois.
Attention aussi au passage de la frontière à Rosso : beaucoup de tracasseries administratives ! Des « transitaires » se proposent de vous faciliter les démarches (service payant bien sûr). Tarifs variables en fonction de vos capacités de négociation et de votre patience. Par Diama, on doit traverser le parc du Diawling *(en principe, 200 ouguiyas/pers, soit env 5 €, mais on vous demandera peut-être plus ; demandez un reçu)* ; néanmoins, Diama a meilleure réputation que Rosso. Attention toutefois à la météo : à la saison des pluies, le passage par Diama est boueux. Là aussi, la lecture de retours d'expériences sur des forums avant le départ ne sera pas inutile, car tout peut vite changer. De toute façon, de votre pays d'origine au Sénégal, le voyage coûte très cher.
Sachez enfin qu'un pont est en construction à Rosso (les travaux ont commencé en janvier 2018 et devraient durer 40 mois).

QUITTER LE SÉNÉGAL

Pour la Mauritanie

Par la route

➢ Passage par le bac de Rosso ou par le barrage de Diama. Bien penser à prendre son visa pour la Mauritanie double entrée pour être tranquille au retour ; sinon, il est toujours possible d'acheter un visa à Rosso. Poste-frontière ouvert 8h-18h. Le bac n'effectue que 4 rotations/j. (depuis le Sénégal, en principe 2 le matin, 2 l'après-midi). Tracasseries administratives à prévoir : entre la police, les douanes, le « facilitateur » qui est supposé vous faire gagner du temps, le prix du bac, à deux, certains s'en sont tirés pour 80 000 F.CFA (env 120 €), et cela juste pour les « formalités » de sortie du territoire côté sénégalais...
Si vous êtes venu par les transports en commun, la traversée se fait en pirogue (prix modique) et vous reprenez un taxi-brousse de l'autre côté. On vous prévient, l'ambiance est un peu stressante en raison du nombre de camions, de gens et des bakchichs réclamés par les autorités. Garder du liquide (euros appréciés) pour dédommager les adorables douaniers pour leurs bons et loyaux services. Bureaux de change de l'autre côté du fleuve. Bien penser à reprendre une assurance valable en Mauritanie pour le véhicule.
Par le barrage de Diama, c'est plus tranquille. Moins de monde, moins d'attente, moins de racket. Le poste reste ouvert 24h/24. Mais ce passage concerne uniquement les lecteurs motorisés. Compter autour de 4 000 F.CFA (env 6 €) pour les frais de passage du véhicule et à peu près la même chose pour la douane. Ensuite, prévoir également que l'on doit payer le passage par le parc national du Diawling (200 ouguiyas/personne). Pas de guichet de change.

Pour la Gambie

Visa nécessaire, sauf si vous ne faites que traverser ce pays par le bac de Farafenni en rentrant de Casamance (sinon, pas de raison de se rendre en Gambie) : dans ce cas, une sorte de laissez-passer pris à la frontière suffit, du moins en principe. En cas de passage par Banjul (ferry de Barra), visa demandé (voir le chapitre « La Casamance »). Si vous ne l'avez pas pris dans votre pays de départ, vous pouvez l'obtenir au consulat de Gambie à Dakar ou, éventuellement, aux postes-frontières.

SÉNÉGAL UTILE

ABC du Sénégal

- ***Population :*** 13 500 000 hab. (recensement 2013). Estimation 2017 : env 15 500 000 hab.
- ***Superficie :*** 196 722 km².
- ***Capitale :*** Dakar (3 200 000 hab.).
- ***Langues :*** français (officielle), wolof (langue nationale), peul, sérère, diola.
- ***Monnaie :*** franc CFA (1,52 € = 1 000 F.CFA ou environ 656 F.CFA = 1 €).
- ***Salaire mensuel minimum garanti :*** environ l'équivalent de 80-90 €. Encore faut-il être salarié pour y avoir droit.
- ***Indice de développement humain :*** 162e place sur 188 pays (2016).
- ***Régime :*** présidentiel.
- ***Chef de l'État :*** Macky Sall, depuis mars 2012.

AVANT LE DÉPART

Adresses utiles

En France

■ ***Ambassade du Sénégal :*** *14, av. Robert-Schumann, 75007 Paris. ☎ 01-47-05-39-45. • ambasseneparis.com • Ⓜ Invalides. Lun-ven 10h-13h, 14h-17h.*

■ ***Consulats du Sénégal en France :***
- Paris : 22, rue Amiral-Hamelin, 75116. ☎ 01-44-05-38-48. • consulsen-paris.com • Ⓜ Iéna ou Boissière.
- Bordeaux : 23, av. de la République, 33000. ☎ 05-56-32-62-87. • consulsenbordeaux.com •
- Lyon : 97, rue Garibaldi, 69006. ☎ 04-72-72-96-91. • consulsen-lyon.fr •
- Marseille : 171, rue de Rome, 2e étage, 13006. ☎ 04-88-15-13-80.
- Également des consulats honoraires à Lille, Nancy, Nantes, Rouen, Strasbourg et Le Havre.

En Belgique

■ ***Ambassade du Sénégal :*** *av. Franklin-D.-Roosevelt, 196, Bruxelles 1050. ☎ 02-673-00-97. • ambassadesenegal@skynet.be •*

En Suisse

■ ***Ambassade du Sénégal :*** *route de Pré-Bois 20, bâtiment H, 4e étage, 1215 Genève 15 Aéroport. ☎ 022-918-02-30. • missionsenegal-senegal.org •*

■ ***Consulat honoraire du Sénégal :*** *route de Berne, 25, 1010 Lausanne. ☎ 021-652-18-42. • nicole.felix1949@gmail.com • Lun-jeu 14h-17h.*
- Également des consulats honoraires à Zurich et Lugano.

Au Canada

■ ***Ambassade du Sénégal :*** *57, av. Malborough, Ottawa, Ontario K1N-8E8. ☎ (613) 238-6392. • ambsencanada.org • Lun-ven 9h-13h, 14h-16h (13h30-15h début juin-fin août).*
- Également des consulats honoraires à Montréal, Toronto et Vancouver.

Formalités

Depuis mai 2015, le Sénégal n'exige plus de visa pour les ressortissants français, belges, luxembourgeois et canadiens, seulement un passeport avec une validité d'au moins 6 mois. Une facilité désormais étendue aux Suisses. Les ***mineurs*** doivent être munis de leur propre pièce d'identité (carte d'identité ou passeport). Pour l'autorisation de sortie du territoire lorsque les enfants ne sont pas accompagnés par un de leurs parents, chaque pays a mis en place sa propre régulation. Ainsi, pour ***les mineurs français,*** une loi entrée en vigueur en janvier 2017 a ***rétabli l'autorisation de sortie du territoire.*** Pour voyager à l'étranger, ils doivent être munis d'une pièce d'identité (carte d'identité ou passeport), d'un formulaire signé par l'un des parents titulaires de l'autorité parentale et de la photocopie de la pièce d'identité du parent signataire. Renseignements auprès des services de votre commune et sur *● service-public.fr ●*

Pensez à scanner passeport, visa, carte bancaire, billet d'avion et *vouchers* d'hôtel. Ensuite, adressez-les-vous par mail, en pièces jointes. En cas de perte ou vol, rien de plus facile pour les récupérer. Les démarches administratives en seront bien plus rapides. Merci tonton Routard !

Assurances voyages

■ ***Assurance Routard par AVI International :*** *40-44, rue Washington, 75008 Paris.* *☎ 01-44-63-51-00.* *● avi-international.com ●* *Ⓜ George-V.* Enrichie année après année par les retours des lecteurs, *Routard Assurance* est devenue une assurance voyage incontournable. Tout est compris : frais médicaux, assistance rapatriement, bagages, responsabilité civile... Vous avez besoin d'un médecin, d'un conseil médical ou d'une prise en charge dans un hôpital ? Appelez simplement le plateau *AVI Assistance* disponible 24h/24, leur réseau est l'un des plus complets actuellement. Vous avez eu des frais de santé en voyage ? Envoyez les factures à votre retour, *AVI* vous rembourse sous une semaine. Avant votre départ, n'hésitez pas à les appeler pour des conseils personnalisés. Et téléchargez l'appli mobile pour garder le contact avec l'assistance 24h/24 et disposer de l'un des meilleurs réseaux médicaux à travers le monde.

■ ***AVA (Assurance Voyage et Assistance) :*** *25, rue de Maubeuge, 75009 Paris.* *☎ 01-53-20-44-20.* *● ava.fr ●* *Ⓜ Cadet.* Un autre courtier fiable pour ceux qui souhaitent s'assurer en cas de décès-invalidité-accident lors d'un voyage à l'étranger, mais surtout pour bénéficier d'une assistance rapatriement, perte de bagages et annulation. Attention, franchises pour leurs contrats d'assurance voyage.

■ ***Pixel Assur :*** *18, rue des Plantes, BP 35, 78601 Maisons-Laffitte.* *☎ 01-39-62-28-63.* *● pixel-assur.com ●* *RER A : Maisons-Laffitte.* Assurance de matériel photo et vidéo tous risques (casse, vol, immersion) dans le monde entier. Devis basé sur le prix d'achat de votre matériel. Avantage : garantie à l'année.

Avoir un passeport européen, ça peut être utile !

L'Union européenne a organisé une assistance consulaire mutuelle pour les ressortissants de l'UE en cas de problème en voyage. Vous pouvez y faire appel lorsque la France (c'est rare) ou la Belgique (c'est plus fréquent) ne disposent pas d'une représentation dans le pays où vous vous trouvez.

Concrètement, cette assistance vous permet de demander de l'aide à l'ambassade ou au consulat (pas à un consulat honoraire) de n'importe quel État membre de l'UE. Leurs services vous indiqueront s'ils peuvent directement vous aider ou vous préciseront ce qu'il faut faire.
Leur assistance est, bien entendu, limitée aux situations d'urgence : décès, accidents ayant entraîné des blessures ou des lésions, maladie grave, rapatriement pour raison médicale, arrestation ou détention. En cas de ***perte ou de vol de votre passeport,*** ils pourront également vous procurer un ***document provisoire*** de voyage.
Cette entraide consulaire entre États membres de l'UE ne peut, bien entendu, vous garantir un accueil dans votre langue. En général, une langue européenne courante sera pratiquée.

Ariane

– ***Ariane : pour votre sécurité, restez connectés.*** *Ariane* est un service gratuit mis à disposition par le Centre de crise du ministère des Affaires étrangères pour vous alerter en cas de risque sécuritaire lors de vos déplacements à l'étranger. Créez votre compte et inscrivez vos voyages personnels ou professionnels. Les informations renseignées sur *Ariane* seront utilisées uniquement en cas de crise pendant votre séjour et permettent notamment de contacter les proches lors des situations d'urgence. Pour en savoir plus : • *diplomatie.gouv.fr* •

Vaccinations

Lire attentivement la rubrique « Santé » et le paragraphe « Vaccinations ».

Permis de conduire

Le permis de conduire B français est suffisant pour pouvoir conduire au Sénégal. Le permis international est conseillé pour un séjour de plus de 3 mois et pour traverser les pays voisins.

Carte internationale d'étudiant (ISIC)

Elle prouve le statut d'étudiant dans le monde entier et permet de bénéficier de tous les avantages, services et réductions dans les domaines du transport, de l'hébergement, de la culture, des loisirs, du shopping...
La carte ISIC permet aussi d'accéder à des avantages exclusifs (billets d'avion spécial étudiants, hôtels et auberges de jeunesse, assurances, cartes SIM internationales, location de voitures...).

Renseignements et inscriptions
– ***En France :*** • *isic.fr* • *13 € pour 1 année scolaire.*
– ***En Belgique :*** • *isic.be* •
– ***En Suisse :*** • *isic.ch* •
– ***Au Canada :*** • *isiccanada.com* •

ARGENT, BANQUES, CHANGE

Le Sénégal fait partie de la zone franc CFA, dont le taux de change est fixe : approximativement ***0,15 € pour 100 F.CFA*** ou ***656 F.CFA pour 1 €*** (pour les nostalgiques du franc, c'était 1 FF pour 100 F.CFA).

Change

Le mieux est de changer dans les ***bureaux de change,*** qu'on trouve partout à Dakar (mais nettement moins dans le reste du pays). L'opération est rapide (avoir son passeport) et s'effectue sans commission au taux proche du taux officiel. Les ***banques,*** elles, font aussi le change mais en prenant 2 % de commission (1,5 % à la *CBAO*). De plus, leurs horaires d'ouverture sont moins larges que ceux des bureaux de change. Elles sont en général ouvertes du lundi au vendredi, avec une pause à midi (plus longue le vendredi, jour de prière) et parfois le samedi matin. Cela étant, la banque est l'unique solution dans bien des coins du pays. On peut aussi changer dans la plupart des hôtels chic mais à un taux moins avantageux.

Cartes de paiement

Par rapport à d'autres endroits du monde, la carte bancaire n'est pas un mode de paiement très répandu au Sénégal, même si un nombre croissant d'hôtels acceptent *Visa* et *MasterCard.* En revanche, elle permet de retirer de l'argent dans les agences des banques *SGBS, BICIS* et *CBAO* notamment (les mieux implantées), assez nombreuses dans le pays, et qui disposent presque toutes de distributeurs de billets (souvent situés dans un petit local gardé en façade).
Avant de partir, pensez à téléphoner à votre banque pour faire relever le plafond de retrait aux distributeurs et pour les paiements par carte, quitte à le faire rebaisser à votre retour. Notez bien aussi le numéro d'opposition propre à votre banque (il figure souvent sur votre contrat, au dos des tickets de retrait ou à côté des distributeurs de billets), ainsi que le numéro à 16 chiffres de votre carte. Bien entendu, conservez ces informations en lieu sûr et séparément de votre carte.
Par ailleurs, l'assistance médicale se limite aux 90 premiers jours du voyage et l'assistance véhicule aux cartes haut de gamme (renseignez-vous auprès de votre banque). N'oubliez pas non plus de *VÉRIFIER LA DATE D'EXPIRATION DE VOTRE CARTE BANCAIRE* avant votre départ !
En cas de perte, de vol, ou de fraude, quelle que soit la carte que vous possédez, chaque banque gère elle-même le processus d'opposition et le numéro de téléphone correspondant.
- ***Carte Visa :*** *numéro d'urgence (Europ Assistance) : ☎ (00-33) 1-41-85-85-85 (24h/24). • visa.fr •*
- ***Carte MasterCard :*** *numéro d'urgence : ☎ (00-33) 1-45-16-65-65. • mastercardfrance.com •*
- ***American Express :*** *numéro d'urgence : ☎ (00-33) 1-47-77-72-00. • americanexpress.com •*

Il existe un serveur interbancaire d'opposition qui en cas de perte ou de vol vous met en contact avec le centre d'opposition de votre banque : *en France : ☎ 0892-705-705 (prix appel + 0,35 €/mn) ; depuis l'étranger : ☎ (00-33) 442-605-303.*

– Petite mesure de précaution : si vous retirez de l'argent dans un distributeur, utilisez de préférence les distributeurs attenants à une agence bancaire. En cas de pépin avec votre carte (carte avalée, erreur de code), vous aurez un interlocuteur dans l'agence, pendant les heures ouvrables du moins.

Avertissement

Si vous comptez effectuer des retraits d'argent aux distributeurs, il est très vivement conseillé d'**avertir votre banque avant votre départ** (pays visités et dates). En effet, votre carte peut être bloquée dès le premier retrait pour suspicion de fraude. C'est de plus en plus fréquent. Bonjour les tracasseries administratives pour faire rentrer les choses dans l'ordre, et on se retrouve vite dans l'embarras !

Besoin urgent d'argent liquide

Vous pouvez être dépanné en quelques minutes grâce au système ***Western Union Money Transfer.*** L'argent vous est transféré en moins de 1h. La commission,

assez élevée, est payée par l'expéditeur. Possibilité d'effectuer un transfert auprès d'un des bureaux *Western Union* ou, plus rapide, en ligne, 24h/24 par carte de paiement (*Visa* ou *MasterCard*).
Même principe avec d'autres organismes de transfert d'argent liquide comme ***MoneyGram, PayTop*** ou ***Azimo.*** Transfert en ligne sécurisé, en moins de 1h.
Dans tous les cas, se munir d'une pièce d'identité. Toutefois, en cas de perte/vol de papiers, certains organismes permettent de convenir d'une question/réponse-type pour pouvoir récupérer votre argent. Chacun de ces organismes possèdent aussi des applications disponibles sur téléphone portable. Consulter les sites internet pour connaître les pays concernés, les conditions tarifaires (frais, commission) et trouver le correspondant local le plus proche :
● *westernunion.com* ● *moneygram.fr* ● *paytop.com* ● *azymo.com/fr* ●
– Autre solution, envoyer de l'argent par ***la Poste*** : le bénéficiaire, muni de sa pièce d'identité, peut retirer les fonds dans n'importe quel bureau du réseau local. Le transfert s'effectue avec un mandat ordinaire international (jusqu'à 3 500 €) et la transaction prend 4-5 jours en Europe (8-10 jours vers l'international). Plus cher, mais plus rapide, le mandat express international permet d'envoyer de l'argent (montant variable selon la destination – 34 pays au total) sous 2 jours maximum, 24h lorsque la démarche est faite en ligne. *Infos :* ● *labanquepostale.fr* ●

ACHATS

Tout au long de votre séjour, vous serez tenté d'acheter un tas de babioles. Il faut cependant savoir que la très grande majorité des objets, et surtout des tissus, provient d'autres pays d'Afrique, essentiellement de Côte-d'Ivoire, ou carrément des Pays-Bas en ce qui concerne les bazins dits « riches » ou les wax. Les sous-verre (scènes de vie ou motifs typiques peints à l'envers d'une vitre), appelés aussi « fixés », et les tableaux de sable peint sont des réalisations sénégalaises.
Bien sûr, les objets de bonne qualité ne se vendent pas pour trois cacahuètes. Comme partout, les belles œuvres sont chères. C'est à Dakar que le choix reste le plus vaste, en particulier au marché artisanal de Soumbédioune. Les lieux touristiques de la Petite Côte offrent, quant à eux, peu de bonnes affaires, contrairement à la ville de Thiès, qui possède un marché artisanal où vont s'approvisionner même les commerçants du marché artisanal de Dakar. Quant à Saint-Louis, Kaolack et Ziguinchor, on y trouve encore quelques objets de qualité. Un conseil, lisez la rubrique « Marchandage » plus loin.
Sur la Petite Côte, n'achetez pas les coquillages que l'on vous proposera. Certains sont des espèces protégées et tous sont tués uniquement à des fins touristiques.

Peintures naïves du petit commerce

Partout au Sénégal, des enseignes, publicités et décors égaient les façades et les murs des maisons. Cette imagerie populaire s'adresse aux passants, qui ne savent pas toujours lire. Elle met en valeur les métiers de tout un monde d'artisans et de commerçants. Elle est également populaire auprès des voyageurs, et les artisans ont eu la bonne idée de reproduire ces enseignes sur les sous-verre peints évoqués plus haut.
Le tailleur n'hésite pas à se proclamer « ingénieur en vestes », tandis qu'un photographe annoncera que « le prix s'oublie, la qualité reste ». Le guérisseur vante ses dons et soigne aussi bien les sortilèges et envoûtements... que la grossesse. Souvent, sur les marchés, de jolis panneaux en bois vantent avec bonheur les belles coiffures tressées remises au goût du jour.
Toutes ces fresques expriment avec réalisme, naïveté et humour toute la fantaisie et l'inventivité sénégalaises. Hélas, elles sont de plus en plus supplantées par celles, moins imaginatives, des marques de boissons américaines bien connues. Tout fout le camp...

BUDGET

Les routards voyageant à la dure, avec les transports locaux, en logeant dans les campements et en mangeant dans les gargotes pourront s'en tirer pour environ 10 000 à 15 000 F.CFA (15 à 23 €) par jour tout compris. En revanche, dès que l'on recherche un peu plus de confort (clim, piscine, etc.), les tarifs grimpent vite, même s'ils restent inférieurs à ceux pratiqués en Europe. S'ajoutent à cela d'importantes disparités selon les régions. En brousse, les prix sont bas (mais le niveau de confort aussi), alors qu'à Dakar, par exemple, il faudra casser la tirelire. Compte tenu du fait que dans bon nombre de restos et campements, le paiement se fait en espèces et que les prix des excursions, si vous comptez en faire, ne sont pas du tout modiques, il est prudent de prévoir large et d'avoir suffisamment de liquide.

Hébergement

Nous indiquons les tarifs ***pour 2 personnes*** partageant une chambre double, petit déjeuner compris ou non. Parfois, la taxe touristique de 1 000 F.CFA par personne et par nuit est incluse, parfois non. À noter que pour certains établissements (dans les petits villages notamment), nous indiquons plutôt le prix de la demi-pension pour 2. Il vous sera, en effet, parfois difficile de vous sustenter ailleurs, et la demi-pension s'avère alors quasiment la seule solution.

- ***Très bon marché :*** moins de 12 000 F.CFA (18 €).
- ***Bon marché :*** de 12 000 à 20 000 F.CFA (18-30 €). Campements, petits hôtels.
- ***Prix moyens :*** de 20 000 à 30 000 F.CFA (30-45 €).
- ***Plus chic :*** de 30 000 à 50 000 F.CFA (45-75 €).
- ***Très chic :*** plus de 50 000 F.CFA (plus de 75 €).

Toutefois, dans les grandes villes, notamment Dakar, et les lieux les plus touristiques, les fourchettes doivent être un peu revues à la hausse : la rubrique « Bon marché » flirte avec celle de « Prix moyens » et cette dernière avec « Plus chic ».

Restaurants

Les fourchettes indicatives que nous proposons ici se rapportent à un plat, sans les boissons, ce qui est souvent suffisant pour caler une faim sous ces latitudes. D'ailleurs, gargotes et petits restos ne servent généralement qu'un ou deux plats copieux, sans entrée ni dessert.

- ***Très bon marché :*** moins de 3 000 F.CFA (4,50 €).
- ***Bon marché :*** de 3 000-5 000 F.CFA (4,50-7,50 €).
- ***Prix moyens :*** de 5 000 à 8 000 F.CFA (7,50-12 €).
- ***Plus chic :*** au-delà de 8 000 F.CFA (plus de 12 €).

Carburants

Budget à ne pas négliger, surtout quand on a loué un 4x4. Bien vérifier si le contrat inclut ou non le carburant, pour éviter toute mauvaise surprise ! Les tarifs, fixés par le gouvernement et très élevés pour le niveau de vie sénégalais, sont comparables à ceux pratiqués en Europe.
- ***Essence :*** mi-2018, le prix du litre de super sans plomb avoisinait les 700 F.CFA.
- ***Gasoil :*** env 600 F.CFA le litre.

Visites et excursions

Cela peut s'avérer assez coûteux, comme les excursions en pirogue par exemple, en général pas données. Consultez bien les tarifs des visites et excursions dans les chapitres concernés pour établir votre budget.

CLIMAT, TEMPÉRATURES

Le Sénégal est situé dans la zone intertropicale. Il y fait toujours chaud, avec un ensoleillement exceptionnel. Il y a 2 saisons : la saison sèche et la saison des pluies.
– ***La saison sèche :*** d'octobre à juin. Pratiquement sans une goutte de pluie mais balayée parfois, entre décembre et février, par l'harmattan, ce vent de sable assez frisquet et desséchant qui saupoudre le paysage, surtout dans la moitié nord du Sénégal.
– ***La saison des pluies :*** de juillet à septembre. Elle est appelée ***hivernage.*** Orages puissants, pluies plus ou moins diluviennes rendent parfois les déplacements difficiles, détériorant les pistes. Moins de touristes, donc, à ce moment-là. Moins de poussière aussi. En revanche, qui dit pluie dit eau stagnante, donc moustiques et palu. Pourtant, il ne pleut pas forcément tant que ça, mais ça suffit pour qu'en peu de temps la végétation exulte. Les baobabs se couvrent de pompons verts, les champs deviennent pâturages, les vergers et les potagers regorgent de fruits et de légumes, les marchés bourdonnent.
– ***La période idéale*** pour visiter le Sénégal reste toutefois ***de novembre à mars.*** Après mars, les températures grimpent fortement.

DANGERS ET ENQUIQUINEMENTS

Voilà une rubrique que nous aimerions ne pas avoir à écrire. Mais force est de constater que nombre d'arnaques, voire d'agressions, subsistent, principalement dans l'agglomération dakaroise, et concernent également les locaux. Certains lecteurs nous reprochent d'être trop alarmistes, car ils n'ont connu aucun accroc pendant leur voyage. Tant mieux pour eux ! Mais les chiffres de la criminalité parlent d'eux-mêmes, et les journaux relatent des actes de violence qui choquent les Sénégalais « provinciaux ». Pour les contrer, une vieille pratique a resurgi : dans les quartiers périphériques de Dakar, les habitants ont pris les choses en main, assurant des rondes à tour de rôle par pâtés de maisons : si un malfrat est pris, il est tabassé copieusement et livré à la police quel que soit son état...
Pour diminuer les tentations, évitez les signes extérieurs de richesse, prenez juste le nécessaire pour votre sortie. Gardez vos distances avec les gens qui vous abordent à Dakar. N'acceptez jamais les gris-gris qu'on vous offre prétendument sans contrepartie parce que vous êtes « particulièrement sympathique » : il y en aura toujours une, que vous découvrirez bien assez tôt. À Dakar (mais pas seulement), quelqu'un qui vous aborde, même avec un sourire engageant, n'a souvent guère d'autre intention que de vous soutirer quelque chose, avec toutes sortes de prétextes pour provoquer votre pitié, voire votre culpabilité. Peut-être finira-t-il même par vous traiter de raciste. Eh bien, tant pis ! La meilleure attitude alors reste de le remercier poliment mais fermement.
Certains de nos lecteurs pensent qu'on en fait trop, d'autres pas assez. À vous de voir.
– De même, la rubrique « Santé » (à lire plus bas) revient sur tous les désagréments sanitaires, graves ou non, qui peuvent gâcher le voyage et qu'il vaut mieux éviter.

Baignade

Une grande partie du littoral est longée par une barre qu'il ne faut pas franchir sous peine d'y rester. Par endroits, les courants sont assez forts, notamment vers M'Boro-sur-Mer, sur la Grande Côte au nord de Dakar, et du côté de Yène, Toubab Dialaw, Popenguine, au sud de Dakar. Les lames de fond y sont fréquentes et peuvent vous emporter, alors ne laissez pas les enfants sans surveillance. Évitez les bains de rivière, surtout lorsque le courant est faible, à moins de vouloir courir le risque d'attraper la bilharziose.

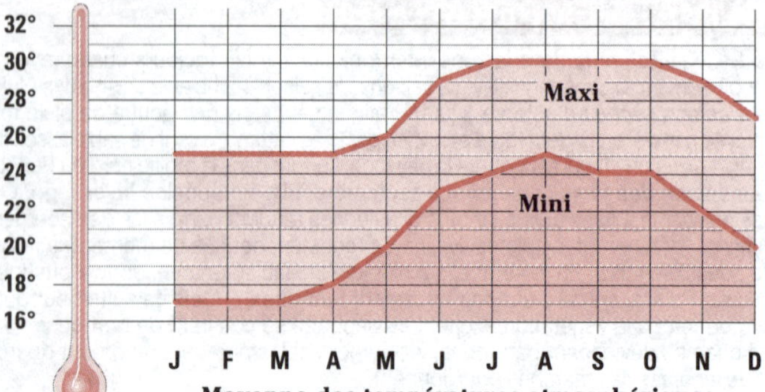

Moyenne des températures atmosphériques

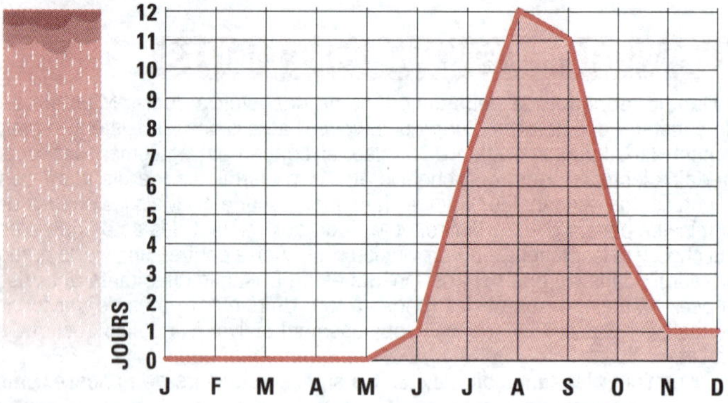

Nombre de jours de pluie

SÉNÉGAL (Dakar)

Drogue

Dans certains endroits, on peut en voir circuler beaucoup. Du haschisch aux produits de synthèse, on vous proposera peut-être jusque sur la plage d'atteindre les paradis artificiels. Peut-être même essaiera-t-on de vous en fourguer à votre insu ! À ce propos, ne jamais prendre de taxi-brousse clandestin pour traverser la Gambie. ***Attention,*** les lois sont très strictes vis-à-vis de la drogue : au Sénégal, les peines sont de 2 mois à 1 an de prison ferme pour consommation personnelle, de 2 à 5 ans si l'on vous surprend à en offrir pour consommation, et de 5 à 10 ans pour culture et trafic. On est très sérieux. On connaît des touristes qui, à la suite de la délation du gardien de leur hôtel, ont été invités à faire un séjour en prison sénégalaise au lieu de prendre leur avion pour la France ! Dans ce cas, le consulat de France pourra vous conseiller un avocat.

Rabatteurs et bakchich

À Dakar et dans les zones les plus touristiques, on vous abordera sans doute, et parfois avec insistance, pour vous traîner jusqu'à une boutique « pour le plaisir

des yeux ». Si ça peut être pénible, ce n'est pas une agression, rabatteur est un métier comme un autre... Si vous n'êtes pas intéressé, déclinez poliment mais fermement, ce qui n'empêche pas de taper la discute, l'échange peut être sympa et tourne rarement à l'aigre. En revanche, ne faites pas perdre son temps au vendeur. Si vous ne comptez rien acheter, n'entrez pas dans une boutique. Lire aussi plus loin « Marchandage ».
Tout autre sujet, il arrive parfois que des policiers fassent volontairement traîner les choses en longueur lors de contrôles, notamment routiers, espérant peut-être un bakchich. Si vous êtes en règle, il n'y a rien à payer. Patientez, ne vous agacez pas. Les locaux vivent les mêmes tracasseries, et lorsque qu'ils sont en infraction, certains préfèrent glisser un billet au policier plutôt que payer l'amende officielle, plus élevée. Une pratique que l'on ne vous encourage pas à suivre, et qu'il faut savoir manier avec finesse...

DÉCALAGE HORAIRE

Le décalage horaire avec la France est de - 1h en hiver (quand il est 12h à Paris, il est 11h à Dakar) et de - 2h en été.

HÉBERGEMENT

– ***Taxe touristique :*** une taxe touristique de 1 000 F.CFA par nuit et par personne est perçue par tous les hébergements marchands (hôtels, campements...). Elle est incluse ou non dans les tarifs annoncés.

Avertissement

Rappelons que les prix figurant dans le guide sont ceux relevés au cours du 1er trimestre 2018 et que bien des choses peuvent se passer d'ici à votre voyage sur place...
Gardez aussi en tête que nombre de petits hôteliers montent leur affaire avec très peu de moyens et que, le tourisme étant une denrée capricieuse, il leur est parfois difficile de maintenir leurs installations dans un état irréprochable si la fréquentation marque le pas. Dans les coins un peu reculés, il faut savoir être indulgent.

Les hôtels

Comme dans toute l'Afrique, leur prix est plutôt élevé, même pour les moins reluisants. Au Sénégal, la plupart des grands hôtels sont tenus par des Blancs (Européens ou Libanais) et jouent à l'établissement de luxe.
Mais un certain nombre de petites structures hôtelières et d'auberges charmantes, à l'ambiance familiale, ont fleuri ces dernières années à proximité des zones touristiques, souvent à l'initiative d'Européens tombés amoureux du Sénégal, de couples mixtes ou d'associés en GIE (groupement d'intérêt économique). Tous aimeraient bien figurer dans un guide de voyage, pour un petit coup de pouce. Malheureusement, ils ne tiennent pas tous la route, et moins d'un an après leur ouverture, certains ont déjà changé de main et peuvent se retrouver dans un piteux état lorsque vous passez après leur première mention dans votre guide préféré. Autant être prévenu.

Les campements

Ils se différencient des hôtels et des autres établissements hôteliers par leur environnement plus rural et la disposition des chambres, généralement installées dans des bungalows ou des cases. Il est fréquent qu'une partie des chambres n'aient pas leur propre salle de bains, mais des blocs sanitaires (w-c, lavabo et douche) communs. En brousse, il n'y a parfois ni électricité ni eau courante ; on se douche alors au seau.

Une expérience intéressante de gestion des campements par les villageois a été menée en Casamance (les campements intégrés, voir le chapitre « La Casamance »).

Les gîtes, les chambres chez l'habitant et les maisons d'hôtes

Formules plus économiques que les hôtels, qui se développent à Dakar, Saint-Louis, sur la Petite Côte et à Cap Skirring. À plusieurs, on loue un appartement en ville ou, en formule gîte, une villa ou une grande case sur la côte, avec tout le confort et la possibilité d'employer une personne du village pour faire la cuisine. Cependant, les autorités ont découvert que grâce à la discrétion associée à ces résidences, elles étaient aussi prisées par les pédophiles (contrairement à l'hôtellerie), qui pouvaient sans souci y recevoir leurs jeunes proies. La police est autorisée à y pénétrer à n'importe quel moment (voir aussi plus loin la rubrique « Pédophilie »).
Attention également aux surprises : sur la Petite Côte, des propriétaires peu scrupuleux louaient leur résidence comme gîte alors qu'ils continuaient de l'occuper.
Lorsque vous réservez, faites-vous bien préciser la distinction entre gîte et chambre chez l'habitant, au sens où nous l'utilisons en Europe. Quant à la notion de « maison d'hôtes », elle est assez floue au Sénégal ; en tout cas, aucune réglementation n'y est associée. Néanmoins, il s'agit en général d'une maison où vivent (ou non) les propriétaires, avec des chambres (souvent plus personnalisées que dans les hôtels) à destination des touristes et voyageurs.

LANGUE

Si la langue officielle est le ***français,*** la langue la plus parlée au Sénégal est le ***wolof,*** qui est d'ailleurs considéré comme la langue « nationale ». Elle utilise l'alphabet latin et possède une orthographe que nous n'avons pas retenue ci-dessous car, à priori, vous n'aurez qu'à utiliser oralement ces expressions, et la transcription phonétique doit suffire. Toutefois, dans les rubriques « Boissons » et « Cuisine » du chapitre « Hommes, culture et environnement » en fin de guide, l'orthographe wolof des noms cités a été ajoutée car vous pouvez rencontrer les mots ainsi orthographiés, sur un menu par exemple.
Il existe un petit ouvrage de la collection « Assimil » *(Le Wolof de poche).*

Petit lexique wolof

- Bonjour : *salam maleikoum* ; auquel on répond : *maleikoum assalam* ; formule à utiliser impérativement avant de demander quelque chose à quelqu'un.
- Comment vas-tu ? : *nackan'ga deff ?* plus communément utilisé sous la forme *nanga dèf,* auquel on répond : *mangui fi rekk* (je vais bien).
- Comment ça va ? (en diola, Casamance) : *kassoumaye ?* auquel on répond : *kassoumaye kep.*

Savoir qu'en matière de prononciation, le *kh* et le *x* se prononcent pareil, c'est-à-dire comme la *jota* espagnole ou le *ch* allemand.

Français	**Wolof**
Au revoir	*manguidem*
Merci	*dieureudieuf*
Oui	*waw* ou *wao*
Non	*dédèt*
J'ai faim	*dama khif*
J'ai soif	*dama mare*
Bon	*bassena*

Eau	*n'dokh*
Qu'est-ce que c'est ?	*lanla ?*
Combien ?	*niata ?*
C'est combien ?	*bi niata la ?*
C'est cher !	*defa diafé !*
Baisse le prix !	*wagni ko !*
Je m'en vais	*dem naa*
C'est bon, c'est bien	*baxna* (ou *bakhna* ou *nekhna*)
Laisse-moi !	*bayma !*
Laisse-moi en paix ! (voire fous-moi la paix !)	*maye ma diam !*
Il n'y a rien (je n'ai rien)	*amouldara* (pas de cadeau)
Je n'ai pas d'argent aujourd'hui	*amull khalis teye*
Je descends ici (dans les transports)	*fii lay watch*

Chiffres

1	*ben*	7	*djurum niar*
2	*niar*	8	*djurum nièt*
3	*nièt*	9	*djurum niènte*
4	*niènte*	10	*fuk,*
5	*djurum*	20	*niar fuk*
6	*djurum ben*	21	*niar fuk ben*

Petit lexique du français du Sénégal

Plus ancienne ex-colonie française d'Afrique, le Sénégal est l'un des pays ayant le plus assimilé l'influence de la langue française, tout en présentant d'heureuses différences linguistiques et une réelle originalité quant aux expressions employées. Le français du Sénégal contient, en effet, un certain nombre de mots empruntés aux langues négro-africaines et quantité de mots ou expressions formés par analogie. Nous y trouverons aussi de l'imagination, de l'humour, un don de l'image et de la métaphore, et ces noms composés par juxtaposition, aux consonances parfois poétiques comme *hier nuit*.

Voici quelques mots fréquemment employés et qui font du français du Sénégal une langue bien vivante, à l'instar de celui de beaucoup d'autres pays francophones.

- *Aller aux oranges :* en sport, atteindre la mi-temps d'un match.
- *Bana-bana :* marchand ambulant, désigne du coup l'art de la débrouille.
- *Borom-faux-col :* celui qui porte toujours chemise et cravate.
- *Coépouse :* femme d'un homme polygame.
- *Cousin à plaisanterie :* individu avec qui l'on est suffisamment intime pour se permettre de plaisanter sans être inconvenant.
- *Démerder :* se débrouiller (ici, ce verbe n'est pas pronominal).
- *Durer :* rester longtemps au même endroit.
- *Faire banquette :* rester à attendre.
- *Faire patiner les pieds :* danser.
- *Faire ses besoins :* vaquer à ses occupations (un vrai « faux ami »).
- *Fréquenter :* aller à l'école.
- *Frère même père :* demi-frère.
- *Frère même père même mère :* frère.
- *Garage :* gare routière.
- *Gâter :* casser, détériorer.
- *Golo :* singe, clown, rigolo.
- *Hier nuit :* hier soir, la nuit dernière.
- *Maman :* terme affectueux, teinté de respect, adressé à une femme plus âgée.
- *Patron :* monsieur (choquera les routards syndicalistes, mais ici, c'est une expression bonhomme et familière).

– *Radio-cancan :* la rumeur publique.
– *Saï-saï :* coquin (dans tous les sens du terme...).
– *Tableau :* panneau d'indication.
– *Soutien :* soutien-gorge.
– *Syndicat :* récipient métallique.
– *Toubab* (ou *Toubabou*) *:* Blanc, en particulier un Européen.
– *Vieux :* terme respectueux adressé à un homme plus âgé que soi (« Bonjour Vieux, comment ça va ? »). On dit également « grand » en s'adressant à un homme plus âgé mais encore jeune.
– *Voyager :* vous entendrez souvent l'expression « il/elle a voyagé », qui signifie aussi bien être momentanément absent (1 jour ou 2) qu'être parti pour plus longtemps.

LIVRES DE ROUTE

– ***Sénégal,*** de Christian Saglio, 2005 (préface d'Erik Orsenna) ; éd. Grandvaux. Un livre personnel d'un grand connaisseur du Sénégal, autrefois initiateur des campements villageois en Casamance, puis directeur du Centre culturel français de Dakar. Une excellente approche du pays, nourrie par une longue expérience. Le même auteur a écrit les textes d'un livre de photos de Catherine et Bernard Desjeux, ***Casamance*** (éd. Grandvaux, 2008).
– ***La Casamance,*** de Laurence Puissant et André Bossler, 2012 ; éd. Grandir. Un livre qui s'adresse aux jeunes lecteurs, écrit par des amoureux de la Casamance qui vivent dans la région depuis plus de 10 ans. L. Puissant est sociologue, A. Bossler, peintre. De nombreuses photos et illustrations aident à comprendre de manière synthétique la culture, les rites, l'histoire, l'architecture et l'environnement de la Casamance.
– ***L'Empire du Mensonge,*** d'Aminata Sow Fall, roman ; éd. Le Serpent à Plumes, 2018. Comme dans ses précédents romans *(La Grève des Bàttu, Le Jujubier du patriarche),* Aminata Sow Fall s'intéresse au destin des petites gens, à travers la vie de Sada, qui, après avoir grandi près d'une décharge publique, affronte une vie difficile, tout comme ses amis d'enfance, et garde la tête haute.
– ***Boy Dakar,*** de Laurence Gavron ; roman ; éd. du Masque, 2008. Un polar où transpire l'amour pour Dakar de l'auteure, française naturalisée sénégalaise. L'intrigue, mêlant meurtre et maraboutage, n'est que prétexte à peindre le portrait d'une ville, à travers une galerie de personnages, du petit peuple des féticheurs, talibés, mendiants, immigrés cap-verdiens, petits truands ou artistes sans le sou, aux grands politiciens corrompus et marabouts ambitieux. Le tout nourri d'une foule de références musicales. De la même auteure, ***Hivernage*** (2009) et ***Fouta Street*** (2017).
– ***Le Ventre de l'Atlantique,*** de Fatou Diome ; roman ; éd. Anne Carrière, 2003 ; Le Livre de Poche nº 30329, 2005. Roman quasi autobiographique d'une jeune Sénégalaise originaire du delta du Saloum. Installée depuis plusieurs années en France pour y faire des études, Salie n'est pas vraiment intégrée, et pourtant, elle est déjà déracinée de son pays natal. Comment faire face à l'irrépressible désir de son frère et de ses copains de partir à leur tour vers cette vie meilleure que la France offre à ses compatriotes ? La preuve ? La réussite de ces footballeurs sénégalais ! Et cet ancien de Barbès, revenu au pays, qui joue les notables, préfère les conforter dans leurs illusions que de leur dire la vérité sur la vie de l'immigré. Des observations fines et contrastées sur les liens entre le Sénégal d'aujourd'hui et son immigration. Toujours aussi engagée, comme le montrent ses prises de position sur la question des migrants, Fatou Diome a également publié ***Ketala*** et ***Celles qui attendent*** (éd. Flammarion, 2006 et 2010, et éd. J'ai Lu, 2007 et 2013).
– ***Mbëkë mi, à l'assaut des vagues de l'Atlantique,*** d'Abass Ndione ; roman ; Gallimard, coll. « Continents noirs », 2008. Un roman coup de poing sur un sujet qui a fait l'actualité au Sénégal ces dernières années : une pirogue chargée de

migrants quitte le Sénégal et se perd en mer... Du même auteur, on recommande également ***La Vie en spirale*** (Gallimard, coll. « Série Noire », 2004), ***Ramata*** (Gallimard, Folio policier, 2008).

- ***L'Aventure ambiguë,*** de Cheikh Hamidou Kane, Julliard, 1961 ; récit ; coll. « 10/18 » (2003) n° 617. L'aventure ambiguë, c'est celle de Samba Diallo, jeune Africain élevé dans un petit village du Sénégal, qui fera des études supérieures en France. Afrique et Europe, tradition et modernité, religion et savoir scientifique, coutume et loi, les termes de l'ambiguïté sont multiples. Grand classique de la littérature africaine.
- ***Nini, mulâtresse du Sénégal,*** d'Abdoulaye Sadji, 1954 ; réédition 2004, roman ; Présence africaine. Saint-Louis du Sénégal pendant la période coloniale. Comment une jeune fille métisse tente par tous les moyens de satisfaire son ambition, se faire épouser par un Blanc. Ses échecs seront révélateurs de l'ambiguïté de la situation, et elle trouvera difficilement sa place entre les Noirs qu'elle dénigre et les Blancs qui la rejettent.
- ***Œuvre poétique, 1945-1961,*** de Léopold Sédar Senghor ; poésie ; Le Seuil, coll. « Points » n° 210. Le livre comprend l'œuvre intégrale dont les 4 recueils principaux : *Chants d'ombre* (1945), *Hosties noires* (1948), *Éthiopiques* (1956) et *Nocturnes* (1961). Ces textes admirables, constellés de mots africains, composent une poésie cosmique, où tout se mêle et fusionne. L'inventeur du mot et de la notion de « négritude » fut aussi le 1er président de la République du Sénégal.
- Et bien sûr, les romans, tous en édition de poche, de l'écrivain et cinéaste sénégalais Ousmane Sembène (1923-2007), « grande voix » du Sénégal, à commencer par ***Les Bouts de bois de Dieu*** (Pocket n° 871), poignant récit de la grève des cheminots du Dakar-Niger en 1947, où s'entremêlent lutte des classes, violence coloniale et émancipation des femmes. Mais aussi ***Le Docker noir, Guelwaar, Xala, Le Mandat, Nilwan*** (Présence africaine)... Tous sont d'une remarquable finesse et dépeignent avec colère, ravissement et en tout cas humanité la noblesse d'un peuple en perpétuelle mutation.
- À noter qu'en 2004, le film ***Moolaadé*** du même Ousmane Sembène a été primé à Cannes dans la section « Un certain regard ». Tourné au Burkina Faso et sorti sur les écrans français en 2005, ce film traite de l'excision en Afrique de l'Ouest.

MARCHANDAGE

C'est à la fois un plaisir (enfin, pour ceux qui aiment ça...), un jeu, un sport nécessitant beaucoup d'humour, de bagou, de ruse, de subtilité, de patience et de sang-froid (eh oui !). Un objet à 1 000 F.CFA se marchande en 2 minutes, mais au-delà de 10 000 F.CFA, n'hésitez pas à passer... le temps qu'il faut ! Si vous êtes vraiment pressé, dites le prix que vous êtes prêt à payer, restez ferme et, en cas de refus, commencez à partir. Il y a de grandes chances que le vendeur vous coure après...

Quelques conseils

- Avant d'aller faire des emplettes, renseignez-vous auprès d'amis ou de votre hébergeur, par exemple, pour connaître l'échelle de tarifs de l'objet de vos désirs. Vous mesurerez ainsi mieux les limites à ne pas dépasser.
- N'oubliez pas que bon nombre de commerçants sont superstitieux. Levez-vous tôt ! En effet, si vous êtes le premier client, le vendeur sera beaucoup plus indulgent, car c'est un présage qui lui permettra de faire une bonne journée.
- Le principe de base est de ne pas laisser percevoir votre intérêt pour le bibelot que vous imaginez déjà en bonne place dans votre salon. Demandez le prix de l'objet qui vous intéresse et des objets voisins avec le même air détaché, c'est-à-dire en regardant autre chose.

– Un autre principe est qu'à partir du moment où vous annoncez un prix, c'est que vous avez à plus ou moins court terme l'intention d'acheter.
– Ensuite, marchandez en partant de beaucoup plus bas que le prix annoncé. Dans un marché, divisez les prix par 2, 3, voire 4. Commencez par de petits achats pour tâter le terrain. Il ne faut pas hésiter à raconter sa vie (même à en rajouter), à dire au marchand qu'on a comme lui une famille à nourrir, que l'argent n'est pas inépuisable.
Bon, si vous voulez être certain de ne pas vous faire arnaquer, n'achetez rien. Mais vous passerez alors à côté d'une institution qui fait partie intégrante de la vie locale. De plus, il existe pas mal d'objets originaux, à un prix inversement proportionnel au temps que vous avez à perdre en baratin.

PÉDOPHILIE

Le Sénégal a pris des mesures draconiennes à l'encontre du tourisme sexuel qui sévit dans les endroits touristiques, comme dans le secteur de Saly, sur la Petite Côte. Sous la pression de certains acteurs, telle l'association *Avenir de l'enfant* (ADE), en collaboration avec les autorités du pays et les autorités locales, a été mis en place en 2002, à Mbour, un plan d'action départemental de lutte contre l'exploitation et les abus sexuels des enfants. Des actions concrètes sont aujourd'hui menées par un comité opérationnel de suivi de ce plan : création d'un Observatoire pour la protection des enfants contre les abus sexuels, actions de sensibilisation et de surveillance. Les hôteliers sont également invités à prendre une part active dans cette lutte. Il est bon de savoir que, selon le code pénal sénégalais, tout acte pédophile ou tentative commis(e) sur un enfant de moins de 16 ans est passible d'une peine d'emprisonnement allant jusqu'à 10 ans, accompagnée d'une amende, et que la majorité légale est fixée à 21 ans.

■ ***Observatoire pour la protection des enfants contre les abus sexuels :*** *à Mbour. ☎ 33-957-57-58 ou 59.*

PHOTOS

Avant de photographier des personnes, la moindre des courtoisies est de leur demander l'autorisation. Évidemment, on vous réclamera souvent en échange un petit « cadeau ». Si vous êtes accompagné d'un guide local qui connaît les gens, il intercédera pour vous. La promesse d'envoyer une photo aux personnes qui vous servent de sujet n'est pas toujours opérante...
Ne jamais photographier la police, les soldats, les casernes, les écoles et les grandes infrastructures (aéroport, etc.).

POSTE

Pour une carte postale ou une lettre de moins de 20 g, le timbre à destination de l'Europe coûte 500 F.CFA. Afin que le courrier arrive dans un délai raisonnable, il est préférable de le poster depuis une ville importante. Compter alors 5-6 jours de délai, au moins.

SANTÉ

Pour tout ce qui concerne la santé sous les tropiques, on s'est rendu compte que beaucoup de préjugés et d'idées fausses envahissaient l'esprit des voyageurs. Pour couper court à tout ça, on a fait appel à un ami, le Dr Alain

Fisch. Ses titres : médecin des hôpitaux, chef de service des urgences de médecine tropicale. Outre le fait qu'il est spécialiste en la matière, il a aussi énormément voyagé.

AVANT DE PARTIR

Des consultations de voyage se tiennent à votre disposition dans de nombreux hôpitaux : en général, il y a au moins un service de maladies infectieuses et tropicales dans chaque CHU (liste disponible sur Internet : • *astrium.com* •). Consulter avant vaut mieux que consulter après... D'autant que :
- vous avez certainement besoin d'une prescription de médicaments, dont certains, en particulier contre le paludisme, ne sont délivrés que sur ordonnance ;
- si vous avez déjà, avant le voyage, un problème de santé, la consultation est absolument impérative, vitale ;
- enfin, les médecins tropicalistes pourront vous parler d'éventuelles épidémies récentes ou en cours, ou vous communiquer l'adresse de confrères qu'ils connaissent...

Avant le départ, ne pas oublier...

- Une visite chez le dentiste : attention aux dents creuses ou mal obturées, en particulier dans le cas où vous feriez de la plongée.
- Emportez et gardez sur vous votre carnet international de vaccinations (surtout pour la fièvre jaune). Lire plus loin la rubrique « Vaccinations ».
- Ayez sur vous les coordonnées de votre médecin ou du centre de médecine tropicale que vous avez consulté avant le départ. En cas de problèmes de santé particuliers, ils doivent être consignés sur une carte à garder avec vous tout au long de votre voyage.
- Souscrivez à une compagnie d'assistance internationale. Si vous tombez malade ou que vous êtes hospitalisé à l'étranger, vous serez bien content qu'on s'occupe de vous mettre dans le premier avion... et qu'on vous paie le billet.

Ce qu'il faut prévoir

- De quoi faire face aux petits bobos, qui ont vite fait de gâcher un voyage (pince à épiler, épingles de nourrice, compresses, sparadrap, antiseptique cutané).
- Votre antalgique habituel.
- Pour ceux qui ont un traitement permanent, leurs médicaments habituels, facilement accessibles, voyageant en bagage à main (mais aussi en soute pour une quantité double, en dépannage), dans un simple sac de toile (pas dans une mallette, trop inconfortable à transporter, et risque de casse des flacons et ampoules).
- Attention à la réglementation sur les liquides en cabine ; se munir des ordonnances.
- Si vous avez des lunettes de vue dont vous êtes dépendant, emportez-en 2 paires.
- Crème de protection solaire, indice maximal et crème de protection des lèvres (type montagne).
- Chapeau à large bord, en toile, blanc ou clair (les couleurs claires réfléchissent les rayons du soleil) et vêtements en fibres naturelles, suffisamment amples pour éviter qu'ils collent à la peau.
- Chaussures de marche fermées (type tennis ou jogging, Pataugas) en toile ou en cuir (plastique = mycoses) pour les randonneurs. Pensez à les « roder » préalablement.
- Diffuseur d'insecticide et plaquettes.
- Moustiquaire imprégnée d'insecticide (Perméthrine, durée d'efficacité de l'imprégnation : 6 mois).

– Flacons d'imprégnation ou de vaporisation insecticide des vêtements et de répulsifs cutanés (gamme Insect Ecran).
Les produits et matériels utiles au voyageur, assez difficiles à trouver, peuvent être achetés par correspondance sur le site de ***Santé Voyages*** • *boutique-sante-voyages.com* • Infos complètes toutes destinations, boutique web, paiement sécurisé, expéditions Colissimo Expert ou Chronopost. ☎ *01-45-86-41-91 (lun-ven 14h-19h).*

Médicaments sur prescription médicale

La plupart des médicaments délivrés sur prescription médicale s'achètent dans les pharmacies de Dakar, après consultation d'un médecin. Vérifiez bien les dates de péremption et évitez les médicaments vendus sans emballage.
– Médicaments contre le paludisme (voir plus loin « Identifiez la cause de quelques symptômes. Le paludisme »).
– Médicaments contre les diarrhées banales (voir plus loin « Identifier la cause de quelques symptômes. Diarrhée ») :
– Un pansement gastrique, utile en cas de gastro-entérite, de douleurs d'estomac. La présentation en comprimés à sucer est la plus facile à transporter : Smecta®, Phosphalugel®, Maalox®... N.B. : à ne pas prendre en même temps que d'autres médicaments (risque de diminution de leur absorption).
– Un antivomitif (type Primpéran®), en cas de gastro-entérite.
– Un antispasmodique (type Spasfon Lyoc®) en cas de colique néphrétique, de traumatisme, de douleurs abdominales...
– Un antiallergique (type Aerius®) ; les allergies sont fréquentes : végétaux, pollens, acariens, pollution (notamment à Dakar).
– Un antibiotique actif sur diverses infections, en particulier intestinales (type Ciflox®), et un médicament actif sur les amibes (type Flagyl®) : comprimés à emporter éventuellement avec soi pour éviter de les chercher sur place, mais à n'utiliser que sur prescription d'un médecin local.

Remarques diverses

– Pas de suppositoires (ils fondent).
– Pas de parfums, eaux de toilette... alcoolisés (ils dessèchent la peau). À priori éviter tous les cosmétiques, fards, crèmes de beauté, du moins le jour : certains ne font pas bon ménage avec le soleil et peuvent entraîner des brûlures graves.
– Pas de lentilles de contact en pays chaud et sec (risque majeur d'atteinte grave de la cornée).
– En avion long-courrier, penser à boire abondamment et à marcher régulièrement pour éviter les phlébites, embolies pulmonaires et, dans tous les cas, le gonflement des jambes.

VACCINATIONS

Ne pas se fier à ce qui est exigé par les autorités locales : beaucoup de pays ne sont pas très désireux de clamer au monde entier qu'il y a chez eux des cas de fièvre jaune, de choléra, de typhoïde, etc. Une vaccination (hormis les cas particuliers) n'est pas la mer à boire !

Centres de vaccination

Pour connaître tous les centres de vaccination, consulter le site internet • *astrium.com/centres-de-vaccinations-internationales.html* •

S'y prendre suffisamment tôt !

Il n'est pas question, à l'heure actuelle, de mettre tous ces vaccins dans la même seringue. D'où l'importance d'une consultation préalable au voyage, à laquelle on se rendra au moins 1 mois avant le départ, pour tenir compte des temps d'incubation. Attention, les rendez-vous ne s'obtiennent pas du jour au lendemain, certains centres de vaccination sont débordés !

Les vaccins du voyage

– *Fièvre jaune :* à faire systématiquement, dès l'âge de 12 mois, même lorsqu'elle n'est pas administrativement exigée (avoir toutefois son carnet de vaccination contre la fièvre jaune sur soi, au cas où il serait demandé à l'entrée du pays). On ne plaisante pas, car il s'agit d'une maladie mortelle que l'on attrape sans s'en apercevoir en étant piqué par un moustique qui n'a rien de particulier par rapport à ses copains. La vaccination protège à 100 % pendant toute la vie. La protection est conférée seulement 10 jours après l'injection. Il est donc encore une fois nécessaire de s'y prendre à l'avance. Elle ne peut se faire que dans les centres de vaccination habilités (il y en a environ 150 en France).
Le coût de cette vaccination varie selon les centres (en moyenne, 60-70 €).
– *Hépatite A :* sans nul doute, il ne faut partir qu'immunisé contre cette très fréquente maladie, dite « alimentaire » ou des « mains sales ». Injection d'Avaxim®, d'Havrix® ou de Vaqta® : la première injection protège 15 jours après. Un rappel effectué 6 à 18 mois plus tard confère probablement une immunité à vie.
– *Typhoïde :* vaccin recommandé à tous les voyageurs âgés de plus de 2 ans qui se rendent dans un pays de basse hygiène. Vaccin très bien toléré *(Typhim Vi)*. À faire chez l'adulte et l'enfant de plus de 2 ans. Une injection unique confère une protection de 3 ans au moins dès le 15ᵉ jour après l'injection. Il existe aujourd'hui un vaccin combiné (une seule injection) hépatite A + typhoïde (Tyavax®).
– *Méningite à méningocoque :* vaccin (Menveo®, Nimenrix®) peu utile pour le touriste en court séjour mais très recommandé en cas de séjour plus long avec immersion dans la population autochtone. Pour l'adulte, cette vaccination est souhaitable si on se rend en zone d'endémie à certains moments de l'année. Pour les enfants, adolescents et jeunes adultes, seulement si la méningite sévit régulièrement de manière épidémique, en particulier en saison sèche. Durée de protection : 3 ans.
– *Rage :* particulièrement recommandé en cas de séjour long en zones rurales éloignées, mais la rage est omniprésente, y compris chez les chiens errants de Dakar. Dans les pays industrialisés, si on se fait mordre par un animal suspect de rage, les centres agréés de vaccination antirabique entrent en action dans des délais très courts ; nous ne déplorons ainsi aucun cas autochtone de rage humaine en France. Petit rappel : la rage est l'une des rares maladies qui soient mortelles dans 100 % des cas.
C'est pourquoi il est fortement recommandé de faire vacciner préventivement :
– toute personne qui sera en contact avec des animaux de manière obligatoire (vétérinaires, biologistes, écologistes, agronomes...), ainsi qu'avec tout animal domestique ;
– tout voyageur qui pourra se trouver éloigné plus de 48h d'un centre apte à le traiter efficacement et sans risque, avec simplement 2 doses de vaccin.
La vaccination antirabique actuellement disponible est aussi bénigne que les autres. Avis aux routards, trekkeurs, aventuriers, expatriés... et encore plus à leurs enfants.

Les vaccinations universelles

Tétanos, poliomyélite, diphtérie, coqueluche, ROR, Haemophilus b, hépatite B.
Les 4 premières, conseillées chez l'adulte, deviennent nécessaires lorsque l'on voyage, et le rappel est une priorité avant le départ.

– ***Méningite à Haemophilus influenzae b, ROR, coqueluche :*** tous les enfants de moins de 3 ans qui voyagent en Afrique doivent impérativement être vaccinés contre ces maladies.
– *Hépatite B :* dès que l'on doit approcher des gens de près (professionnellement comme c'est le cas pour les personnels de santé, sexuellement ou dans les conditions de vie précaires des pays en développement), mieux vaut être vacciné. L'hépatite B est une maladie de la « promiscuité », et c'est une maladie grave qui peut aboutir à la cirrhose, au cancer du foie. Dans certains villages, plus de 90 % des gens ont attrapé le virus au cours de leur existence : même si seulement 10 à 20 % d'entre eux en sont malades, le risque est conséquent.
Aujourd'hui, la vaccination est totalement anodine, permettant une immunité à vie. Mais pour être protégé au maximum, il faut avoir bénéficié des 2 premières injections qui se font, au minimum, sur 1 mois plein (ensuite, rappel 6 à 12 mois).

IDENTIFIER LA CAUSE DE QUELQUES SYMPTÔMES

Le virus « Appolo »

Attention au virus « Appolo » (surtout au mois de septembre). Il est responsable d'une maladie des yeux qui ressemble à une grosse conjonctivite.
Pendant 2 ou 3 jours, on a les yeux qui piquent, qui pleurent et qui sont tout gonflés. Les premiers symptômes sont révélateurs : yeux collés le matin, impression de sable dans les yeux, fort mal de tête. Pour éviter de l'attraper, ne vous frottez pas les yeux quand vous avez les mains sales et lavez-les le plus souvent possible. Le traitement est un collyre contre « Appolo ».

Le paludisme (malaria)

La première maladie parasitaire mondiale : des centaines de milliers de morts par an, dans toute l'Afrique noire, et d'autant plus qu'il fait chaud, humide et que les populations sont pauvres.
Aujourd'hui, l'agent du paludisme grave *(Plasmodium falciparum)* est devenu résistant à la Nivaquine® dans la totalité des pays d'Afrique. Idem pour l'association Nivaquine®-Paludrine®, Savarine®. Ne restent efficaces en prévention que Malarone®, Lariam® ou doxycycline.
Actuellement, aucun médicament ne confère une protection absolue contre le paludisme. Il importe donc tout d'abord de diminuer le risque de contracter le parasite en diminuant le nombre de piqûres de moustiques.

Diminuer le nombre de piqûres de moustiques

En particulier DÈS QUE LE SOLEIL COMMENCE À BAISSER !
– Ne dormir que sous moustiquaire imprégnée d'insecticide et la border pour que les moustiques ne passent pas par-dessous. C'est la mesure majeure antipaludique (N.B. : l'AC diminue l'agressivité des moustiques mais ne les tue pas).
– Utiliser abondamment des répulsifs antimoustiques cutanés, des serpentins antimoustiques (utilisables même dehors lorsqu'il n'y a pas trop de vent, mais jamais dans une pièce fermée), des diffuseurs électriques, l'AC. Beaucoup, pour ne pas dire la quasi-totalité des répulsifs antimoustiques/arthropodes vendus en grande surface ou en pharmacie, sont peu efficaces, voire pas du tout.
Une gamme conforme (OMS, ministère de la Santé) et fiable : Insect Ecran (adulte, enfant, vaporisation, imprégnation des tissus). Disponible en pharmacie et en vente web sécurisée sur • *boutique-sante-voyage.com* •
– Porter (à l'extérieur), dès la tombée du jour (surtout en milieu humide), des vêtements recouvrant au maximum le corps, serrés aux extrémités (comme les tenues de jogging), chaussettes suffisamment épaisses, chaussures fermées. Ne pas

hésiter à imprégner ses vêtements d'insecticide (type Insect Ecran Trempage ou Vaporisateur), actif pendant 6 mois et résistant à 6 lavages machine normaux.
Tant que le soleil est bien haut, on peut relâcher sa vigilance, du moins en ce qui concerne le paludisme.

N'utiliser qu'à bon escient des médicaments antipaludiques

Après s'être précisément renseigné et avoir la certitude d'être exposé au risque de paludisme, on prendra :
– Malarone® : un comprimé par jour à heure fixe, de la veille du départ à 7 jours après le retour ; aujourd'hui le meilleur antipaludique pour l'Afrique, dont le seul effet secondaire est le prix élevé. Son générique est disponible (sous le nom d'Atovaquone/Proguanil) ;
– à défaut, Lariam® ;
– ou doxycycline ; il faut savoir que ce médicament est interdit chez la femme enceinte et chez l'enfant de moins de 8 ans. Il existe aussi un risque (très faible) de photosensibilisation. Prendre un comprimé (100 mg) la veille du départ, puis pendant toute la durée du séjour et durant les 4 semaines qui suivent le retour. Très bon marché.

Quelques points complémentaires sur le paludisme

– Il y a en fait, pour le voyageur, 2 types de paludisme et 2 types de parasites : le plus fréquent au Sénégal, celui qui tue *(Plasmodium falciparum)* mais ne subsiste pas longtemps dans l'organisme (maximum 3 mois) ; et ceux qui ne tuent pas, rendent seulement malade, mais peuvent vivre, en revanche, beaucoup plus longtemps dans l'organisme. Tout ce qui est détaillé ci-dessus concerne le paludisme qui tue. Si vous attrapez l'autre, vous réglerez tranquillement le problème au retour.
– La consultation avant le départ est indispensable (médicaments délivrés sur ordonnance seulement).
– Sauf raison impérieuse, ***un enfant en bas âge ou une femme enceinte ne devraient pas voyager en zone impaludée.*** Pendant la grossesse, le tourisme éventuel devrait se faire ailleurs. Le paludisme chez une femme enceinte est dramatique pour le fœtus, et la plupart des médicaments antipaludiques actuellement efficaces sont théoriquement interdits pendant la grossesse.
– Le vaccin contre le paludisme n'est pas pour demain, malgré d'indéniables progrès récents.
– Autres maladies transmises pas les moustiques au Sénégal : un peu de dengue, mais aussi (très peu de gens le savent) du chikungunya. Pas de quoi paniquer, mais pensez à éviter les piqûres aussi de jour.

Diarrhée

Une diarrhée lors (ou au retour immédiat) d'un séjour en zone tropicale est extrêmement banale : 20 à 50 % des voyageurs tropicaux en font l'expérience.
Mais une diarrhée peut être aussi le symptôme d'une maladie grave et urgente. Le tout est de porter rapidement le diagnostic et de procéder au traitement adéquat : toutes les maladies en cause se soignent aujourd'hui de manière rapide et efficace.
On peut facilement faire la différence entre ces 2 types de diarrhée en tenant compte de l'existence ou l'absence d'une fièvre (température supérieure à 38,5 °C pendant plus de 24h) et de l'aspect des selles ou émissions.

Les diarrhées peuvent être graves...

– S'il y a de la fièvre. En effet, il peut s'agir :
➢ d'un paludisme (toujours y penser en cas de fièvre) ;
➢ d'une salmonellose (typhoïde, par exemple) ;
➢ d'une shigellose ou autre infection bactérienne au nom bizarre, souvent sévère.

– Si la diarrhée s'accompagne d'émissions de glaires et/ou de pus et/ou de sang : la diarrhée est alors toujours synonyme d'une infection à traiter rapidement. Il peut s'agir d'une dysenterie amibienne (pas de fièvre), d'une salmonellose ou d'une shigellose (avec fièvre)...
– Eau abondante : les émissions ne contiennent plus de matières fécales, mais sont constituées d'une « eau de riz », d'un liquide incolore. Attention, il peut s'agir du choléra, surtout si cette diarrhée dure depuis plus de 48h.
Dans tous ces cas, consulter rapidement un médecin.

Une diarrhée n'est donc pas grave...

– Si elle ne s'accompagne pas de fièvre et si elle est simplement constituée de selles anormalement molles (cas le plus fréquent.)
Dans ce cas, prendre :
➢ du Zithromax®, un antibiotique à large spectre : 2 comprimés en 1 seule prise, 1 seule fois ;
➢ du Tiorfan®, un anti-sécrétoire : 1 gélule d'emblée 3 fois/jour si possible avant les 3 principaux repas. Durée maximum 7 jours.
Si la diarrhée n'est pas stoppée au bout d'une semaine, il faut consulter un médecin.

Dans tous les cas, bien noter les recommandations suivantes

– Cesser de consommer les aliments qui contiennent des fibres alimentaires (légumes, fruits), au profit de ceux qui n'en contiennent pas (riz en particulier) pendant toute la période diarrhéique ; ou bien, si vous êtes un adulte antérieurement en bonne santé, mettez-vous carrément à la diète en vous contentant de vous réhydrater.
– Chez l'enfant, toute diarrhée, même « banale », doit être considérée comme grave à cause des pertes liquidiennes qu'elle entraîne, et ce, d'autant plus que l'enfant est jeune : consulter sans délai et, dans l'attente, faire boire à l'enfant une quantité au moins équivalente à celle de ses pertes.
– Assurer une bonne hydratation : Coca-Cola, jus de fruits, bouillon de légumes, eau de riz... et chez l'enfant, selon l'âge : biberon, bouillie, et surtout sels de réhydratation orale, type Adiaril.

En cas d'épidémie de choléra

Le choléra est présent au Sénégal. Ce n'est une maladie grave que lorsque l'on est loin de tout centre médical de bonne qualité. Il convient donc d'appliquer les mesures d'hygiène universelles et d'être vigilant à propos de toute diarrhée constituée d'émissions liquides abondantes (incolores comme de l'eau), sans fièvre.
Pour les gens particulièrement exposés (personnels de santé, humanitaires...), on peut :
– proposer le vaccin Dukoral® (2 doses buvables) ;
– prendre un comprimé par jour (éventuellement 2 selon le poids) de doxycycline 100 mg, ou la dose équivalente d'un autre antibiotique de la classe des cyclines. Cela pendant toute la durée du séjour en zone épidémique et pendant les 8 jours qui suivent. Attention, cyclines et soleil ne font pas bon ménage (risque théorique de brûlures graves en cas d'exposition solaire) ;
– faire très attention à tout ce que l'on consomme ou porte à la bouche (voir ci-après les rubriques « Les boissons » et « L'alimentation » dans « Quelques précautions élémentaires »), et bien se laver les mains avant de manger.
En cas de symptômes évocateurs (voir plus haut) :
– se faire rapatrier d'urgence en évitant de prononcer le mot « choléra » avant son départ, puis en le criant bien haut et fort une fois revenu pour être dirigé vers un service hospitalier spécialisé ;

– dans l'attente, se réhydrater au maximum (voir ci-dessus), autant que le supportera votre estomac : le choléra n'est grave que par les pertes qu'il entraîne en eau et en sels... ; dès que ces pertes sont compensées, on peut être considéré comme guéri ;
– en dehors de la compagnie d'assistance, n'hésitez pas aussi à faire appel aux médecins de votre ambassade et aux médecins européens en coopération.
On en a trop dit sur cette maladie, qui n'est contractée que de manière exceptionnelle par les touristes.

QUELQUES PRÉCAUTIONS ÉLÉMENTAIRES

Faux médicaments

La contrefaçon de médicaments touche tous les pays et toutes les classes thérapeutiques. Un faux médicament est au mieux inefficace et au pire mortel. Mais, parce qu'il ne soigne jamais convenablement et qu'il est fabriqué dans la clandestinité sans aucun contrôle sanitaire, le faux médicament est toujours dangereux. L'IRACM, l'Institut international de recherche anti-contrefaçon de médicaments (une association internationale indépendante à but non lucratif qui promeut et développe la lutte contre le trafic de faux médicaments à travers le monde), vous donne des conseils pratiques et les précautions à suivre en prévision de votre séjour, durant les formalités d'embarquement, pendant le vol, une fois à destination et, enfin, si vous êtes contraint d'acheter des médicaments sur place. Pour plus d'informations, rendez-vous sur le site • *iracm.com* •

Avant votre voyage

– Prenez suffisamment de médicaments pour toute la durée de votre séjour.
– Voyagez avec votre ordonnance rédigée en « Dénomination commune internationale » (DCI).

Pendant le vol

– Conservez au moins une partie de vos médicaments en cabine (utile en cas de problème avec votre valise).
– Gardez-les dans leurs emballages d'origine.

En cas d'achat de médicament à l'étranger

– Pas de médicaments sans consultation.
– N'achetez vos médicaments qu'auprès de revendeurs officiels (pharmacies).
– Vérifiez attentivement vos médicaments et leur conditionnement.
– Attention aux effets indésirables inhabituels. Consultez un médecin dans les plus brefs délais et apportez-lui les médicaments suspects.

Les boissons

– Demander aux Européens vivant dans chacune des localités si on peut boire l'eau du robinet (c'est très rarement le cas). Parfois, elle est d'une hygiène parfaite, mais celle-ci est souvent obtenue au prix d'une javellisation extrême.
– Essayer de consommer des boissons « industrielles » : eaux dites de source, limonades, boissons aux fruits ou au cola. Veillez à ce que ces eaux vous arrivent non décapsulées. Les bières sénégalaises sont toujours sûres et fort bonnes. Bien entendu, pas d'abus, car l'alcool ne réhydrate pas. Bien au contraire !
– Ne pas acheter d'eau filtrée, que ce soit dans la rue ou en magasin.
– Éviter de consommer des glaçons même si on vous dit qu'ils sont réalisés à partir d'eau minérale ou filtrée.

– Thé et café : pas de problème.
– Ne pas hésiter à faire des orgies de fruits frais pressés devant vous (oranges, citrons, limes...) : c'est une boisson stérile, rafraîchissante, réhydratante, bourrée de vitamines et de sels minéraux.
Ne boire aucune eau non contrôlée. Il est possible de purifier l'eau suspecte grâce à un procédé individuel et économique : une paille d'ultrafiltration de poche à 0,01 micron, qui, à travers 5 étages de filtration, piège absolument tous les parasites, virus et bactéries avec une capacité de 2 000 l d'eau purifiée. Grande autonomie, donc. Ni pile, ni substance chimique et un embout qui permet de fixer la paille à une bouteille en plastique (type « cola ») transformée alors en gourde, pratique ! En vente sur ● *boutique-sante-voyage.com* ●
Ne pas oublier que si une boisson peut être stérile, le verre ne l'est pas : un petit rinçage, un coup de mouchoir propre, ou bien boire à la bouteille. Pensez aussi et surtout à ne pas prendre de glaçons, qui ne sont sûrement pas faits avec une eau stérilisée.
Quoi qu'il en soit, il faut boire beaucoup, plusieurs litres par jour, sinon il y a risque de déshydratation, de colique néphrétique (les urines, trop concentrées, se précipitent en cristaux qui bloquent les reins). S'il fait vraiment très chaud et très sec (désert), il faut non seulement apporter de l'eau (beaucoup), mais aussi du sel : sursaler son alimentation ou, au besoin, avaler régulièrement quelques pilules de sel.

L'alimentation

– ***Les crudités*** peuvent poser un réel problème, surtout en brousse, pouvant être souillées par ce que nous appellerons pudiquement l'« engrais humain ». Cela s'applique bien sûr aux légumes qui n'ont pas une peau ou écorce protectrice : salade, carottes crues, tomates, etc. En dehors de Dakar et de la Petite Côte, s'abstenir de consommer des crudités ou de la salade dans les campements, les conditions de désinfection n'étant pas contrôlables.
– ***Les viandes*** ne posent pas trop de problèmes. S'assurer qu'elles ne sont pas trop faisandées et surtout qu'elles sont bien cuites. L'idéal est un ragoût. Sur le plan sanitaire, c'est le mouton qui pose le moins de problèmes, et le porc (rare au Sénégal) qui en pose le plus.
– ***Les poissons d'eau douce et les poissons de mer*** ne posent pas de problème en Afrique de l'Ouest, lorsqu'ils sont frais, bien entendu.
– ***Les produits laitiers*** peuvent comporter un risque. On peut attraper tout un tas de méchantes maladies avec le lait. Mais on en trouve du pasteurisé dans les supérettes des villes importantes. Mêmes remarques pour les glaces, sauf si on est sûr qu'elles proviennent d'une industrie bien contrôlée.
– Un point qui est peut-être le plus important : avant toute manipulation d'aliment, SE LAVER LES MAINS au savon de Marseille, ongles coupés court.

Les baignades

– Pas de baignade en eau douce stagnante : risque de bilharziose et autres parasitoses. En revanche, on peut se baigner au milieu d'un fleuve à grand débit, car les parasites et leurs vecteurs ne prolifèrent qu'en eau calme (à partir d'un bateau ou d'une jetée ; sinon, il faut revenir sur la berge en marchant dans l'eau du bord qui est à faible débit, et donc à risque).
Si on s'est baigné dans une eau stagnante, il faut, dès la sortie, s'essuyer vigoureusement et surtout ne pas laisser sécher (c'est lors du séchage que certains parasites pénètrent dans la peau). Et pas de panique : aujourd'hui, la bilharziose se soigne très bien, sans aucun risque ni effet secondaire.
– En mer, il n'y a quasiment pas de risque infectieux : les risques ici s'appellent vives, méduses... et aussi courants, barre, rouleaux... Se renseigner et éviter de se baigner après une tempête.

- Enfin, si on se vautre sur une plage également fréquentée par des chiens, on peut attraper un de leurs parasites *(larva migrans)*. Une petite larve viendra se balader sous votre peau : c'est impressionnant, ça gratte, mais ce n'est pas bien grave. Mais mieux vaut choisir pour buller une plage propre, bien sauvage, pas trop fréquentée par les chiens, marcher avec des chaussures de plage ou s'allonger sur une natte.

Le soleil

Ne pas hésiter à se protéger avec des vêtements recouvrant tout le corps. Et aussi avec un chapeau, des lunettes de soleil filtrant les UV et une crème de protection solaire de filtration maximale. On doit être d'autant plus vigilant que l'on a une peau claire. Attention, la prudence la plus extrême est de mise si vous prenez certains médicaments qui font très mauvais ménage avec les rayons ultraviolets (ils sont nombreux) : protection maximale.

Les animaux

Les contacts avec tous les animaux sont à éviter, aussi sympathiques puissent-ils paraître. Qu'il s'agisse des chiens, des singes, des oiseaux ou de tout autre animal, longue est la liste des maladies qu'ils peuvent transmettre à l'homme. On portera une attention toute particulière aux enfants, naturellement attirés par les animaux.

La sexualité

Pour beaucoup, il s'agit d'un élément fondamental et irremplaçable de la vraie connaissance d'un pays. D'accord, mais on respecte les règles : pour le paludisme, la moustiquaire ; pour le sida (et autres MST), les préservatifs. Le sida est aujourd'hui une maladie répandue sur toute la surface du globe, y compris dans les endroits reculés.
Il faut emporter avec soi des préservatifs, car ils ne sont pas partout disponibles (surtout lorsque l'on en a un besoin urgent...) et leur qualité n'est pas aussi bien contrôlée qu'en Europe.
À ce propos, rappelons quelques notions importantes.

Le virus du sida (VIH) se transmet :

- Par les relations sexuelles, et d'autant plus que le nombre de partenaires est élevé. Lors d'une rencontre de hasard, il est absolument impossible de savoir si la personne en question est porteuse ou non du virus. Il ne faut en aucun cas se fier à des impressions, à des apparences de bonne santé.
- Par tout ce qui concerne le sang : il faut être extrêmement vigilant. Il faut refuser toute piqûre effectuée avec un matériel dont la stérilité n'est pas parfaitement établie (d'où l'intérêt d'avoir dans sa trousse de voyage ses propres seringues et aiguilles). Quant à l'éventualité d'une transfusion sanguine, il faut, à priori, la refuser énergiquement ; c'est une bonne occasion de solliciter les services de votre compagnie d'assistance. Attention enfin aux tatoueurs, perceurs d'oreilles, barbiers...

En revanche, il ne se transmet pas :

- Par les contacts habituels de la vie courante, même lorsque quelqu'un tousse, éternue...
- Dans les piscines, les w-c, les transports publics...
- Quant aux insectes piqueurs, le problème a été très étudié : on n'a jamais pu trouver un seul patient (sur les dizaines de millions de personnes infectées) qui ait été contaminé avec certitude d'une telle manière.

UNE FOIS REVENU DANS VOTRE PAYS

Si vous avez un quelconque problème, n'oubliez jamais de signaler au médecin consulté que vous revenez du Sénégal : ça peut être vital. Tout d'abord, poursuivez impérativement votre traitement contre le paludisme (3 semaines pour le Lariam, 1 semaine pour le Malarone® – ou l'Atovaquone-Proguanil®, son générique –, 4 semaines pour la doxycycline).
Ensuite, n'imaginez pas que vous avez attrapé toutes les maladies du monde. Vous n'avez, à priori, aucune raison d'aller voir un médecin de manière systématique à votre retour.

En cas de problème au retour

– En cas d'urgence, n'hésitez pas à faire appel au ***service médical d'urgence des Aéroports de Paris (ADP)*** : ☎ *01-49-75-48-09 (Orly) ;* ☎ *01-48-62-28-00 (Roissy).* Les médecins, qui y exercent 24h/24, ont une grande pratique des problèmes qui concernent les voyages et la médecine tropicale.
– Votre médecin traitant saura vous orienter le cas échéant vers une consultation spécialisée.
– En cas d'urgence, prenez contact avec un médecin d'un service de médecine tropicale. En dehors des heures ouvrables, rendez-vous au service des urgences d'un hôpital possédant un service de maladies infectieuses tropicales : le médecin de garde contactera éventuellement ses collègues tropicalistes ou parasitologues.

SITES INTERNET

Avant de préparer votre périple au Sénégal, nous vous recommandons de consulter la rubrique « Conseil aux voyageurs » du site internet du ministère des Affaires étrangères : ***• diplomatie.gouv.fr •*** Infos au jour le jour sur la situation sécuritaire, mais également sur les risques encourus liés au tourisme sexuel, à la pédophilie, à la consommation et au trafic de stupéfiants...
• routard.com • Le site de voyage n° 1, avec plus de 800 000 membres et plusieurs millions d'internautes chaque mois. Pour s'inspirer et s'organiser, près de 300 guides destinations actualisés, avec les infos pratiques, les incontournables et les dernières actus, ainsi que les reportages terrain et idées week-end de la rédaction. Partagez vos expériences avec la communauté de voyageurs : forums de discussion avec avis et bons plans, carnets de route et photos de voyage. Enfin, vous trouverez tout pour vos vols, hébergements, voitures et activités, sans oublier notre sélection de bons plans, pour réserver votre voyage au meilleur prix.
• au-senegal.com • Site assez complet. On y trouve des photos, des cartes, l'actualité musicale. Renvoie aux sites de la presse sénégalaise. Infos sur les parcs naturels, les activités de loisirs, les arts, la culture...
La plupart des grands journaux sénégalais sont consultables en ligne : *Le Quotidien* ***(• lequotidien.sn •)***, le quotidien d'actualité gouvernementale, *Le Soleil* ***(• lesoleil.sn •)***, *Walf* ***(• walf-groupe.com •)***, *Le Sud* ***(• sudonline.sn •)...***

TÉLÉPHONE, INTERNET

Téléphone

S'il existe des lignes fixes, le moyen de communication le plus développé est le téléphone portable, qui capte jusque dans les plus petits villages de brousse, chacun ou presque comptant son antenne 3 ou 4G ! Également encore quelques rares télécentres privés.
– ***France → Sénégal :*** 00 + 221 + numéro du correspondant.

- ***Sénégal → France :*** 00 + 33 + numéro du correspondant à 9 chiffres (c'est-à-dire le numéro à 10 chiffres sans le 0 initial).
- ***Indicatifs des autres pays francophones :*** Belgique, 32 ; Suisse, 41 ; Luxembourg, 352 ; Canada, 1.

Le téléphone portable en voyage

Le routard peut utiliser son propre téléphone portable au Sénégal avec l'option « International ».
- ***Activer l'option « international » :*** elle est en général activée par défaut. Pensez sinon à contacter votre opérateur pour souscrire à l'option (gratuite) au moins 48h avant votre départ.
- ***Le « roaming » :*** c'est un système d'accords internationaux entre opérateurs. Concrètement, cela signifie que lorsque vous arrivez dans un pays, au bout de quelques minutes, le nouveau réseau s'affiche automatiquement sur l'écran de votre téléphone.
- Vous recevez rapidement un SMS de votre opérateur qui propose un ***pack voyageurs*** plus ou moins avantageux, incluant un forfait limité de consommations téléphoniques et de connexion internet.
- ***Tarifs :*** ils sont propres à chaque opérateur et varient en fonction des pays (le globe est découpé en plusieurs zones tarifaires). N'oubliez pas qu'***à l'international, vous êtes facturé aussi bien pour les appels sortants que pour les appels entrants.*** Ne papotez donc pas des heures en imaginant que c'est votre interlocuteur qui paiera !
- ***Acheter une carte SIM sur place :*** c'est l'option à privilégier au Sénégal. Il suffit de vous procurer à l'arrivée une carte SIM locale (pour à peine 1 000 F.CFA) dans n'importe quelle boutique *Orange, Tigo* ou *Expresso* (les 3 opérateurs qui ont chacun une bonne couverture du pays), et d'y ajouter du crédit, pour 500, 1 000, 2 000, 5 000 ou 10 000 F.CFA. Outre que cela vous permet de passer des appels à bien moindre coût qu'avec votre carte SIM personnelle, vous pouvez aussi être joint facilement sur place. Ensuite, pour racheter du crédit, on trouve des cartes de recharge (munies d'un code) à partir de 500 F.CFA dans toutes les petites boutiques.

La connexion internet en voyage

- ***Se connecter au wifi*** est le seul moyen d'avoir accès au Web gratuitement. Attention, ne vous connectez pas aux réseaux 3G ou 4G, au risque de faire grimper votre facture !

Le plus sage consiste à ***désactiver la connexion*** « données à l'étranger » (dans « Réseau cellulaire »). On peut aussi mettre le portable ***en mode « Avion »*** et activer ensuite le wifi. Attention, le mode « Avion » empêche, en revanche, de recevoir appels et messages.
- Une fois connecté au wifi, vous avez accès à tous les services de la ***téléphonie par Internet. WhatsApp, Messenger*** (la messagerie de *Facebook*), ***Viber, Skype,*** permettent d'appeler, d'envoyer des messages, des photos et des vidéos aux quatre coins de la planète, sans frais. Il suffit de télécharger – gratuitement – l'une de ces applis sur son smartphone. Elle détecte automatiquement dans votre liste de contacts ceux qui utilisent la même appli.

Urgence mobile : en cas de perte ou de vol de votre téléphone

Suspendre aussitôt sa ligne permet d'éviter de douloureuses surprises au retour du voyage ! Voici les numéros des 4 opérateurs français, accessibles depuis la France et l'étranger :

- ***Free :*** *depuis la France : ☎ 3244 ; depuis l'étranger : ☎ + 33-1-78-56-95-60.*
- ***Orange :*** *depuis la France : ☎ 0800-100-740 ; depuis l'étranger : ☎ + 33-969-39-39-00.*
- ***SFR :*** *depuis la France : ☎ 1023 ; depuis l'étranger : 📱 + 33-6-1000-1023.*
- ***Bouygues Télécom :*** *depuis la France comme depuis l'étranger : ☎ + 33-800-29-1000.*

Vous pouvez aussi demander la suspension de votre ligne depuis le site internet de votre opérateur.
Avant de partir, notez (ailleurs que dans votre téléphone portable !) votre numéro IMEI utile, pour bloquer à distance l'accès à votre téléphone en cas de perte ou de vol. Comment avoir ce numéro ? Il suffit de taper sur votre clavier *#06# puis reportez-vous au site • *mobilevole-mobilebloque.fr* •

Internet

On voit de moins en moins de cybercafés. Il en reste cependant encore çà et là. Bonnes conditions de navigation et prix modiques.

TRANSPORTS INTÉRIEURS

Les transports terrestres sont assez bon marché, mais il faut souvent savoir attendre. Quand au confort, il est généralement rudimentaire (euphémisme), et les pannes relativement fréquentes. Bref, folklore garanti. Si vous voyagez en transports en commun et disposez de peu de temps, ne prévoyez pas de multiplier les trajets...
Petit conseil : avant de partir, réfléchissez à votre heure d'arrivée. À moins de partir très tôt le matin, dès que le trajet est un peu long, il y a des chances que vous arriviez tard, voire de nuit. Organisez-vous en conséquence. Enfin, dans la mesure du possible, pour des raisons de sécurité, évitez de voyager de nuit.

Le train

Au Sénégal, la 1re ligne de chemin de fer, inaugurée en 1885, reliait Dakar à Saint-Louis. Puis il y eut la ligne Dakar-Kidira, qui se prolongeait au Mali jusqu'à Bamako, et même Koulikoro (1 289 km au total) : 72h de trajet, et bien plus en cas d'incident mécanique ! Mais depuis 2009, la ligne est suspendue : un déraillement vers Goudiry a causé la mort de 5 passagers. La société *Transrail,* gestionnaire de la ligne depuis la privatisation, a annoncé vouloir investir beaucoup d'argent pour relancer le trafic, mais on n'a rien vu venir à l'horizon. Un accord avec la *China Railway Construction International* avait été signé en décembre 2015 pour la réhabilitation de la ligne côté sénégalais (Dakar-Kidira) mais les investisseurs se sont découragés. En 2018, on parlait d'un possible investisseur nigérian. Quant à la ligne Dakar-Saint-Louis, elle a été abandonnée au début des années 1990. Seul demeure, pour l'instant, le petit train de banlieue (autorail) entre Dakar et Thiès, avec à peine un départ par jour du lundi au vendredi.

Les taxis-brousse (les « 7-places »)

C'est le moyen de transport le plus utilisé par les locaux (et les routards) pour relier les différentes parties du pays. Il s'agit le plus souvent de breaks Peugeot 505 assez peu confortables et forcément très âgés, qui ne partent que quand ils ont 7 voyageurs et ne s'arrêtent pas en chemin. Si vous ne voulez pas attendre que le véhicule se remplisse ou souhaitez plus d'espace, vous pouvez payer une ou plusieurs places en plus de la vôtre.
Dans chaque ville, même petite, il existe un endroit ou une gare routière spécifique (le « garage ») d'où partent ces taxis. S'adresser toujours au vendeur officiel ou au chauffeur du véhicule plutôt que de passer par les rabatteurs. Les tarifs sont généralement imposés, mais mieux vaut se faire répéter le prix par plusieurs autres voyageurs avant le départ. Le supplément pour les bagages est à négocier ferme, car il est fixé par le chauffeur : généralement entre 500 et 1 000 F.CFA, suivant l'importance dudit bagage. Cela peut constituer un pourcentage non négligeable

du prix du billet. Sinon, vous pouvez, si votre bagage n'est pas encombrant, exiger de le garder sur vos genoux et ne pas payer le supplément.
Pour les longs trajets, prendre de préférence les premiers taxis-brousse le matin vers 6h-6h30. Le gens voyageant tôt, les « 7-places » se remplissent plus vite (moins d'attente, donc). De plus, il fera plus frais pendant le trajet. Sinon, départs tout au long de la journée, mais moins de départs l'après-midi, sauf sur de courtes distances.

Les bus, « minicars », « cars rapides » et autres *N'Diaga N'Diaye*

Sous ces termes sont réunis des véhicules fort différents. Les ***minicars,*** des minibus d'une quinzaine de places (mais prenant souvent jusqu'à 20 personnes), sont l'alternative la plus commune aux taxis-brousse pour aller d'une ville à l'autre. Ils sont moins chers (de 30 % environ) mais un peu plus lents et, surtout, ils mettent plus de temps à se remplir (aucune heure fixe de départ, évidemment).
Sinon, pour relier les principales villes entre elles, il y a aussi des grands ***bus,*** qui embarquent plus de 60 personnes. Ils appartiennent à une foule de compagnies privées dont certaines n'assurent qu'une seule ligne. Selon les compagnies, les véhicules peuvent être confortables, ponctuels et climatisés ou s'apparenter à de véritables tombeaux roulants, emportant des tonnes de marchandises sanglées sur le toit... Mieux vaut donc essayer de voir le bus avant d'acheter son billet. Une bonne option peut être d'opter pour les bus de ***la compagnie nationale Sénégal Dem Dikk,*** qui relient depuis 2017 Dakar aux principales villes du pays. Bus modernes et de bon confort (avec même des ceintures de sécurité !), circulant de jour uniquement et généralement ponctuels. Pour des raisons de sécurité, ils n'emportent pas de bagages sur le toit : voyagez léger !
Dans les banlieues des villes importantes, ce sont les ***cars rapides*** qui prennent la relève : généralement des camionnettes jaunes et bleues, très malmenées et aménagées pour une vingtaine de personnes, quoiqu'embarquant souvent plus. La plupart sont incroyablement décorés, selon la fantaisie ou les convictions de leurs propriétaires : dessins multicolores, slogans-prières en arabe (« Faites que nous arrivions en entier »), etc. Enfin, il y a aussi les ***N'Diaga N'Diaye,*** de petits bus Mercedes de couleur blanche qui chargent jusqu'à 40 personnes. Sans oublier les véhicules ***Tata,*** plus récents, en train de se tailler une place de choix sur le marché des transports intra-urbains...

Le stop

Quand il n'y a ni « 7-places » ni bus, ni minicar, n'importe quel autre véhicule circulant d'un point à un autre peut faire office de transport collectif, moyennant finances. La plupart des camions qui s'arrêtent pour vous prendre sur le bord de la route vous demanderont de l'argent : à vous de négocier...
Enfin, beaucoup de voitures gouvernementales circulent à travers le pays, et leurs conducteurs sont trop heureux de se faire un peu d'argent de poche.
Avec de la chance, vous tomberez aussi sur des toubabs en vacances ou des « Sénégaulois » qui ne vous demanderont généralement rien.

Les taxis ordinaires

Le mode de transport urbain le plus pratique, mais on y a parfois aussi recours pour rejoindre une destination en dehors des villes, lorsqu'il n'y pas (ou peu) de taxis-brousse pour nous y emmener. Le prix est évidemment plus élevé qu'en taxi-brousse, mais à plusieurs, c'est abordable. Tant en ville qu'en dehors, il n'y pas de compteur et il faut négocier le prix de la course (dont il vaut mieux avoir une idée au préalable !).

Les « clandos »

Ce sont des taxis clandestins. Ils sont aussi nombreux que les taxis officiels, sinon plus. On les utilise surtout pour les petites distances. Ce sont eux qui vous sollicitent en général. Comme les taxis-brousse, ils sont souvent regroupés en un point névralgique de la ville (grande intersection, abords de la gare routière...).

Location de voitures

C'est évidemment en ayant votre propre véhicule que vous serez le plus libre, mais il faut savoir qu'avec une voiture de tourisme ordinaire, on n'est pas autorisé à emprunter les pistes. De plus, certaines routes étant parfois pires qu'une piste, attention à la casse ! Sachez aussi qu'il y a très peu d'indications de direction et qu'il vous faudra régulièrement demander votre chemin.

Compte tenu de ce qui précède, voyez si vous n'avez pas intérêt à demander une voiture avec chauffeur (environ 25 % plus cher). Évidemment, vous perdez une place, mais vous évitez les erreurs de parcours et les ennuis en cas d'accident. Entre la conduite à l'africaine et les animaux qui choisissent de traverser juste au mauvais moment, on n'est jamais trop prudent. Si une chèvre traverse effrontément quelques dizaines de mètres devant vous, soyez certain que d'autres s'apprêtent à faire de même... Attention aussi aux enfants dans les villages. Alors, roulez au pas et jouez du klaxon sans modération. Dans tous les cas, surtout si vous passez par des loueurs locaux, regardez bien les assurances incluses dans le tarif de location et à la charge de qui sont les dommages causés au véhicule.

Enfin, en cas de contravention, payez l'amende (pour récupérer vos papiers au plus vite) et n'oubliez pas de demander gentiment le reçu, qui vous servira si vous voulez en contester le montant ou la justesse auprès de la direction de la gendarmerie à Dakar.

■ ***Hertz :*** *rue Joseph-Gomis et Amadou-Assane-Ndoye, à Dakar. ☎ 33-889-81-81. • hertz.sn • Également une agence à l'aéroport.*

■ ***Avis :*** *Loxea, km 2,5, bd du Centenaire-de-la-Commune-de-Dakar, à Dakar. ☎ 33-849-77-55. • avis-senegal.com • Également une agence à l'aéroport : ☎ 33-957-14-00.*

– Voir également « Location de voitures » dans les « Adresses utiles » de Dakar.

Routes

Cartes routières

On vous conseille la *Senegal & Gambia* au 1/550 000 de l'éditeur allemand Reise Know-How, récente (et en plus, elle ne se déchire pas !). Sinon, il y a aussi l'*International Travel Maps* du Sénégal, au 1/740 000, et la carte routière et touristique du Sénégal de *Laure Kane,* au 1/750 000. En revanche, la carte IGN, au 1/1 000 000, commence à vieillir. À noter que ces cartes ne se trouvent pas facilement sur place, mieux vaut se les procurer avant le départ.

En cas d'accident

Nous vous déconseillons très vivement de rouler la nuit. Les Sénégalais eux-mêmes n'aiment pas trop ça. En plus des nids-de-poule, les routes pullulent de marcheurs et de vélos sans lumière. Même à petite vitesse, on ne sait jamais ce qui peut surgir, à la seconde même. Maintenant, s'il vous arrive (ce qu'on ne vous souhaite vraiment pas) de renverser quelqu'un avec votre voiture : dépêchez-vous de ramasser la victime (morte ou vivante) et de la conduire à l'hôpital, à la mission ou chez le médecin le plus proche, avant que la population ne réagisse. Quelle que soit la gravité de l'accident, l'automobiliste, noir ou blanc, est toujours considéré comme fautif, voire comme un délinquant que l'on punit généralement par le tabassage.

C'est vraiment le genre de choses peu agréables à écrire, mais... ça n'arrive pas qu'aux autres.

ZIGUINCHOR	TAMBACOUNDA	SAINT-LOUIS	NIOKOLO KOBA	MBOUR	KAOLACK	JOAL-FADIOUTH	CAP SKIRRING	BANJUL	DAKAR	**Distances entre les villes (en km)**
454	467	264	604	83	192	115	504	305		DAKAR
149	393	569	525	222	113	185	224		305	BANJUL
83	443	793	471	447	337	409		224	504	CAP SKIRRING
408	426	384	558	37	146		409	185	114	JOAL-FADIOUTH
262	280	456	412	109		146	337	113	192	KAOLACK
371	389	347	519		109	37	447	222	83	MBOUR
388	102	868		519	412	558	471	525	604	NIOKOLO KOBA
718	736		868	347	456	384	793	569	264	SAINT-LOUIS
360		736	102	389	280	426	443	393	467	TAMBACOUNDA
	360	718	388	371	262	408	83	149	454	ZIGUINCHOR

L'avion

La compagnie aérienne *Senegal Airlines* a été déclarée en faillite en 2016. Le gouvernement sénégalais a annoncé la création d'une nouvelle compagnie, *Air Sénégal,* qui a assuré ses 1ers vols en mai 2018 entre Dakar et Ziguinchor.

Des vols à destination de la Casamance (Ziguinchor) sont également assurés au départ de Dakar avec la compagnie *Transair* (voir la partie « La Casamance »).

Le bateau

Le moyen de transport privilégié pour se rendre en Casamance depuis Dakar. Voir les chapitres « Dakar » et « La Casamance » pour tous les détails.

DAKAR ET SES ENVIRONS

DAKAR

3 200 000 hab. (agglomération)

• Plan La péninsule du Cap-Vert *p. 73* • Plan Dakar *p. 76-77* • Plan Dakar-Faubourgs *p. 88-89* • Plan Almadies – N'Gor – Yoff – Patte d'Oie *p. 94-95*

Posée sur la pointe ouest du continent africain, la capitale du Sénégal est un carrefour entre l'Afrique et l'Occident, qui s'impose aujourd'hui comme le centre de ralliement politique, économique et culturel de l'Afrique de l'Ouest. C'est une ville dynamique (embouteillée aussi !), un peu le symbole de « l'Afrique en marche », où se concentre l'essentiel des compétences et des richesses du pays, en même temps qu'une grande pauvreté. Dakar a l'aspect d'une ville en pleine mutation, avec ses bouquets d'immeubles en construction et ses gros travaux qui ont achevé de bétonner la côte de cette magnifique presqu'île du Cap-Vert. Une architecture banale et un déficit en monuments notables (et en attractions) limitent l'intérêt de la ville pour le voyageur. Seuls des quartiers populaires – comme Médina, Yoff ou Patte d'Oie – reflètent une certaine authenticité... tandis que le quartier historique du Plateau, en plein centre-ville, présente le charme désuet de ses bâtiments coloniaux. À ne pas manquer toutefois : la visite de l'île de Gorée, pleine de charme et où règne une douceur de vivre qui tranche très nettement avec l'agitation de Dakar. Un petit séjour sur place s'avère aussi nécessaire pour qui veut comprendre l'Afrique d'aujourd'hui, ses défis et ses enjeux, sa démographie galopante, sa course à l'argent, ses contradictions entre développement moderne et traditions villageoises.

– ***Remarque :*** sans être particulièrement dangereuse, Dakar est une ville où l'on se fait facilement enquiquiner. Rien de bien méchant cependant : généralement, on vous accoste (certes, avec un peu d'insistance) dans la rue pour vous vendre une bricole, vous faire un « cadeau », vous accompagner, vous rendre de pseudo-services ou tout simplement pour mendier. Ne vous laissez pas attendrir par des histoires de lait à payer pour le nourrisson, de médicaments pour le père qui est malade ou par une invitation au baptême du dernier-né de la famille ! Sinon, vous ouvririez votre porte-monnaie toutes les 10 secondes. Refusez poliment, poursuivez votre chemin tranquillement et restez vigilant autour des marchés de Sandaga et de Kermel, autour de l'Institut français et place de l'Indépendance, où les « racoleurs » ont tendance à se concentrer. La nuit, évitez les rues non éclairées et privilégiez les déplacements en taxi.

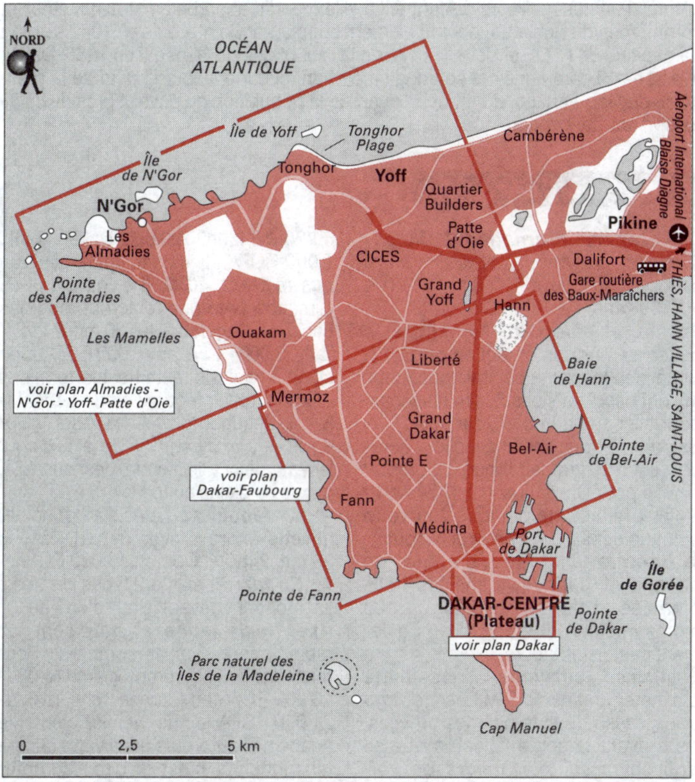

LA PÉNINSULE DU CAP-VERT

UN PEU D'HISTOIRE

Occupé par un village de pêcheurs lébous, le site de l'actuelle Dakar est d'abord boudé par les colons portugais, hollandais, anglais et français, qui lui préfèrent Saint-Louis, Gorée et Rufisque. Le nom de la ville apparaît pour la 1re fois en 1750 et signifierait en wolof *(n'dakhar)* « le tamarinier », un arbre alors très présent... À partir de 1857 – l'île de Gorée devenant trop petite –, les Français transfèrent leurs activités sur le plateau de Dakar, développant l'urbanisme et profitant de son excellent grand port

UNE BATAILLE POUR RIEN

La première bataille de la Seconde Guerre mondiale mettant aux prises des Français (gaullistes contre pétainistes) se déroula du 23 au 25 septembre 1940 au large de Dakar. Des forces navales et aériennes franco-britanniques tentèrent de prendre la ville, en vain. On se demande si Churchill, en encourageant cette opération pourtant mal préparée, n'avait pas quelques arrière-pensées, comme faire main basse sur l'empire colonial français... ou l'or de la Banque de France : en effet, en mai 1940, les réserves d'or de ladite banque avaient été évacuées, par bateau, vers diverses destinations jugées plus sûres, dont le Sénégal puis le Mali !

naturel, l'un des meilleurs d'Afrique. La ville grandit, absorbe bientôt industries et commerces de Rufisque, pour finalement supplanter Saint-Louis en 1902 au rang de capitale de l'AOF et devenir celle de la république du Sénégal en 1960. Dakar, avec ses 19 communes et son agglomération, occupe aujourd'hui toute la presqu'île du Cap-Vert, concentrant un quart de la population du pays et près de 80 % de son activité économique.

Arrivée à l'aéroport

✈ ***Aéroport international Blaise-Diagne :*** *à 50 km à l'est de Dakar, entre Rufisque et Thiès.* ☎ *88-828-10-10 ou 33-939-63-00.* • *dakaraeroport.com* • Le nouvel aéroport international a ouvert ses portes en décembre 2017. Situé bien loin de la capitale pour ceux qui ont besoin d'y passer (en revanche, pour aller sur la Petite Côte ou le Sine Saloum, le trajet est plus facile ; l'aéroport est à 20 km de Mbour)... Compter env 1h pour Dakar (jusqu'à 1h30, voire 2h aux heures de pointe selon votre point de départ) ; 45 mn pour Mbour.

■ ***Banque, change :*** bureaux de change et banques dans les halls d'arrivée et de départ (taux un peu moins intéressant qu'en ville). Également des distributeurs.

■ ***Autres services :*** possibilité d'acheter une ***carte SIM*** *Orange, Tigo* et *Expresso* dans le hall des arrivées, juste avant la sortie. C'est là que se trouvent aussi les ***loueurs de voitures*** (*Hertz, Avis, Budget, Sixt...* et des agences locales).

– ***Important :*** la plupart des vols internationaux arrivant le soir, mieux vaut avoir réservé un hébergement pour cette nuit-là, en prévoyant éventuellement un transfert depuis l'aéroport.

Comment rejoindre Dakar, Mbour ou Thiès ?

➢ ***En bus :*** la solution la moins chère. Plusieurs bus de la compagnie *Dem Dikk* (☎ *33-824-10-10),* départs devant le hall d'arrivée.

– Pour **Dakar,** bus nº 401 pour Yoff, via les quartiers de Patte d'Oie, Ouakam et Ngor ; nº 404 pour la place de l'Indépendance au centre de Dakar *(plan C3)* ; nº 405 pour le terminus Sénégal *Dem Dikk* (*plan Almadies – N'Gor – Yoff – Patte d'Oie, C3* ; Liberté 5, Dieuppeul). Départ ttes les 20-35 mn, 6h-20h30 (20h30 depuis Dakar). Tarif : 1 000 F.CFA. Il existe également un ***bus express AIBD.*** Il s'agit d'un bus climatisé avec une remorque pour les bagages. Départ ttes les 30 mn, 24h/24. Tarif : 3 000 F.CFA (env 6 000 F.CFA avec clim). Il rejoint directement le terminus « Grand Yoff », face au stade Léopold-Sédar-Senghor *(plan Almadies – N'Gor – Yoff – Patte d'Oie, D3).* De là, taxi pour le reste de la ville (l'endroit est surveillé, même en pleine nuit).

– Pour ***Mbour et Thiès :*** en principe, navette express avec départ ttes les 30 mn, 24h/24. Compter 3 000 F.CFA.

➢ ***En taxi :*** il existe 2 types de taxis. Ils attendent devant le hall d'arrivée.

– Les ***taxis jaune et noir*** sont les moins chers. Pas de compteur. Pour rejoindre Dakar, compter env 15 000-16 000 F.CFA en journée ; env 18 000-21 000 F.CFA la nuit. Vérifier bien si le péage de l'autoroute est à votre charge (en principe, c'est le cas ; compter 3 000 F.CFA supplémentaires). Pour Mbour et Thiès, compter 11 000 F.CFA de jour, 14 000 F.CFA de nuit.

– ***Aerocab :*** ☎ *33-859-77-77.* 📱 *77-638-35-52.* Ce sont des taxis blancs avec un trait orange, climatisés, de la société *Senecartours*. On paie la course avant de grimper dans le taxi aux agents situés à la sortie de l'aéroport et munis d'un badge. Compter 28 500 F.CFA (35 000 F.CFA de nuit) pour Dakar ; 25 000 F.CFA (30 000 F.CFA de nuit) pour Mbour, Saly et Thiès ; bagages et péage autoroutier compris. Pour le retour, résa obligatoire (le règlement se fait ensuite à l'aéroport auprès des agents habilités).

– Une ligne ***Train Express Régional (TER)*** reliant le centre de Dakar à l'aéroport est en construction. Impossible de préciser une date de mise en service (pas avant 2019 dans le meilleur des cas).

DAKAR-CENTRE

Adresses utiles

Infos touristiques

Il n'y a ***pas d'office de tourisme*** à Dakar. Vous pouvez toutefois essayer d'obtenir des infos sur la ville auprès de l'***Institut français du Sénégal*** *(plan B3,* ***17****)*.

Téléphone

■ ***Agence Orange-Sonatel*** *(plan B4,* ***2****)* **:** *bd de la République, face à la cathédrale. ☎ 1441. Lun-jeu 8h-16h45, ven 8h-13h30, 15h-17h, sam 9h-12h. Fermé sam ap-m et dim.*

Argent, banques, change

On trouve banques et bureaux de change partout dans le centre, en particulier le long du côté ouest de la place de l'Indépendance *(plan C3)*. Les banques sont généralement ouvertes du lundi au vendredi de 8h à 15h30, certaines avec une interruption à l'heure du déjeuner. Elles changent les devises, assurent les transferts d'argent *(Western Union)*, et sont équipées de distributeurs automatiques (*Visa* et *MasterCard*) fonctionnant 24h/24.

■ ***SGBS*** *(groupe Société Générale ; plan C3,* ***3****)* **:** *19, av. du Président-Léopold-Sédar-Senghor. ☎ 33-839-55-00.*

■ ***BICIS*** *(groupe BNP-Paribas ; plan C3,* ***4****)* **:** *2, av. du Président-Léopold-Sédar-Senghor. ☎ 33-839-03-90.*

■ ***Crédit du Sénégal*** *(groupe Crédit Agricole-LCL ; plan C2,* ***5****)* **:** *bd Djily-Mbaye (angle rue Huart). ☎ 33-849-00-00. Autre* ***agence*** *(plan B-C3,* ***5****) : av. du Président-Léopold-Sédar-Senghor (angle rue Félix-Faure). ☎ 33-849-08-80.*

■ ***CBAO*** *(plan C3,* ***4****)* **:** *3, pl. de l'Indépendance. ☎ 33-849-96-96. Pour le* ***change,*** *se rendre à l'agence de l'av. Pompidou (angle Saint-Michel), une rue plus loin. ☎ 33-849-96-30.*

Représentations diplomatiques

■ ***Ambassade de France*** *(plan C3,* ***6****)* **:** *1, rue El-Hadj-Amadou-Assane-N'Doye (accès par rue Parchappe, puis rue Mage). ☎ 33-839-51-00. • sn.ambafrance.org • Lun-ven 8h-12h. Fermé w-e.*

■ ***Consulat général de France*** *(plan C3,* ***6****)* **:** *même adresse que l'ambassade. ☎ 33-839-52-62. Lun-ven 8h-11h. Fermé w-e.*

■ ***Ambassade de Suisse*** *(plan A4,* ***7****)* **:** *rue René-N'Diaye (angle rue Seydou-Nourou-Tall), BP 1772. ☎ 33-823-05-90. • eda.admin.ch/dakar • Lun-ven 9h-12h. Fermé w-e.* Représentation valable aussi pour le Mali, la Mauritanie, la Guinée-Bissau, la république du Cap-Vert et la Gambie.

■ ***Ambassade de Belgique*** *(hors plan par B4,* ***8****)* **:** *av. des Jambaars. ☎ 33-889-43-90. En cas d'urgence : 📱 77-637-01-78. • diplomatie.belgium.be/senegal • Près de la pl. de Soweto et de l'hôpital Le Dantec. Lun-ven 8h30-12h30 ; sur rdv lun-jeu 14h-16h. Fermé w-e.* Également compétente sur la Gambie, la Guinée-Conakry, la Guinée-Bissau et la république du Cap-Vert.

■ ***Ambassade du Canada*** *(plan B4,* ***9****)* **:** *rue Gallieni (angle rue Amadou-Cissé-Dia). ☎ 33-889-47-00. • canadainternational.gc.ca/senegal • Lun, mar et jeu 13h30-16h30.* La représentation couvre aussi la Gambie, la Guinée-Bissau, la Guinée-Conakry et la république du Cap-Vert.

■ ***Ambassade de Gambie*** *(plan Almadies – N'Gor – Yoff – Patte d'Oie, B1,* ***10****)* **:** *villa nº 128, Cité des Jeunes Cadres, Yoff. ☎ 33-820-11-98. • gambiaembassydakar@gmail.com • Près de l'hôtel Sargal. Lun-jeu 9h-16h, ven 9h-13h. Fermé w-e.* Le visa coûte 35 000 F.CFA pour 1 mois (une entrée) et 45 000 F.CFA pour 3 mois (plusieurs entrées). Prévoir le passeport (et une photocopie de celui-ci) et 2 photos d'identité. 24h de délai. On vous rappelle que pour se rendre en Casamance en traversant le pays via le bac de Farafenni, un laisser-passer délivré à la frontière suffit.

■ ***Ambassade du Mali*** *(plan Dakar-Faubourgs, A2,* ***11****)* **:** *sur la corniche*

Adresses utiles

- Embarcadère pour Gorée et Ziguinchor
- **2** Agence Orange-Sonatel (B4)
- **3** Banque SGBS (C3)
- **4** Banques BICIS et CBAO (C3)
- **5** Banque Crédit du Sénégal (C2 et B-C3)
- **6** Ambassade de France, consulat de France (C3)
- **7** Ambassade de Suisse (A4)
- **8** Ambassade de Belgique (hors plan par B4)
- **9** Ambassade du Canada (B4)
- **12** Pharmacie Guigon (B3)
- **13** Grande pharmacie dakaroise (C2)
- **14** Sénégal Découvertes Touristiques (B2)
- **15** Sénégambie Voyages (B3)
- **16** Dakar Voyages (plan C3)
- **17** Institut français du Sénégal (B3)
- **18** Galerie Le Manège (C3)
- **20** Librairie Aux Quatre Vents (B3)
- **21** Hertz (B3)

Où dormir ?

- **30** Chambres chez Vieira (B3)
- **31** Hôtel Océanic (C2-3)
- **32** Hôtel Saint-Louis Sun (B3)
- **33** Hôtel Ganalé (B3)
- **34** Hôtel Farid (B3)
- **35** Hôtel Faidherbe (B2)
- **36** Hôtel Astoria (B2)
- **37** Résidence Les Arcades (C2)
- **38** Hôtel Sokhamon (A4)

Où manger ?

- **17** Le Bideew (B3)
- **60** Le Djembé (B3)
- **61** Restaurant du Centre (B3)
- **62** Chez Loutcha (B3)
- **64** Restaurant Mokai (B3)
- **65** La Fourchette (C3)
- **66** Le Dagorne (C2-3)
- **67** Le Café Kermel (C3)
- **68** Club de Pêche (C2)

Où manger une pâtisserie ? Où boire un café ? Où déguster une glace ?

- **69** La Galette (B3)
- **71** Pâtisserie-salon de thé La Royaltine (B3)

Où boire un verre ? Où sortir ? Où danser ?

- **17** Le Bideew (B3)
- **100** Lagon 1 (C3)
- **101** Club Silencio (B4)
- **102** Le Voyageur (A2)

Où faire ses achats ?

- **110** Marché Kermel (C3)
- **111** Marché Sandaga (B3)
- **112** Cour des Orfèvres (A2)
- **113** Galerie Antenna (C3)
- **116** Casino (C3)

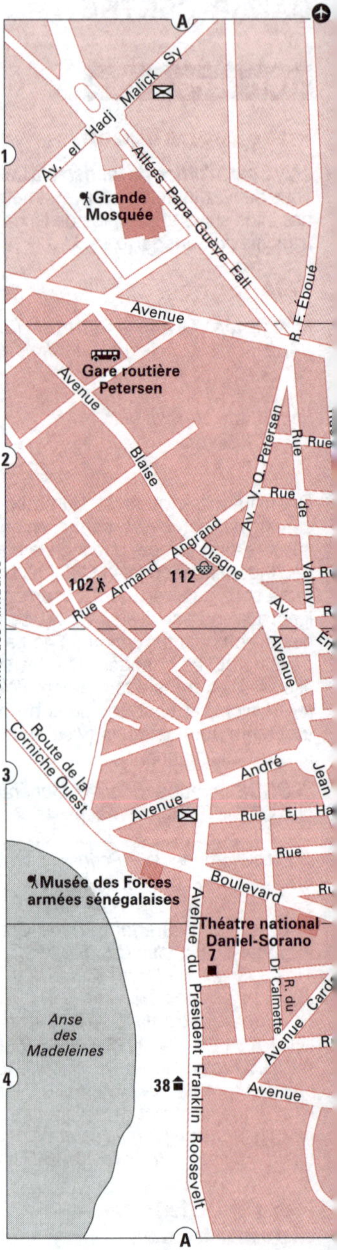

Plage de Bel-Air, Hann, RUFISQUE
NORD
Port de Dakar
Grand Théâtre National
Musée des Civilisations noires
Avenue de l'Arsenal
Avenue du Président Lamine Gueye
Môle 1
PL. DU TIRAILLEUR
Embarcadère pour Gorée et Ziguinchor
Bd de la Libération
Hôtel de ville
PLACE DE L'INDÉPENDANCE
Avenue Hassan II
Rue Parchappe
Corniche Est
Route de la Corniche
Avenue Président L. S. Senghor
Palais présidentiel
Cathédrale
Musée Théodore-Monod
PLACE SOWETO
Av. Pasteur
Mandela
République
Kléber
Zola
0
200
400 m

DAKAR

ouest, 23, Fann-Résidence. ☎ 33-824-62-50. • ambamali@orange.sn • Lun-ven 9h-13h, 14h-16h (15h-17h ven). Fermé w-e. Le visa coûte 25 000 F.CFA pour 1 mois (une entrée) et 65 000 F. CFA pour une période de 1 à 3 mois (plusieurs entrées). Prévoir le passeport et 2 photos d'identité. 48h de délai (dépôt le matin, retrait l'après-midi).

■ ***Consulat de Mauritanie*** *(plan Dakar-Faubourgs, B3)* **:** *37, bd du Général-de-Gaulle (quartier Médina, face à la gendarmerie de Colobane). ☎ 33-823-53-44.* Le visa ne s'obtient qu'au poste-frontière de Rosso ou à celui de Diama. Inutile donc de se déplacer ici.

Urgences, santé

– ***Bon à savoir*** **:** le consulat de France dispose d'une liste de médecins qu'elle recommande par spécialité. Sinon, voici les meilleures structures médicales à Dakar :

■ ***SOS Médecin*** *(hors plan par A3)* **:** *quartier Soumbedioune, rue 62 (angle rue 64), derrière la station-service Total. ☎ 33-889-15-15. • sosmedecinsenegal.sn • Fonctionne 24h/24.* Consultation médicale d'urgence à domicile, hôtel ou autre lieu, ainsi qu'à leur cabinet. Organisent des transports médicalisés à travers tout le pays, évacuation sanitaire (terre, air, mer)... Très compétents.

✚ ***Clinique du Cap*** *(hors plan par B4)* **:** *av. Pasteur. ☎ 33-889-02-02. • cliniqueducap.com •*

✚ ***Clinique de la Madeleine*** *(hors plan par B4)* **:** *18, rue des Jambaars. ☎ 33-889-94-70. • cliniquedelamadeleine.com • Au bout de la rue Brière-de-l'Isle, près de la pl. de Soweto.*

■ ***SOS Dentiste*** *(hors plan par B1)* **:** *quartier SICAP Sacré-Cœur I, immeuble Baye Modou (non loin de l'école de formation IPG). ☎ 33-864-63-42. 📱 76-665-00-00.* Unité mobile.

■ ***Pharmacie Guigon*** *(plan B3,* ***12****)* **:** *101, av. Lamine-Gueye (angle av. Pompidou). ☎ 33-823-03-33. Tlj sauf dim 8h-23h.* La mieux achalandée de Dakar.

■ ***Grande Pharmacie dakaroise*** *(plan C2,* ***13****)* **:** *43, bd Djily-Mbaye. ☎ 33-821-10-64. Lun-ven 8h-20h, sam 9h-19h30. Fermé dim.*

■ ***Pompiers*** **:** *☎ 18.*

■ ***Police*** **:** *☎ 17.*

Compagnies aériennes et agences de voyages

■ ***Air France*** **:** *☎ 81-800-19-43. • airfrance.sn •*

■ ***Brussels Airlines*** **:** *☎ 33-823-04-60. • brusselsairlines.com •*

■ ***Corsair*** **:** *☎ 33-889-67-67. • corsair.fr •*

■ ***TACV-Cabo Verde Airlines*** **:** *☎ 33-822-82-85.* Compagnie aérienne du Cap-Vert.

■ ***Iberia*** **:** *☎ 33-889-00-50. • iberia.com •*

■ ***TAP-Air Portugal*** **:** *☎ 33-849-47-37. • flytap.com •*

■ ***Royal Air Maroc*** **:** *☎ 33-849-47-47. • royalairmaroc.com •*

■ ***Tunisair*** **:** *☎ 33-823-15-84 et 33-823-70-00. • tunisair.com •*

■ ***Nouvelles Frontières*** *(plan Almadies – N'Gor – Yoff – Patte d'Oie, B2)* **:** *route des Almadies, quartier Mamelles Aviation, lot. n° 1. ☎ 33-859-44-47. • nfsenegal.com • Lun-ven 8h30-18h, sam 9h-12h30. Fermé sam ap-m et dim.* Excursions au départ de Dakar (demi-journée, journée...), circuits et séjours (de 2 à 8 jours) au Sénégal, en Gambie et au Cap-Vert.

■ ***Sénégal Découvertes Touristiques*** *(plan B2,* ***14****)* **:** *8, rue Galandou-Diouf (angle Dr-Thèze). ☎ 33-823-03-40. • sendec.sn • Lun-ven 8h30-13h30, 14h-18h ; sam 9h-12h. Fermé sam ap-m et dim.* Spécialisé dans l'organisation de circuits « découverte » du Sénégal. On peut vous y concocter un circuit sur mesure.

■ ***Sénégambie Voyages*** *(plan B3,* ***15****)* **:** *28, rue Amadou-Assane-N'Doye. ☎ 33-821-68-31. • sgv@orange.sn • Lun-ven 8h30-17h. Fermé w-e.* Vente de billets pour toutes compagnies aériennes.

■ ***Dakar Voyages*** *(plan C3,* ***16****)* **:** *29, rue Amadou-Assane-N'Doye. ☎ 33-823-37-04. En France : ☎ 01-85-08-58-63. • dakarvoyages.com • À deux pas de la pl. de l'Indépendance. Lun-ven 8h30-17h30, sam 9h-13h. Fermé sam ap-m et dim.* Vente de billets d'avion.

■ ***Origin Africa*** *(plan Dakar-Faubourgs, C2)* **:** *13, cité Africa, route de Ouakam, quartier Ouakam. ☎ 33-860-60-50. • origin-africa.sn • Lun-ven 9h-13h,*

14h-18h ; sam 9h-13h, plus 14h-17h nov-avr. Fermé dim. Agence sérieuse dirigée par Didier Coullet, un Français, qui propose différentes formules (circuits en 4x4, séjours de charme...) couvrant le Sénégal et les pays limitrophes, dans un souci d'authenticité. Didier Coullet a également créé un label exclusif : « Esprit d'Afrique ». *• espritdafrique-senegal.com •*

Loisirs et culture

■ ***Institut français du Sénégal*** *(plan B3, **17**) : 89, rue Joseph-Gomis. ☎ 33-823-03-20. • institutfrancais-senegal.com • Tlj sauf dim 9h-19h.* Un lieu de rencontres et d'échanges culturels. On y trouve une ***médiathèque,*** une salle de ***cinéma.*** Également une scène musicale en plein air, le ***théâtre de verdure,*** où sont organisés des spectacles francophones principalement (danse, concerts, théâtre). Programmation sur le site web.

|●| 🍸 Sur place, bon resto, ***Le Bideew,*** qui déploie sa terrasse au pied d'un magnifique fromager centenaire (voir « Où manger ? »).

■ ***Galerie Le Manège*** *(plan C3, **18**) : 3, rue Parchappe. ☎ 33-823-03-20. • institutfrancais-senegal.com • Tlj sauf dim 10h-19h. GRATUIT.* C'est le pôle exposition de l'Institut français et l'une des galeries de référence à Dakar en matière d'arts plastiques, proposant des expos temporaires d'artistes africains. Pour éviter de vous casser les dents entre 2 expos, consulter le programme sur leur site internet.

■ ***Centre culturel Blaise-Senghor*** *(plan Dakar-Faubourgs, B2, **19**) : 6, bd Dial-Diop, quartier Fass. ☎ 33-824-66-00. • culture.gouv.sn/centre-culturel-regional-blaise-senghor • À côté du lycée Kennedy. Lun-ven 9h-18h. Fermé w-e.* Il dépend du ministère sénégalais de la Culture. Des festivals (musique, cinéma, littérature...) y sont organisés. On peut aussi assister occasionnellement aux répétitions des ballets africains et des musiciens... Nombreux étudiants et bénévoles sympas. Bar-resto sur place.

■ ***Théâtre national Daniel-Sorano*** *(plan A3-4) : 45, bd de la République ; à côté de la cathédrale. ☎ 33-821-84-83. • compagnietheatresorano.com •* Inauguré en 1965, ce fut une institution au Sénégal. On y donne toujours des concerts de musique moderne ou traditionnelle, des spectacles de danse africaine et des représentations théâtrales, mais beaucoup se produisent maintenant au nouveau Grand Théâtre National.

■ ***Grand Théâtre National*** *(plan B1) : av. Lamine-Gueye (angle autoroute prolongée ; à 200 m de la gare ferroviaire). ☎ 33-822-57-00. • grandtheatrenational.org •* Inauguré en 2012, ce majestueux théâtre moderne peut recevoir 1 800 spectateurs. Les spectacles les plus importants de Dakar y sont présentés (concerts, danses, ballets, grands événements culturels...).

Librairie

■ ***Librairie Aux Quatre Vents*** *(plan B3, **20**) : 55, rue Félix-Faure. ☎ 33-821-80-83. Lun-sam 8h45-13h30, 14h45-19h. Fermé dim.* Une grande librairie généraliste avec de beaux ouvrages sur l'Afrique. Également les best-sellers français du moment, des plans de Dakar et cartes du pays etc. C'est aussi ici que vous pourrez racheter votre *Routard Sénégal* si vous l'avez perdu !

Location de voitures

■ ***Hertz*** *(plan B3, **21**) : 102, rue Joseph-Gomis, face à l'entrée de l'Institut français. ☎ 33-889-81-81. À l'aéroport : 📱 78-620-08-27. • hertz.sn • Lun-sam 7h30-19h, dim 8h-12h.* Une adresse très centrale pour louer véhicules de tourisme (avec ou sans chauffeur), 4x4 et minibus. *Également une agence à l'aéroport ouv 24h/24 (☎ 33-820-11-74).*

■ ***Autorent*** *(plan Dakar-Faubourgs, C2) : km 2,5, bd du Centenaire-de-la-Commune-de-Dakar (BCCD, l'ancienne route de Rufisque). ☎ 33-889-01-21. • autorent.sn • Lun-ven 9h-13h, 14h30-18h30 ; sam 9h-13h. Fermé dim. Également une agence à l'aéroport ouv 8h-23h.* Voitures de tourisme, 4x4 et minibus.

Se déplacer dans Dakar

Le mieux est de prendre un taxi. Il y a aussi des bus urbains, mais c'est généralement la cohue... et pour ceux qui connaissent un peu la ville.

– ***Taxis :*** moyen de transport assez cher pour le Sénégal. On n'a jamais vu aucun compteur fonctionner, mais sachez qu'une course moyenne en centre-ville coûte à partir de 1 000 F. CFA, et un trajet un peu plus long (du centre à un faubourg, par exemple) jusqu'à 2 000 F.CFA, voire 3 000 F.CFA pour rejoindre le centre à la pointe des Almadies. Quand vous négociez avec les taxis, gardez sourire et politesse, c'est important et apprécié !
– ***Les Dem Dikk :*** ☎ *33-824-10-10 (8h-17h).* Ce sont les grands bus urbains de couleur jaune moutarde. Pas moins de 25 lignes sillonnent la ville ; on peut consulter itinéraires et horaires sur le site : ● *demdikk.com* ● Coût du billet : 150-175 F.CFA. Les destinations sont indiquées sur le devant des bus.
– ***Les « cars rapides » et les « N'Diaga N'Diaye » :*** ce sont des bus urbains, plus petits que les *Dem Dikk* et souvent pleins à craquer. Là, aucun plan du « réseau », c'est l'expérience qui prime ! Les « cars rapides » sont des véhicules Renault jaunes et bleus (affichant souvent « Alhamdoulillah » sur la calandre) ; et les « N'Diaga N'Diaye », des petits bus Mercedes blancs. Depuis plusieurs années, on assiste aussi à la multiplication de minibus blancs « Tata », qui fonctionnent sur le même principe. Tarif : de 50 à 150 F.CFA selon la destination (ticket au receveur). Ces bus mènent un peu partout, et il faut bien se renseigner pour atteindre sa destination. Leurs 2 points de départ à Dakar sont la gare Petersen *(plan A2)* et Lat Dior (marché Sandaga ; *plan B3*).

Où dormir ?

Les adresses qui suivent se situent dans le « centre de Dakar », à savoir le quartier historique du Plateau, à la pointe sud de la péninsule du Cap-Vert. Mais on peut aussi loger du côté des Almadies, N'Gor ou Yoff (voir ce chapitre), de l'autre côté de la péninsule, à 10-15 km au nord du Plateau. À vrai dire, c'est de ce côté que vous trouverez les hébergements les plus sympas et les plus abordables. De plus, l'environnement, avec la mer à proximité, est plus agréable. À « Dakar-centre », en revanche, fort peu d'hôtels bon marché et même à prix moyens, il faut donc passer directement à la rubrique « Plus chic » pour tenter d'obtenir quelque chose de correct.
– ***Important :*** assurez-vous avant de partir que la réservation que vous avez faite a été maintenue : plusieurs lecteurs se sont plaints de déconvenues lors de leur arrivée tardive dans la capitale.

Bon marché

🏠 ***Chambres chez Vieira*** *(plan B3,* ***30****) :* *25, av. Georges-Pompidou.* ☎ *33-821-73-48.* 📱 *77-635-40-87. Dans la cour à droite du snack* Ali Baba, *au 2e étage (1er escalier à droite). Doubles ventilées ou climatisées env 11 500-16 500 F.CFA. Pas de petit déj.* 📶 En plein centre, alignées le long d'une coursive dominant une cour, des chambres sommaires, avec ou sans douche. Les matelas sont fatigués et les w-c sont à l'extérieur (ou face au lit dans l'une des chambres !). Pour les routards aguerris et fauchés souhaitant loger sur le Plateau. Cela étant, la propreté est acceptable et l'accueil agréable.

De prix moyens à plus chic

🏠 ***Hôtel Océanic*** *(plan C2-3,* ***31****) : 9, rue de Thann.* ☎ *33-822-20-44.* ● *hoteloceanicsenegal.com* ● *Double env 35 000 F.CFA, petit déj en sus ; tarif dégressif à partir de 3 nuits. CB acceptées.* 📶 Un établissement plus que centenaire sis dans une bâtisse coloniale, près du marché Kermel. Il offre des chambres climatisées, avec salle de bains. Elles ont même un petit charme désuet avec leur vieux carrelage et sont bien tenues. Certaines sont plus fraîches que d'autres, n'hésitez pas à en voir plusieurs. Un rapport qualité-prix honnête.

Hôtel Saint-Louis Sun (plan B3, **32**) : *68, rue Félix-Faure. ☎ 33-822-25-70 ou 89-68. • htlstlouisun@orange.sn • Double env 32 000 F.CFA, petit déj en sus.* Dans une demeure ancienne du Plateau, des chambres hautes de plafond, avec fresque sur les murs, sol carrelé, mobilier en bois et équipement (TV, AC). Rien d'inouï, l'ensemble est quelque peu vieillot, mais la maison, agencée autour d'un patio a un certain attrait. Mosquée mitoyenne pour les réveils matinaux.

Hôtel Ganalé (plan B3, **33**) : *38, rue Amadou-Assane-N'Doye. ☎ 33-889-44-44. • ganalehotel.com • Doubles 44 000-50 000 F.CFA selon taille, petit déj et taxe en sus.* Un bel ensemble dans les tons verts. Dès l'entrée, on sent qu'on est dans un hôtel soigné. Une impression qui ne se dément pas dans les chambres, de taille variable, avec ou sans balcon ou terrasse mais toutes luxueuses, bien finies et réalisées dans de jolies couleurs ! Sur place, resto-bar (l'*Archibar*) dans une salle originale, assez fréquenté en soirée. Notre adresse préférée dans cette gamme de prix.

Hôtel Farid (plan B3, **34**) : *51, rue Vincens. ☎ 33-821-61-23 et 27. • hotelfarid.com • Double env 50 000 F.CFA, petit déj en sus.* En plein centre-ville, hôtel proposant des chambres nettes et carrelées, avec salle de bains moderne, clim et TV. Petite pointe de déco sur les murs et rideaux apportant une touche de gaieté dans cet immeuble autrement sans grand charme. De l'autre côté de la rue, le resto du même nom, assez fréquenté en soirée, propose de bonnes spécialités libanaises (mais pas seulement) dans une jolie cour abritée par de délicats voilages.

Hôtel Faidherbe (plan B2, **35**) : *angle av. Faidherbe et rue Raffenel. ☎ 33-889-17-50. • hotel-faidherbe.com • Double env 46 000 F.CFA, petit déj (cher) en sus (ne pas hésiter à demander une ristourne).* Dans un quartier animé un peu excentré, ce building d'un certain âge abrite près de 80 chambres à la déco un peu dépassée mais plutôt confortables (salle de bains, clim, TV) et soignées. Choisir celles, plus calmes, donnant sur le patio, sa piscine et sa terrasse fleurie de superbes bougainvillées. Parking gratuit.

Très chic

Hôtel Astoria (plan B2, **36**) : *63, bd Djily-Mbaye. ☎ 33-823-66-33. • astoriahotel.sn • Doubles 55 000-70 000 F.CFA selon standing, petit déj 7 000 F.CFA et taxe en sus.* Juste au-dessus du port mais à deux pas du centre-ville, un hôtel de charme installé dans une jolie maison coloniale de 1903. Selon vos moyens, de jolies chambres douillettes et confortables (salle de bains, clim, TV), décorées avec goût, sur une note africaine chic et chaleureuse. Elles sont reliées entre elles par un bel ensemble de passerelles, escaliers et patios. Jolie terrasse-solarium avec plantes vertes, bon resto libanais et bar-lounge cosy sur place. Accueil aux petits soins. Une excellente adresse.

Résidence Les Arcades (plan C2, **37**) : *8, bd Djily-Mbaye. ☎ 33-849-15-00. • residence-arcades.com • Studios 2-3 pers 56 000-80 000 F.CFA ; appartements 4-5 pers 134 000-146 000 F.CFA, taxe en sus. Parking privé.* Plutôt qu'un hôtel, un hôtel-résidence proposant des studios tout confort (clim, TV sat, cuisine) et parfaitement tenus, tous avec balcon (côté rue ou côté mer). Déco classique et soignée. Également des appartements avec salon et 2 chambres. Le tout à proximité du centre historique et à deux pas du marché Kermel. Accueil très pro.

Hôtel Sokhamon (plan A4, **38**) : *bd F.-D.-Roosevelt (angle av. Nelson-Mandela). ☎ 33-889-71-00. • hotelsokhamon.com • Doubles 85 000-100 000 F.CFA selon vue, petit déj compris ; suites plus chères.* On signale cet hôtel surtout pour son côté complètement décalé : un gros bunker coloré planté en bord de mer, dont l'intérieur est littéralement sculpté dans le béton, avec des recoins-salons meublés et décorés kitsch et baroque tout à la fois, passages façon grottes et, le plus surprenant, un patio central haut comme une église ! Côté chambres, arrangées dans le même style que l'hôtel, on vous conseille celles avec balcon et vue sur la mer, certes plus chères que celles côté patio mais moins que les suites (côté mer aussi mais sans balcon)... et pourtant plus agréables. Piscine originale, jacuzzi. Fait aussi resto.

Où manger ?

Bon marché

🍴 ***Le Djembé*** *(plan B3, **60**) : 56, rue Saint-Michel. ☎ 33-821-06-66. Tlj sauf dim 11h-17h. Plats 2 500-4 000 F.CFA.* Pour le déjeuner, c'est l'un de nos restos préférés dans le centre de Dakar. Déjà le cadre – plusieurs salles soignées couleur terre et ocre avec des motifs africains sur les murs – donne envie de s'attabler. Puis, dans l'assiette, des plats qui changent d'un jour à l'autre mais toujours authentiquement sénégalais, copieux et pas chers ! Belle animation quotidienne, assurée tant par les locaux que les expats qui ont vite eu vent de cette adresse bien inspirée.

🍴 ***Restaurant du Centre*** *(plan B3, **61**) : 7, rue Mbaye-Guèye. ☎ 33-822-01-72. Tlj 8h-22h (plus tard le w-e). Plats 3 000-5 000 F.CFA.* Derrière de grandes vitres fumées, un resto fréquenté le midi par les employés du quartier. Spécialités africaines et plats plus internationaux, genre grosses salades ou poulet-frites. Accueil charmant.

De bon marché à prix moyens

🍴 ⛱ ***Le Bideew*** *(plan B3, **17**) : 89, rue Joseph-Gomis ; dans le jardin de l'Institut français (accès par un portique de sécurité comme à l'aéroport). ☎ 33-823-19-09. Cuisine tlj sauf dim 12h-15h, 19h-23h. Plats 4 500-12 000 F.CFA. À midi, menus 5 000-7 000 F.CFA. Buffet mar 8 500-9 000 F.CFA.* À l'écart de l'agitation, on aime bien cette terrasse couverte aérée et bordée par le jardin de l'Institut français. On s'y régale de bons plats franco-africains, particulièrement bien ficelés et savoureux. Idéal aussi pour siroter un verre au pied du grand fromager à toute heure dans une atmosphère de convivialité. Toujours plein au déjeuner, ce *Bideew* s'avère aussi, le soir, romantique en diable ou festif selon les jours. Service sympa. Vraiment bien.

🍴 ***Chez Loutcha*** *(plan B3, **62**) : 101, rue Moussé-Diop. ☎ 33-821-03-02. Tlj sauf dim. Plat du jour (le midi seulement) 2 800 F.CFA, puis plats 3 500-8 000 F.CFA, menu le midi 5 000 F.CFA.* Ce pilier culinaire afro-cap-verdien est devenu l'un des restos incontournables de Dakar. Cuisine copieuse de bonne qualité, avec une (très) longue carte alignant une foule de spécialités sénégalaises et internationales – du burger au poulet *yassa* en passant par la paella, on en passe et des meilleures ! Si vous ne savez que choisir, faites comme les locaux, prenez le plat du jour ! Sinon, il y aura toujours un *thiebou dien* bien frais. À dévorer dans plusieurs salles avec nappes en plastique sur les tables, genre cantoche. Souvent bondé à l'heure du déjeuner.

De plus chic à très chic

🍴 ***Restaurant Mokai*** *(plan B3, **64**) : 69, rue Carnot. ☎ 33-822-54-53. Fermé ven midi, sam midi et dim. Résa conseillée ven et sam soir. Pizzas 5 000-7 000 F.CFA. Plats 6 000-10 000 F.CFA.* Un vrai coup de cœur pour ce beau resto à la déco très contemporaine (mobilier design, fontaine sur verre à l'étage...). Le chef, un ancien du *Lutétia* à Paris, propose des plats aux saveurs harmonieuses, à la cuisson précise, inspirés d'une cuisine du monde. Du Mokai-burger aux sushis (et sashimi), des viandes en

DAKAR ET SES ENVIRONS

sauce satay à la pizza au feu de bois et aux moelleuses brochettes de lotte à l'ail, la panoplie est large et le dressage finement pensé. Mise en bouche et petits desserts (offerts), le service est aux petits soins. Le charmant patron libanais viendra d'ailleurs peut-être vous saluer et s'assurer que tout se passe bien...

La Fourchette *(plan C3,* ***65****) : 6, rue Parchappe. ☎ 33-821-88-87. Fermé sam midi et dim. Résa vivement recommandée jeu-sam. Plats 8 500-25 000 F.CFA ; menus du midi en sem env 8 000-8 500 F.CFA.* L'une des grandes tables du Plateau ! À la carte, d'originaux et succulents mets aux accents japonais, mexicains, italiens et français (rien d'africain, en revanche), que l'on déguste dans un cadre contemporain et classe. Le midi (menu très abordable), c'est toujours bondé d'expats et de cadres sénégalais, et l'accueillante patronne veille sur tout. Accompagnement musical le jeudi soir.

Le Dagorne *(plan C2-3,* ***66****) : 11, rue Dagorne. ☎ 33-822-20-80. Tlj sauf dim, midi et soir. Menu env 8 500 F.CFA ; plats 6 500-10 000 F.CFA. CB acceptées.* Près du marché Kermel, ce resto plutôt français, au cadre soigné et intime, régale toubabs et Dakarois (un peu aisés) depuis des lustres. La cuisine est familiale, « de terroir hexagonal » (avec toutefois quelques plats sénégalais), pleine de goût et mijotée comme il faut. Personnel charmant et bonnes portions dans les assiettes. Agréable patio.

Le Café Kermel *(plan C3,* ***67****) : 7, rue Aristide-Le-Dantec. ☎ 33-822-49-70. Fermé dim soir. Plats 6 500-13 000 F.CFA. Menus 6 500-7 500 F.CFA.* Ambiance conviviale dans ce bistrot à l'européenne qui s'est africanisé : plats bien de « chez nous » à la carte (langue de veau ravigote, rognons, andouillette...), mais aussi poulet *yassa* et des suggestions du jour. Les produits viennent du marché, juste en face. Une adresse sympa, comme le patron français, où les amateurs de foot seront à la fête les soirs de match.

Club de Pêche *(plan C2,* ***68****) : embarcadère de Gorée. ☎ 33-820-76-75. Tlj 11h-minuit. Plats 6 000-10 000 F.CFA.* Juste à côté de l'embarcadère de Gorée, un resto en terrasse bien connu des Dakarois, un peu l'endroit où venir pour s'envoyer une bonne portion de poisson ou de fruits de mer frais pour pas trop cher : gambas au four, poisson braisé, crevettes au lait de coco, gratin de fruits de mer ou, plus onéreuses, l'assiette du pêcheur (ou du « seigneur chaoui », éno-o-orme !) et la langouste grillée. On en a pour son argent. Dîner en musique le week-end.

Où manger une bonne pâtisserie ?
Où boire un café ? Où déguster une glace ?

La Galette *(plan B3,* ***69****) : 16, av. Georges-Pompidou (angle rue Saint-Michel). ☎ 33-823-63-63. Tlj 6h15-14h45, 15h15-23h45.* Chocolats fourrés, macarons, millefeuilles, tartelettes, paris-brest, glaces en cornet, hmm... Une pâtisserie où les gourmands seront bien inspirés de faire un saut. Salon de thé au 1er étage.

Pâtisserie-salon de thé La Royaltine *(plan B3,* ***71****) : 160, av. Lamine-Gueye. ☎ 33-821-99-94. Lun-sam 6h30-20h30, dim 7h-20h.* Dans cette institution dakaroise aussi classe qu'une bijouterie, de belles pâtisseries bien crémeuses, des viennoiseries croustillantes, d'appétissantes crèmes brûlées. Quelques tables pour grignoter sur place.

Où boire un verre ?

Le Bideew *(plan B3,* ***17****) : voir « Où manger ? ».* Ce joli cadre de verdure de l'Institut français est agréable comme tout pour siroter un verre et enrichissant pour les échanges culturels. Il n'est pas rare non plus que s'y produisent quelques musicos. Ne pas hésiter à y passer, d'autant que les endroits où boire un coup ne sont pas légion au centre de Dakar !

Lagon 1 *(plan C3, **100**) : route de la Corniche est. ☎ 33-821-53-22. Tlj midi-minuit.* En bord de mer, il s'agit avant tout d'un resto, mais on peut parfaitement venir y prendre un pot à toute heure, sur un élégant ponton (génial au soleil couchant !). Grande salle décorée sur le thème de la mer (vitres de bateau, banquettes bleues, poissons en suspension...), transats, serveurs en tenue marine, c'est le lieu idéal pour un apéro chic. D'ailleurs, toutes les célébrités de passage à Dakar sont passées par ici, de Bono du groupe U2 à Kofi Annan en passant par Depardieu, Simone Veil et Chirac (voir les plaques émaillées tout le long de l'escalier !). On peut aussi y manger donc, et bien, mais c'est cher.

Où sortir ? Où danser ?

Hormis une poignée d'établissements, le centre de Dakar apparaît un peu comme une zone morte le soir, surtout depuis que le coin des Almadies et de N'Gor, de l'autre côté de la péninsule (voir ce chapitre), héberge l'essentiel de la vie nocturne de la ville. C'est donc plutôt de ce côté-là que les amateurs de nuits endiablées iront traîner leurs sandales... même si on trouve quelques discothèques aussi ailleurs. À propos des boîtes, sachez qu'aucune ne s'anime vraiment avant minuit ou 1h... et que bien rares sont celles qui n'accueillent leur lot de marchandes d'amour et autres courtisanes. Vous voilà prévenus !

Club Silencio *(plan B4, **101**) : 17, rue Victor-Hugo. Tlj à partir de 22h.* À l'étage du bar *Le Saint-Tropez* (billard et karaoké), c'est l'une des rares discothèques du centre-ville. Tout type de rythmes : rock, sénégalais, rai algérien, house, disco... le lieu s'adapte avant tout à la clientèle !

Le Voyageur *(plan A2, **102**) : rue Armand-Angrand. Compter max 1 000 F.CFA en taxi depuis le Plateau. Ouv ven-dim à partir de minuit.* Une boîte réputée pour son ambiance jeune et bon enfant, et sa bonne musique africaine (nigériane, ivoirienne – *m'balax* –, cap-verdienne, coupé-décalé, etc.). Également de l'électro et du hip-hop.

– Voir aussi nos autres adresses en dehors du Plateau, à « Dakar-Faubourgs » et aux Almadies, donc.

Où faire ses achats ?

Le marché Kermel *(plan C3, **110**) : tlj 6h-20h.* Cette grande rotonde à structure métallique, détruite par un incendie en 1993, a été reconstruite à l'identique. Promenez-vous dans les étroites allées bordées d'échoppes et humez les effluves du continent : poissons, viandes, fruits exotiques, légumes, épices... Les Dakarois le surnomment « marché des toubabs » car il est situé en plein cœur de l'ancien quartier colonial ; c'est aussi ici que les expats viennent généralement se ravitailler en beaux produits frais...

Le marché Sandaga *(plan B3, **111**) : à l'angle des av. Lamine-Gueye et Émile-Badiane.* Daté de 1933, le bâtiment d'époque coloniale est fermé en raison de son état de dégradation. Du coup, les petits vendeurs en tout genre se sont déplacés tout autour. Une foule d'échoppes de cordonniers, tailleurs, libraires, marchands de contrefaçons... Bref, une vraie ruche, odorante et grouillante. Attention, beaucoup de rabatteurs (quelques pickpockets aussi). Si vous n'êtes pas encore familiarisé avec ce type de marché, la meilleure manière de le visiter dans une relative tranquillité est d'y aller sans sac, les mains dans les poches, tel un Dakarois en balade. Tâchez aussi d'éviter les tenues trop touristes (bermuda, chemise à fleurs...). Et pour les photos, achetez des cartes postales ! Les rapports avec les commerçants peuvent être ici un peu plus tendus qu'ailleurs. Le premier travail du vendeur est de vous faire entrer dans son échoppe. Bien sûr, si vous entrez, c'est pour acheter ! Si telle n'est pas votre intention, dites clairement que vous n'êtes pas intéressé, et s'il devient pénible, collant ou impoli, redoublez de fermeté... Comme toujours, sourire, politesse et humour restent vos meilleurs atouts.

La cour des Orfèvres *(plan A2, **112**) : 69-71, av. Blaise-Diagne.* À l'origine, elle s'appelait « cour des Maures » (les artisans mauritaniens en étaient les principaux « locataires »). Aujourd'hui, beaucoup sont partis, mais il subsiste encore quelques boutiques d'orfèvres (bijoux en argent, surtout). Prix réellement intéressants pour qui sait marchander.

Pour acheter des ***tissus*** en centre-ville, c'est sur l'avenue Lamine-Gueye *(plan B3)* que ça se passe : tout le long, au sud du marché Sandaga, les échoppes chargées d'étoffes sont innombrables. Mieux vaut connaître un peu les prix. Sinon, le marché de Dakar le plus réputé pour les tissus se trouve plus au nord, dans le quartier HLM 3...

Enfin, pour les achats de ***souvenirs et d'artisanat africain,*** le meilleur choix, au meilleur prix, est au village artisanal de Thiès (à 70 km à l'est de Dakar), là où ils sont fabriqués et où les vendeurs de Dakar se fournissent.

Casino *(plan C3, **116**) : av. Hassan-II. ☎ 33-823-17-27. Lun-sam 8h30-20h, dim 9h-13h.* Grand supermarché à l'européenne, où rien ne manque.

Arts contemporains

La création contemporaine jouit d'un certain dynamisme dans la capitale sénégalaise, comme en témoignent les manifestations culturelles telles que la Biennale des arts (Dak'Art), qui se déroule en mai les années paires. Pour les dates et le programme, voir *• biennaledakar.org •*

Galerie Antenna *(plan C3, **113**) : 9, rue Félix-Faure. ☎ 33-822-17-51. • galerieantenna.com • À deux pas de la pl. de l'Indépendance. Tlj sauf dim 9h30-13h, 16h-19h30.* Pour les amateurs, une galerie-boutique riche en objets d'art et d'artisanat ouest-africain. Particularité : rien n'est vraiment neuf et tout a déjà été « utilisé » au moins une fois. Peintures, aquarelles, masques, échelles dogons, serrures maliennes, mobilier, statuettes de colons et petits objets décoratifs. Attention, « authentique » ne veut pas forcément dire « ancien » !

À voir. À faire

Le musée Théodore-Monod *(ex-IFAN, Institut fondamental d'Afrique noire ; plan B4) : 1, pl. de Soweto. ☎ 33-825-98-90. Tlj sauf lun 9h-17h. Entrée : 5 000 F. CFA.* Le musée est installé dans un superbe bâtiment construit en 1931. Son style témoigne de la première reconnaissance des cultures locales. En effet, le concours précisait que son architecture devait s'inspirer de celle du fleuve Niger (Tombouctou, Djenné). Ainsi naquit le style néo-soudanais. Le bâtiment abrita d'abord l'hôtel de l'administrateur de Dakar, puis accueillit, en 1936, l'IFAN (Institut fondamental d'Afrique noire), dont la mission était de dresser l'inventaire scientifique et culturel de l'AOF. Devenu musée d'art africain (c'est l'un des plus anciens du genre sur le continent), son 1er directeur ne fut autre que Théodore Monod jusqu'en 1964... Rénové, il possède un fonds de plusieurs milliers d'objets (collectés par des ethnologues et autres chercheurs pour mieux comprendre et cerner les sociétés africaines traditionnelles). Néanmoins, seule une petite partie est exposée (et assez mal mise en valeur) dans l'espace du rez-de-chaussée. Les sections sont thématiques : maternité-fécondité, initiation à la vie adulte, mariage, agriculture, contrôle social ou encore rites funéraires. On peut ainsi admirer des porte-bébés, coiffes de circoncis, étuis péniens, masques agricoles, cannes de culture (décernées aux jeunes cultivateurs les plus productifs), outils agraires, amulettes et statuettes diverses, d'autres masques destinés à effrayer les morts (pour qu'ils laissent en paix les vivants), un lit mortuaire et un beau *bombolong,* gros tam-tam casamançais d'appel. L'étage accueille quelquefois une expo temporaire.

Le musée des Forces armées sénégalaises (plan A3) : *75, bd de la République. ☎ 33-823-24-67. Lun-ven 8h-18h (visite guidée). Fermé w-e. Entrée : 1 000 F. CFA.* Le musée est au 1er étage d'un bâtiment géré par l'armée. En hommage aux courageux tirailleurs sénégalais, petite collection de costumes traditionnels, d'armes de 1873 à 1945, d'archives, de photos, de gravures et des panneaux commémoratifs. On retiendra aussi les portraits des marabouts qui ont participé aux recrutements des volontaires et une reconstitution (bien faite) d'une tranchée de la guerre de 1914-1918. En revanche, pas grand-chose sur le massacre de Thiaroye-sur-Mer (dans la banlieue de Dakar, voir ce chapitre). Au rez-de-chaussée enfin, évocation de l'histoire du Koweït (de l'indépendance à la guerre du Golfe), et une petite salle d'expo de médailles et de croix militaires. Vaut plus pour sa symbolique que pour ses collections.

La Grande Mosquée (plan A1) : *angle des allées Papa-Gueye-Fall et de l'av. Malick-Sy. Ne se visite pas.* De style marocain, elle date de 1964. Et aussi plein d'autres petites mosquées au Plateau. Évitez le moment de la prière la plus importante (le vendredi vers 14h) pour vous balader dans les rues avoisinant ces lieux de culte : impossible de passer, même entre les voitures. Donc arrêtez-vous et patientez calmement !

La cathédrale (plan B4) : *bd de la République.* Inaugurée en 1929, cette « cathédrale du souvenir africain » compte deux clochers et une coupole intérieure peinte, où l'on aperçoit un christ musclé comme un top model ! Quelques vitraux, mais très simples. Pas indispensable.

➢ ***Le tour du Plateau par la route des corniches est et ouest :*** *à faire en véhicule ou, pour ceux qui ont du temps, à pied.*
Une jolie balade qui permet de voir que Dakar est bâtie sur un site superbe : côte escarpée, petites criques et maisons opulentes pour ambassadeurs, diplomates ou autres VIP.
Pour finir, on peut, selon le sens qu'on a choisi :
– aller voir le coucher du soleil embraser les îles des Madeleines le long de la corniche ouest, puis assister au retour des pêcheurs dans la baie de Soumbédioune (voir plus loin « Dakar-Faubourgs ») ;
– ou aller boire un verre en contemplant Gorée sur le ponton du ***Lagon 1*** *(plan C3, **100**)*, situé en contrebas de la corniche est. Là, à flanc de rocher, on a du mal à imaginer que la place de l'Indépendance est à 5 mn à pied...

La gare ferroviaire (plan B2) : bel édifice colonial, actuellement fermé pour restauration. Dans l'attente, les trains pour Thiès partent de la petite gare de Cyrnos *(plan Dakar-Faubourgs, C3)*, route de Rufisque, 1 km plus loin. Juste devant la gare (à l'entrée du port maritime), jetez donc un coup d'œil à la *place du Tirailleur*, inaugurée en 2004 par le président Wade en hommage aux tirailleurs sénégalais. Au centre, une statue sculptée en 1923 figure un tirailleur et un poilu – appelés respectivement Demba et Dupont –, symbolisant le combat commun et la fraternité d'arme...

LES TRIBULATIONS DE DEMBA ET DUPONT !

Ça ressemble un peu à un titre de B.D. Cette statue fut d'abord placée sur le rond-point de l'Assemblée nationale en 1923. En 1983, elle fut au centre d'une violente polémique, considérée comme injurieuse et trop symbolique du pouvoir colonial. Déboulonnée, elle partit donc en retraite dans un entrepôt. Mais 20 ans après, le président Wade la fit réinstaller face à la gare en grande pompe.

Entre la gare et le Grand Théâtre, sur un site de plus de 2 ha, s'élève un grand bâtiment rond, le ***musée des Civilisations noires.*** D'une superficie de 14 000 m², il est le fruit de la coopération sino-sénégalaise et l'aboutissement d'un projet remontant à 1966, conçu à la suite du 1er Festival des arts nègres. Inauguration prévue fin 2018, soit après la sortie de ce guide.

***Le palais présidentiel** (plan B4) :* av. Léopold-Sédar-Senghor. Avec ses beaux aménagements paysagers, ce superbe bâtiment colonial fut la résidence du 1er gouverneur de l'AOF au tout début du XXe s, avant de devenir palais du président du Sénégal, gardé à l'entrée par un soldat à l'uniforme pittoresque.

DAKAR-FAUBOURGS

BEL-AIR ET HANN-PLAGE

Au nord-est du centre-ville, c'est un quartier résidentiel chic, avec un parc et un zoo, bordé par la baie de Hann et ses plages (plage de la Voile-d'Or et plage de Hann). Malheureusement, la mer n'est pas toujours propre, proximité du port oblige. On y trouve le *Cercle de voile de Dakar* (☎ 33-832-07-20) et le *Cercle (hippique) de l'Étrier* (☎ 33-832-52-63). À deux pas de là, dans le cimetière chrétien de Bel-Air, repose le président-poète Léopold Sédar Senghor...

Où manger ? Où boire un verre ?

***La Corvette** (plan Dakar-Faubourgs, D2, **74**) :* face au Cercle de l'Étrier *(compter 1 500-2 000 F.CFA en taxi depuis le Plateau). ☎ 33-832-04-59. Tlj sauf lun soir et mar soir. Plats 3 000-10 000 F.CFA ; menu midi env 8 000 F.CFA.* Dans une charmante maison de style colonial donnant sur la plage et l'océan, ce resto un peu chic sert une bonne cuisine de bistrot française. Quelques viandes d'exception aussi, à prix plus élevés. En soirée, atmosphère romantique et lumière tamisée par les abat-jour en calebasse dans la belle véranda. Bar et coin salon agréable avec un vieux billard. Bon accueil des proprios.

POINTE

Un quartier chic et résidentiel qui monte ! Sénégalais friqués, expats, ONG, administrations, et même l'ex-président Wade y ont élu domicile. On y trouve aussi la maison du président Senghor, transformée en musée...

Où dormir ?

***Auberge Marie-Lucienne** (plan Dakar-Faubourgs, B2, **43**) :* rue A (angle rue 2). *☎ 33-869-00-90. • auberge@orange.sn • Double env 45 000 F.CFA, petit déj inclus.* En plein cœur de ce quartier résidentiel cossu, voici de belles chambres tout confort (salle de bains, clim, TV) et équipées d'une bonne literie, avec des murs blancs et un plafond vert, rose, jaune ou marron, ça dépend. Prendre une chambre à l'arrière, plus calme. Pas mal pour qui veut fuir le centre-ville. On peut y grignoter quelques plats.

Où manger ? Où assister à un concert ?

***Just 4 U** (plan Dakar-Faubourgs, B2, **76**) :* au km 2,5, sur l'av. Cheikh-Anta-Diop. *☎ 33-824-99-25. 📱 77-715-92-95. En taxi, du Plateau, compter 1 500 F.CFA. Tlj 18h-1h (2h le w-e). Concert ts les soirs vers 22h. Plats 5 500-8 000 F.CFA. Entrée 3 000-10 000 F.CFA (gratuit*

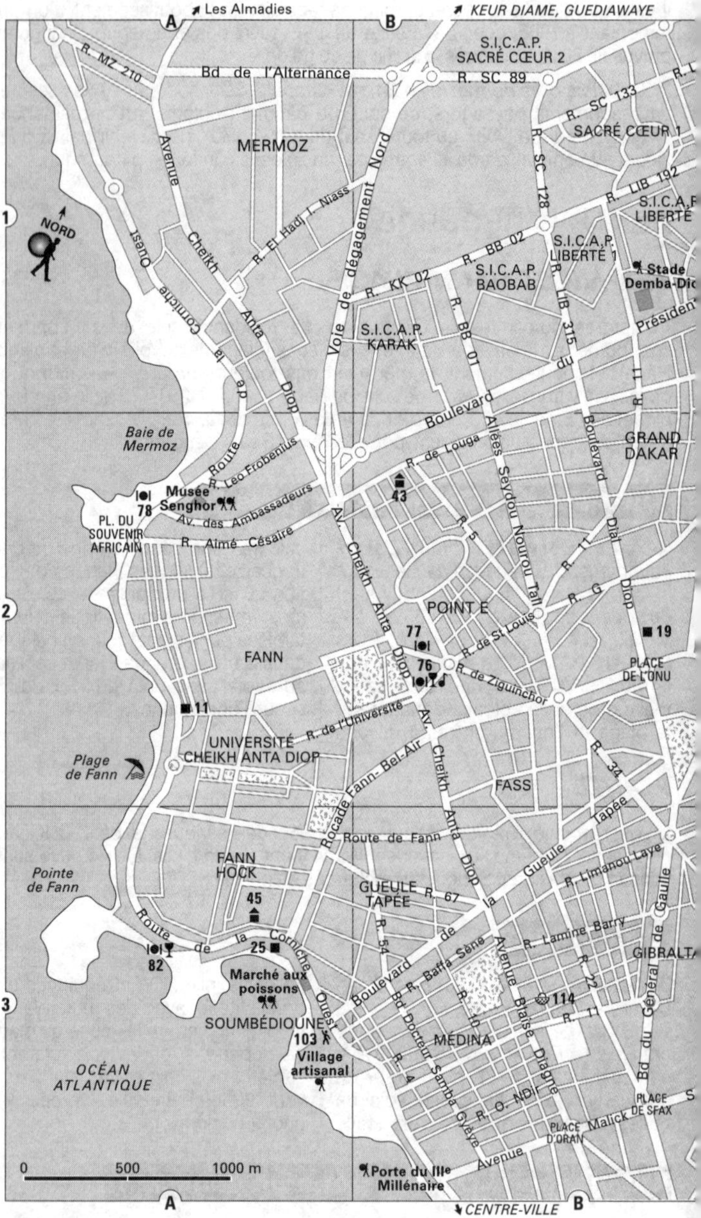
Les Almadies
KEUR DIAME, GUEDIAWAYE
A
B
1
2
3
NORD
S.I.C.A.P.
SACRÉ CŒUR 2
R. MZ 210
Bd de l'Alternance
R. SC 89
R. SC 133
SACRÉ CŒUR 1
MERMOZ
Avenue Cheikh Anta Diop
R. El Hadj I. Niass
Voie de dégagement Nord
R. SC 128
R. LIB 192
S.I.C.A.P. LIBERTÉ
S.I.C.A.P. LIBERTÉ 1
R. BB 02
S.I.C.A.P. BAOBAB
Stade Demba-Dio
R. KK 02
R. LIB 315
Corniche Ouest
Route de la Corniche
S.I.C.A.P. KARAK
R. BB 01
Boulevard du Président
R. 11
Baie de Mermoz
Route
R. Leo Frobenius
R. de Louga
Allées Seydou Nourou Tall
Boulevard Dial Diop
GRAND DAKAR
Musée Senghor
78
43
Av. des Ambassadeurs
PL. DU SOUVENIR AFRICAIN
R. Aimé Césaire
Av. Cheikh Anta Diop
R. 5
R. G
POINT E
77
76
R. de St Louis
19
PLACE DE L'ONU
FANN
R. de Ziguinchor
11
R. de l'Université
UNIVERSITÉ CHEIKH ANTA DIOP
Rocade Fann-Bel-Air
R. 34
Plage de Fann
FASS
Tapée
Route de Fann
Gueule
R. Limanou Laye
FANN HOCK
Pointe de Fann
45
GUEULE TAPÉE
R. 67
R. Lamine Barry
Boulevard de la Gueule
Bd du Général de Gaulle
82
25
R. 54
R. Baffa Sène
R. 22
GIBRALTA
Marché aux poissons
Avenue Blaise Diagne
114
SOUMBÉDIOUNE
R. 10
R. 11
103
Village artisanal
Bd Docteur Samba Guèye
MÉDINA
R. 4
OCÉAN ATLANTIQUE
R. O. NDir
PLACE DE SFAX
PLACE D'ORAN
Avenue Malick
0
500
1000 m
Porte du IIIe Millénaire
CENTRE-VILLE

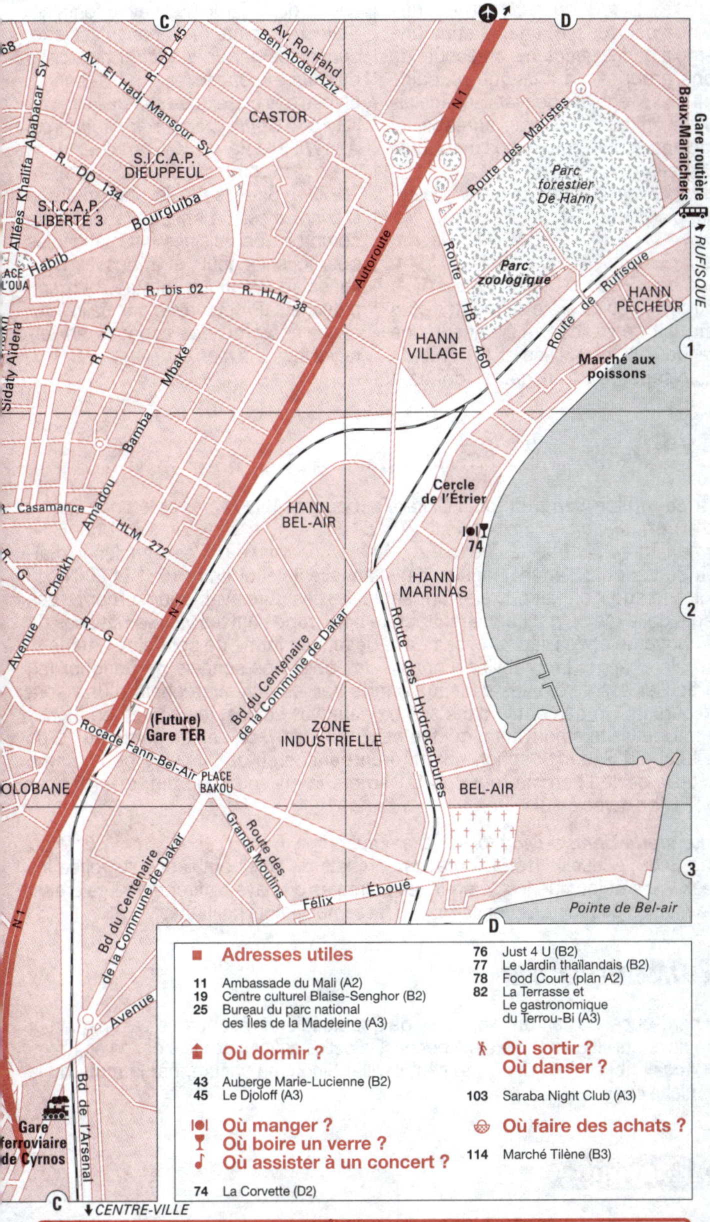

■ Adresses utiles

- 11 Ambassade du Mali (A2)
- 19 Centre culturel Blaise-Senghor (B2)
- 25 Bureau du parc national des Îles de la Madeleine (A3)

Où dormir ?

- 43 Auberge Marie-Lucienne (B2)
- 45 Le Djoloff (A3)

Où manger ?
Où boire un verre ?
Où assister à un concert ?

- 74 La Corvette (D2)
- 76 Just 4 U (B2)
- 77 Le Jardin thaïlandais (B2)
- 78 Food Court (plan A2)
- 82 La Terrasse et Le gastronomique du Terrou-Bi (A3)

Où sortir ? Où danser ?

- 103 Saraba Night Club (A3)

Où faire des achats ?

- 114 Marché Tilène (B3)

DAKAR-FAUBOURGS

pour les clients du resto). Dans une grande cour dallée, attablé sous une pergola et des lampions, on écoute de bons groupes de musique africaine tout en se régalant de plats sénégalais ou de grillades. Service agréable et ambiance cool. Une de nos meilleures adresses.

Le Jardin thaïlandais *(plan Dakar-Faubourgs, B2, **77**) : 10, rue de Ziguinchor. ☎ 33-825-58-33. Dans la rue derrière le* Just 4 U. *Le soir seulement, sauf dim. Plats 5 000-11 000 F.CFA.* Entrée un peu discrète surmontée d'un petit toit de pagode. À l'intérieur, une grande salle climatisée et décorée de chinoiseries en tout genre, donnant sur un gentil jardin frais avec fontaine. Savoureux plats thaïs dans l'assiette, concoctés par un vrai chef du « pays du sourire ». Une adresse pour changer un peu des classiques sénégalais.

Food Court *(plan Dakar-Faubourgs, A2, **78**) : route de la Corniche, dans le centre commercial* Sea Plaza. *Tlj 9h-22h.* Situé sous le supermarché *Casino,* c'est un ensemble de petits comptoirs de cuisines internationales pour tous les goûts et à tous les prix : libanaise, asiatique, pizzas, burgers, pâtes, etc. Propre, avec une salle intérieure aérée ou des espaces en terrasse face à la mer...

À voir

Le musée Senghor *(plan Dakar-Faubourgs, A2) : sur la route de la Corniche ouest, angle Leo-Frobenius. 📱 70-964-87-52. Mar-sam 10h-12h, 15h-17h ; fermé dim-lun. Entrée : 2 000 F.CFA, visite accompagnée.* C'est l'ancienne maison de Léopold Sédar Senghor, dans laquelle il vécut entre 1981 et 2001, du moins lorsqu'il n'était pas en Normandie. La demeure avait pour surnom « Les Dents de la mer », pour son architecture ocre (rappelant les vieilles bâtisses de Tombouctou et de Djenné) et ses pans de mur en forme de pointe. À l'intérieur, rien n'a changé. Le mobilier d'origine, les objets personnels de Senghor (en particulier ses livres), les cadeaux offerts par les différents chefs d'État sont toujours là. On déambule dans ses bureaux, les salons, les chambres à coucher. Une visite émouvante, guidée par Barthélémy, un ancien garde du corps de Léopold Sédar Senghor, qui offre un bel aperçu de l'univers de l'homme d'État... et de l'homme tout court. Derrière la maison, le jardin, reverdi pour l'occasion, avec sa piscine.

Le stade Demba-Diop *(plan Dakar-Faubourgs, B1) : Sicap Liberté I, sur le bd Bourguiba.* Accueille les plus grands combats de lutte : ambiance survoltée les week-ends et jours fériés, lorsque les pointures du pays s'affrontent. Également des matchs de foot, des concerts, des rassemblements politiques...

SOUMBÉDIOUNE

Au nord-ouest du centre-ville, l'anse de Soumbédioune est bordée par un quartier populaire qui vit au rythme de la pêche. De belles scènes de vie à observer...

➢ ***Accès :*** bus nº 10 depuis le centre-ville. Sinon, en voiture, par la route de la Corniche ouest.

Où dormir ?

Le Djoloff *(plan Dakar-Faubourgs, A3, **45**) : 7, rue Nani-Fann-Hock. ☎ 33-889-36-30. • hoteldjoloff.com • Doubles 65 000-82 000 F.CFA selon standing, petit déj inclus, taxe en sus.* Un boutique-hôtel à l'architecture originale, constitué de 2 jolis bâtiments édifiés en brique couleur latérite, et reliés entre eux par un jeu d'escaliers et de passerelles en bois et en métal. L'ensemble est très réussi. Chambres confortables à la déco soignée, comme il se doit. Celles au rez-de-chaussée sont tout de même un peu sombres. Les petits déj et les repas se prennent sur la terrasse au dernier étage avec vue sur l'océan. Organise des concerts de jazz dans une cave voûtée le samedi à partir de 21h *(entrée : env 5 000 F.CFA, parfois plus selon programmation).*

Où manger ? Où boire un verre ?

La Terrasse *(plan Dakar-Faubourgs, A3,* ***82****) : bd Martin-Luther-King (route de la Corniche), dans le complexe hôtelier luxueux de* Terrou-Bi*. ☎ 33-839-47-94. Tlj midi et soir jusqu'à 23h (minuit le w-e). Plats 6 500-22 000 F.CFA ; buffet midi 14 500 F.CFA (32 000 F.CFA le dim) ; également des pizzas, à prix plus abordables.* Partie prenante du complexe *Terrou-Bi*, le resto de la classe moyenne, nettement moins cher que le « gastro » mais déjà d'une classe indéniable, avec – en prime – une terrasse élégante et agréable. Situé à côté du solarium et de la piscine. Sans oublier le bar-lounge et ses profonds fauteuils pour l'apéro. Cuisine internationale assez élaborée et à prix encore abordables. Grand choix de pizzas aussi, parmi les meilleures de Dakar. Bon à savoir : le buffet du dimanche midi donne accès à la piscine et aux transats (sinon, c'est 7 000 F.CFA), de quoi bien occuper une bonne partie de la journée !

Le gastronomique du Terrou-Bi *(plan Dakar-Faubourgs, A3,* ***82****) : bd Martin-Luther-King (route de la Corniche). ☎ 33-839-90-39. Tlj sauf sam midi, dim-lun et ramadan, midi et soir jusqu'à 23h30. Menu dégustation 33 000 F.CFA midi et soir, boissons en sus (cher). Dîner jeu 27 000 F.CFA. Plats 10 000-24 000 F.CFA.* L'un des meilleurs restos du pays. Grande salle au décor sobre et contemporain très réussi, à l'atmosphère forcément chic, service pro pour une cuisine de haute volée. Produits d'une grande fraîcheur, viandes cuites parfaitement à la demande. Bien sûr, cher pour le Sénégal. Vue panoramique en prime. Soirée thématique le jeudi autour d'un produit ou d'une région.

DAKAR ET SES ENVIRONS

Où sortir ? Où danser ?

Saraba Night Club *(plan Dakar-Faubourgs, A3,* ***103****) : baie de Soumbédioune, attenant au village artisanal. Mer-dim à partir de 23h. Entrée : env 5 000 F.CFA.* Une boîte qui fait le plein tous les week-ends avec ses soirées « discothèque internationale » ou ses concerts assurés par Pape Diouf ! Clientèle mélangée de toubabs et d'Africains.

Où faire des achats dans les environs (quartier Médina) ?

Marché Tilène *(plan Dakar-Faubourgs, B3,* ***114****) : dans le quartier Médina, délimité par les rues 19, 20, 21 et Blaise-Diagne.* Un beau marché avec son lot de produits alimentaires et d'odeurs capiteuses. On y trouve aussi des tissus. Peu de touristes et prix intéressants. Certainement le plus africain des marchés de Dakar. Juste à côté, le long du stade, on peut voir des étals de gris-gris : peaux de reptiles, cornes, dents, cauris, os... Vraiment très local !

À voir. À faire

✪ ***La porte du IIIe Millénaire*** *(plan Dakar-Faubourgs, B3)* **:** *sur la promenade aménagée de la corniche ouest.* Le monument fut inauguré en 2001 par le président Wade en compagnie du roi du Maroc, Mohammed VI. Conçue par l'architecte sénégalais Pierre-G.-Atepa, la porte s'ouvre sur l'océan ensoleillé et se compose de 3 arches symbolisant chaque siècle. La 1re est droite (siècle de la connaissance), la 2e est un arc (l'industrialisation) et la 3e, plus courbée (la communication).

✪✪ ***Le marché aux poissons*** *(plan Dakar-Faubourgs, A3)* **:** *anse de Soumbédioune.* C'est surtout le lieu où les pêcheurs, de retour de leur sortie en mer (en fin de journée), traînent leurs grosses pirogues colorées sur la plage. Sur place, de nombreux étals où les femmes récupèrent, trient et nettoient le poisson. L'événement crée embouteillages et attroupements sur la corniche. Ambiance authentique et sympa.

✪ ***Le village artisanal*** *(plan Dakar-Faubourgs, A3)* **:** *anse de Soumbédioune, côté mer. Tlj 8h30-19h.* C'est le plus grand centre d'exposition d'artisanat du pays, avec un vaste choix de masques, statuettes, peintures, colliers, bijoux, etc., fabriqués localement ou importés d'autres régions d'Afrique de l'Ouest. Les premiers prix proposés peuvent être exorbitants ; n'hésitez pas, le cas échéant, à les rabattre fortement ! Cela étant, les objets proposés ici sont en général de bonne qualité. Sauf peut-être les djembés, qui ne valent pas nécessairement les modèles « pros » fabriqués par les musiciens eux-mêmes...

✪✪ ***Le parc national des îles de la Madeleine (PNIM) :*** *s'adresser au bureau du parc (plan Dakar-Faubourgs, A3,* ***25****), sur la plage de Soumbédioune, entre la Cour suprême et le village artisanal ; en sous-sol. ☎ 33-821-81-82. Tlj 9h30-16h. L'accès au parc (bateau inclus) coûte 5 000 F.CFA/pers (si 3 pers), plus env 5 000 F. CFA pour l'écoguide (1-10 pers).*
Ce sont deux beaux îlots volcaniques sculptés par les éléments, qui abritent de nombreux oiseaux, moins que dans le Sine Saloum certes, mais on y trouve des espèces plus rares. Par exemple, le phaéton, un pélécaniforme avec une longue queue et un bec rouge, dont les îles représentent le seul lieu de nidification en Afrique. Mieux vaut venir entre octobre et juin, c'est la période où l'on voit le plus de spécimens. Le parc recèle également quelques espèces florales très rares. Pensez aux jumelles. Accostage et départ de l'île parfois délicats (vagues et rochers), et petite émotion en franchissant la barre, oups (trajet : env 15-20 mn) !
Si la principale des îles de la Madeleine est surnommée l'« île aux serpents », elle n'en est pas pour autant infestée. L'appellation proviendrait de la déformation d'« île Sarpan », du nom d'un soldat insoumis de l'armée coloniale française qui aurait été déporté ici, avant d'obtenir le droit de s'installer définitivement ! Au bureau du parc, quelques panneaux sur la faune et la flore des îles.

ALMADIES – N'GOR – YOFF – PATTE D'OIE

La pointe des Almadies ou la plage (et l'île) de N'Gor sont des coins parfaits pour prendre un verre paisiblement ou pour manger de bons fruits de mer à toute heure de l'après-midi ou de la soirée. C'est, à notre avis, dans ce secteur – plus calme que le centre-ville – qu'il est le plus agréable de résider lors d'un passage dans la capitale.
➢ ***Pour y aller :*** le bus no 8 assure la liaison entre Yoff et Dakar-centre. Pour N'Gor et les Almadies, prendre un taxi à partir de Yoff village ou de Ouakam (cette dernière zone étant accessible du Plateau par le bus no 7). Sinon, taxi depuis le centre.
– Vous trouverez des ***bureaux de change*** et des banques avec ***distributeurs*** (accessibles 24h/24) sur la route de N'Gor, du côté de la station-service *Shell (plan Almadies – N'Gor – Yoff – Patte d'Oie, B1,* ***22****).*

Où dormir ?

Près du phare des Mamelles

Hôtel du Phare *(Les Mamelles ; plan Almadies – N'Gor – Yoff – Patte d'Oie, A2,* ***48****) : 36, cité des Magistrats, Ouakam, Les Mamelles, corniche ouest. ☎ 33-860-30-00. • hotelduphare-dakar.com • Doubles avec ou sans sdb 28 000-35 000 F.CFA, petit déj en sus.* Dans un quartier résidentiel tranquille, cette villa dispose de chambres climatisées, propres et égayées d'une déco africaine. Bien sûr, les plus chères sont plus grandes et équipées d'une salle de bains. Le tout correctement tenu, même si l'établissement mériterait un petit rafraîchissement. On peut y manger quelques plats simples et des pizzas. Une adresse calme et familiale.

Aux Almadies

La Villa 126 *(plan Almadies – N'Gor – Yoff – Patte d'Oie, B1,* ***49****) : 126, rue Ng 113, N'Gor-Almadies. 77-197-63-94. • lavilla126.com • Doubles 47 000-62 000 F.CFA, petit déj inclus, taxe en sus.* Excellente situation à l'écart de la route de N'Gor, dans une sympathique zone résidentielle. On a été séduit par cette belle maison d'hôtes de quelques chambres, très confortables (TV, clim, salle de bains nickel) et d'un grand raffinement, avec leur mobilier sélectionné avec soin auprès de créateurs locaux. Agréable salon pour les hôtes entouré de charmants patios aménagés pour les repas (dîner possible). Le petit déj est excellent, avec des jus frais, yaourt, confitures maison et pain qui croustille. Sans oublier l'accueil particulièrement affable du personnel et de la propriétaire française. Une adresse qu'on recommande vivement !

Maison d'hôtes La Demeure *(plan Almadies – N'Gor – Yoff – Patte d'Oie, A2,* ***50****) : Almadies, zone 12, lot. n° 12. ☎ 33-820-76-79. 77-724-91-22. • lademeure-guesthouse.com • Sur route de N'Gor en venant de Dakar, prendre à droite au rond-point du resto La Gondole, puis 2e à droite. Double 59 000 F.CFA, apparts 4 pers 94 000-99 000 F.CFA ; petit déj et taxe en sus.* Dans un quartier résidentiel calme, cette grande villa abrite des chambres spacieuses et fort élégantes, dignes d'un magazine de déco. Style africain de bon goût, mobilier de marque, jolis tapis, moulures aux plafonds, lit à baldaquin, clim, TV et salle de bains moderne... l'ensemble est soigné et luxueux. Si vous êtes 3 ou 4, possibilité de louer un studio ou un appartement. Terrasse avec bar. Des tas de coins salon pour se poser, avec boissons fraîches en self-service. Fanta, la charmante proprio, qui tient une boutique de déco d'intérieur au rez-de-chaussée, veut que ses hôtes se sentent chez eux. Pari gagné !

Sur la plage de N'Gor

Maison Abaka *(plan Almadies – N'Gor – Yoff – Patte d'Oie, A1,* ***51****) : plage de N'Gor, à gauche du resto La Cabane des Pêcheurs quand on fait face à la mer. ☎ 33-820-64-86. • maison-abaka.com • Doubles 35 000-80 000 F.CFA selon taille et vue ; petit déj et taxe non inclus.* Une vingtaine de chambres dans une grosse maison plantée au bord de l'océan. Elles sont spacieuses, confortables et joliment arrangées à l'africaine, toutes dans des tons et avec du mobilier différents. Les plus chères offrent une vue de choix sur la mer et l'île de N'Gor. Agréable terrasse commune avec des banquettes et coussins pour musarder. Petite piscine. Jacuzzi sur le toit. Activités possibles (surf, kitesurf, plongée et pêche). Accueil sympa.

La Madrague *(plan Almadies – N'Gor – Yoff – Patte d'Oie, A1,* ***52****) : plage de N'Gor, à l'entrée du parking. ☎ 33-820-02-23. • hotel-madrague.com • Doubles 53 000-59 000 F.CFA selon vue, petit déj et taxe en sus. Réduc à partir de la 3e nuit. Plats 4 500-7 800 F.CFA ; menu du jour 8 900 F.CFA.* Hôtel agréable et coloré, proposant des chambres confortables et bien tenues (murs

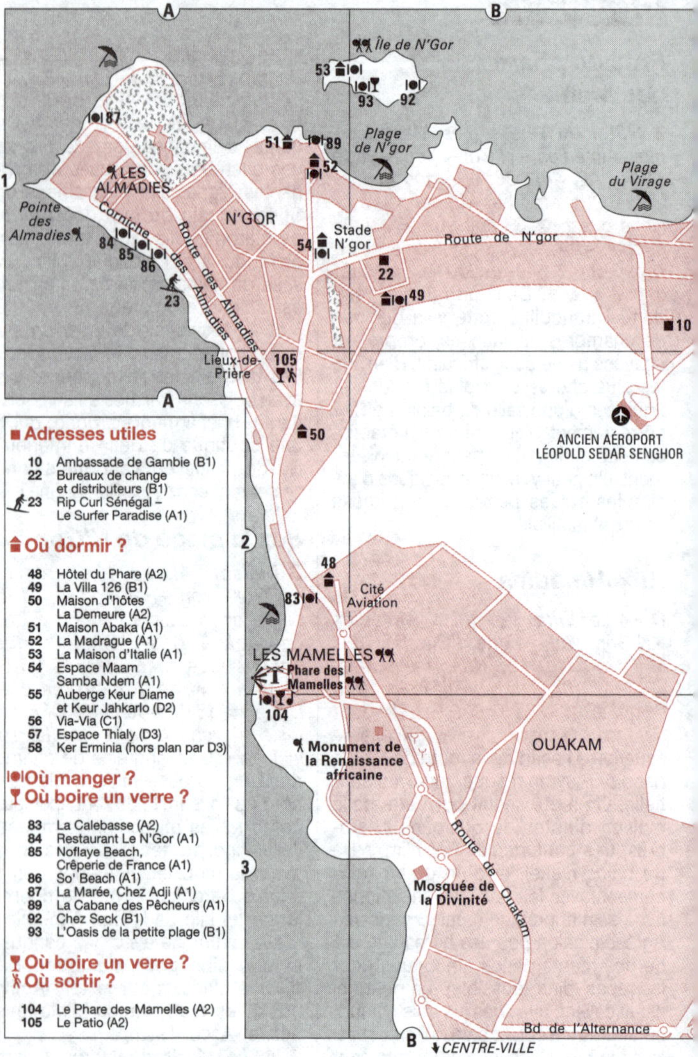

blancs et bleus, plafond voûté, sol en terre cuite), avec balcon ou terrasse ouverte sur la mer pour les plus chères. Piscine turquoise en bord de plage *(accès possible pour les non-résidents, pour 6 000 F.CFA en sem ; 10 000 F.CFA le w-e ; réduc enfants).* Resto au cadre marin très soigné, avec de bons plats du jour abordables, dans une bonne ambiance. Service très pro.

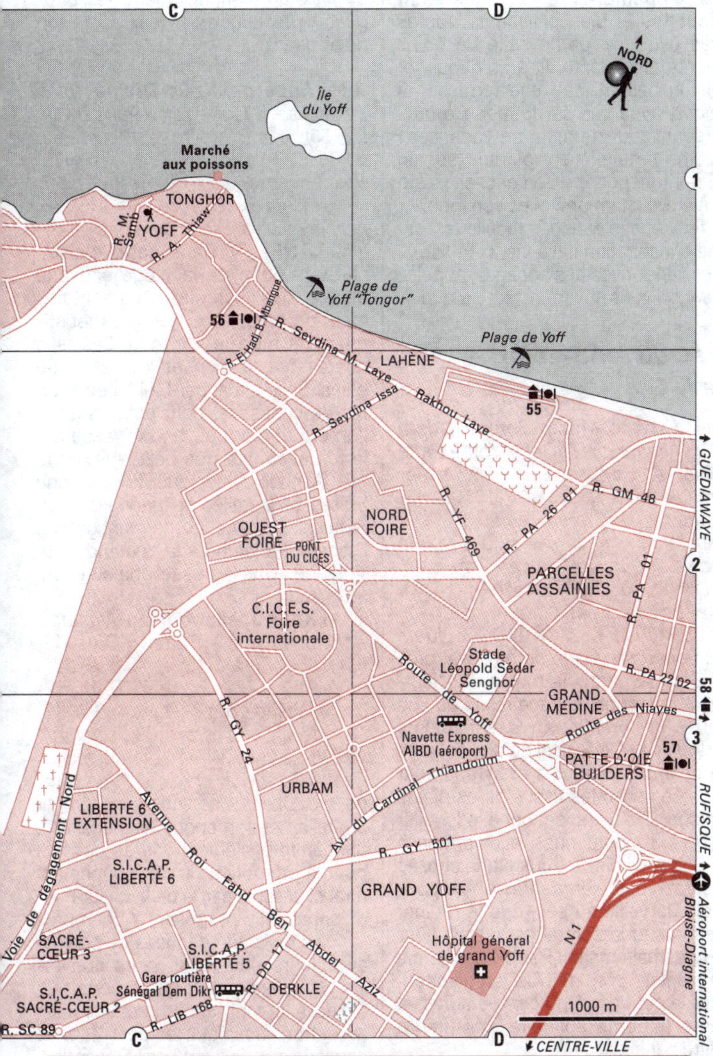

ALMADIES – N'GOR – YOFF – PATTE D'OIE

Sur l'île de N'Gor

La Maison d'Italie *(plan Almadies – N'Gor – Yoff – Patte d'Oie, A-B1,* **53***)* **:** *à droite de la petite plage de l'île.* ☎ *30-114-17-48.* *77-572-43-06.* • *chezcarlahotel.com* • *Doubles 38 000-45 000 F.CFA selon confort et vue, petit déj inclus ; également 2 suites familiales. Plats 5 000-9 500 F.CFA.* Un petit air méditerranéen flotte sur cette maison accueillante.

Les 4 chambres et 2 suites sont coquettes et bien plaisantes, toutes avec clim, TV, petite salle de bains colorée étincelante, lit à baldaquin et soit un balcon, soit une terrasse, la plupart avec vue sur la mer. De quoi se sentir tout de suite en vacances ! Piscine naturelle et solarium sur un joli ponton, pour ne rien gâcher. Resto tout aussi charmant, avec son mobilier en teck et ses canapés moelleux. Cuisine d'inspiration italienne, bien sûr. Si vous venez avec des bagages, appelez avant, ils vous enverront leur barque.

Près du rond-point de N'Gor

Espace Maam Samba Ndem *(plan Almadies – N'Gor – Yoff – Patte d'Oie, A1,* ***54****)* **:** *lot. n° 633, N'Gor Almadies Extension. 77-191-50-17. • aubergedakar.org • À 400 m de la plage de N'Gor, un peu à l'écart de la route de N'Gor. Entrée par le magasin. Double 35 000 F.CFA, petit déj compris, taxe en sus. Plat unique (sur résa) 3 500-4 000 F.CFA.* L'ONG *Ndem* (du nom d'un village de brousse, près de Bambey, dans la région de Diourbel) a ouvert cet espace mixte où l'on trouve les créations (vestimentaires surtout) de l'ONG ainsi qu'une poignée de chambres simples et sympas car décorées avec les tissus et les plaids maison. Pouvant chacune accueillir jusqu'à 3-4 personnes, elles ont salle de bains, clim et TV. Juste une chose : assurez-vous bien auprès du responsable, la veille au soir, que le robinet d'eau chaude central est ouvert pour le lendemain matin ! Petite cour garnie de plantes, avec mobilier en bambou, pour le petit déj. Une gentille adresse, genre auberge solidaire, qui mérite d'être connue.

À Yoff

La longue plage de Yoff, bordée de constructions pas toujours finies et exposée à tous les vents, conviendra à ceux qui souhaitent se tenir à l'écart du circuit « touristique »... Non loin de là, Tonghor-Plage est un village de pêcheurs où l'animation bat son plein en fin d'après-midi, quand les pirogues reviennent avec leur cargaison de poissons.

Auberge Keur Diame *(plan Almadies – N'Gor – Yoff – Patte d'Oie, D2,* ***55****)* **:** *cité Djily Mbaye, villa n° 265. ☎ 33-820-96-76. 78-117-03-38. • keurdiame@keurdiame-senegal.com • Doubles 21 000-29 000 F.CFA, petit déj inclus. Dîner (sur commande) 6 500 F.CFA.* Dans cette maison située à 50 m de la plage sauvage de Yoff, des chambres sans fioritures mais propres, avec ventilo, moustiquaire et mobilier en rotin. Les plus chères ont la clim et leur salle de bains. Salle à manger-bibliothèque au rez-de-chaussée, petit patio-jardin à l'arrière et, surtout, une terrasse sur le toit avec une très belle vue sur la mer. Accueil dynamique de Ruth, une Suissesse installée de longue date au Sénégal, et d'Ibra, le charmant gérant. Stages de djembé à la demande, sur la plage. Une adresse chaleureuse, au calme.

Keur Jahkarlo *(plan Almadies – N'Gor – Yoff – Patte d'Oie, D2,* ***55****)* **:** *cité Djily Mbaye, villa n° 302. ☎ 33-820-47-91. 77-609-52-03. • jahkarlo.org • Dortoir 9 000 F.CFA/pers, doubles avec ou sans sdb 20 000-22 000 F.CFA ; petit déj inclus. Repas 2 500-4 000 F.CFA.* À 50 m de *Keur Diame,* une auberge tenue par un Italien et son épouse sénégalaise, qui gèrent également une association pour la promotion du développement rural et la sauvegarde de la culture traditionnelle. Ils proposent 4 chambres simples mais non dénuées de charme avec leurs rideaux et leurs couvre-lits chatoyants, ainsi qu'un dortoir de 6 places, le tout très propre. Joli patio au sol en mosaïque et petit espace commun sympa à côté de la réception. On peut y prendre ses repas. Rien à redire pour le prix !

Via-Via *(plan Almadies – N'Gor – Yoff – Patte d'Oie, C1,* ***56****)* **:** *à Yoff Layène, route des Cimetières. ☎ 33-820-54-75. • viavia.world • Dortoir 9 500 F.CFA/pers, doubles 22 000-28 000 F.CFA avec ou sans sdb ; petit déj compris. Supplément clim : 5 000 F.CFA.*

Plats 3 500-5 500 F.CFA. CB refusées. *Via-Via* est un concept d'hébergement pour *backpackers* que l'on retrouve dans le monde entier. Un lieu de rencontre pour nos amis routards, également fréquenté par des membres d'ONG, pour s'échanger de bons conseils de voyage. On vous conseille les chambres avec salle de bains, impeccables, du bâtiment dans la cour. Les autres (à peine 2), avec sanitaires communs, sont moins bien. Également 2 dortoirs de 6 lits pour les fauchés. Douche froide pour tout le monde. Terrasse sur le toit et paisible patio au rez-de-chaussée, avec hamac pour les adeptes de la sieste, ainsi qu'un resto sous une paillote servant de bons plats sénégalais et européens. Le soir, lumière tamisée par des calebasses pour une ambiance feutrée.

À Patte d'Oie

Espace Thialy *(plan Almadies – N'Gor – Yoff – Patte d'Oie, D3,* ***57****) : quartier Builders, Patte d'Oie, cité impôts et domaine. ☎ 33-855-02-60. • cauris.sn/espacethialy • En bus, prendre du Plateau (pl. de l'Indépendance) le Dem Dikk nº 5 et descendre à l'arrêt Marché-Patte-d'Oie ; rejoindre alors la mosquée de Patte d'Oie-Builders, la longer par la gauche, puis tourner à gauche juste après l'école ; c'est la 2e rue à droite (panneau). Nuit 9 500 F.CFA/pers en chambre 2-6 pers. Single 12 000-14 000 F.CFA, petit déj (et taxe) inclus. Repas env 4 500 F.CFA.* Certes excentrée, mais... on a craqué pour cette superbe adresse, tenue avec gentillesse par Chantal, Denis et leur équipe sénégalaise. Chambres doubles ventilées, joliment décorées à l'africaine, avec moustiquaires, sanitaires communs (douche chaude), réparties autour d'un charmant patio fleuri. À l'étage, sympathiques terrasses (fleuries comme le patio) et des chambres pour 3-6 personnes. Très bon rapport qualité-prix. Côté cuisine : spécialités locales exquises. Un lieu d'hébergement pittoresque, essentiellement fréquenté par des routards et le personnel des ONG. En prime, plein d'infos et de coups de main. Organise également des circuits et des excursions.

Ker Erminia *(plan Almadies – N'Gor – Yoff – Patte d'Oie, hors plan par D3,* ***58****) : Hamo 2, villa S02, Les jardins de Cambérène. 77-177-89-67 ou 77-295-94-36. En France : ☎ 06-73-54-72-93. • kererminia@gmail.com • À 200 m du rond-point Casebi ; excentré, y aller en taxi (compter 15-20 mn du centre). Doubles 14 500-18 000 F.CFA. Possibilité de louer la maison env 50 000 F.CFA (8 adultes et 3 enfants) ; compter 12 000 F.CFA forfait ménage.* Sympathique maison colorée, au calme, dans une impasse, qui propose des chambres climatisées avec moustiquaire, salle de bains privée ou à partager. Salon commun, agréable patio avec plein de plantes et grande terrasse aérienne pour se poser. Également 2 autres chambres dans une annexe, juste en face, avec salle de bains commune. Cuisine à disposition pour se préparer les petits déj et repas. D'ailleurs, Sophie Ba qui gère la maison, se fera un plaisir de vous aider dans l'élaboration de vos plats. Machine à laver, séchoir, coffre-fort. Possibilité de transport aéroport.

Où manger ? Où boire un verre ?

Dans le coin des Mamelles

La Calebasse *(plan Almadies – N'Gor – Yoff – Patte d'Oie, A2,* ***83****) : route des Mamelles (au pied du phare). ☎ 33-860-69-47. 77-639-95-00. Tlj 12h-23h en continu. Plat du jour, le midi seulement 3 500 F.CFA, sinon plats 6 500-9 500 F.CFA. Menu découverte 13 000 F.CFA.* Au dernier étage de l'immeuble *Art et Afrique.* Après avoir admiré, en montant, quelques belles œuvres d'art africain, un excellent repas dans un cadre original (terrasse sous un toit de chaume) vous attend. Cuisine africaine pur jus, élaborée à partir de produits locaux frais, avec en vedettes le thiof ou poulet braisé et le *thiéboudienne,* mais la sélection varie d'un jour à l'autre... Si vous êtes en fonds et affamé, laissez-vous tenter par le menu découverte, qui inonde la table de mets ! Musique live tous les soirs sauf dimanche et gospel le jeudi (résa conseillée ce soir-là).

Sur l'île ou la plage de N'Gor

➢ Des pirogues assurent la liaison (3 mn de traversée) entre la plage et l'île de N'Gor, ttes les 15-20 mn, 8h-20h env ; ensuite, c'est plus aléatoire. *Tarif : 1 000 F.CFA l'A/R.*

🍽 ***Chez Seck*** *(plan Almadies – N'Gor – Yoff – Patte d'Oie, B1,* ***92****) : à la pointe est de l'île.* 📱 *77-647-81-66. Plats 3 000-9 500 F.CFA.* Resto superbement situé face à la mer. Sa réputation n'est plus à faire, que vous ayez envie de crevettes, de poisson fraîchement sorti de l'eau ou de langouste à prix encore raisonnable *(env 16 000 F.CFA).* Sandwichs et salades aussi, pour les petites faims. Accueil vraiment charmant.

🍽 🍸 ⛱ ***L'Oasis de la petite plage*** *(plan Almadies – N'Gor – Yoff – Patte d'Oie, B1,* ***93****) : sur la petite plage à l'ouest de l'île.* 📱 *77-975-10-39. Plats 4 000-5 500 F.CFA.* Agréable paillote colorée et nichée sur les rochers du bord de mer, jouxtant la plage. Le cadre idéal pour boire des verres face au littoral et en musique... ou boulotter un bon petit plat pas cher (dans ce cas, on peut même profiter de l'espace transats et parasols). Une adresse cool !

🍽 ***La Cabane des Pêcheurs*** *(plan Almadies – N'Gor – Yoff – Patte d'Oie, A1,* ***89****) : plage de N'Gor, face à l'île.* ☎ *33-820-76-75. Tlj 12h-15h, 19h-22h30. Plats 5 000-10 000 F.CFA.* C'est le resto d'une société de pêche sportive, tout indiqué pour ses fruits de mer bien frais et ses poissons qui sortent de l'eau. Quelques viandes (zébu notamment) au gril aussi pour les carnivores... Une bonne table, dont l'affluence démontre la fidélité de la clientèle.

🍽 On n'oubliera pas non plus le resto de l'hôtel ***La Madrague*** sur la plage de N'Gor et celui de ***La Maison d'Italie*** sur la petite plage de l'île de N'Gor (voir plus haut « Où dormir ? »), pour leur bonne cuisine et leur cadre très plaisant.

Sur la corniche des Almadies

Un autre coin attrayant, encore peu urbanisé et livrant quelques très intéressantes petites adresses pied dans l'eau.

🍽 ⛱ ***Noflaye Beach, Crêperie de France*** *(plan Almadies – N'Gor – Yoff – Patte d'Oie, A1,* ***85****) : sur la corniche, vers la pointe des Almadies.* ☎ *33-820-30-32. Tlj 12h-22h. Galettes 3 500-4 000 F.CFA, plats 4 000-8 000 F.CFA.* « La crêperie de France... Gall », faudrait-il ajouter. On y sert de succulentes crêpes salées (mais aussi sucrées), pour tous les goûts : moules, chorizo, béchamel-jambon-fromage, pommes de terre-lardons, etc., à déguster avec un honnête petit rouge au verre. Également des plats plus classiques, bien réalisés. De plus, l'espace tout ouvert, avec des petites chaises en bois et une miniplage super relax à 2 m des flots, est génial ! Regrettée France, on n'a qu'un mot à vous dire : merci !

🍽 ⛱ ***So' Beach*** *(plan Almadies – N'Gor – Yoff – Patte d'Oie, A1,* ***86****) : sur la corniche, un peu avt le* Noflaye Beach *en venant des Mamelles.* 📱 *77-862-32-74. Tlj sauf mar, midi et soir. Plats 6 000-9 000 F.CFA. Plateau de fruits de mer 10 000 F.CFA dim seulement.* Un resto au cadre romantique, à l'atmosphère cool et gentiment branchée, avec des tables en bois posées sur le sable et garnies d'assiettes colorées, face à l'océan. Cuisine goûteuse et qui change un peu de ce qu'on trouve ailleurs : poêlée de grosses crevettes à la moutarde, échine de porc marinée au café, soupe de poisson des Calanques... Petite plage avec transats devant les rochers et coin lounge pour l'apéro. Un concert ou un DJ's anime parfois la soirée.

🍽 ⛱ ***Restaurant Le N'Gor*** *(plan Almadies – N'Gor – Yoff – Patte d'Oie, A1,* ***84****) : sur la corniche, après le* Noflaye Beach *en venant des Mamelles.* ☎ *33-868-25-14.* 📱 *77-504-30-06. Midi et soir jusqu'à 1h. Plats 5 500-8 500 F.*

CFA. Il nous fallait bien, pour que le trio soit complet, citer aussi ce restaurant, l'un des plus anciens de la corniche. 2 parties : le bar à tapas, dont on aime le cadre coloré et le décor kitsch en coquillage, et où l'on sert des mets tels que les gambas au vin blanc, les aiguillettes de poulet aux amandes ou les bonbons de bœuf. À côté, le resto, pied dans l'eau, avec une terrasse des plus plaisante. Des pélicans viennent parfois faire la sieste sur les parasols en palme. Une atmosphère sereine pour déguster une cuisine soignée, doublée d'un fort bon choix à la carte : brochette mixte ou côtes d'agneau, filet de lotte citronnelle, thiof grillé... Petite plage en contrebas. Bien à toute heure. Service parfois un peu longuet.

À la pointe des Almadies

La Marée, Chez Adji *(plan Almadies – N'Gor – Yoff – Patte d'Oie, A1, **87**) : pointe des Almadies, au bord de l'eau, derrière les gargotes populaires. 77-550-73-58. Tlj à partir de 12h. Plats 1 500-8 000 F.CFA.* Terrasse ombragée ouverte sur le front de mer, avec tables et chaises en plastique bleu. On y vient en petits groupes ou en famille pour s'envoyer des assiettes de fruits de mer bien frais dans une atmosphère très relax : huîtres *(2 000 F.CFA la douzaine !),* oursins, coques, gros bulots, moules, pinces de crabe, bouquets de crevettes... le choix est large et les prix sont fort raisonnables. Beignets de calamars aussi, poisson grillé et délicieuses brochettes de lotte. Service à l'image du lieu, décontracté, voire nonchalant. Bien vérifier son addition.

Le Phare des Mamelles *(plan Almadies – N'Gor – Yoff – Patte d'Oie, A2-3, **104**) : voir « Où boire un verre ? Où sortir ? », plus loin.* On ne peut rêver meilleur emplacement pour bruncher le dimanche !

Où boire un verre ? Où sortir ?

La zone située au nord-ouest de l'aéroport, le long de la route de N'Gor, est un haut lieu de la vie nocturne dakaroise. Pour les amateurs, voici quelques adresses :

Le Phare des Mamelles *(plan Almadies – N'Gor – Yoff – Patte d'Oie, A2-3, **104**) : au pied du phare. 77-343-42-42. • facebook • Ouv jeu-sam 19h-2h (3h sam), dim 9h-15h. Navette gratuite entre le parking au pied de la colline et le phare. Entrée : 5 000 F.CFA avec une conso, pour ceux qui ne mangent pas. Plats 7 000-11 500 F.CFA ; plancha 13 500 F.CFA. Dim, brunchs 8 500-17 500 F.CFA.* Emplacement carrément top pour cette vaste terrasse équipée de banquettes, fauteuils et tables hautes réalisés à partir de palettes en bois. Du jeudi au samedi, concert en plein air suivi d'un DJ's et ambiance clubing sous la voûte étoilée. Un endroit sympathiquement branché, qui n'en met pas plein la vue pour autant.

Le Patio *(plan Almadies – N'Gor – Yoff – Patte d'Oie, A2, **105**) : route de N'Gor-Almadies. ☎ 33-820-58-23. Bar-resto ouv tlj dès 19h, discothèque de 22h à l'aube. Entrée sam : 5 000 F.CFA (avec une conso).* L'une des boîtes les plus anciennes et les plus courues des Almadies. On y passe de la salsa et de la variété sénégalaise (et internationale) dans la cour du bar-resto, et de la techno ou du R'n'B à l'intérieur. Blindé en fin de semaine.

– D'autres clubs sur cette même route : le ***Barramundi*** (l'une des discothèques les plus en vue, mais entrée chère le week-end), le ***Duplex by Edgar*** (à côté du *Barramundi*) ou, pour les fins de soirée, le ***Buzz*** (au carrefour de la route des Almadies, en face du resto *La Gondole*).

À voir

Le phare des Mamelles *(plan Almadies – N'Gor – Yoff – Patte d'Oie, A2-3) : tlj 9h-18h. Visite guidée : 2 000 F.CFA (1 500 F.CFA pour la balade au pied du* *phare). Navette gratuite dim 9h-16h, depuis le parking situé au pied de la colline.* Il s'agit de deux collines rocheuses aux formes équivoques dans un paysage quasi désertique. Grimpette de 1 km environ, mais ça en vaut la peine. Durant la montée, pas touche aux grands buissons verts aux allures de plantes grasses qui renferment un suc laiteux extrêmement corrosif pour la peau et entraînant des lésions irrémédiables. Construit en 1864 et haut de 21 m, le phare, qui est le plus ancien d'Afrique après celui du Cap (Afrique du Sud), culmine à 126 m au-dessus du niveau de la mer et fut électrifié dans les années 1950. Dans la lanterne, sublime lentille de Fresnel à échelons tournant en 5 secondes dans sa cuve de mercure et fonctionnant avec une ampoule de 1 000 W pour une portée de 54 km ! De là, vue grandiose sur l'océan et la presqu'île du Cap-Vert.

Le monument de la Renaissance africaine *(plan Almadies – N'Gor – Yoff – Patte d'Oie, B3)* **:** *accès gratuit au pied du monument après avoir gravi les 198 marches. Visite guidée possible de l'intérieur du monument avec accès par ascenseur jusqu'à la tête de la statue (tlj 9h-19h) mais fort cher (6 500 F.CFA, enfant 3 500 F.CFA !) et sans grand intérêt.* Sur la 2e colline s'élève le monument dédié à la Renaissance africaine. Inauguré en 2010, il a fait couler beaucoup d'encre et de salive. Voulue par Abdoulaye Wade et exécutée par le grand sculpteur Ousmane Sow (qui s'est ensuite brouillé avec Wade), cette grande sculpture haute de 52 m, figurant un couple africain avec son enfant, tous trois dressés vers le ciel, a suscité les critiques de toute part : l'opposition et la rue, dénonçant les fortunes englouties dans le projet (l'équivalent d'une vingtaine de millions d'euros, même si ce sont des ouvriers nord-coréens qui ont fait le gros œuvre en échange de terrains dans Dakar !), un collectif d'imams critiquant l'apparence dénudée de la femme représentée et le caractère « non islamique » de l'ensemble... sans compter que Wade touchait une partie des recettes des visites... C'est comme si Mitterrand avait touché des royalties sur la Grande Pyramide ou Pompidou sur le Centre Beaubourg ! Le style rappelle l'époque du « réalisme socialiste »... Et, comble du kitsch, des lumières clignotent la nuit sur la tête de nos héros !

La pointe des Almadies *(plan Almadies – N'Gor – Yoff – Patte d'Oie, A1)* **:** *à 1,5 km de l'arrêt de bus situé au carrefour des routes de N'Gor et des Almadies.* On passe devant le complexe hôtelier *King Fahd Palace,* offert par le roi Fahd lors d'un sommet islamique, puis l'imposante ambassade des États-Unis pour atteindre enfin la pointe des Almadies, sorte de grand parking avec une grève pas très sexy, où les pêcheurs échouent leur pirogue en revenant du large. Plusieurs restos et un village artisanal occupent la pointe. Derrière se situe le point le plus occidental d'Afrique, au bout d'une jetée bordée par une jolie plage, mais il n'est pas accessible.

L'île de N'Gor *(plan Almadies – N'Gor – Yoff – Patte d'Oie, B1)* **:** *traversée en pirogue (3 mn) depuis la plage de N'Gor, en bas de l'hôtel-resto* La Brazzerade *(s'adresser à la cahute officielle). Ticket : 1 000 F.CFA l'A/R. Prévoir des chaussures légères, car il faut se mouiller les pieds.* C'est un joli petit bout de terre bercé par le vent, le calme et le soleil, les pieds dans le sable. Une petite île ravissante sillonnée de ruelles aux jolies plaques en faïence desservant de petites maisons ceinturées de murs en pierre sèche, dont un bon nombre abandonnées. Côté sud – face au continent –, la grande plage est envahie de transats et de gargotes ; lui préférer la petite plage, plus à l'ouest, et plus tranquille. À la pointe ouest, on observe les surfeurs ou véliplanchistes glisser au ras du récif (pour en faire autant, il faut être guidé par un pro, car le spot est ultradangereux !). La côte nord – face à l'océan – est peu fréquentée et diablement venteuse... On trouve sur place quelques hébergements et restos ainsi qu'une jolie galerie de peinture, la *Galerie Diallo.*

Yoff village *(plan Almadies – N'Gor – Yoff – Patte d'Oie, C1)* **:** appelé aussi le « Petit Yoff », bordé par Tonghor-Plage : atmosphère authentique sympa, tout le monde se connaît. D'ici, on voit bien l'île de Yoff, et les pêcheurs au travail. De belles tranches de vie ! La plage que nous recommandons est après la mosquée, 1 km plus loin.

La mosquée qui se détache sur la plage est le centre spirituel de la confrérie des Layènes. La foule, en blanc, est impressionnante le vendredi après-midi ; attention, il s'agit d'une prière, pas d'un spectacle ; on ne photographie pas, même au téléobjectif ! Un panneau à 100 m devant la mosquée délimite un espace consacré, évitez de le traverser en tenue légère...

À faire

Rip Curl Sénégal – Le Surfer Paradise *(plan Almadies – N'Gor – Yoff – Patte d'Oie, A1,* ***23****)* ***:*** *sur la corniche des Almadies. ☎ 77-658-69-26 et 77-437-54-43. • facebook • Tlj 9h30-18h. Pour un cours de 1h30, compter 15 000 F.CFA (matériel inclus). Pour une simple loc de surf, compter 15 000 F.CFA la journée.* Créée par Oumar Seye, une école de surf pour tous niveaux. Le matériel n'est pas dernier cri, mais l'ambiance est bonne et Oumar donne de bons conseils. Il organise également des sorties en 4x4 et en bateau vers les meilleurs spots du coin. Resto, snack et bar sur place, il y a même une petite piscine naturelle pour se relaxer.

QUITTER DAKAR

Par la route

Une autoroute (à péage) qui démarre au nord du Plateau permet de sortir de Dakar plus vite qu'avant... même si, à certaines heures, la circulation reste difficile. Elle va jusqu'à Sindia, en desservant l'aéroport international ***Blaise-Diagne.*** Elle devait être prolongée jusqu'à Saly fin 2018-début 2019. De même, l'autoroute rejoignant Touba via Thiès doit ouvrir courant 2019. Les travaux de construction de l'autoroute entre Dakar et Kaolack ont débuté.

Gare routière des Baux-Maraîchers *(plan La Péninsule du Cap Vert)* ***:*** *à Pikine, sur la route de Rufisque, à env 10 km du Plateau. Bus nos 15 et 16 depuis le Plateau (pl. de l'Indépendance). En taxi, compter env 3 000 F.CFA. Pas de bus entre la gare routière et l'aéroport.* Départ des cars (50-60 places), « N'Diaga N'Diaye » (bus Mercedes de 35-40 places), minibus (15-20 places) et taxis-brousse (breaks de 7 places) pour toutes les villes du pays. Nous vous conseillons les taxis-brousse, plus confortables et rapides que les autres moyens de transport, mais aussi plus chers (compter 40-50 % de plus que les minibus, nous indiquons ci-après leurs tarifs par destination). Dans la gare, les véhicules stationnent devant des panneaux affichant leur destination finale. Adressez-vous alors au « koxeur », qui les remplit. Une fois plein, c'est le départ, sans horaires précis, mais déjà un autre véhicule se remplit...

➢ ***Saint-Louis :*** durée 3h-4h30 ; env 5 000 F.CFA.

➢ ***Mbour :*** durée 2h-2h30 ; env 1 500 F.CFA. En route, changement de véhicule au carrefour de Bounga sur la N 1 pour rejoindre ***Toubab Dialaw*** ; à celui de Sindia pour rejoindre ***Popenguine*** ; et à Nguékokh pour rejoindre ***La Somone.***

➢ ***Thiès :*** durée 1h-1h30 ; env 1 500 F.CFA.

➢ ***Kaolack :*** durée 3h30-4h ; env 3 500 F.CFA. En route, changement de véhicule à Fatick pour rejoindre ***Foundiougne.***

➢ ***Toubacouta :*** durée 6h ; env 6 000 F.CFA.

➢ ***Tambacounda :*** durée 10-11h ; env 9 000 F.CFA. De là, prendre un autre véhicule pour ***Kédougou.***

➢ ***Ziguinchor :*** durée 13h min ; en fait variable, selon le temps d'attente au bac de Farafenni, en Gambie (un pont, en construction, pourrait être achevé fin 2019-début 2020) ; env 9 000 F.CFA.

➢ ***Kayes (Mali) :*** env 24h de route en car (départ vers 14h, tlj) ; 15 000 F.CFA. En taxi-brousse : jusqu'à Kidira (avt la frontière), 6 000 F.CFA. Ne pas arriver trop tard en fin de journée, car risque de ne pas trouver de véhicule pour

poursuivre jusqu'à Kayes (env 100 km plus loin, 4h de trajet).
➢ ***Rosso (frontière mauritanienne) :*** durée 6h ; env 7 500 F.CFA.

Gare routière Sénégal Dem Dikk *(plan Almadies – N'Gor – Yoff – Patte d'Oie, C3)* **:** *Liberté 5, Dieuppeul. ☎ 33-827-00-24. • demdikk.com • Compter env 2 000 F.CFA en taxi depuis le Plateau. Possibilité de résa 1 sem à l'avance.* Bus rouges qui relient directement Dakar aux principales villes du pays. Modernes et confortables.
➢ ***Kaolack :*** 2 bus/j., un tôt le mat, l'autre l'ap-m ; env 4 000 F.CFA.
➢ ***Saint-Louis :*** 2 bus/j., un tôt le mat, l'autre l'ap-m ; env 5 000 F.CFA.
➢ ***Touba :*** 2 bus/j. sauf mer, un tôt le mat, l'autre l'ap-m ; env 4 000 F.CFA.
➢ ***Ziguinchor :*** 1 bus/j. en fin d'ap-m ; env 9 000 F.CFA.
➢ ***Matam :*** 3 bus/sem ; env 10 000 F.CFA.
➢ ***Podor :*** 1 bus/j. Env 8 000 F.CFA.
➢ ***Mbour/Saly :*** 2 bus/j., un le mat, l'autre l'ap-m ; env 2 000 F.CFA.
➢ ***Tambacounda :*** 3 bus/sem ; env 9 500 F.CFA.
➢ ***Kolda :*** 3 bus/sem ; env 9 500 F.CFA.

En bateau

➢ ***Ziguinchor*** *(plan Dakar, C2)* **:** *1, bd de la Libération, à l'angle de la rue du Port. Les bateaux partent de l'embarcadère principal du port (le même que celui pour Gorée). Accès et billetterie face à l'embarcadère.* Plusieurs ferries : l'*Aline Siloe Diatta* de la compagnie *Cosama. ☎ 33-821-29-00 (Dakar) et 33-991-72-00 (Ziguinchor). • cosama@orange.sn •* Embarquement mar et ven 15h-19h, pour un départ à 20h, et arrivée le lendemain mat vers 10-11h. Tarifs/pers : 15 900 F.CFA en fauteuil ; 18 900 F.CFA pour une couchette en cabine de 8 pers ; 28 900 F.CFA en cabine de 4 pers et 30 900 F.CFA en cabine de 2 pers ; ½ tarif 4-11 ans ; gratuit moins de 4 ans. Compter 63 000 CFA pour un véhicule. Resto à bord. Retour de Ziguinchor jeu et dim à 15h (embarquement 9h-11h45) et arrivée le lendemain mat vers 6-7h. Depuis 2015, 2 autres bateaux, l'*Aguène* et le *Diambone,* assurent également la liaison, mais le second, embouti par un navire italien, ne fonctionnait plus en 2018. L'*Aguène* part de Dakar le jeu (mêmes horaires) et de Ziguinchor les mar et ven à 15h (embarquement 12h-14h). Tarifs/pers : 15 900 F.CFA (fauteuils uniquement). Pas de resto à bord.

En train

Gare ferroviaire *(plan Dakar, B2)* **:** en 2018 la gare principale était fermée pour travaux. Impossible de préciser une date de réouverture. Dans l'attente, les trains pour Thiès partent de la petite gare de Cyrnos *(plan Dakar-Faubourgs, C3),* route de Rufisque, 1 km plus loin, sous l'échangeur routier.
➢ ***Thiès :*** seulement 1 train/j., lun-ven. Départ de Dakar à 18h, de Thiès à 7h. Durée : 2h. Compter 750-1 250 F.CFA (en 2de ou 1re classe).

En avion

Voir plus haut, dans « Sénégal utile », la rubrique « Transports intérieurs. L'avion ».

L'ÎLE DE GORÉE

env 1 100 hab.

• Plan *p. 105*

Plantée dans l'azur de l'océan Atlantique, à quelques encablures de Dakar, Gorée est une petite île fort attachante, aux vieilles maisons fleuries de bougainvillées, qui évoque étonnamment le charme tranquille des villages

méditerranéens. C'est aussi, bien sûr, un important lieu de commémoration de la traite négrière, même si le rôle que l'île joua dans le commerce triangulaire fut assez mineur. Avec ses 900 m de long pour 300 m de large, Gorée se visite à pied, et une journée s'avère nécessaire pour bien l'explorer. En réalité, on vous conseille même d'y dormir ; les petits hébergements agréables et pas trop chers ne manquent pas, et cela vous permettra de mieux goûter à la douceur de la vie locale, bien loin de la frénésie dakaroise !

UN PEU D'HISTOIRE

Découverte par les Portugais en 1444, l'île se révèle vite un port naturel idéal et facile à défendre, en même temps qu'une escale commerciale de choix sur les grandes routes maritimes. Dès lors, Gorée représente un enjeu stratégique pour les grandes puissances européennes. En 1627, elle passe aux mains des Hollandais qui la baptisent *Goede Reede* (« bonne rade »), d'où son nom actuel. Les Français s'emparent de Gorée en 1677, position que leur disputent ensuite les Anglais... Alors que le chevalier de Boufflers, gouverneur du Sénégal, installe ici sa résidence en 1785, l'activité économique de l'île est florissante. Jusqu'au XIXe s, ce sont les *signares,* ces femmes métisses mariées à des fonctionnaires coloniaux, qui en assurent le développement, lié au commerce de l'arachide, des peaux, de la gomme, de l'or et des esclaves noirs. Vers 1830, l'île compte jusqu'à 5 000 habitants. Mais dès la fondation de Dakar en 1857, elle est peu à peu délaissée et ses activités transférées sur le continent...
Gorée est classée par l'Unesco au Patrimoine mondial de l'Humanité en 1978. Elle constitue un symbole fort de la traite négrière, même si son rôle semble finalement avoir été minime dans l'histoire de l'esclavage, comparé à d'autres sites majeurs d'Afrique de l'Ouest, qui ne disposaient pas de vestiges assez évocateurs pour appeler à un véritable travail de mémoire... L'île jouit aujourd'hui également d'une certaine cote auprès de la jet-set dakaroise ou étrangère, qui y possède des résidences secondaires (la famille Schlumberger, le compositeur de la musique du *Grand Bleu,* Eric Serra, le financier George Soros...).

À TOUTE *SIGNARE,* TOUT HONNEUR !

Administrateurs et fonctionnaires coloniaux laissaient épouse et enfants en France métropolitaine et prenaient une maîtresse là où ils étaient en poste. Ces « mariages à la mode du pays », comme on disait pudiquement alors, étaient « tout bénéf' » pour les heureuses élues, le plus souvent des métisses appelées « signares » *: quand monsieur devait rentrer en France, la* signare *et les enfants nés de cette union gardaient une position enviable dans la petite société coloniale, ainsi que des biens, que les plus habiles d'entre elles surent faire fructifier !*

Comment y aller ?

Embarcadère *(plan Dakar, C2, et plan L'île de Gorée, A2)* **:** *entrée bd de la Libération, à proximité de la gare ferroviaire, face à la station-service* Total *(panneau). Liaison maritime assurée par la société* LMDG. ☎ *33-849-79-61.* Compter 20 mn de traversée en bateau-navette. ***Attention, passeport à présenter à l'embarquement.*** Départ avec la « chaloupe » : lun-sam à 6h15, 7h30, 10h, 11h, 12h30, 14h30, 16h, 17h (sauf sam), 18h30, 20h, 22h30, 23h30 (ven seulement) et 0h45 (sam seulement) ; dim et j. fériés à 7h, 9h, 10h, 12h, 14h, 16h, 17h, 18h30, 19h30, 20h30, 22h30 et 23h30. Retour de Gorée 30 mn plus tard. *Tarif : 5 200 F.CFA l'A/R.*

– En principe, il faut s'acquitter en arrivant d'une taxe communale de 500 F. CFA/pers auprès du syndicat d'initiative et de tourisme de Gorée *(plan A2)*, local surmonté d'une toile blanche située en face de l'embarcadère de l'île. Toutefois, elle n'est pas toujours perçue. Ceux qui passent une nuit sur l'île sont exemptés de cette taxe.

Adresses utiles

Syndicat d'initiative et de tourisme *(plan A2)* **:** *dans le local surmonté d'une toile blanche situé devant l'embarcadère. Tlj 10h30-16h30.* Propose une visite guidée de l'île pour 8 000 F. CFA (valable pour tout un groupe). Infos sommaires sur les hébergements, points d'intérêt, activités et manifestations du moment sur l'île. Pour plus d'infos, contacter la mairie *(☎ 33-823-91-77).*

Police (plan A2, **1**) **:** *pl. du Gouvernement. ☎ 33-821-48-24. Ouv 24h/24.*

CBAO (plan A2, **2**) **:** *pl. du Gouvernement.* Distributeur (*Visa* et *MasterCard*) à l'extérieur.

Où dormir ?

Maison Augustin Ly (plan B3, **10**) **:** *77-657-00-87 et 76-123-81-80. • maisonaugustinly.com • À l'angle des rues Blanchot et de la Compagnie, une maison fleurie à la façade rouge. S'adresser à Oumar Sy, qui tient le resto* Chez Thio, *face au débarcadère. Double 30 000 F.CFA, grand appart pour 4 pers max 55 000 F.CFA. ½ pens possible. Petit déj compris pour nos lecteurs et apéro qui leur est offert !* Cette belle bâtisse du XVIIIe s, qui accueillit des esclaves, héberge aujourd'hui les voyageurs, dans 4 chambres charmantes et parfaitement tenues, avec salle de bains, vieux parquet (ou carrelage en damier), ventilo, lit à baldaquin (bon matelas), moustiquaire et mobilier choisi. On aime bien aussi le grand appartement à l'étage, avec son vaste salon-bibliothèque, sa grande chambre et son balcon privé offrant une jolie vue. Cuisine commune à dispo. Le tout autour d'une courette très relaxante. Ajoutez à cela un petit déj composé de jus d'orange pressé et de confitures maison, l'accueil particulièrement sympa de la famille, et vous tenez là une adresse assez exquise !

Villa Castel (plan B3, **11**) **:** *rue du Castel. 77-263-60-75. • villacogelsgoree.com • Après la pl. de l'Église. Double 40 000 F.CFA, petit déj compris.* Autre auberge où il fait bon séjourner, sise dans une jolie bâtisse historique, autour d'un patio arboré. 3 chambres de charme, toutes différentes, à la déco soignée dans le moindre détail. Une suite également, plus chère. Vous êtes chez Olivier, un expat belge accueillant, qui aime faire partager son petit coin de paradis. Ses chambres sont pleines de sérénité et de couleurs, avec un lit à baldaquin (ainsi qu'un lit simple), la clim, un éclairage tamisé et une belle salle de bains. Notre préférée possède un balcon donnant sur la place de l'église où jouent les enfants après l'école. Pour chouchouter ses hôtes, il a même prévu un salon de beauté et propose des sorties pêche au gros ou à la palangrotte. Mieux vaut réserver.

Chambres d'hôtes ASAO (plan A2, **12**) **:** *7, rue Saint-Joseph. ☎ 33-821-81-95. • csao.fr • À deux pas du débarcadère, dans la ruelle à droite du musée de la Mer. Chambres 2-4 pers 15 000-45 000 F.CFA, petit déj en sus (2 000 F. CFA).* Dans cette maison coloniale avec jardinet verdoyant, 5 chambres ventilées de tailles variables, pour 2, 3 ou 4 personnes, garnies de mobilier de récup, avec ou sans sanitaires privés. On a été séduit par celle en mezzanine, dans les tons verts, aux cadres de miroirs faits de morceaux de cannettes *Heineken* ! Les plus grandes chambres, avec terrasse, donnent sur un vaste jardin calme à l'arrière. La moins chère dispose de 2 lits *single* et partage

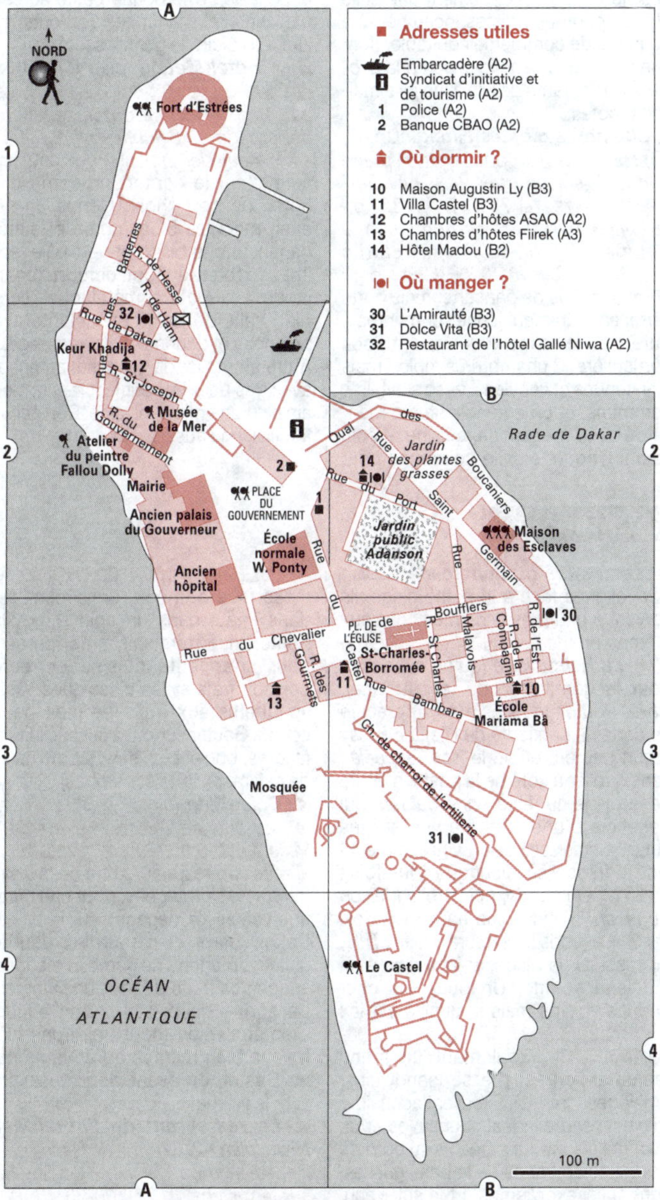

L'ÎLE DE GORÉE

la salle de bains. Également une salle d'expo pour les artistes locaux et une boutique de commerce équitable, dont une partie des bénéfices sert à la scolarité des enfants de l'île. Une jolie maison d'hôtes.

Chambres d'hôtes Fiirek *(plan A3,* ***13****) : au fond d'une petite place donnant sur la rue du Chevalier-de-Boufflers. 77-215-11-85 ou 76-841-72-74. • fiirek-goree.com • Double 20 000 F.CFA ; 1 studio 2-4 pers 35 000-50 000 F.CFA ; petit déj inclus.* Pas de pancarte, mais porte verte, encadrement jaune sur mur rose. Autour de la calme cour d'une maison particulière, 3 chambres simples mais bien tenues et ventilées, avec sanitaires communs, et un agréable studio mansardé avec mezzanine, cuisine et coin salon. Chouette salle commune pour le petit déj. Une bonne petite adresse pas chère (c'est l'un de ses atouts) et à l'accueil plein de gentillesse.

Hôtel Madou *(plan B2,* ***14****) : 1, rue du Port. ☎ 33-842-77-09. • hotel madougoree.com • Sur la gauche du débarcadère. Double env 65 000 F.CFA, petit déj inclus.* Pour ceux qui souhaitent le confort moderne d'un hôtel, un bon choix. Certes un peu cher, mais les 5 chambres et suites, dans les tons blanc et vert pâle, sont impeccables et tout confort (bonne literie à armature métallique, écran plat, salle de bains étincelante avec peignoirs et douche hydro-massage...). Autre atout : le toit-terrasse, aménagé, avec très belle vue sur le fort et la mer... ainsi qu'une micro-piscine. Bon accueil familial. Fait aussi resto.

Où manger ?

Les restos du débarcadère *(plan A2) :* alignés face à la petite plage, ils servent à peu près la même chose aux mêmes prix *(env 2 000-4 000 F.CFA le plat). La Retrouvaille* (qu'on aime bien pour la gentillesse de la patronne), *Chez Poulot* (cuisine très appréciée de certains habitants de l'île), *Le Fassy* et, un peu en retrait, le *Koli Tenguéla* ; sans oublier à côté de la poste, à droite de la plage, le resto *Anne Sabran,* qui bénéficie d'une superbe vue sur les flots... Choisissez selon votre humeur ! Une adresse se distingue toutefois : en 2017, Oumar Sy, qui gère la *Maison Augustin Ly* (voir plus haut « Où dormir ? »), a repris le restaurant *Chez Thio,* lui aussi sur la plage, et lui a donné un nouveau souffle. Un peu plus cher que les voisins mais la qualité est là : *plats 3 000-5 500 F.CFA, menus 7 000-10 000 F.CFA.* Également un menu rapide si l'on est pressé (sandwichs, omelettes, crêpes). Excellent accueil.

L'île est l'endroit idéal pour savourer un thiof grillé sous les parasols au bord de l'eau. Les crevettes de la baie, grillées, sont aussi excellentes. Et le soir venu, vous écouterez le *sico,* musique traditionnelle goréenne...

L'Amirauté *(plan B3,* ***30****) : à côté de la maison des Esclaves. 77-630-72-69. Plats 4 000-8 000 F.CFA.* Terrasse face à la mer, quasiment pied dans l'eau, dans un coin tranquille. Petite brise rafraîchissante, parasols pour une petite cuisine correcte : poisson frais et les classiques *yassa,* spaghettis aux fruits de mer, poulet coco... Goûter surtout à la spécialité : le *tacoma,* bon et bien servi (combinaison de calamars, lotte et gambas)...

Dolce Vita *(plan B3,* ***31****) : au Castel, au sud de l'île. 77-561-40-48. Plats 4 000-8 000 F.CFA, pizzas moins chères.* Un resto au cadre coloré avec 2 terrasses protégées, dont une offrant une vue assez dégagée sur la baie de Dakar. Carte bien fournie : daurade grillée, brochette de gambas marinées, spaghettis fruits de mer, une vingtaine de sortes de pizzas... Bon accueil. Bien également pour boire une bière fraîche bien méritée après la montée au Castel, ou avant de redescendre vers le village.

Le restaurant de l'hôtel Gallé Niwa *(plan A2,* ***32****) : rue de Hann (longer l'Hostellerie du Chevalier de Boufflers sur la gauche). 77-500-30-16. Pizza env 4 000 F.CFA, plats 5 000-10 000 F.CFA.* Le seul resto de l'île où l'on mange dans un beau jardin tout fleuri. Laissez-vous tenter par le thiof grillé, superbe, copieux et servi avec de succulents légumes cuits juste comme il faut ! Sinon, assortiment de fruits de mer, poulet *yassa*... Un peu plus cher que les autres établissements de l'île mais un cran au-dessus. On peut aussi y loger, dans de belles chambres de style colonial, mais les tarifs sont un peu élevés.

À voir

La maison des Esclaves (*plan B2*) : *rue Saint-Germain. 77-649-38-24. Sur la gauche en venant du débarcadère. Tlj sauf lun 10h30-12h, 14h30 (15h ven)-18h. Visite commentée de 15-30 mn à 10h30, 11h30, 15h et 16h30. Entrée : 500 F.CFA.* Construite autour de 1780, cette maison rose, rénovée en 1990 avec l'aide de l'Unesco et de plusieurs organismes, a fait l'objet d'une vive controverse. Longtemps, en effet, son ancien conservateur, Boubacar Joseph N'Diaye (décédé en 2009), a porté haut et fort la mémoire de ce lieu. Avec des mots qui cinglaient, il clamait la douleur des siens, le scandale de la traite négrière, et relatait d'une part le passé de l'île, qui aurait été un centre majeur de transit d'esclaves à destination du Nouveau Monde, et de l'autre l'histoire de cette maison, qui aurait été la dernière « esclaverie » de Gorée : au 1er étage, les appartements et bureaux du maître, aujourd'hui transformés en lieu d'expo sur le commerce triangulaire, tandis que le rez-de-chaussée renfermait les esclaves dans des cellules insalubres, hommes, femmes, enfants et récalcitrants séparés, avant d'être triés et embarqués sur des navires transatlantiques par « la porte du voyage sans retour »...

DES CELLULES OÙ L'ON NE FAISAIT GUÈRE SOUCHE !

Dans cette maison, cruelle répartition des esclaves : il y avait la cellule des enfants (grosse mortalité), puis celle des jeunes filles (choisies pour la qualité de leur poitrine), celle des récalcitrants (sous l'escalier), et même une cellule temporaire pour les moins de 60 kg... Pourtant, pourtant, difficile d'imaginer que ces derniers pouvaient « se remplumer » avec une alimentation si frugale !

Ça, c'est la version que vous entendrez si vous suivez la visite commentée. Mais il existe une autre version, celle des historiens de l'IFAN, pour qui la maison, construite peu avant la fin de la traite négrière, servit surtout d'entrepôt pour les marchandises, tandis que l'île de Gorée elle-même n'aurait jamais vu transiter le nombre d'esclaves avancé par la version officielle (à savoir des millions)...
En bref, cet endroit est surtout à voir pour la force du symbole qu'il représente, comme un « lieu privilégié de mémoire et de méditation sur la folie des hommes ». Raison pour laquelle, d'ailleurs, il est tellement visité, tant par les touristes que par les hommes politiques et les chefs d'État... Certains ont laissé des témoignages émouvants dans le bureau du conservateur.

➢ Vous pourrez ensuite flâner dans les rues avoisinantes jusqu'aux petites places ombragées de grands arbres. Rue du Port, le ***jardin Adanson,*** ancien jardinier du roi, spécialiste du baobab. Au XVIIIe s, ce jardin servit de pépinière. Puis quelques demeures célèbres, comme le presbytère qui occupe l'une des plus grandes maisons de l'île (date de 1782, croix sur la porte). Toujours rue Saint-Germain, face à la *maison des Esclaves,* belle demeure coloniale de 1777, qui fut la propriété de Victoria Albis (l'une des plus célèbres *signares*), plus loin celle où vécut l'amiral d'Estrées, puis la ***maison de l'Amirauté.*** Rue de Boufflers, la ***maison Lacombe,*** l'ancien presbytère. Repérez au passage, rue Déserte, la ***maison de Blaise Diagne,*** 1er député africain du Parlement français (entre 1914 et 1934) et grand recruteur de tirailleurs sénégalais pendant la Grande Guerre. Reconnaissable aussi, le ***centre culturel de Gorée,*** installé dans une solide bâtisse de pierre basaltique noire. La rue Malavois finit sur une place où trône un « sablier », grand arbre originaire d'Amérique du Sud. À deux pas, l'entrée de l'***école Mariama-Bâ,*** installée dans une ancienne caserne de l'armée française. École d'élite, créée par le président Senghor et qui reçoit chaque année les 25 meilleures jeunes filles à l'examen d'entrée national en 6e. À l'angle Saint-Charles et rue Bambara, la belle maison toute rouge du maire de Gorée.

La place du Gouvernement *(plan A2)* **:** elle aligne nombre d'intéressants bâtiments. Le poste de police occupe l'emplacement de la 1re chapelle portugaise de l'île (XVe s). Puis s'élève l'*ancienne maison du commerçant Lafitte,* de 1770. En 1816 vint y habiter le *colonel Schmaltz,* gouverneur français du Sénégal, l'un des rares survivants du célèbre naufrage de *La Méduse.* Puis elle accueillit, de 1913 à 1938, l'*école normale William-Ponty* où étudièrent les Sénégalais *Lamine Guèye* (1891-1968, ancien président de l'Assemblée nationale) et *Mamadou Dia* (député au Parlement français, puis président du Conseil du Sénégal), ainsi que de nombreux autres dignitaires et hommes politiques ouest-africains.
Côté baie, les deux longs bâtiments à arcades séparés par une cour abritaient l'ancien ***hôpital militaire.*** Dans son prolongement, le ***palais du Gouverneur,*** une élégante et imposante architecture à l'abandon, qui n'attend que d'être rénovée. Juste à côté, la petite ***mairie*** datant de 1787, ancien logement jusqu'en 1864 du commandant de l'île. Le gros baobab devant servit longtemps pour placarder les textes administratifs. Enfin, petit monument dédié aux 21 médecins et pharmaciens morts de la fièvre jaune lors de la grande épidémie de 1878.

Le musée de la Mer *(plan A2)* **:** *pl. du Gouvernement, sur la droite en venant de l'embarcadère. Faute de financement pour sa restauration, il est* ***fermé pour une durée indéterminée.*** S'il rouvre, on pourra certainement y voir sa collection de poissons... et une curiosité : un pied humain à moitié digéré... retrouvé dans l'estomac d'un requin dans les années 1950 !

L'atelier du peintre Fallou Dolly *(plan A2)* **:** *rue du Gouvernement. 77-633-45-47. Dans la ruelle juste à gauche du musée de la Mer. Tlj 10h30-13h, 15h-19h.* Cet artiste est spécialisé dans la peinture sous verre, colorée et empreinte de la naïveté caractéristique de ce genre. S'il n'est pas à son atelier, vous pourrez peut-être le trouver à la Maison des Enfants *(Keur Khadija),* rue de Dakar *(plan A2),* à deux pas, où il expose aussi ses œuvres. Fallou se rend parfois à l'étranger dans des galeries et expos-ventes, et notamment à Paris : prix en conséquence !

Le fort d'Estrées *(plan A1)* **:** *sur la pointe nord de l'île, à droite en venant du débarcadère. Mar-dim 10h-17h. Fermé lun. Entrée : 500 F.CFA ; réduc.*
Achevée par les Français en 1856 pour protéger les abords de Dakar, cette forteresse, sans originalité sur le plan militaire, porte le nom du vice-amiral qui enleva l'île aux Hollandais en 1677... En arrivant de Dakar, c'est le premier monument de l'île qu'on croise. En 1950, il fut transformé en prison. Restauré, il abrite aujourd'hui le ***musée historique du Sénégal,*** divisé en 12 salles s'ouvrant en éventail sur la place d'armes. À travers objets, cartes, photos, gravures, etc., chacune retrace une portion de l'histoire du pays.
On commence par la présentation des premiers visiteurs de l'île, les célèbres navigateurs : *Pedro Alvarez Cabral* et *Amerigo Vespucci* (1501), *Vasco de Gama* (1502) qui y entendit la messe, *Alfonso de Albuquerque,* etc. Petite *section préhistorique* : pierres taillées ou polies, outils, poterie striée, objets en bronze, disques perforés pour le tressage des cordes, bracelets de cheville... *Salle des monuments mégalithiques,* puis celles évoquant l'histoire de l'île et du pays à partir de la période coloniale. Illustrations de chefs et de guerriers, quelques vêtements et armes, dont les « fusils de traite ». La *salle de l'esclavage* est un bon complément à la visite de la *maison des Esclaves.* Voir le fameux schéma de disposition des esclaves dans les bateaux négriers, conçu pour optimiser l'entassement... Puis description de la vie outre-mer et un intéressant panneau des punitions infligées aux esclaves. On appréciera en particulier le masque pour empêcher de mâcher la canne et le « collier des récidivistes ». *Salle des Portugais, des Hollandais et des Anglais* à Gorée, puis, pour finir, les grandes figures

de l'islam. Ne pas manquer de monter sur la plate-forme du fort et parcourir le chemin de ronde, orné de canons, qui offre une belle vue dégagée à 360°.

Le Castel *(plan B4)* **:** à l'extrémité sud de Gorée, cette colline de basalte culminant à 30 m est un lieu magique, le refuge de Castel, génie protégeant l'île. Passé le village artisanal, on y monte par un chemin bordé de peintures réalisées par les artistes de Gorée, réputés au Sénégal. Le sommet offre un magnifique panorama sur l'île, Dakar et l'océan. Ici, Hollandais et Français construisirent tour à tour des forts, aujourd'hui remplacés par le monument du ***mémorial de Gorée.*** Bill Clinton en posa la 1re pierre, et il fut inauguré par le président Diouf en 1999. C'est le modèle réduit d'un grand mémorial qui doit être construit sur la corniche ouest de Dakar. On y découvre aussi 2 énormes canons français de 240 mm (et 14 km de portée), qui devaient défendre le port de Dakar (si le responsable est là, demandez à voir le mécanisme de rotation et de chargement des obus, juste en dessous). Ils furent mis hors d'état de nuire au moment de l'indépendance. Tout autour, les œuvres pittoresques de sculpteurs qui utilisent avec humour des matériaux de récup...

THIAROYE-SUR-MER

41 000 hab.

Sur la route de Rufisque, une des banlieues populaires traversées par la N 1. Pas d'intérêt en soi, si ce n'est que s'y déroula l'un des plus grands crimes coloniaux commis par la France au « bon temps des colonies »...

ÉTONNANTE RECONNAISSANCE POUR CEUX QUI COMBATTIRENT L'ALLEMAGNE NAZIE !

En novembre 1944, la France rapatria 1 280 tirailleurs sénégalais délivrés des camps nazis. La plupart avaient été faits prisonniers lors de la débâcle de 1940 et avaient survécu aux dures conditions de détention. Outre des Sénégalais, il y avait nombre de Maliens, Tchadiens et autres représentants de pays de l'ex-AOF. Beaucoup furent parqués au camp de Thiaroye en attendant leur démobilisation. Ils réclamèrent très justement les arriérés de leurs soldes, sur fond d'humiliation, de discrimination et de racisme de la part de la hiérarchie. L'administration militaire fit traîner les choses, prétendant ne pas pouvoir payer tout de suite, niant les sommes réclamées, proposant même à ceux qui avaient travaillé dans les usines allemandes et constitué un compte épargne... un taux de change réduit de moitié. Excédés par le mépris des autorités, les tirailleurs manifestèrent leur colère, bloquant même la voiture du général venu négocier. Sur sa promesse que tout allait être réglé, il fut relâché.
Cependant, dans la nuit du 1er décembre 1944, à 3h du matin, l'armée attaqua le camp et procéda à un véritable massacre. Nul ne saura jamais combien il y eut de victimes (désarmées, rappelons-le !), et l'événement fut totalement étouffé par la censure militaire, la France étant toujours en guerre. Les survivants furent jugés et condamnés à la prison (ce n'est qu'en 1947 qu'ils furent graciés et libérés, lors d'une visite du président Auriol).
– À voir, *Camp de Thiaroye* (1988), le beau film d'Ousmane Sembène.

À voir

Le cimetière des Tirailleurs sénégalais : *sur la N 1, à droite en allant vers Rufisque (pas d'accès par la nouvelle autoroute payante). Tlj du lever au coucher du soleil.* Il regroupe 202 tombes anonymes... surtout symboliques car, sous celles-ci, se trouvent en fait des fosses communes. À l'entrée, un beau bâtiment abrite une petite expo (panneaux explicatifs illustrés) sur l'histoire des tirailleurs et leur tragique saga. *Sidi Diop,* gardien des lieux depuis 25 ans et l'un des initiateurs du mémorial, sera honoré de vous en faciliter l'accès.

RUFISQUE

162 000 hab.

Cet ancien port colonial dispose d'un riche patrimoine architectural, malheureusement en décrépitude. Il reste néanmoins quelques bâtiments administratifs, sociétés de pêche et maisons de commerce bordelaises et marseillaises, témoins de son intense activité passée, mais les rues mal entretenues ne les mettent pas en valeur. Si vous ne passez pas par Saint-Louis, Rufisque est une curiosité architecturale qui ne nécessitera pas plus qu'une courte halte, mais on n'y viendra pas exprès.

UN PEU D'HISTOIRE

À l'origine, c'est un village de pêcheurs bordé de canaux (aujourd'hui à sec et pleins de détritus) où les Portugais ouvrirent un comptoir au XVIe s. En 1729, les Français s'y installent, créant eux aussi un comptoir, puis une vraie ville coloniale sur la partie basse du site. Au XIXe s, Rufisque est le port principal du Sénégal et la capitale de l'arachide, stockée dans de grands entrepôts et transformée sur place en huile (la marque *La Rufisquoise* fit longtemps le bonheur des ménagères !), puis exportée par bateaux. La naissance de Dakar en 1857 entraîne le déclin de la ville. Aujourd'hui, l'activité économique repose essentiellement sur des filatures, une cimenterie et une usine *Valda* (eh oui !).

Adresses utiles

■ L'hôtel-resto ***Le Koussan*** *(rue Ousmane-Socé-Diop, angle Péchôt ; 📱 77-366-67-50),* dans le centre, fait officiellement ***office de tourisme,*** mais ne pas trop en attendre. Ils peuvent néanmoins vous guider à travers le vieux Rufisque.

■ ***Change et distributeurs :*** *rue Ousmane-Socé-Diop (la rue principale), on trouve une agence* ***BICIS*** *; et non loin, bd Maurice-Gueye (N 1), une agence* ***SGBS.***

Où dormir ? Où manger ?

On ne voit pas l'intérêt de dormir à Rufisque, à moins de vouloir faire une pause dodo à proximité de la N 1 après une longue route, ou d'éviter de passer une nuit à Dakar.

🏠 🍽 ***Keur Jokko :*** *cité Millionnaire. ☎ 33-836-15-07. 📱 77-529-49-60. À l'entrée de Rufisque en venant de Dakar, prendre à gauche après la gare routière, puis l'allée à gauche 500 m plus loin (fléché), et faire encore env 300 m. Double 24 000 F.CFA, petit déj en sus. Repas 6 500 F.CFA.* 📶 Cette villa à la façade étonnante propose, autour d'un patio fleuri avec piscine, de jolies chambres climatisées aux tons ocre, avec mobilier en bois et bonne literie. On est reçu par un couple de Français accueillants. Une bonne adresse que l'on ne s'attend pas à trouver ici.

🏠 🍽 ***Auberge L'Oustal de l'Agenais :*** *au bord de la N 1, à 1 km de* *l'entrée de Rufisque, à droite en venant de Dakar. ☎ 33-836-16-48. • moniquegaye@yahoo.fr • Doubles 14 000-25 000 F.CFA, selon confort, petit déj inclus pour les plus chères. Plats 3 500-6 500 F.CFA.* Bordées de grands murs rouges, couvrant à peine le bruit de la circulation, des chambres un peu sommaires (avec clim en supplément) pour les premiers prix, mais plus confortables et soignées pour les autres. Une adresse pour dépanner, tenue par la gentille Monique. Côté fourneaux : plats sénégalais et du sud-ouest de la France, à déguster sur une agréable terrasse dans la cour intérieure.

DANS LES ENVIRONS DE RUFISQUE

Le village des Tortues *(centre de protection des tortues du Sénégal)* ***:*** *dans le village de **Noflaye,** au km 11 sur la route de Bambilor en venant de Rufisque. 78-434-90-48 ou 77-658-99-84. • tortuesenegal.com • Tlj 9h-18h. Visite guidée : 3 500 F.CFA ; 2 000 F.CFA pour les 3-16 ans.* Une jeune équipe s'occupe de préserver la tortue terrestre *sulcata,* aujourd'hui menacée de disparition. On pourra voir, si elle n'est pas tapie quelque part à l'ombre, un beau spécimen de cette tortue géante qui, à 115 ans passés, approche les 90 kg ! D'autres espèces sont aussi recueillies et élevées, dont celles de Casamance, pour être ensuite réintroduites dans des réserves. Instructif. Boutique et boissons fraîches.

Le monastère de Keur Moussa : *☎ 33-836-33-09. De Dakar, bus direction Thiès, arrêt au croisement 50 (env 20 km après Rufisque), puis taxi-brousse. En voiture, de Rufisque, prendre la nationale en direction de Thiès ; avt Pout, tourner à gauche en direction de Kayar ; dans le 1er village (Keur Moussa), une piste sur la gauche conduit au monastère, à env 1,5 km. Visite du monastère lun-sam 9h-10h, 15h-17h.* Isolé au milieu des champs de manioc et d'arachides, ce monastère bénédictin, fondé en 1963 par des moines de Solesmes, est l'expression d'une église militante dans une région où elle est très minoritaire. Bon, pas la peine de venir exprès si vous n'êtes pas versé dans la religion, mais dans le cas contraire, vous serez peut-être curieux d'assister à l'un de leurs 7 offices chantés *(lun et jeu à 7h30, mar-mer et ven-sam à 11h15, dim à 10h),* qui se déroulent au son de la kora (instrument des griots mandingues), du balafon et du djembé. Attention, les amateurs de rythmes frénétiques seront déçus car la musique aide simplement à mieux se laisser toucher par le texte, pas à enfiévrer les corps !

Où dormir ?
Où manger à proximité du monastère ?

L'hôtellerie monastique compte quelques chambres individuelles (et 2 doubles) avec salle de bains, ouvertes aux voyageurs de passage. *Téléphoner au préalable au père hôtelier : ☎ 33-836-33-09. 77-567-76-86. • abbaye-keur-moussa.org • Compter env 8 000 F.CFA/pers, avec possibilité de pens complète.* Mieux vaut partager les préoccupations des hôtes pour la religion ou la kora.

Le Figuier : *tt près du monastère, accès (fléché) par une piste qui part sur la droite de la route principale. 77-546-17-58. Doubles 17 000-20 000 F.CFA selon confort, petit déj inclus. Plats 2 500-4 000 F.CFA.* Perdu dans les champs et cerné par les bougainvillées, un hôtel d'une dizaine de chambres sobres (tendues de tissus bleus) et bien tenues, avec ou sans salle de bains (eau froide seulement). Clim pour les plus chères. Au resto, plats sénégalais et européens. Pour ceux qui cherchent le calme et l'isolement.

LE LAC ROSE (LE LAC RETBA)

Étendu telle une oasis entre la savane et la plage, sur 3 à 5 km de long (selon l'époque de l'année) pour 800 m de large, et séparé de l'océan par un interminable cordon dunaire planté de filaos, le lac Retba – plus connu sous le nom de lac Rose – a gagné sa notoriété avec le rallye Paris-Dakar, qui y célébrait son arrivée avant de changer de continent... Si vous passez par Dakar, il serait dommage de ne pas venir admirer cette curiosité naturelle du Sénégal, dont la particularité, outre la couleur rose (sous certaines conditions, voir l'encadré), est de détenir un record du taux de salinité (380 g/l, soit 10 fois le taux normal en mer).

UN LAC QUI NE MANQUE PAS DE SEL

Le lac Rose doit sa couleur à une algue microscopique. Afin de résister à la forte concentration de sel, cette algue sécrète un pigment rouge. Plus l'évaporation est forte, plus la concentration en sel du lac augmente, et plus les algues augmentent à leur tour leur sécrétion de pigment. Si le vent est accompagné d'un ciel lumineux, le lac prend une teinte rouge violacé absolument remarquable. En revanche, si vous voyez des éléphants roses, l'explication est ailleurs...

LES FORÇATS DU SEL

Les ramasseurs de sel, essentiellement des Maliens et des Guinéens, le corps enduit de beurre de karité lorsqu'ils débutent dans le métier, se tiennent dans l'eau, parfois jusqu'à mi-buste, un tamis autour du cou. Avec des bâtons à pointe de fer, ils transpercent la croûte au fond du lac et extraient des seaux de sel blanc qu'ils déversent dans une pirogue à fond plat pouvant contenir jusqu'à 1,5 t (un travailleur peut en produire jusqu'à 2 ou 3 sur une journée) ! Le sel est ensuite débarqué en bassines sur les berges du lac par des femmes qui constituent d'énormes tas. En fin de journée, elles sont payées selon la quantité déchargée, chaque bassine (pesant jusqu'à 30 kg !) leur rapportant entre 25 et 100 F.CFA... Le sel est alors mis en sac et vendu entre 15 000 et 35 000 F.CFA la tonne. Cette activité emploie jusqu'à 600 hommes et 400 femmes, et la production annuelle serait d'environ 60 000 t. Quand l'harmattan souffle, il se produit une légère mousse de sel, d'où l'on tire la fameuse « fleur de sel ».

Arriver – Quitter

Le lac Rose se trouve à env 45 km de Dakar, et une piste carrossable le contourne par le sud à partir du village artisanal de Niaga Peul.

➢ ***En voiture :*** de Dakar, prendre l'autoroute vers l'Est, sortie nº 8 direction Keur Massar, et aller jusqu'au village du même nom. De là, prendre à droite jusqu'au carrefour de Niaga, puis à gauche vers le lac Rose.

➢ Si vous n'avez pas de véhicule personnel, le plus simple reste le ***taxi*** : compter 15 000 à 20 000 F.CFA depuis Dakar. Sinon, possibilité de prendre le bus nº 69 de Patte d'Oie, à Dakar, jusqu'à Thiaroye et, de là, le bus nº 73 jusqu'au lac Rose.

Où dormir ? Où manger ?

La plupart des hôteliers peuvent venir vous chercher à l'aéroport de Dakar, mais ce n'est pas gratuit. Voir directement avec eux.

Le Gîte du Lac : *sur la rive nord du lac Rose, entre le lac et la mer. ☎ 33-860-92-93 (agence Origin Africa). 📱 77-452-83-44 (sur place). • espritdafrique-senegal.com/gite-du-lac • Il faut contourner entièrement le lac en prenant la piste qui part du village artisanal. Compter 26 000-39 000 F. CFA/pers en ½ pens suivant taille et confort ; réduc enfants. Repas 7 500 F. CFA. (parties communes).* Voici 5 chambres « Dunes » (2 personnes), situées en hauteur, parfaitement tenues, avec moustiquaire et plutôt coquettes. Et 5 cases « Bambous » (2-3 personnes et même une familiale), en bord de lac, plus confortables et pleines de charme (terre cuite locale au sol, mobilier en fer forgé avec lit à baldaquin, batiks élégants). Salles de bains individuelles et eau chaude dans toutes les chambres (électricité solaire). Magnifique terrasse sur pilotis dominant une bananeraie, le lac et les dunes. Bibliothèque, jeux à disposition. Hamacs et transats dans le jardin ou en bord de lac. Une adresse côté nature, tranquille, relaxante et même enchanteresse. Ambiance décontractée. Randonnées équestres (voir plus loin « À faire »).

Le Calao du Lac Rose : *à env 2 km à l'est du village artisanal, par la piste qui longe la rive sud du lac. 📱 77-648-16-78 et 77-542-51-50. • aubergecampingdulacrose.com • En tente mauritanienne 5 000-7 000 F. CFA/pers, petit déj en sus. Double 25 000 F.CFA, petit déj compris (clim en sus). Possibilité de ½ pens. Ajouter la taxe touristique. Plats 6 000-8 000 F. CFA.* Un peu en retrait du lac, dispersés dans un jardin luxuriant de 2 ha, 6 beaux bungalows en matériaux naturels (pierre, rônier, paille et *krinting* tressés), très confortables (écran plat, bonne literie, salle de bains étincelante) et à la déco particulièrement soignée. Également une superbe chambre pour 4-8 personnes, idéales pour les petits groupes. Pour les plus petits budgets, possibilité de dormir sous 3 tentes mauritaniennes pouvant recevoir de 3 à 15 personnes. Enfin, petit espace pour camper (camping-cars bienvenus), avec accès au bloc sanitaires. Au programme, farniente et détente autour de la belle piscine à ruissellement ou dans l'un des nombreux petits coins aménagés à cet effet. Pour les enfants, aire de jeux, cabanes, ping-pong, volley et minigolf, ils ne s'ennuieront pas ! Bon resto proposant une cuisine généreuse, concoctée par Daba, mais on pourra également demander à Pierre-Yves, le patron suisse, de préparer sa fondue au fromage en soirée. Un petit coin de paradis à prix fort abordables.

Le Clos des Oliviers : *à env 4 km à l'est du village artisanal, par la piste qui longe la rive sud du lac. 📱 70-646-17-40 ou 77-344-76-34. • le-clos-des-oliviers.com • Double 30 000 F.CFA, suite 46 000 F.CFA, avec petit déj. Dîner sur résa 8 000-11 000 F.CFA.* Une maison d'hôtes posée à l'est du lac, à l'écart des autres hôtels et campements. Dès l'entrée, on est séduit par la piscine flanquée de transats et, surtout, par la vue directe sur le lac ! Au choix, 3 chambres (rouge, grise et chocolat) et 2 suites (verte et orange) personnalisées et meublées avec goût, avec balcon ou terrasse donnant sur le lac, sur la piscine ou le jardin. Sanitaires étincelants avec douche à l'italienne, TV satellite, mais pas de clim (énergie solaire). Le lieu est chaleureusement tenu par Franck et Nathalie, pleins de bons conseils et aux petits soins pour leurs hôtes. Outre un costaud petit déj, ils proposent le soir une cuisine de qualité, aux accents méditerranéens, et peuvent organiser toutes sortes de balades dans les environs. Une des meilleures adresses du coin !

Les Cristaux Roses : *juste en face du village artisanal. 📱 77-634-08-68 ou 77-524-07-87. • lescristauxroses.com • Double 25 000 F.CFA, avec petit déj. Possibilité de ½ pens.* Une douzaine de chambres dans des cases rondes au toit de chaume. Elles sont nettes, bien équipées (clim, TV, salle de bains) et toutes tournées vers le lac. Personnel très accueillant, bon repas au resto, installé au bord d'une très jolie piscine. Et bien sûr, activités dans le coin. Que dire d'autre ?

Le Trarza : *au bord du lac, un peu au-delà du village artisanal en venant de Dakar. ☎ 30-106-88-52. 📱 77-108-47-04. • hotel-le-trarza.com • Double 30 000 F.CFA, petit déj compris. Possibilité de ½ pens.*

Plats 2 500-7 000 F.CFA. Enfouis dans une végétation un peu folle, une petite vingtaine de bungalows de style africain assez colorés, avec salle de bains et terrasse privée. Certains ont été rénovés, n'hésitez pas à demander à voir les 2 types. Également des chambres familiales spacieuses. 2 piscines. On aime bien aussi le resto qui s'avance sur pilotis sur le lac, à l'éclairage romantique en soirée. Très bon accueil d'Assane, qui vous traite en ami.

Restaurant « Au 212 » : *au village artisanal, côté lac. 76-582-25-70. Le midi seulement 12h-17h. Plats 4 000-7 000 F.CFA.* Au cœur d'une oasis plantée de bananiers, une paillote soignée et agréable donnant directement sur le lac et une petite plage où les touristes barbotent. Dans l'assiette, de bonnes grillades et quelques succulentes spécialités : daurade barbecue, fricassée de crevettes à la coriandre, brochette de lotte, etc.

Bonaba Café : *sur la rive nord, nécessité de faire le tour du lac par la rive sud (env 15-20 mn en voiture depuis le village artisanal). 77-633-52-01. Tlj 9h-18h. Repas 7 500 F.CFA en sem et 9 000 F.CFA le w-e.* Un resto tout en terrasse installé face au lac, à 200 m du *Gîte du Lac.* La palette culinaire est large et pleine de fantaisie, avec des plats comme le veau au citron vert, le poulet au miel de Casamance, la feta des chèvres du lac ou l'œuf poché au bouillon de papaye. Vos papilles vont roucouler de plaisir ! De plus, de nombreux produits viennent du potager bio. Possibilité de baignade, terrains de volley et de pétanque, petit parc animalier avec autruches... Excellent accueil.

À faire

➢ ***Randonnées équestres :*** ***les Chevaux du Lac*** *(s'adresser au* Bonaba Café*, voir plus haut « Où manger ? »). • espritdafrique-senegal.com/chevauxdulac • Plusieurs balades proposées : 1h30 pour 15 000 F.CFA (10 000 F.CFA pour les clients du resto et du* Gîte du Lac*) ; 3h pour 30 000 F.CFA ; journée pour 55 000 F.CFA, repas compris. Compter 2 000 F.CFA/h pour une balade à dos d'âne.* En fonction de vos moyens et de vos disponibilités, Mass Sow organise d'agréables randonnées à cheval à travers les dunes, sur la plage, autour du lac, avec découverte des oiseaux, de la savane et des villages environnants... Randos sur plusieurs jours possibles également, avec bivouac sous tente mauritanienne.

Se baigner : peu de baigneurs côté océan Atlantique, en raison du danger des grosses vagues et autres courants sournois. On peut en revanche barboter dans le lac depuis la petite plage située juste derrière le village artisanal. La salinité excessive fait que l'on s'y enfonce 2 fois moins que dans l'eau douce, et qu'il est impossible de nager la brasse en gardant les pieds dans l'eau ! Attention, pas trop de « splish-splash », ça pique vraiment les yeux ! En sortant, une source d'eau douce permet de se rincer au seau, moyennant un pourboire. Une expérience assez touristique.

VERS LE NORD DU SÉNÉGAL

THIÈS

274 000 hab.

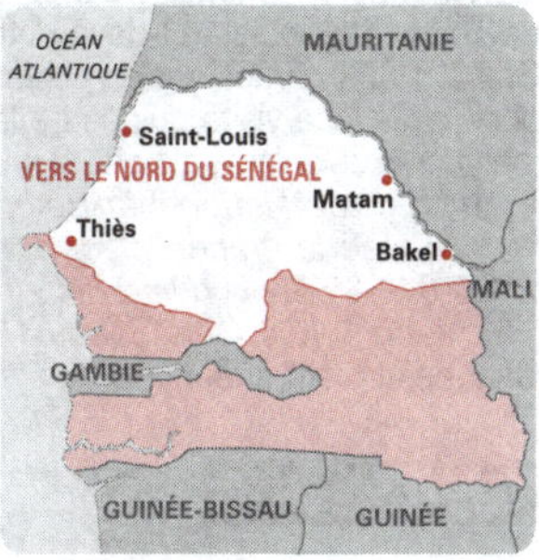

À 70 km de Dakar, malgré son importance (la 2e ville du pays), Thiès est une ville aérée et d'aspect tranquille, quadrillée par de larges avenues ombragées. Son histoire, liée à celle du rail depuis qu'elle était devenue le nœud ferroviaire des lignes Dakar/Saint-Louis et Dakar/Bamako, en a fait un bastion politisé. Thiès est aussi un centre intellectuel et universitaire, avec ses grandes écoles (polytechnique, d'agriculture, d'officiers...), mais aussi artistique et culturel, avec sa manufacture de tapisseries et ses Arts décoratifs. La ville, jumelée avec Caen, n'est pas d'un grand intérêt, mais elle est un nœud routier important et un passage obligé pour les liaisons nord-sud et ouest-est. Si vous devez y passer une nuit, les hébergements sont corrects.

UN PEU D'HISTOIRE

En 1947, Thiès a connu la plus grande grève de l'histoire coloniale. Elle dura 6 mois avant que les employés du rail n'obtiennent satisfaction en signant un compromis. On raconte même que, devant la fermeté des grévistes, le représentant du pouvoir colonial s'adressa au père d'Ibrahima Sarr, le syndicaliste meneur, en espérant qu'il calmerait son fils. Mais le papa répondit que son fils avait été choisi par son « peuple » pour le représenter et le guider. Le jour de la reprise du travail, les ouvriers marchèrent sur près de 2 km de pagnes tissés par les femmes en guise de tapis. Quand on sait que le pagne tissé est considéré comme le fin du fin, on mesure la grandeur de l'événement. En 1960, Ibrahima Sarr devint ministre des Travaux publics, mais il fut arrêté en 1962 avec Mamadou Dia (le Premier ministre de Léopold Sédar Senghor) pour tentative de coup d'État et emprisonné à Kédougou, au fin fond du Sénégal oriental.

Arriver – Quitter

Gare routière : *à l'entrée de la ville en venant de Dakar, à 3 km du centre.* Départ des taxis-brousse et minicars, ces derniers étant plus lents mais coûtant environ 30 % de moins.

En taxi-brousse

➢ ***Dakar :*** compter 1 500 F.CFA. Durée : 1h-1h30.
➢ ***Mbour :*** compter 1 200 F.CFA. Durée : 1h.
➢ ***Saint-Louis :*** compter 3 500 F.CFA. Durée : 3h-3h30.
➢ ***Kaolack :*** compter 3 000 F.CFA. Durée : 2h30.

En train

Gare ferroviaire : *en plein centre.*
➢ ***De/vers Dakar :*** lun-ven seulement, un train « de banlieue » effectue l'A/R. Départ à 7h de Thiès, arrivée à Dakar à 9h et retour à 18h. Compter 750-1 250 F.CFA (en 2de ou 1re classe).

Adresses utiles

■ ***Syndicat d'initiative :*** *pl. de France (face au bâtiment Sénélec), facilement repérable avec son avion accroché en façade.* ☎ *33-952-29-29.* ● *tourismethies.com* ● *Lun-ven 8h-18h.* Infos touristiques et culturelles sur la région de Thiès, de Diourbel et de la Petite (et Grande) Côte. Brochures en vente. Propose aussi une visite guidée de la ville (bâtiments coloniaux, marché et musée).
■ ***BICIS :*** *rue Houphouët-Boigny ; à l'angle avec la grande pl. de France.* ☎ *33-849-89-50. Lun-ven 7h45-12h15 (13h ven), 13h40 (14h45 ven)-15h45.* Change et distributeur.
■ ***Banque CBAO :*** *à droite de la route en venant de Dakar, juste avt d'arriver sur la pl. de France (à côté d'Orange-Sonatel). Lun-ven 8h-16h, sam 9h15-12h15.* Change et distributeur. *Une autre* ***agence*** *av. Léopold-Sédar-Senghor (face à la pharmacie).*
■ ***Agence consulaire :*** *M. Ely Sassi.* *77-634-77-10.* ● *acfthies@gmail.com* ● *Sur rdv.*
■ ***Pharmacie du Rail :*** *av. Léopold-Sédar-Senghor ; entre les stations* Oil Libya *et* Total, *près du passage à niveau. Lun-ven 8h-21h, sam 8h-13h.*

Où dormir ?

De bon marché à prix moyens

Le Massa-Massa : *cité Malick-Sy, 101.* ☎ *33-952-12-44.* ● *massamassa-senegal.com* ● *En venant de Dakar, juste en face de la 1re station* Shell, *prendre la rue sablonneuse à gauche ; la suivre sur env 250 m. Doubles ventilées ou climatisées 26 000-30 000 F.CFA, taxe et petit déj inclus.* Située dans un quartier calme, la meilleure adresse de la ville, mais du coup, c'est souvent complet. Une dizaine de chambres confortables et à la tenue irréprochable, dans les tons gris crème. Lit à baldaquin et moustiquaire, TV câblée et, pour les plus chères, la clim. Belle terrasse sur le toit avec vue sur le quartier. Bon resto sur place (voir « Où manger ? »). Et en prime, l'accueil sympa de Yannick, un Belge avec qui on devient vite copain.

Hôtel Rex : *197, rue Douaumont ; à l'angle de Joffre.* ☎ *33-951-10-81.* *77-638-34-01.* ● *hotelrexth@yahoo.fr* ● *De la pl. de France, descendre l'av. L.-S.-Senghor, prendre à gauche après la voie ferrée, puis 2e à gauche après la station* Total. *Doubles 12 500-18 000 F.CFA, taxe comprise, petit déj en sus. Plats 1 500-8 000 F.CFA.* Hôtel moderne offrant une trentaine de chambres de style et confort très différents, en voir plusieurs. Les moins chères sont au rez-de-chaussée ; certaines refaites à l'étage sont beaucoup mieux (avec clim, moustiquaire, TV et eau chaude) et étonnamment bon marché ! Bar-resto sur une terrasse ombragée par un immense hévéa. Accueille souvent des groupes.

Hôtel Le Croissant Magique : *381, av. Lamine-Gueye. ☎ 33-951-06-06. • croissant.magique@hotmail.fr • Du rond-point de la pl. de France, prendre la rue après l'av. Léopold-Sédar-Senghor. Doubles 30 600-31 600 F.CFA, petit déj et taxe compris. Plats 2 500-6 000 F.CFA. ½ pens possible.* Cet hôtel très central, à la façade jaune-orange, offre des chambres plutôt bien finies et de bon confort moderne (petit balcon, salle de bains carrelée, TV satellite, clim et bons matelas), organisées autour d'un patio avec fontaine. Également une annexe. À côté, resto-snack-pizzeria-viennoiserie proposant un large choix à prix honnête.

Où dormir ? Où manger dans les environs ?

Domaine Hôtel Kalao : *route de Saint-Louis, quartier de Keur Saïb Ndoye. 77-277-88-93. À la sortie de la ville, à env 3 km. Passé la ligne de chemin de fer, prendre la route de droite à la fourche et continuer tt droit. Double 19 500 F.CFA, petit déj en sus. Plats 3 000-3 500 F.CFA.* En pleine nature, au calme, une sympathique auberge horizontale avec un grand jardin. Une demi-douzaine de chambres fraîches et confortables, aux tonalités chaudes, avec petit bureau, penderie et belle salle de bains. Accueil convivial d'un Avignonnais d'origine, un personnage haut en couleur ! Bar-resto chaleureux en terrasse pour une bonne petite cuisine traditionnelle, principalement française (poulet basquaise, bourguignon, gigot, entrecôte...).

Où manger ?

De bon marché à prix moyens

Le Pamanda : *av. Comba-Ndoffène-Diouf. ☎ 33-952-15-50. Au nord du centre-ville, passer la voie ferrée et le commissariat, à côté de la station Total. Fait snack et pizzeria également. Tlj. Plats 2 500-5 000 F.CFA. Bon choix de cocktails, vin en pichet ou en bouteille.* Un bon petit resto proposant un vaste choix de plats : de la bonne pizza croustillante au gigot d'agneau, en passant par la brochette de lotte, le thiof grillé ou le traditionnel *yassa,* c'est bon, les portions sont généreuses et on apprécie le petit effort de présentation. On s'installe au choix en terrasse (sur une rue passante) ou dans un calme patio à l'arrière. Tenu par une expat française discrète mais pleine d'attention pour les convives.

Le Massa-Massa : *voir « Où dormir ? ». ☎ 33-952-12-44. Tlj. Plats 4 200-6 500 F.CFA.* Sur une grande terrasse couverte d'un toit de paille et garnie de plantes ou dans une salle climatisée plus contemporaine, on déguste une bonne et copieuse cuisine, française et belge surtout (lapin grand-mère, coquelet à l'estragon, boulets à la liégeoise, hachis Parmentier, couscous maison), faite à base de bons produits frais. Gentille animation et service impeccable.

Les Délices : *300, av. L.-S.-Senghor ; dans le centre. ☎ 33-951-75-16. Tlj 6h-1h30 (du mat). Plats 3 000-6 000 F.CFA ; menu du jour 7 000 F.CFA.* Pâtisserie-salon de thé-pizzeria-resto, voilà une bonne adresse conventionnelle et au cadre bien net. Cuisine européenne et africaine (steak au roquefort, lotte au poivre vert, etc.), avec quelques plats vietnamiens et libanais. Bien aussi pour un copieux petit déj (bon *espresso*). Terrasse sous paillote. Dans le même esprit, avec un choix encore plus large, voir aussi le resto **Big Faim,** un peu plus loin.

Où manger ? Où écouter de la musique ? Où boire un verre ?

Le Palais des Arts : *10e quartier, derrière le village artisanal (dans la rue perpendiculaire aux manufactures sénégalaises, un bâtiment rose), à env 1,5 km du centre. Ouv tt le temps. Entrée : env 2 000 F.CFA.* L'endroit à Thiès où assister à de solides concerts, tous les soirs à partir de minuit (pas pour les couche-tôt donc). On y a vu Titi, Viviane, Youssou N'Dour, Cheikh Lô, Pape Niang, Suleiman Faye et bien d'autres. Accueil chaleureux. On peut aussi simplement y boire un verre ou y manger (cuisine traditionnelle à prix moyens), et même faire un billard.

À voir

Les manufactures sénégalaises des Arts décoratifs : *à env 1 km à l'est du centre-ville. En arrivant de Dakar, sur l'axe principal, prendre à gauche après la gendarmerie. ☎ 33-951-08-62. 📱 77-333-32-07. • msadthies@gmail.com • Lun-ven 8h-13h30, 15h-17h. Entrée : 2 000 F.CFA. Photos interdites.* Ici sont exposés les tapis de sol et, surtout, les tapisseries murales d'artistes plasticiens contemporains de renom tels que Papa Ibra Tall, Khalifa Guéye, Kalidou Kassé, Baye Ly, Mamadou Gaye, Mouhamadou Mbaye Zulu... Les œuvres sont réalisées sur place, dans les ateliers de tissage et de cartonnage (qu'on peut aussi visiter), d'après les maquettes des artistes. Cafétéria.

Le musée régional : *au fond de la place qui fait face à l'entrée des ateliers de la manufacture, sur la gauche. Tlj 8h-18h (horaires théoriques !). Entrée : 1 000 F. CFA.*

Dans les anciennes fortifications de l'armée coloniale. La salle historique présente un ensemble hétéroclite d'objets, d'armes, de silex provenant de fouilles archéologiques, de tableaux illustrant des scènes historiques, de panneaux illustrés sur la géographie, l'économie et la situation religieuse de la région, ainsi qu'une enfilade de portraits des maires successifs de Thiès. Pourrait être moins rébarbatif et moins poussiéreux.

Dans un autre bâtiment, dédié au chemin de fer sénégalais, quelques objets ferroviaires et des panneaux explicatifs plus érudits qui retracent l'histoire du rail, source d'urbanisation du pays. La ligne qui servait au transport du phosphate et de l'arachide fit la fortune de sociétés marseillaises et bordelaises (Maurel & Prom, Devès & Chaumet...) à l'époque coloniale. Une petite partie évoque le syndicalisme et les farouches opposants au chemin de fer, mais rien, en revanche, sur son déclin.

Enfin, dans un 3e bâtiment, expos et fabrication de sous-verre des artistes Amadou Diakhané et Mamadou Ndiaye Faye. Des peintures naïves faites à même le verre qui, retourné, devient un sympathique petit tableau reproduisant des scènes de la vie quotidienne, des portraits, etc.

Le village artisanal : *☎ 33-951-17-73. Situé dans l'ancienne base militaire (ex-RIAOM), non loin de la manufacture. En venant de Dakar par la N 2, prendre à gauche après la gendarmerie (fléché). Tlj 9h-19h.* Il dépend de la chambre des métiers. Y travaillent 50 chefs d'entreprise, 70 apprentis et 65 compagnons. Des menuisiers, cordonniers, maroquiniers, sculpteurs sur bois, tisserands, ébénistes, peintres, couturiers, tanneurs sur cuir, bijoutiers, sérigraphes et même des tôliers (pour les voitures). On peut visiter les différents ateliers et y faire des achats. Ceux qui font les marchés se fournissent ici, d'où un prix bien plus intéressant qu'à Dakar ou dans les lieux touristiques. Bien négocier, tout de même !

Le marché central : *dans l'av. de la Gare et les rues perpendiculaires (du Général-de-Gaulle, Amadou-Sow...). Tlj dès 8h.* Plus calme que ceux de Dakar. On pourra prendre le temps de comparer et de marchander.

DE THIÈS À TOUBA

DIOURBEL

124 000 hab.

Capitale du Baol, grande région arachidière et berceau du mouridisme (voir en fin de guide la rubrique « Religions » dans « Hommes, culture, environnement »), Diourbel a malheureusement peu de choses à offrir au voyageur, si ce n'est son atelier de fabrication de bronzes décoratifs.

À voir

La fonderie Makhône-Diop : *en face de la boulangerie* Yactine, *dans le centre.* Fondée il y a une quarantaine d'années par le papa, l'entreprise familiale est dirigée aujourd'hui par l'un des fils, Issa, qui s'est perfectionné quelque temps aux États-Unis. Il vous montrera le somptueux catalogue de ses œuvres (vendues ou en commande), qui valent très cher. Les bronzes, de toutes dimensions (chevaliers, animaux, nymphes grandeur nature), sont essentiellement décoratifs et destinés à orner salons et jardins des maisons plutôt bourgeoises d'une clientèle aussi bien sénégalaise qu'étrangère. Ça fait bien, une statue équestre ou guerrière en bronze de chez *Makhône* (prononcer « marone ») chez soi... Cela dit, on a beaucoup apprécié les explications sur la technique de la cire perdue (fonte artistique), les objets en cire, d'abord moulés dans du plâtre, étant recouverts de laiton fondu. D'ailleurs, on voit les employés au travail.

TOUBA

La ville sainte du mouridisme, avec une mosquée aux dimensions impressionnantes (4 minarets de 66 m et un encore plus grand de 87 m). Évidemment, en période de *Magal* (voir en fin de guide la rubrique « Fêtes et jours fériés » dans « Hommes, culture, environnement »), des centaines de milliers de pèlerins s'y pressent avec ferveur. D'ailleurs, vous aurez du mal à approcher la mosquée ou à sortir de la ville à ce moment-là. Pour vous donner une idée de la piété furieuse qui s'empare des fidèles à cette occasion, quelques-uns d'entre eux demandent à leur patron leur paie en avance et quittent leur lieu de travail sans crier gare 3 jours durant. Il paraît même que certains laissent à Touba jusqu'à leurs vêtements !
Quoi qu'il en soit, visiter la mosquée hors *Magal* s'avère un moment de spiritualité attachant, comme lorsqu'on visite un monastère de nos contrées, même pour un non-croyant. Inaugurée en 1963, elle abrite le tombeau du fondateur de la confrérie, Amadou Bamba, que les fidèles viennent toucher pour se purifier. Partout, on ressent l'opulence de la confrérie. Bien se faire préciser par le guide avant la visite à combien s'élèvera l'obole totale (pour le guide et pour la mosquée).

– ***Avertissement :*** que nos lecteurs pris d'une envie soudaine de se désaltérer ou de fumer s'abstiennent de sortir une canette de bière ou un paquet de cigarettes dans l'agglomération de Touba.

DE THIÈS À SAINT-LOUIS

M'BORO-SUR-MER

12 000 hab.

En chemin pour Saint-Louis, on peut faire un petit crochet par M'Boro, ou, en poussant un peu plus loin, par M'Boro-sur-Mer, village de pêcheurs situé en bordure des Niayes, cette attrayante région le long de la Grande Côte, faite de collines dunaires et de dépressions qui se transforment à l'occasion en lacs, en marigots, en jardins fertiles ou en palmeraies telles des oasis. C'est l'une des principales zones de maraîchage du Sénégal (production d'oignon, de tomate, de chou, d'aubergine...), à l'origine une station agricole créée par l'administration coloniale en 1936. Rien à voir avec la Petite Côte : ici, la mer est forte, assez dangereuse, et la côte est sauvage avec de belles plages désertes. Ce n'est pas pour nous déplaire. De toute façon, il fait bon s'y arrêter pour déjeuner ou prendre un verre.

Arriver – Quitter

➢ ***De Dakar :*** prendre l'autoroute, sortie Sangalkam, puis suivre la route vers Bayakh, Noto et M'Boro. Si vous n'êtes pas motorisé, des « 7-places » partent de la gare routière des Baux-Maraîchers pour Thiès, où l'on change de véhicule pour M'Boro. En taxi privé, compter 25 000 F.CFA.

➢ ***Pour Lompoul :*** il n'est plus nécessaire de repasser par la nationale ; la route est asphaltée entre M'Boro et Lompoul : de M'Boro, prendre la direction de Tivaouane et tourner à gauche, peu après la sortie de M'Boro, vers Diogo-Fas Boye ; ensuite, c'est tout droit jusqu'à Lompoul (compter moins de 1h de route). Si vous voyagez avec une agence en 4x4, demandez à passer par la plage à marée basse. Vraiment extra !

Où dormir ? Où manger ?

Campement des Niayes : *à env 1,5 km de la sortie de M'Boro en allant vers M'Boro-sur-Mer, côté droit. ☎ 33-954-63-23. 77-319-69-41. • djibriltoubab@hotmail.com • Doubles 14 500-22 500 F.CFA avec ou sans sdb, petit déj et taxe inclus. Possibilité de camper : 3 000 F.CFA/pers. Plats 1 500-7 000 F.CFA.* Un campement fort bien tenu par Nicolas et Aminata, dans un jardin planté de cocotiers, orangers, citronniers, flamboyants (et un arbre du voyageur)... avec une petite piscine hors-sol. Les cases à toit de palme, bien dispersées dans le campement, sont confortables avec moustiquaire, TV et jolie salle de bains. Pour les petits budgets, également des petites chambres carrelées avec ventilo et petit mobilier en bois. Blocs sanitaires nickel (mais eau froide seulement). Les campeurs et les camping-caristes sont les bienvenus. Bon resto en terrasse pour déguster un poisson frais agrémenté, parfois, de légumes bio du potager. Et pour le soir, bar sympa avec coin salon-TV. Une bonne adresse !

LOMPOUL-SUR-MER

Plus au nord, toujours à la frange des Niayes, le coin de Lompoul mérite le détour : d'une part, le village côtier de Lompoul-sur-Mer dispose d'adresses d'hébergement sympas et roots ; d'autre part, près de Lompoul (le village dans les terres, à 8 km de Lompoul-sur-Mer), on pourra découvrir une jolie curiosité : un vrai petit désert de dunes où 2-3 agences ont installé des camps de tentes mauritaniennes (certains circuits organisés y prévoient une étape). Certaines années, un festival y est organisé sur un week-end en principe vers avril, avec la présence de quelques pointures comme têtes d'affiche.

Comment y aller ?

➢ ***De Dakar :*** prendre un « 7-places » pour Louga de la gare routière des Baux-Maraîchers, et descendre à Kébémer ; de là, prendre un autre taxi-brousse pour Lompoul.

➢ ***De M'Boro :*** voir « Arriver – Quitter » dans le chapitre sur M'Boro, plus haut.

Où dormir ? Où manger ?

Dans le désert de Lompoul

🏠 🍴 ***Camp du Désert – Esprit d'Afrique :*** *en allant vers Lompoul-sur-Mer depuis Lompoul, prendre la piste à droite à la sortie du village et suivre le fléchage sur env 3 km. ☎ 33-860-92-93 (agence à Dakar). 📱 77-705-56-95 et 76-387-00-11 (Abdou, sur place). • espritdafrique-senegal.com • Accès seulement en 4x4 ; sinon, appeler, on viendra vous chercher au village de Lompoul (parking gardé et payant pour laisser son véhicule). Possibilité également de transfert depuis Dakar. Compter 26 000-39 000 F.CFA/pers en ½ pens (indispensable ici), selon confort, apéro et boissons inclus. Moins de 12 ans : 14 000 F.CFA.* En bordure de ce beau désert de dunes de type saharien, 2 campements de tentes mauritaniennes. D'un côté, une trentaine de tentes simples, avec leurs sanitaires privés à ciel ouvert (douche au seau), et de l'autre, 7 tentes « VIP » (en laine de dromadaire), avec sanitaires extérieurs également mais plus modernes. Pas d'électricité, on s'éclaire à la lampe à pétrole, et les soirées se passent devant le feu de camp au rythme du djembé, après avoir mangé un copieux couscous. L'ensemble est géré impeccablement par 2 frères très accueillants. Possibilité, évidemment, de faire une balade en dromadaire.

🏠 🍴 ***Écolodge de Lompoul :*** *à proximité de l'adresse précédente, au cœur du mini-désert. ☎ 33-957-00-57. 📱 77-957-00-57. • ecolodge-lompoul.com • Compter 29 000 F.CFA/pers en ½ pens.* En gros, le même concept que le *Camp du Désert*. Les grandes tentes, récentes, spacieuses (48 m²) sont réparties en 5 petits « villages », chacune d'elles disposant de toutes les commodités (lavabo, douche, w-c). Le soir, avant le repas, petite animation djembé. Balades en dromadaire, descente en luge sur le sable... Excellente ambiance.

À Lompoul-sur-Mer

🏠 🍴 ***Africa Roots :*** *à 1,8 km au nord du village, sur la plage. ☎ 33-969-18-79. 📱 76-586-80-66. En France : 📱 06-26-94-55-09. • atlanticnaturesenegal.com • Accès par la plage en 4x4, sinon appeler, on viendra vous chercher au port. Possibilité également de transfert gratuit à partir du resto* Cati *(même proprio) à Kébémer, à côté de la station* Total, *pratique pour ceux qui ne sont pas véhiculés. Compter 20 000 F. CFA/pers en ½ pens (indispensable ici).* Une vingtaine de chambres semi-circulaires dans des bungalows en forme de cases traditionnelles, avec fresque sur les murs et plafond en boudins tressés. Isolé et sans grand confort (eau chaude sporadique dans les salles de bains), on vient jusqu'ici surtout pour la belle harmonie sauvage de l'ensemble, tout planté de filaos et de cocotiers, avec l'océan en fond sonore ! Resto sur place et possibilité d'excursions dans le désert de Lompoul.

Campement VITEL *(Village intégré touristique et écologique de Lompoul)* **:** *à l'entrée du village, après la mosquée, prendre le petit chemin à droite, puis de nouveau à droite aux habitations et marcher 500 m sur la piste sablonneuse (à moins de venir en 4x4). 76-470-61-90 et 77-708-61-59. • ibra.fall72@yahoo.fr • Compter 12 500 F.CFA/pers en ½ pens.* Tenu par Ibra Fall, ancien ingénieur agronome, et sa famille, le campement est composé de 7 cases peules simplissimes pour 2-3 personnes, avec matelas en mousse. Les repas sont servis sous une paillote où Ibra a aménagé sa petite cuisine. Au menu, poisson frais et légumes du potager. Ni eau courante, ni électricité ; pour la douche et les w-c, c'est seau d'eau ! Un vrai havre de simplicité au plus près de la nature. Souvent un petit concert de djembé le soir autour du feu.

SAINT-LOUIS

180 000 hab.

• Plan *p. 125* • Zoom *p. 127*

La région du fleuve Sénégal, sorte d'oasis à la frontière avec la Mauritanie, est l'une des plus riches du pays. On y vient avant tout pour sa capitale, Saint-Louis, qui possède non seulement un vrai patrimoine architectural colonial, mais aussi une vie culturelle plus développée qu'ailleurs. Bâtie sur une île s'étirant tout en longueur et reliée au continent par un impressionnant pont métallique, la cité, quoique bien décatie (mais qui devrait commencer à bénéficier d'importants travaux de restauration), possède une identité et un charme uniques parmi les villes sénégalaises.

HISTOIRE À LA GOMME

Le produit le plus avidement recherché, dès les premières expéditions commerciales en Afrique, a été la gomme arabique, récoltée sur l'acacia Sénégal (également appelé « gommier blanc »), très présent dans la vallée du fleuve. La France et l'Angleterre en avaient le monopole, respectivement en Afrique de l'Ouest et en Afrique de l'Est. Aujourd'hui, la gomme arabique a toujours de nombreux usages : par exemple, elle est utilisée dans les dragées et les loukoums. E414 est son nom de code alimentaire.

UN PEU D'HISTOIRE

Dès le XVIIe s, un certain Thomas Lambert, un Normand, établit un comptoir commercial sur l'île de Bocos, à l'embouchure du fleuve – à l'époque, indompté –, avant de s'installer sur l'île, où des fortifications sont édifiées en 1659. Puis la petite ville devient le point de départ des expéditions coloniales vers l'intérieur du continent et du commerce vers l'Europe et l'Amérique. La gomme arabique joue un rôle primordial dans l'économie de la petite colonie, ainsi que la traite des esclaves. Saint-Louis est à son apogée à la fin du XIXe s (comme à Gorée, Rufisque et, un peu plus tard, Dakar, les citoyens sont des Français et sont représentés à l'Assemblée nationale par un député), et le siège du gouvernement général de l'AOF (Afrique occidentale française) lui revient en 1895. Mais déjà le vent tourne : la gomme est détrônée par l'arachide, dont les débouchés naturels sont les ports de Dakar et Rufisque, et, dès 1902, le siège de l'AOF est transféré à Dakar. Ensuite Saint-Louis, la belle sur son île désormais somnolente, va vivre dans le souvenir de son passé colonial prospère avec sa culture et son mode de vie dominés par les *signares* (métisses aristocrates) et leurs riches maisons, puis sombrera lentement dans une douce léthargie.

LA VILLE AUJOURD'HUI

Du Saint-Louis de l'époque coloniale, il reste de superbes bâtisses à moitié en ruine, de vastes entrepôts reconvertis ou non, des balcons en fer forgé qui menacent de s'effondrer et des façades aux tons chauds, plus ou moins ravalées. En bref, le travail de restauration à effectuer est colossal et représente une entreprise de longue haleine. Premier pas en 2000, avec le classement de la ville au Patrimoine mondial par l'Unesco. Puis, après divers plans d'aide (assurés par la région Hauts-de-France, le Fonds européen de développement, la communauté française de Belgique et d'autres encore), un véritable programme de développement touristique, financé en grande partie par l'AFD (Agence française de développement) et prévoyant la restauration d'une centaine de bâtiments du centre historique de Saint-Louis, a commencé être mis en œuvre (après quelques années de retard...) courant 2016. Mais il est plus que probable que cela prendra (beaucoup) plus de temps.
Saint-Louis est aussi une cité vivante, qui cherche à rayonner sur les plans culturel et artistique, avec un certain nombre de galeries d'art et de boutiques de créateurs vestimentaires, mais aussi d'événements et de festivals, à commencer par le festival de jazz, réputé dans tout le pays et même au-delà.
Le charme de ses ruelles est inaltérable, et déambuler dans l'île au lever ou au coucher du soleil demeure un spectacle prenant. Sans oublier la nonchalance des Saint-Louisiens et leur hospitalité, même si une minorité de marchands ambulants s'emploient visiblement à vous faire perdre patience. Bref, Saint-Louis est un lieu où l'on peut passer quelques jours – ou semaines ! – sans s'ennuyer le moins du monde.
➢ Pour circuler en taxi sur l'île, il vous en coûtera, en journée, autour de 500 F.CFA (forfait unique).

Arriver – Quitter

Par la route

***Gare routière** (hors plan par B4) :* *à l'entrée de la ville, à env 4 km au sud du pont Faidherbe.* Compter 600 F.CFA en taxi pour l'île. Certains chauffeurs demanderont en plus 500-1 000 F.CFA pour les bagages (à négocier, bien sûr !). Voici quelques destinations desservies par les taxis-brousse au départ de Saint-Louis. Pour certaines d'entre elles (Dakar, Thiès, Touba), possibilité aussi de prendre un minibus (env 15 pers) : moins cher mais moins confortable et un peu plus lent.
➢ ***Dakar :*** durée 3h-4h30 ; env 5 000 F.CFA.
➢ ***Thiès :*** durée 3h-3h30 ; env 3 500 F.CFA.
➢ ***Podor :*** durée 3h30-3h45 ; env 5 000 F.CFA.
➢ ***Touba :*** durée env 3h30 ; env 4 000 F.CFA.
➢ ***Matam :*** durée 6h ; env 8 500 F.CFA.
➢ ***Rosso :*** durée 1h30-2h ; env 2 200 F.CFA.

En avion

Plus aucun vol commercial depuis 2009. L'aéroport n'accueille que des avions privés.

Adresses utiles

Infos touristiques

Syndicat d'initiative *(plan et zoom A3)* **:** *dans le bâtiment de la Gouvernance, en face du pont Faidherbe. ☎ 33-961-24-55. • saintlouisdusenegal-tourisme.com • Lun-sam 9h-13h, 15h-18h30 (18h sam) ; dim 9h30-17h30.* Géré par une équipe sympa et disponible. Organise aussi des visites de l'île à pied ou en calèche et des excursions dans la région (lac de Guiers, Langue de Barbarie, parc du Djoudj...). Enfin, on peut y acheter un plan touristique de la ville et des brochures thématiques (un peu datées et chères toutefois) sur Saint-Louis et sur le nord du pays.

Argent, banques

■ **BICIS** *(zoom A3,* ***1****)* **:** *angle rues de France et A.-Guillabert. ☎ 33-961-10-53. Lun-ven 7h45-12h15, 13h45 (14h45 ven)-15h45.* Change et distributeur.

■ **CBAO** *(zoom A3,* ***6****)* **:** *angle rues Khalifa-Ababacar-Sy et Potin. ☎ 33-961-96-39. Lun-ven 8h15-16h15, sam 9h15-12h45.* Change et distributeur.

■ **Bureau de change central** *(zoom A3,* ***7****)* **:** *angle rues du Général-de-Gaulle et Blaise-Diagne. 📱 77-539-01-47. Tlj 8h-minuit.* Ce magasin-épicerie, aux horaires larges et ouvert le dimanche, change le cash sans commission.

Représentations diplomatiques

■ **Agence consulaire :** *à l'Hôtel de la Résidence, dont la propriétaire est la consule honoraire (voir « Où dormir ? »). ☎ 33-957-33-92. 📱 77-184-45-85 (urgences seulement).*

■ **Consulat de Belgique :** *à l'Hôtel Mermoz, dont le propriétaire est le consul (voir « Où dormir ? Où manger sur la Langue de Barbarie ? »). ☎ 33-961-36-68 (M. Philippe Legrand).*

Culture, francophonie

■ **Institut français Jean-Mermoz** *(plan B2,* ***5****)* **:** *av. Mermoz. ☎ 33-938-26-26. • institutfrancais-senegal.com • Mar-ven 8h30-12h30, 15h-18h30 ; sam 8h30-17h.* C'est l'espace des rencontres et échanges culturels, géré par une équipe dynamique. Organise des concerts et spectacles en plein air 3 à 4 fois par mois, sur le parvis de la cour intérieure, et reçoit également le « off » du Festival de jazz. Riches expos de peinture et sculpture dans un vaste loft, projection de films africains et internationaux de qualité *(sam 17h)* et de dessins animés *(mer 16h).* Ateliers de théâtre, de danse et d'écriture... Enfin,

---

Adresses utiles

- Syndicat d'initiative (A3)
- **2** Commissariat de Saint-Louis (B1)
- **4** Hôpital (A4)
- **5** Institut français Jean-Mermoz (B2)

Où dormir ?

- **10** Auberge du Sud (A-B3)
- **16** Hôtel Sindoné (A4)
- **23** Gîte des Grands Hommes (hors plan par B3)
- **25** Chambres d'hôtes Au fil du Fleuve, chez Marie-Caroline Camara (A4)
- **26** Hôtel Keur Dada (B1)

Où manger ?

- **16** Restaurant de l'Hôtel Sindoné (A4)
- **31** La Pointe Nord (B1)
- **34** Le Galaxie (hors plan par B3)

Achats

- **47** Atelier-galerie de Meïssa Fall (A4)
- **48** Galerie Arte (A4)

À voir

- **5** Institut français Jean-Mermoz (B2)

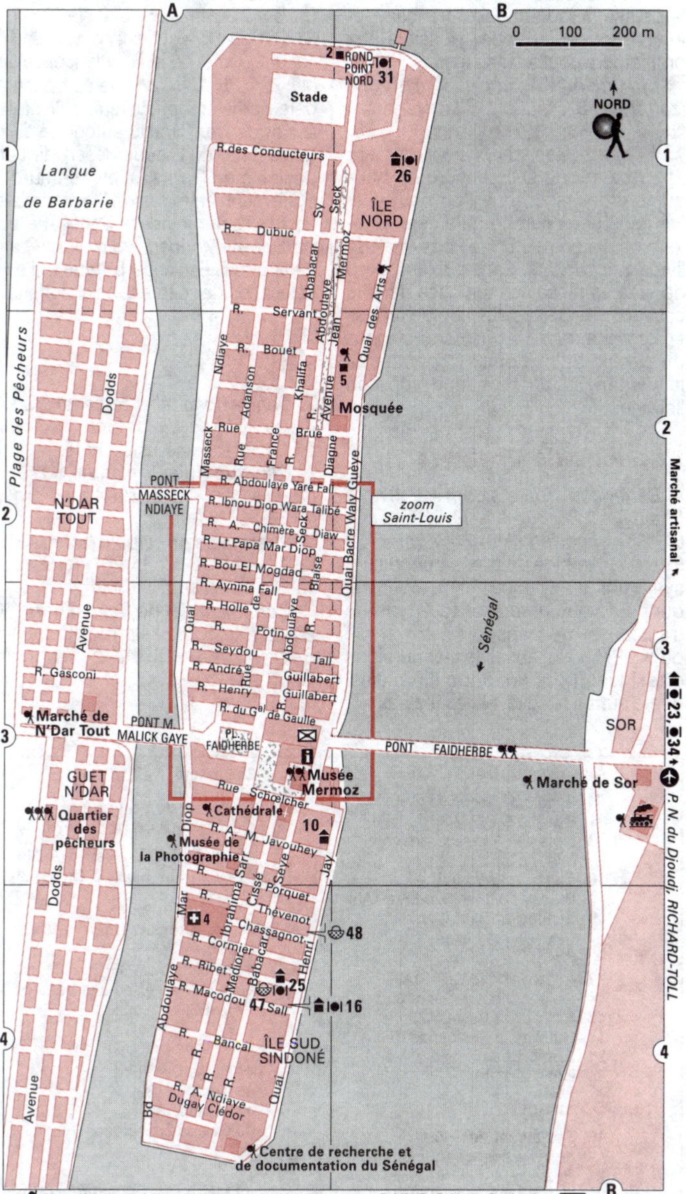
VERS LE NORD DU SÉNÉGAL
Stade
ROND POINT NORD
R.des Conducteurs
ÎLE NORD
Langue de Barbarie
Plage des Pêcheurs
Mosquée
PONT MASSECK NDIAYE
N'DAR TOUT
zoom Saint-Louis
Sénégal
Marché artisanal
R. Gasconi
Marché de N'Dar Tout
PONT M. MALICK GAYE
PL. FAIDHERBE
PONT FAIDHERBE
SOR
Musée Mermoz
Marché de Sor
GUET N'DAR
Quartier des pêcheurs
Cathédrale
Musée de la Photographie
P. N. du Djoudj, RICHARD-TOLL
ÎLE SUD SINDONÉ
Centre de recherche et de documentation du Sénégal
Cimetière des pêcheurs, Hydrobase, Hôtels
DAKAR, P. N. de Barbarie
NORD
0 100 200 m

SAINT-LOUIS

médiathèque où l'on peut consulter la presse (hebdomadaire) française et internationale, et accès possible aux ordinateurs pour lire ses mails.

■ ***Librairie l'Agneau Carnivore*** *(zoom A3,* ***3****) : 57, rue Blaise-Diagne. ☎ 33-961-05-18. Lun-sam 8h-13h, 15h-19h30.* Bon choix de livres sur l'Afrique et une salle entière de bouquins d'occasion, que l'on peut aller lire dans une courette à l'arrière. Également un coin B.D., et pas mal de livres introuvables. Sans oublier l'expo de statues africaines antiques dans le caveau, ni la belle collection de tirages en grand format de photos anciennes du vieux Saint-Louis (proposés à la vente). En un mot, une superbe librairie !

Agences de voyages

■ ***Senegalib' Tours*** *(zoom A3,* ***9****) : rue Khalifa. ☎ 33-961-01-03. 📱 77-556-63-22. • senegal-lib-tour.sn • Tlj 9h-18h.* Agence fiable tenue par le sympathique et consciencieux Jules, qui peut vous organiser tout type de transfert et de transport à travers le pays. Propose aussi les excursions classiques (à prix compétitifs), ainsi que d'autres circuits. N'hésitez pas !

■ ***Sahel Découverte*** *(zoom A3) : rue Blaise-Diagne. ☎ 33-961-56-89 et 33-961-52-58. • saheldecouverte.com • Face à l'Hôtel de la Résidence. Tlj sauf dim 8h-13h, 15h-18h.* Gérée de longue date par les propriétaires de l'*Hôtel de la Résidence.* Circuits autour de Saint-Louis (parc du Djoudj, désert de Lompoul, lac de Guiers...), et bien au-delà. Également, en exclusivité, une croisière de 6 nuits sur le fleuve Sénégal à bord du *Bou-el-Mogdad* (voir *• bouelmogdad.com •*). Fait aussi billetterie d'avion et location de voiture avec chauffeur.

Urgences

✚ ***Centre hospitalier régional*** *(plan A4,* ***4****) : bd Abdoulaye-Mar-Diop. ☎ 33-938-24-00.* Pharmacie juste à côté.

✚ ***Clinique Ndiaye*** *(plan A4) : à l'angle du quai Henri-Jay et de la rue Porquet. ☎ 33-961-34-00.*

■ ***Pharmacie principale*** *(zoom A3) : 6, rue de France. ☎ 33-961-10-95. Lun-ven 8h-22h, sam 8h-13h.*

■ ***Commissariat de Saint-Louis*** *(plan B1,* ***2****) : au bout de la rue Abdoulaye-Seck, sur le rond-point Nord. ☎ 33-961-10-25.*

Adresses utiles

- ℹ Syndicat d'initiative (A3)
- **1** Banque BICIS (A3)
- **3** Librairie l'Agneau Carnivore (A3)
- **6** Banque CBAO (A3)
- **7** Bureau de change central (A3)
- **9** Senegalib' Tours (A3)

Où dormir ?

- **12** Auberge de la Vallée (A3)
- **14** Maison d'hôtes Sunu Keur (A2)
- **18** Hôtel de la Poste (A3)
- **19** Hôtel de la Résidence (A3)
- **21** Jamm, chambres d'hôtes (A3)
- **24** Hôtel Siki (A3)

Où manger ?

- **19** Restaurant de l'Hôtel de la Résidence (A3)
- **24** Restaurant de l'Hôtel Siki (A3)
- **30** Restaurant Fleuve Plus (A2)
- **32** La Linguère (A3)
- **33** Le Réveil (A3)
- **37** La Crêperie Saint-Louisienne (A3)
- **38** La Kora (A-B2)

Où boire un bon café ? Où prendre un petit déj ?

- **40** Les Délices du Fleuve (A-B3)
- **41** Ndar Ndar Music & Café (A3)

Où boire un verre ? Où écouter de la musique ? Où sortir ?

- **42** Le Flamingo (B3)
- **43** Nulle Part Ailleurs et Bamboo (A-B3)

Achats

- **44** Rama Diaw (A2)
- **45** Keur Fall (B3)
- **46** Tësss... (A2)
- **49** Galerie Éthiopiques (A2)

À voir

- **43** Maison Maurel et Prom (B3)
- **50** Maison Devès et Chaumet (A3)
- **51** Mairie (A3)
- **52** Palais de justice (A3)
- **53** Maison Guillabert (A3)

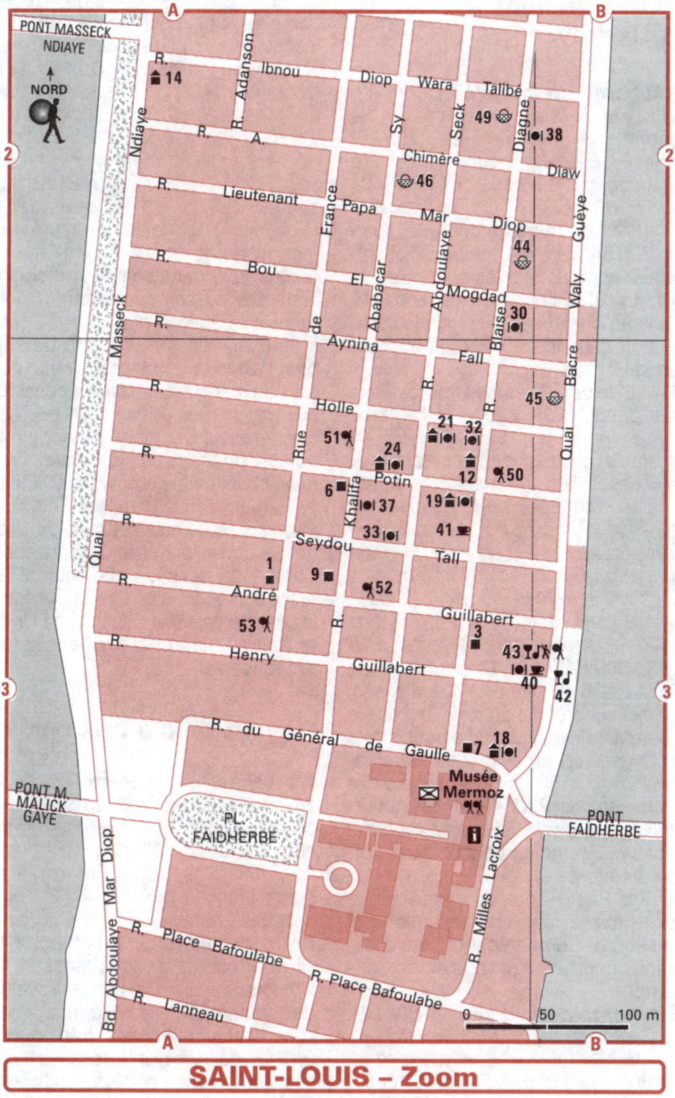

SAINT-LOUIS – Zoom

Où dormir ?

Attention à ne pas vous faire alpaguer à la gare routière par des gars qui vous proposeront un logement chez l'habitant : si certains sont peut-être acceptables, la plupart sont des taudis et vous ne ferez pas forcément une bonne affaire.

De bon marché à prix moyens

Auberge de la Vallée *(zoom A3, **12**) : à l'angle des rues Potin et Blaise-Diagne. ☎ 33-961-47-22. Dortoir 6 000 F.CFA/pers, doubles avec ou sans sdb 15 000-20 000 F.CFA ; petit déj 1 000 F.CFA. Clim en supplément.* Une auberge centrale, spartiate, un brin à l'étroit, mais les 6 chambres (2 *single,* 2 doubles et 2 triples) et le dortoir (de 9 lits) sont bien tenus et il y a l'eau chaude. Accueil chaleureux. Un bon dépannage pour les budgets serrés.

Gîte des Grands Hommes *(hors plan par B3, **23**) : rue NDN-13, dans le quartier de Sor. ☎ 33-961-62-97. • gitedesgrandshommes@orange.sn • Passé le pont Faidherbe, continuer tt droit jusqu'au rond-point du stade de foot, prendre la direction de Pikine, puis la 3e à gauche (av. El-Hadj-Mademba-Diouf) ; c'est 150 m plus loin, dans une rue perpendiculaire sur la gauche (petit bâtiment blanc). Compter 6 500 F.CFA/pers, petit déj inclus. Plat env 3 000 F.CFA.* Une adresse un peu excentrée, pas pratique d'accès, mieux vaut prendre un taxi. On vous la recommande quand même pour la propreté générale et les prix très abordables. En tout, 50 lits répartis dans des chambres pour 2 à 7 personnes, toutes blanches, avec moustiquaire, ventilo et sanitaires communs bien tenus. Surtout fréquenté par des groupes d'étudiants. Resto aéré et panoramique sur le toit. Bonne cuisine typique et peu chère. Pierre, le patron, est d'une grande gentillesse et vous aidera sans compter.

Auberge du Sud *(plan A-B3, **10**) : quai Henry-Jay. ☎ 33-961-66-31. 77-656-47-52. • aubergedusudxl@gmail.com • Doubles 23 000-28 000 F.CFA, taxe et petit déj inclus.* Cette auberge récente, un peu aseptisée mais bien nette, propose une dizaine de chambres carrelées, avec salle de bains en petits carreaux de faïence. Clim pour les plus chères. L'étage est un peu plus riant, avec un large balcon tout ouvert sur le fleuve et des peintures qui égaient les couloirs. Quelques tables en plastique à côté de la réception pour le petit déj. Convenable pour les budgets un peu serrés.

Maison d'hôtes Sunu Keur *(zoom A2, **14**) : quai Masseck-Ndiaye, au pied du pont Masseck-Ndiaye. ☎ 33-961-88-00. 77-524-27-32. • sunu-keur.com • Fermé en sept. Double 28 000 F.CFA, une suite à 55 000 F.CFA, petit déj et taxe inclus.* Vaste demeure à la façade rouge et bleue, entièrement reconstruite dans son style d'origine. Tomettes au sol, chaleureuses peintures à l'éponge, plancher de sapin à l'étage... On s'y sent tout de suite bien ! Seulement 8 chambres, dont une au rez-de-chaussée accessible aux handicapés et une suite de 70 m² sur terrasse. Certaines possèdent un balcon donnant sur le fleuve. C'est frais, stylé, calme, convivial et impeccablement tenu. Clim, moustiquaire, jolies salles de bains et plein de petits détails qui en font un endroit attachant. Bar sympa dans le patio fleuri et terrasse sur le toit, d'où l'on peut admirer le bras du fleuve et... la prison ! Un bel endroit au rapport accueil-qualité-prix exceptionnel.

De plus chic à très chic

Hôtel de la Poste *(zoom A3, **18**) : pl. Faidherbe. ☎ 33-961-11-18 ou 48. • hoteldelapostesaintlouis.com • Double 42 000 F.CFA, sans le petit déj (5 000 F.CFA/pers) et la taxe. Menu 8 000 F.CFA.* Fondé en 1850, l'hôtel appartient à la famille Philip depuis 1926. Il hébergea les illustres pilotes de l'Aéropostale, qui s'y requinquaient avant la traversée de l'Atlantique. Jean Mermoz logeait dans la chambre nº 219, très agréable (mais à réserver bien à l'avance !) avec ses nombreuses photos et 2 portes-fenêtres, l'une sur le fleuve, l'autre sur la place. Les chambres voisines nºs 220 à 222 bénéficient aussi de la vue sur le fleuve. Les autres, à la déco assez classique mais toutes soignées, donnent sur la place ou le beau patio tout fleuri de l'hôtel. D'autres vedettes dormirent ici, comme Eddy Mitchell lors du tournage de *Coup de torchon,* ou Richard

Bohringer et Bernard Giraudeau durant le tournage du film *Les Caprices d'un fleuve*. C'est comme si le destin de l'*Hôtel de la Poste* était lié au cinéma. D'ailleurs, la vaste salle rectangulaire du restaurant, aujourd'hui abondamment décorée sur le thème de l'Aéropostale, accueillit le 1er cinéma de Saint-Louis. Même si vous n'y dormez pas, il fait bon y prendre un café-croissant tôt le matin sur l'accueillante terrasse donnant sur la place Faidherbe, pour écouter les premières rumeurs de la ville, ou y boire un verre en fin de journée, en épluchant le journal. Piscine entre le quai et le fleuve, en face, au restaurant *Flamingo*.

Hôtel Sindoné *(plan A4, **16**) : quai Henry-Jay, angle rue Macodou-Sall. ☎ 33-961-42-44 et 445. • hotel-sindone.com • Doubles 46 000-52 700 F.CFA selon vue, petit déj inclus ; 2 minisuites également.* Au bord du fleuve, un hôtel de charme à l'élégante architecture traditionnelle. Une quinzaine de chambres coquettes et d'excellent confort (clim, TV satellite, frigo, salle de bains faïencée avec douche effet pluie...) autour d'un beau patio avec fontaine. Certaines sont intérieures, d'autres ont la vue sur le fleuve, d'où la différence de prix. 2 minisuites communicantes aussi, parfaites pour une famille ou plusieurs amis. On vous recommande également le resto, posé sur un ponton face à l'hôtel (voir « Où manger ? »).

Hôtel Siki *(zoom A3, **24**) : rue Abdoulaye-Seck (et Potin). ☎ 33-961-60-69. 77-529-96-84. • sikihotel.com • Double 44 000 F.CFA, petit déj et taxe inclus.* Au cœur de l'île, dans un superbe édifice traditionnel restauré, maison d'enfance du célèbre boxeur Battling Siki. Aujourd'hui, l'une de nos plus belles adresses de charme, offrant 12 séduisantes chambres à l'éclairage tamisé, avec clim, double vitrage et sanitaires astucieusement intégrés. La rénovation a été réalisée avec beaucoup de goût : noblesse des matériaux, large utilisation du bois, beaux tissus, couleurs d'une élégante sobriété, design délicat des objets... Au rez-de-chaussée, l'un des meilleurs restos de la ville (voir « Où manger ? »).

Hôtel Keur Dada *(plan B1, **26**) : pointe nord, derrière* Le Quai des Arts, *au bout d'une impasse menant au fleuve. ☎ 33-961-44-12. 77-477-55-22. • keurdada.com • Double 47 000 F.CFA ; suite 78 000 F.CFA ; taxe et petit déj en sus. ½ pens 10 000 F.CFA/pers.* Un hôtel moderne, un brin chic, particulièrement remarquable pour sa vaste terrasse-ponton sur le fleuve et sa belle piscine bordée de bougainvillées. Les chambres, fraîches et confortables, équipées de gros lits moelleux, grand écran plat, clim et belle salle de bains, sont dédiées à un grand artiste ou chanteur de jazz. De la *Fats Waller* (petite chambre à prix d'appel) à la *Chet Baker,* la *Miles Davis* ou les superbes *Otis Redding* et *Billie Holiday* (suites avec terrasse donnant sur la piscine et le fleuve), notre cœur balance ! Resto et bar convivial sur place. L'ensemble est tenu par une Française, Véronique, très pro.

Hôtel de la Résidence *(zoom A3, **19**) : 159, rue Blaise-Diagne ; à l'angle de la rue Potin. ☎ 33-961-12-60. • hoteldelaresidence.com • Double 56 000 F.CFA, petit déj inclus ; également des suites. ½ pens possible. (Voir aussi « Où manger ? ».)* L'architecture intérieure de cet hôtel évoque celle d'un navire. Elle est plutôt réussie. Les 24 chambres et 9 suites, bien rénovées pour la plupart, donnent sur des coursives qui entourent en la surplombant la cour du restaurant. Tout le confort est là : écran plat, matelas neufs, salle de bains moderne, clim et carrelage blanc d'origine au sol. Bonne cuisine au resto, mais petit déj moyen, en revanche. La famille Bancal, qui tient l'hôtel, est installée de très longue date au Sénégal et connaît évidemment bien la région. Elle propose, via l'agence de voyages *Sahel Découverte* (voir « Adresses utiles »), de nombreuses excursions dans la région avec, comme produit phare, la croisière sur le fleuve avec le *Bou-el-Mogdad.*

Chambres d'hôtes Au Fil du Fleuve, chez Marie-Caroline Camara *(plan A4, **25**) : 15, rue Ribet. 77-379-95-34. • fildufleuve.com • Fermé 1er sept-15 oct. Twin 55 200 F.CFA, double (ou minisuite) 65 000 F.CFA, petit déj et taxe inclus. Repas 15 000 F.CFA (vin compris), sur résa.* Marie-Caroline a superbement restauré une maison de commerce (à l'époque, dans la gomme arabique). Dès la petite cour avec sable et palmier et la galerie au rez-de-chaussée, on sait qu'on va pénétrer dans une demeure d'exception. Vastes volumes rythmés par des arcades, belle luminosité, mobilier original conçu par l'hôtesse et réalisé par des artisans locaux (on adore le meuble de rangement fait de valises en fer !)... Atmosphère tout à la fois élégante et chaleureuse, réjouissante alliance de la tradition et de la modernité. Tout contribue ici au succès du séjour ! Chambres et suites de charme tout confort (sans la TV toutefois). De plus, Marie-Caroline (l'une des « artisanes » de la sauvegarde du patrimoine de Saint-Louis) est vraiment accueillante et intarissable sur les beautés de la ville... On s'en doutait un peu. Délicieux et copieux petit déj, qui plus est, avec œufs, produits locaux (fromage peul) et confitures maison aussi variées qu'originales (baobab-patate douce, papaye-basilic, etc.). Sans oublier les succulents dîners et la possibilité de cours de *thiéboudienne* (achats au marché, comment cuisiner le poisson) sur une demi-journée.

Jamm, chambres d'hôtes *(zoom A3, **21**) : 182, rue Abdoulaye-Seck. 77-443-47-65. • jamm-saintlouis.com • Fermé de mi-août à mi-oct. Compter 65 000 F.CFA pour 2, petit déj compris. Repas sur résa 17 000 F.CFA (alcools compris).* Une maison du vieux Saint-Louis (1848), rachetée à une famille de commerçants marocains, qu'Yves Lamour, un expat français à la retraite, a patiemment pris le temps de restaurer dans les règles de l'art. À l'étage d'un agréable patio fleuri, le long d'un couloir au parquet ancien, 4 chambres élégantes et bien pensées dans le moindre détail, dont 2 avec lits en mezzanine pour les familles. Tout le confort moderne (clim, TV, frigo) dans le charme de l'ancien (boiseries, tomettes, œuvres d'art africain en déco...). Beau jacuzzi et belle terrasse panoramique sur le toit pour la détente.

Où dormir ? Où manger sur la Langue de Barbarie ?

Ces adresses, proches les unes des autres, se situent à 3-4 km au sud de l'île, de l'autre côté du pont Malick-Gaye sur la Langue de Barbarie, dans une zone qu'on appelle l'Hydrobase *(hors plan couleur par A4)*. Nous les indiquons dans l'ordre où elles se présentent quand on descend vers le sud. On est encore pas trop loin du centre historique et on bénéficie déjà d'un environnement entre fleuve et océan, avec plage, piscine et verdure : de nombreux atouts pour un séjour peinard !

➢ *Pour s'y rendre, bus n° 3 depuis l'île (pl. Faidherbe) pour env 100 F.CFA ou clando à prendre au pied du pont Malick-Gaye, côté Langue de Barbarie (150-200 F.CFA). En taxi normal, compter 1 500-2 000 F.CFA.*

Auberge du Pélican : *☎ 33-961-88-37. 77-508-54-49. • auberge-pelican.com • Case 7 500 F.CFA pour 2 pers, chambres doubles avec ou sans sdb 10 000-15 000 F.CFA ; 2 studios 20 000-30 000 F.CFA selon confort ; petit déj 1 500 F.CFA. Plats 2 500-3 000 F.CFA.* Une maison rouge un peu en retrait de la route, offrant différents types de logements : 4 cases en paille (avec moustiquaire et ventilo) dans un jardin sableux entouré de filaos, à deux pas de la mer. Tout simple mais propre, et on utilise les sanitaires communs. Dans la maison, 6 chambres colorées et bien tenues aussi, avec ventilo ou clim, sanitaires privatifs ou communs. Enfin, 2 studios plus vastes et un peu plus confortables. Vue extra depuis la terrasse sur le fleuve et l'océan. Très bien pour les petits budgets.

Hôtel Dior – Camping de l'Océan : *peu après l'Auberge du Pélican. ☎ 33-961-31-18. • hotel-dior-senegal.com • Doubles 34 000-39 000 F.CFA selon confort, petit déj* *et taxe compris. Possibilité de camper pour 3 000 F.CFA/pers. Côté camping, également des cases 13 000 F.CFA pour 2 pers.* Ensemble de petits bâtiments jaunes abritant des chambres climatisées, les plus chères étant mieux équipées (clim plus récente, TV satellite, frigo), plus grandes et plus proches de la mer. Piscine avec le resto d'un côté et la plage de l'autre (mais sans vue sur la mer). On peut aussi y camper, avis à ceux qui voyagent avec leur toile ou en camping-car !

Hôtel Mermoz : *après le Camping de l'Océan. ☎ 33-961-52-69 ou 36-68. • hotelmermoz.com • Compter 18 000-55 000 F.CFA pour 2-3 pers selon confort et emplacement ; petit déj-buffet 3 500 F.CFA/pers. Menu du jour 8 500 F.CFA, plats 3 000-6 000 F.CFA.* Le plus ancien hôtel de l'Hydrobase, tenu par un Belge accueillant (par ailleurs consul honoraire de son pays). 4 catégories de chambres, toutes avec salle de bains, ventilées ou climatisées, et réparties dans un dédale de bungalows ou dans le bâtiment principal pour les moins chères. Nos préférées sont les « classiques », à prix moyens et vraiment nickel, avec de bons matelas, la clim et des sanitaires rutilants. Centre d'esthétique (jacuzzi, massages, hammam), belle piscine, location de vélos, sortie en catamaran, balades à cheval et possibilités d'excursions. Un *resort* de qualité constante, assez fréquenté par les tour-opérateurs.

Hôtel Cap Saint-Louis : *à côté de l'Oasis. ☎ 33-961-39-39. • hotelcapsaintlouis.com • Fermé en sept. Double 37 000 F.CFA (29 000 F.CFA juin-oct), petit déj 3 500 F.CFA. Menu 8 000 F.CFA, plats 4 000-5 500 F.CFA.* 35 bungalows climatisés, tout ronds et tout beaux, avec mobilier en bambou, clim, écran plat, moustiquaire, sanitaires intégrés et, pour la plupart, la vue sur la mer ! Une bonne dizaine d'entre eux ont 3 lits enfant en mezzanine, bien pour les familles. On profite aussi des multiples infrastructures de l'hôtel : superbe piscine, plage, tennis, volley... Accueil chaleureux d'Aïda.

Où dormir ? Où manger au sud de Saint-Louis ?

Autour du parc national de la Langue de Barbarie, on trouve d'excellents hébergements au calme dans une végétation tropicale, en bordure du fleuve Sénégal. Il y en a pour tous les goûts et toutes les bourses. La meilleure option pour un séjour nature, pas trop loin de Saint-Louis.

➢ *Pour s'y rendre en taxi de Saint-Louis, compter 3 500-5 000 F.CFA (à négocier).*

Campement Zebrabar : *à env 20 km au sud de Saint-Louis. ☎ 33-962-00-19. 📱 77-638-18-62. • zebrabar.net • Sur la presqu'île à droite de l'entrée du parc national (prendre la passerelle). Camping 5 000 F.CFA/pers ; doubles 15 000-18 000 F.CFA sans sdb, 24 000-34 000 F.CFA avec sdb, ainsi qu'une maison à louer ; également un dortoir 67 000 F.CFA/pers, et un Magirus (une cabine de camion !) 12 000 F.CFA pour 2 pers. Menu 7 000 F.CFA (le soir), plat 4 000 F.CFA (le midi) et petit déj 3 000 F.CFA.* Un campement « les pieds dans le sable », tenu par un couple suisse super accueillant, qui aime l'Afrique, les voyages et les enfants. Vaste choix d'hébergements, pour tous budgets. Les bungalows les moins chers sont simples, avec juste un lit et une moustiquaire. Les autres, plus près du fleuve, sont des cases confortables avec sanitaires privés, panneau solaire et terrasse. Tous, cela dit, sont bien agréables. Également une grande maison, des hébergements insolites et des coins bien ombragés dans le grand jardin pour poser sa tente. Repas et boissons sur place. Kayak, balades en pirogue sur le fleuve. Mirador pour l'observation des oiseaux et aire de jeux pour enfants (bienvenus dans ce campement très familial). On est quasiment au cœur du parc. D'ailleurs, il faut payer l'entrée (mais elle est valable 10 jours). Un très bon campement !

Le Teranga : Gandiol, *à env 18 km de Saint-Louis. Face à la Langue de Barbarie, à 2 km avt l'entrée du* *parc (c'est fléché).* ☎ *33-962-58-53.* 📱 *77-636-77-97.* ● *teranga-gandiole.com* ● *Ouv nov-mai. Doubles 25 000-30 000 F.CFA avec ventilo ou clim ; double sans sdb 17 000 F.CFA et un petit dortoir 7 000 F.CFA/pers ; petit déj 3 500 F.CFA. Menus 7 500-9 000 F.CFA.* On aime beaucoup ce petit hôtel façon campement dans un jardin luxuriant en bordure du fleuve. Un charmant petit studio et 6 bungalows coiffés de paillote, agréables et frais, pour 2-3 personnes (certains communicants). Pour les petits budgets, 3 chambres toute simples (mais bien nettes aussi, et étonnamment fraîches !) avec sanitaires communs et un carbet (petit dortoir de 6 lits dans une maison basse). Très agréable piscine bordée de bougainvillées et d'eucalyptus, cabane sur pilotis pour les enfants, petite plage, salon de massage au bord de l'eau, *khaïma* pour les soirées de danse traditionnelle et un amusant bar installé dans une camionnette colorée. Bon resto et le dimanche midi, c'est formule buffet à volonté ! Sans oublier le boulodrome et la boutique de souvenirs. Le tout dirigé par Pierre et Thierry, le père et le fils, chaleureux et accueillants.

Chambres d'hôtes Niokobokk : *Gandiol, au bord de l'océan. Fléché sur la droite env 1,5 km avt la piste menant à l'entrée du parc, puis faire encore 2 km.* ☎ *33-962-05-62.* 📱 *77-790-73-99.* ● *niokobokk.com* ● *Double 51 000 F.CFA, avec le petit déj. ½ pens possible. Menus 8 000-10 000 F.CFA.* À 18 km de Saint-Louis, au bord de l'eau, en pleine nature, une demeure isolée couleur brique. Le charme se dévoile dès qu'on pénètre dans la maison (concept occidental et décor chaleureux à l'africaine), avec 5 chambres très soignées à l'étage (dont 2 communicantes) pour vivre paisiblement au rythme du fleuve Sénégal qui s'engouffre à cet endroit dans l'océan par une brèche de 5 km. Belle piscine, délicieuse cuisine et accueil adorable d'Isabelle et Didier (d'ailleurs, *niokobokk* veut dire « nous ensemble » en wolof)... Fonctionne à l'énergie solaire. Plein de bons conseils pour aller observer les oiseaux et pour les balades locales. Et le crépuscule est d'anthologie...

Océan et Savane : *à env 28 km au sud de Saint-Louis, au lieu-dit Sowène, au sud du parc national et près de l'ancienne embouchure du fleuve.* 📱 *77-637-47-90. Ou rens à l'Hôtel de la Résidence à Saint-Louis (voir plus haut).* ● *oceanetsavane.com* ● *Transfert possible de Saint-Louis pour 8 000 F.CFA. En tente, compter 32 000 F.CFA/pers en ½ pens (indispensable ici) ; bungalow luxueux 47 000 F.CFA/pers (½ pens toujours) ; supplément enfant 13 500 F.CFA. Menu pour les non-résidents 9 000 F.CFA, ou plat 4 500 F.CFA.* Ce campement luxueux, déplacé de ce côté du fleuve (l'ancien a été englouti par la brèche), propose des hébergements de charme à prix assez élevés. D'abord, une dizaine de tentes sur pilotis, recouvertes d'un toit de paille, avec terrasse et salle de bains à ciel ouvert (eau froide) ; puis, pour les plus fortunés, une quinzaine de bungalows plus luxueux pour 2 à 8 personnes, construits en matériaux naturels, à la déco africaine très soignée. Bien espacés les uns des autres, ils disposent tous d'une baie vitrée et d'une belle terrasse ouverte sur le fleuve ainsi que d'un coin salon et d'une salle de bains moderne. Resto (ouvert aux non-résidents) posé sur une terrasse panoramique, et bar convivial en bordure d'une belle piscine à débordement. Salon de massage, solarium sur un ponton isolé et canoës à disposition pour rejoindre la Langue de Barbarie en face. Service aux petits soins et personnel pro. Un bel endroit.

Où dormir ? Où manger au nord de Saint-Louis ?

Le Ranch de Bango : *à 12 km au nord de l'île de Saint-Louis, à proximité d'un bras du fleuve.* ☎ *33-961-19-81.* ● *ranchdebango.com* ● *Prendre la route pour l'aéroport et continuer après celui-ci jusqu'à une bifurcation à droite ; dans le village, prendre le chemin à droite* *sur env 1 km. Doubles 28 000-36 000 F.CFA selon confort, petit déj 5 000 F.CFA, taxe en sus ; au* lodge Thioubalo, *double 64 000 F.CFA. Menu 12 000 F.CFA.* Au cœur d'une végétation tropicale, un hôtel confortable et luxueux, tenu par René Bancal, chasseur d'images passionné et frère du patron de l'*Hôtel de la Résidence.* Chambres à la déco sobrement africaine, avec petit bureau, écran plat et salle de bains en terre cuite, dans 2 ailes s'étendant de part et d'autre d'une belle piscine. Également des chambres plus vastes et luxueuses, avec vue sur la savane marécageuse et un bras du fleuve, dans un autre bâtiment. Propose aussi une formule pour les chasseurs-photographes au *lodge Taweh,* dans de grandes tentes de 50 m² avec tout le confort, à proximité du parc du Djoudj. Navette gratuite 2 fois par jour entre *Le Ranch* et Saint-Louis. Resto classe (terrasse ouverte dans les tons noir et blanc), piscine bordée de transats, tennis, et possibilité de balades à cheval et de pêche au gros.

Où manger ?

Bon marché

La Crêperie Saint-Louisienne *(zoom A3,* ***37****) : rue Khalifa-Ababacar-Sy. 77-808-02-28. Tlj sauf dim 9h-23h. Crêpes sucrées ou salées 1 000-4 000 F.CFA/pièce.* Pour un repas bon marché, dans 2 petites salles proprettes aux tonalités vertes. Débarqué de France où il a fait ses études et découvert les crêpes, le dynamique et attachant Hervé, d'origine béninoise, prépare de savoureuses crêpes salées... ainsi que des crêpes sucrées (dont la chocolat-banane-arachide). Pas d'alcool. Bon petit déj également, à prix riquiqui, très copieux.

La Linguère *(zoom A3,* ***32****) : rue Blaise-Diagne. ☎ 33-961-39-49. Tlj midi et soir. Plats 1 500-4 000 F.CFA. Pas d'alcool.* Longues tables style cantine surmontées de ventilos. Cuisine sénégalaise variée (brochettes, côtelettes, *thiou, yassa, mafé,* couscous) et bon plat du jour.

Restaurant Fleuve Plus *(zoom A2,* ***30****) : rue Blaise-Diagne. 77-573-38-43. Tlj midi et soir. Plats 1 500-3 500 F.CFA. Pas d'alcool.* Autre petit resto populaire et bon marché, où l'on sert une cuisine locale dans une salle simple. Bien pour son plat du jour forcément frais et pas cher du tout, ou le *thiéboudienne.*

Le Réveil *(zoom A3,* ***33****) : rue A.-Seck, dans le bar* L'Embuscade. *77-701-96-82. Tlj midi et soir. Plats 2 000-4 000 F.CFA.* Mawdo Malicik Diop, l'ancien cuistot des chambres d'hôtes *Sunu Keur,* a ouvert son propre restaurant, intégré au bar *L'Embuscade.* Bonne cuisine sénégalaise à prix corrects. Mention spéciale pour les calamars et la fricassée de la mer. Patron très sympathique.

Le Galaxie *(hors plan par B3,* ***34****) : Sor, N 2. ☎ 33-961-24-68. Entre le commissariat et la station-service* Oil Lybia. *Tlj midi et soir. Plats 2 500-5 000 F.CFA.* Populaire et fort bien tenu. Très bonne cuisine franco-sénégalaise : goûtez aux crevettes sautées à l'ail. Arrivage de poisson quotidien ; parfois, il y a même des langoustes. Sinon, *thiéb'* et *yassa* convaincants. 2 salles garnies d'affiches et de bibelots, et une terrasse intérieure couverte, fraîche et reposante.

La Pointe Nord *(plan B1,* ***31****) : rond-point nord. ☎ 33-961-87-16. Tlj sauf dim, midi et soir. Plats 1 500-3 000 F.CFA. Pas d'alcool.* Petit resto-*dibiterie* bien propre et aéré, avec des fresques au mur, proposant de bons plats sénégalais et des grillades. Attente un peu longue pour certaines commandes, préférer le plat du jour.

De prix moyens à un peu plus chic

Restaurant de l'Hôtel Siki *(Le Ponton ; zoom A3,* ***24****) : rue A.-Seck. ☎ 33-961-60-69. Menu 7 000 F.CFA. Plats 3 000-7 500 F.CFA, tapas* *également.* Comme l'hôtel (voir « Où dormir ? »), cadre sobre et raffiné, avec de beaux luminaires en tissu au plafond, pour une cuisine bien réalisée et tout à fait abordable. Connotations largement espagnoles (nationalité du patron oblige) : *pulpo a la gallega, arroz negro* (riz à l'encre de seiche) à l'aïoli, gazpacho... Gigot d'agneau au four sur commande (pour 2 personnes ; cher mais vaut la peine). Au tableau, les plats du jour dépendent du marché. En prime, serveurs très sympas.

La Kora *(zoom A-B2,* ***38****) : 402, rue Blaise-Diagne. ☎ 33-961-61-79. 77-637-12-44. Tlj sauf dim midi et lun. Plats 5 000-7 000 F.CFA ; moins cher pour les pizzas et crêpes.* On passe d'abord par un élégant bar-lounge de style contemporain dans une courette où trône un gros baobab, avant de s'asseoir dans la salle à manger cosy et colorée. Peggy, la patronne, propose une cuisine généreuse et soignée, à prix juste, avec un petit choix de plats comme on les aime, chaque jour renouvelé au gré du marché. Le dimanche, soirée pizza, galettes et crêpes. Service attentif. Une bonne table, qui sait se démarquer sans chichis de ses concurrents.

Restaurant de l'Hôtel Sindoné *(plan A4,* ***16****) : quai Henri-Jay ; à l'intersection avec la rue Macodou-Sall. ☎ 33-961-42-45. Tlj midi et soir. Plats 5 000-7 500 F.CFA.* Sur un ponton surplombant le fleuve, dans un cadre élégant à l'éclairage tamisé, un resto un brin chic pour une cuisine convaincante, d'inspiration gastro. À la carte, on aura le choix entre un bon et copieux *thiéboudienne* à la Saint-Louisienne, un tajine d'agneau, la marmite du pêcheur, la cassolette de crabe, mais aussi et surtout une souris d'agneau confite à se damner ! Une belle adresse pour un bon repas romantique. Dispose également d'une salle climatisée pour le déjeuner, mais moins charmante.

Restaurant de l'Hôtel de la Résidence *(zoom A3,* ***19****) : voir « Où dormir ? ». Plats env 4 000-8 000 F.CFA.* Cuisine franco-sénégalaise de bonne tenue, servie en salle ou dans la cour intérieure surmontée des coursives de l'hôtel. À la carte, quelques spécialités comme le millefeuille de chèvre, la salade de brie aux noix, le pavé de zébu flambé au cognac, le poisson farci à la saint-louisienne, le tajine de poulet au couscous ou la tatin aux fruits de saison. La présentation des plats pourrait être un peu améliorée, mais bon... Service courtois.

Où boire un bon café ? Où prendre un petit déj ?

Ndar Ndar Music & Café *(zoom A3,* ***41****) : rue Blaise-Diagne, à côté de l'hôtel La Résidence. 77-352-15-54. Tlj 8h-22h.* Un petit bar à expresso tenu par des Finlandais. Le café n'est pas donné mais il est excellent et préparé dans les règles de l'art ! Également un choix de CD de musique africaine à la vente. Une halte très sympa.

Les Délices du Fleuve *(zoom A-B3,* ***40****) : près du Flamingo. ☎ 33-961-42-51. Tlj 7h30-13h, 15h-minuit.* L'une des meilleures pâtisseries de la ville. On peut s'attabler dans leur salle ventilée pour prendre son petit déjeuner (café *espresso,* jus frais, viennoiseries, omelettes...). Idéal aussi pour grignoter un petit en-cas : croissants au jambon, amandier, cake aux carottes et à l'orange...

Où boire un verre ? Où écouter de la musique ? Où sortir ?

La vie nocturne de Saint-Louis se résume à une poignée d'établissements nichés au cœur de l'île. On en a vite fait le tour.

Le Flamingo *(zoom B3,* ***42****) : quai Bacre-Waly-Guèye (ex-Roume). ☎ 33-961-11-18. Tlj 11h-2h env.* En bordure du fleuve, c'est le bar de l'*Hôtel de*

VERS LE NORD DU SÉNÉGAL

la Poste. Plutôt que de prendre à gauche après l'entrée de l'hôtel (pour aller au resto), prendre à droite vers la piscine (accessible aux non-résidents pour 4 000 F.CFA), qui est bordée d'un petit bar souvent animé en soirée et d'une jolie terrasse s'avançant sur le fleuve, avec une belle vue sur le pont Faidherbe. Très sympa pour prendre un verre, surtout quand il y a un concert (généralement le mercredi et le vendredi).

Nulle Part Ailleurs (zoom B3, **43**) : *quai Bacre-Waly-Guèye (ex-Roume, face au Flamingo). 77-403-57-48. Tlj 22h-5h.* La seule discothèque de la ville ouverte tous les jours, avec un thème musical différent chaque soir. Également des concerts occasionnels. À côté, ***Bamboo*** accueille des groupes musicaux le vendredi à partir de 23h. Sans oublier, un peu plus haut sur le quai, le ***Mix Club*** *(mer-dim à partir de 22h)* et, rue A.-Seck, l'***Iguane Café*** *(ouv mar-sam)*, un disco-bar dans une salle tout en bois.

Achats

Keur Fall (zoom B3, **45**) : *quai Bacre-Waly-Guèye (ex-Roume). ☎ 33-961-62-38. • keurfall@yahoo.fr • Tlj sauf dim 9h30h-13h, 15h-19h30.* Très belle boutique de commerce équitable offrant un beau choix de vêtements en tissage, batik, pour petits et grands, très bien coupés, ainsi que des sacs, du linge de maison, des objets décoratifs en matériel de récup', etc. Tout est fabriqué par les artisans d'un village de brousse, Ndem, et commercialisé sous la marque *Maam Samba.*

Tësss... (zoom A2, **46**) : *396, rue Khalifa-Ababacar-Sy (angle Abdoulaye-Chimère-Diaw). ☎ 33-961-68-60. 77-440-73-37. Tlj sauf dim 9h-13h30, 15h-20h.* Si vous cherchez un pagne africain, vous en trouverez ici aux couleurs chatoyantes, fabriqués à partir de 6 bandes de tissu cousues ensemble (technique et motifs originaires du Cap-Vert). Possibilité de visiter l'atelier des tisserands, dans une petite cour, à proximité. Pour les passionnés, Maï Diop, la responsable de l'association, a ouvert à deux pas le ***Conservatoire des arts et métiers de l'élégance (CAMEE)***, un lieu d'expo dédié à l'histoire et à la symbolique du pagne, avec des pièces rares *(226, rue Khalifa-Ababacar-Sy. Jeu-sam 10h30-13h30, 15h-17h30. Entrée : 2 500 F.CFA, visite guidée).*

Rama Diaw (zoom A2, **44**) : *rue Blaise-Diagne. ☎ 33-961-20-21. • ramadiawfashion.com • Tlj sauf dim 9h-20h.* Vêtements (exclusivement féminins) de la styliste Rama Diaw. Le style est africain et joliment coloré. Également des chaussures et accessoires. Prix abordables.

Galerie Éthiopiques (zoom A2, **49**) : *449, rue Blaise-Diagne. 77-143-88-90. • ethiopiques.gallery • Tlj 11h-13h, 17h-19h.* Expos temporaires d'art africain contemporain, notamment d'artistes en résidence à Saint-Louis.

Atelier-galerie de Meïssa Fall (plan A4, **47**) : *14, rue Ribet. 77-410-11-32. Pas d'horaires fixes, l'artiste vit sur place.* Meïssa Fall est un sculpteur-ferronnier vraiment étonnant ! Son œuvre est exclusivement réalisée à partir de pièces recyclées de vélos et de motos (il en a une montagne dans son atelier). Un dompteur de petites reines, un bidouilleur vertébral, un rouleur de mécanique... À voir absolument !

Galerie Arte (plan A4, **48**) : *patio Saint-Louis, quai Henry-Jay et Amadou-Ndiaye-Sarr. ☎ 33-961-60-26. • arte.sn • Tlj 9h-13h, 15h-19h.* Meubles et objets africains contemporains en tout genre.

À voir

Flâner dans les rues de Saint-Louis est source de distraction et d'inspiration permanente. Sentir l'atmosphère à la fois familière et dépaysante, admirer la finesse des balcons accrochés aux belles maisons coloniales et suivre le dégradé des

teintes ocre jaune qu'offrent les rues selon la position du soleil. Pousser un portail pour découvrir un majestueux escalier en fer à cheval ou en Y, une galerie intérieure qui domine un patio fleuri empreint de sérénité ou de langueur, qui sait ?
Quel que soit le temps que vous passerez à Saint-Louis, on vous conseille la ***visite guidée*** proposée par le syndicat d'initiative. À pied *(env 3h ; 7 000 F.CFA pour 2 pers)* ou en calèche *(1h30, 5 000 F.CFA/pers, sur la base de 2 pers ; tarif dégressif en fonction du nombre de pers),* l'itinéraire est intéressant et aide à mieux se représenter la vie et l'activité des grandes compagnies de traite à l'époque coloniale.
Il est également possible de faire le ***tour de l'île*** en pinasse (sorte de pirogue) ou à vélo *(7 000 F.CFA pour 2 pers)* : promenade commentée par les *Guides amis du patrimoine (1h30 ; compter 10 000 F.CFA/pers si 2 pers).*

Topographie et quelques hauts lieux de la balade

Attention, il est parfois difficile de s'y retrouver avec le changement de noms de certaines rues qui a eu lieu il y a quelques années, d'autant qu'aucune carte n'est à jour et que les habitants continuent d'utiliser les anciennes dénominations.
Le quartier nord de l'île est séparé du quartier sud par la Gouvernance et la place Faidherbe *(plan et zoom A3),* et était au XIXe s le secteur économiquement le plus actif. On y trouvait les principales maisons de commerce et les banques. Le quartier sud, plus résidentiel, était davantage dévolu aux soins (avec l'hôpital) et à l'éducation grâce à l'implantation d'ordres religieux. Quant aux habitants, les métis et les gourmettes (chrétiens noirs) vivaient plutôt du côté de la ***cathédrale*** *(plan A3),* tandis qu'au nord on était plutôt musulman, comme l'atteste la ***mosquée*** *(plan A-B2),* achevée en 1847.
La légende raconte qu'autrefois, l'emplacement de la mosquée était marécageux et que lors du passage à Saint-Louis du célèbre propagandiste de l'islam El Hadj Omar Tall, l'un des plus farouches opposants à la présence française, celui-ci, pour mettre un terme aux rivalités internes à la communauté musulmane quant au choix du lieu où serait édifiée la mosquée, jeta sa canne dans le marécage et dit (en substance) : « Voilà, ce sera ici. » Et le problème fut réglé. Aujourd'hui, dans la petite cour de la mosquée, on peut voir un puits creusé à l'endroit précis où la canne serait retombée. Il paraît que l'eau en est douce (fait exceptionnel) et possède des vertus miraculeuses...

Toujours dans le quartier nord, après un passage par l'***Institut français Jean-Mermoz*** *(plan B2,* ***5****)* pour voir leur dernière expo temporaire, passer la caserne des pompiers, pour une halte devant les anciens ateliers de la Marine, devenus le ***Quai des Arts,*** salle de spectacles où se déroulent occasionnellement des concerts, mais qui n'est plus très actif.

En revenant vers le centre par la rue Khalifa-Ababacar-Sy, la ***mairie*** *(zoom A3,* ***51****)* à l'angle avec la rue Seydou-Tall, puis le ***palais de justice*** *(zoom A3,* ***52****),* où le premier jugement fut rendu en 1875. Dans la salle d'audience, un tableau de Boué, *La Justice et la Vengeance divine poursuivant le Crime,* offert par la France en 1985.

À l'angle des rues André-Guillabert et de France, la ***maison Guillabert*** *(zoom A3,* ***53****),* habitée par le descendant d'une vieille famille créole. Intérieur typique de l'époque, avec plancher et meubles en pitchpin du Canada (visite seulement lors des *Journées portes ouvertes*).

Rue Potin, angle Blaise-Diagne, la ***maison Devès et Chaumet*** *(zoom A3,* ***50****),* autrefois affectée au commerce des épices, est reconnaissable à la couleur ocre rouge de sa façade en partie couverte de végétation. Elle a été transformée en hôtel (tarifs des chambres hélas un peu surévalués), ce qui peut vous permettre d'y pénétrer pour contempler le magnifique patio ancien où s'élève un fier flamboyant. L'hôtel *Siki,* à deux pas, évoque quant à lui la saga du boxeur Battling Siki, 1er champion du monde africain.

À l'angle de la rue André-Guillabert et du quai Bacre-Waly-Guèye (ex-Roume), la ***maison Maurel et Prom*** *(zoom B3,* ***43****)* possède une curieuse tour-église crénelée, dont on suppose qu'elle servait à surveiller les mouvements des bateaux sur le fleuve.

➢ Pour gagner le quartier sud, passer par la place Faidherbe, sur laquelle se dresse le lycée Oumar-Tall (ex-Faidherbe) sur la droite. Prendre le quai Abdoulaye-Mar-Diop. À l'angle, ancienne maison Peyrissac qui, après avoir été successivement collège, medersa, puis lieu de concerts lors du festival de jazz, abrite aujourd'hui la *Sonatel.* Plus loin sur le quai, l'hôpital (1827), belle construction ocre jaune.

BATTLING SIKI, 1ER AFRICAIN CHAMPION DU MONDE DE BOXE !

Né à Saint-Louis, Battling Siki, après une conduite héroïque en 1914-1918, devint, en 1922, le 1er champion du monde de boxe africain (en battant le célèbre Georges Carpentier). Il fut en butte au racisme. Commença alors pour lui une carrière en Amérique, mais son penchant pour la fête, l'alcool et les femmes blanches ne fut pas non plus, là-bas, du goût de ceux qui ne supportaient pas l'ascension sociale des Noirs. Il perdit ses derniers matchs et termina mystérieusement assassiné de deux balles dans le dos à New York.

Le musée Mermoz *(plan et zoom A3)* **:** *dans le bâtiment de l'office de tourisme, ouv les mêmes jours que ce dernier, 9h-12h et 15h-17h30. Entrée : 1 500 F.CFA.* On peut y voir une petite expo bien faite sur la fabuleuse épopée de l'Aéropostale, au travers d'intéressants panneaux explicatifs illustrés, de photos et de maquettes d'avions. Mermoz et Saint-Ex' y occupent évidemment une place de choix. Également un film de 30 mn à visionner. À ne pas rater si le sujet vous titille tant soit peu.

Le musée de la Photo *(plan A3)* **:** *rue Ibrahima-Sarr. ☎ 33-961-31-29. • muphostlouis.com • Mar-dim 10h-19h. Entrée : 1 000 F.CFA.* Installé dans une belle demeure rénovée, le MUPHO est un musée privé tout jeune (il a ouvert fin 2017), qui s'est donné pour objectif de mieux faire connaître les photographes du continent africain à travers des expositions thématiques. Belle initiative : c'est le 1er musée africain consacré à la photo !

À l'extrémité sud-est de l'île, à côté du Centre de recherches et de documentation du Sénégal (voir ci-dessous), le ***lycée de jeunes filles Ameth-Fall*** occupe depuis 1927 un ancien hôpital datant de 1840. Tout de blanc vêtu, avec une magnifique cour à arcades.

Le Centre de recherches et de documentation du Sénégal *(plan A4)* **:** *au bord du fleuve, pointe sud. ☎ 33-961-10-50. Tlj 9h-12h, 15h-18h. Entrée : 500 F. CFA.* Remis en valeur grâce à l'aide de la communauté française de Belgique, il héberge l'une des plus vieilles bibliothèques coloniales d'Afrique noire, avec un fonds documentaire d'environ 15 000 titres. Le musée qu'il abritait à l'étage sur l'histoire du Sénégal ne comporte plus, en revanche, que la section préhistorique. Dommage.

« LE PONT LE PLUS LÉGER DU MONDE »

Une légende tenace veut que le pont Faidherbe soit arrivé à Saint-Louis par erreur : selon certains, il aurait été conçu pour franchir le Danube et aurait été livré à la ville de Saint-Louis à la suite d'une erreur administrative... En réalité, le conseil municipal de l'époque avait bel et bien passé un appel d'offres en 1892, et cette légende fantaisiste n'a aucun fondement. L'administration a bon dos... Au fait, pourquoi « le plus léger... » ? Pardi, parce qu'il est fait d'herbe (vieille blague saint-louisienne) !

Le pont Faidherbe *(plan B3)* **:** on entend souvent dire que Gustave Eiffel lui-même aurait tracé les plans de ce pont de 507 m de long qui, en 1897, était déjà le 3e pont sur le fleuve (le tout 1er était un pont flottant de 40 pontons en tôle, dont 3 laissaient passer les navires). En réalité, il s'agit de l'œuvre d'une entreprise rivale, Nouguier-Kessler, qui avait remporté le marché. Il a fallu attendre son centenaire, en 1997, pour connaître la véritable histoire de ce pont, financé par la Ville de Saint-Louis. Totalement rouillé, il menaçait ruine ; la France a proposé un financement pour sa reconstruction à l'identique, et les travaux ont commencé en 2007 ! L'inauguration du « nouveau » pont s'est déroulée en 2011.

Le quartier des pêcheurs *(plan A3-4)* **:** *sur la Langue de Barbarie. Pour s'y rendre, emprunter le pont Malick-Gaye.* Il occupe toute la portion de la Langue de Barbarie située juste au sud du pont Malick-Gaye. C'est face à l'île de Saint-Louis que l'activité est la plus intense car depuis que la Langue est coupée en deux, plus au sud, par une large brèche, les grandes pirogues partent et reviennent de ce côté, où il est plus facile d'aborder. Mais la plage, de l'autre côté, n'en demeure pas moins jonchée de longues pirogues multicolores. C'est particulièrement intéressant le matin et en fin de journée (vers 17-18h), quand on voit les pêcheurs manœuvrer entre les rouleaux. Certains rentrent après 1 ou 2 jours passés en mer, d'autres s'apprêtent à naviguer. Un spectacle à ne manquer sous aucun prétexte. Plus de 20 000 personnes vivent ici sur 0,3 km² et, malgré les propositions de la mairie, refusent d'être relogées ailleurs ! Une densité de population qui rappelle celle de Calcutta ! Un conseil : soyez très discret si vous prenez des photos, car c'est vite perçu comme un acte de voyeurisme qui ne plaît pas à tous les habitants. La plage, et plus encore le côté qui fait face à l'île, est jonchée de détritus en tout genre et de cadavres de poissons, avec les effets olfactifs qu'on peut imaginer. Âmes sensibles, s'abstenir. Quand les pêcheurs rentrent au bercail, le gros des prises, survolé de nuées de mouches, est chargé dans des camions frigorifiques, tandis que les femmes et les enfants se précipitent pour récupérer le reste des poissons. Leurs têtes sont arrachées et le reste est cuit au court-bouillon à même la plage dans de gros chaudrons. Ensuite, le poisson est séché sur des claies avant d'être écaillé, nettoyé, puis vendu. Vous verrez aussi, assises entre deux pirogues, des femmes réparant les filets et, debout sur des tréteaux, des hommes rafistolant les pirogues. Au bout de la plage, à gauche, là où la langue de sable se rétrécit, on arrive au cimetière musulman des pêcheurs.

Le cimetière musulman des pêcheurs *(hors plan par A4)* **:** *sur la Langue de Barbarie, à 1 km au sud du pont Malick-Gaye.* La balade par la plage est un peu longue mais elle vaut vraiment la peine. Étrange endroit que cette « forêt » de piquets de bois dressés vers le ciel au milieu des tombes et pour la plupart recouverts de filets de pêche. Un peu plus loin, le cimetière militaire restauré en 1998.

La plage de l'Hydrobase *(hors plan par A4)* **:** *sur la Langue de Barbarie, à 3-4 km au sud du pont Malick-Gaye. Pour y aller, bus n° 3 de la pl. Faidherbe ou taxi.* Dans la continuité de ce qui précède, c'est une longue et large étendue de sable blanc, battue par les vents, avec des courants qui peuvent vous emmener loin. On peut se baigner, mais être très vigilant.

Le marché de N'Dar Tout *(plan A3)* **:** *traverser le pont Malick-Gaye ; après la mosquée, prendre la 1re ruelle sur la droite.* À l'extérieur comme à l'intérieur du marché, nombreux étals d'écorces en tout genre, chacune ayant la propriété de guérir une ou plusieurs maladies. Mieux vaut être accompagné d'un guide pour s'y retrouver. Après avoir croisé les échoppes des fripiers et des tailleurs, on pénètre dans l'enceinte couverte des différents marchés : à la viande, au poisson, aux fruits et légumes, bibelots en tout genre... Les femmes sont assises à même le sol, leurs produits étalés par terre.

Le marché de Sor *(plan B3)* **:** *av. du Général-de-Gaulle, sur le continent, tt près du pont Faidherbe.* Le plus grand marché de la ville, très populeux et animé.

La gare ferroviaire (plan B3) : jadis le terminus du train venant de Dakar. Architecture superbe dans le style New Orleans, malheureusement pas mal décatie.

Fêtes et manifestations

Riche programmation. Voici les principaux événements :
– ***Rapandar :*** *env 10 j. la 2de quinzaine d'avr ou début mai.* • *rapandar.com* • Festival de rap et de hip-hop qui culmine, les 3 derniers jours, par des concerts sur la place Faidherbe.
– ***Festival de jazz :*** *fin avr, pdt 5 j.* • *saintlouisjazz.org* • Un festival bien implanté qui comprend un festival « in » (sur la place Faidherbe, concerts payants de 21h à minuit)... précédé et suivi, tous les jours, d'un festival « off ». Pas mal de pointures du jazz s'y sont déjà... pointées.
– ***Le Fleuve en couleurs :*** *les années paires, de mi-mai à mi-juin, dans les espaces et bâtiments publics.* Festival d'art africain contemporain, en alternance avec le « off » de la biennale de Dakar « *Dak'Art* », qui a lieu les années impaires.
– ***Régates de pirogues :*** *autour de la Tabaski (env 2 mois après la fin du ramadan).* Organisées par les pêcheurs de Guet N'Dar, qui font des courses entre eux avec, à la clé, de spectaculaires chavirages.
– ***Entre'vues :*** *début nov, pdt 1 sem.* Portes ouvertes sur les cours et les patios de Saint-Louis pour aller à la découverte du patrimoine architectural, par le biais notamment de chasses au trésor. Très convivial.
– ***Métissons :*** *sur 2 j. en nov ou début déc, dans les bars et restos.* Festival de musiques métissées. Très festif.
– ***Festival du film documentaire de Saint-Louis :*** *sur 5 j. fin nov-début déc.* Un festival récent, adossé au master de ciné de l'université de Saint-Louis. Toutes les projections sont gratuites.
– ***Festival de danse Duo Solo :*** *sur 3 j. en déc.* Spectacles de danse un peu partout dans la ville.
– ***Sortie du Fanal :*** *dernière sem de déc.* Défilé nocturne, au son des percussions, où l'on promène des « ouvrages », comprendre des modèles réduits mais parfois imposants d'édifices de Saint-Louis, éclairés de l'intérieur par des chandelles. À l'origine, ces lampions (tels les fanaux de navire) étaient portés par les esclaves pour éclairer le parcours emprunté par les *signares,* ces belles et riches Saint-Louisiennes, pour aller à la messe de minuit. De fil en aiguille, les fanaux sont devenus objets de comparaison, puis de compétition. Malheureusement, cette fête a quelque peu perdu de son éclat ces dernières années.

LE PARC NATIONAL DE LA LANGUE DE BARBARIE

Créé en 1976 à une vingtaine de kilomètres au sud de Saint-Louis, il couvre 20 km² et comprend la pointe sud de la Langue de Barbarie proprement dite, une partie de la bordure lagunaire continentale et les îlots du fleuve Sénégal situés entre les deux. Ce sont avant tout des cordons dunaires, colonisés par les oiseaux qui viennent s'y reproduire. Site magnifique planté de filaos, de palmiers, d'acacias... où évoluent aigrettes, hérons cendrés, grands cormorans, ibis, aigles pêcheurs, pélicans gris et blancs, sternes caspiennes et royales, tortues vertes, luths à écailles, varans (sur les parties terrestres), etc. Les flamants roses, en fait des flamants nains, passent chaque année en hiver (de novembre à mars, en gros).

UN SITE EN PÉRIL

En 2003, afin de sauver la ville de Saint-Louis de l'inondation, les autorités décident dans l'urgence de creuser un canal de délestage de 4 m de large à travers la langue de sable, à 7 km au sud de la ville. L'idée était de faire en sorte que les eaux de crue du fleuve puissent plus facilement se jeter dans la mer. Petit problème : le chenal qui coupait la Langue en deux n'a pas été stabilisé et s'est rapidement élargi... jusqu'à rejoindre une autre brèche, naturelle celle-là, qui s'est ouverte en 2012 face au village de Gandiol. En 2018, la brèche, désormais unique, mesurait près de 10 km : c'est désormais la nouvelle embouchure. La Langue est donc devenue une île.
L'impact écologique et humain s'annonce sérieux : la brèche menace de faire disparaître les sites de reproduction des oiseaux et des tortues. D'autre part, la nappe d'eau douce de l'estuaire, autrefois isolée de la mer par la Langue, remonte et se salinise, ce qui met en péril la viabilité des cultures maraîchères, très présentes dans le coin. Enfin, avec l'irruption de la mer dans le fleuve Sénégal, les habitations elles-mêmes de la communauté de Ndiébène Gandiol sont menacées, à terme, d'être englouties. En bref, l'écosystème de la Langue de Barbarie tel qu'on l'a connu risque de faire bientôt partie de l'histoire ancienne. L'ensemble finira sans doute, grâce au rensablement naturel de l'extrémité nord de la brèche, par se régénérer de lui-même, mais dans l'intervalle, les crues marines auront sans doute eu raison des populations animales et humaines de la partie sud.

Comment y aller ?

➢ Le bureau du parc se situe à une vingtaine de kilomètres au sud de Saint-Louis, environ 15 km avant l'embouchure originelle du fleuve Sénégal. ***De Saint-Louis,*** prendre la direction de Dakar et, après environ 5 km, la 1re route à droite ; la suivre sur à peu près 12 km, puis prendre la piste à gauche (direction *Océan et Savane*) et faire encore 3 km.
➢ En taxi-brousse de Saint-Louis, compter env 5 000 F.CFA pour un trajet aller. Pour un aller-retour avec le temps d'attente, il faut compter 15 000-20 000 F.CFA (à bien négocier dès le départ). À deux, il est donc plus intéressant de faire l'excursion proposée par les agences ou le syndicat d'initiative de Saint-Louis (voir ci-après).
➢ Les agences *Sénégalib' Tours* et *Sahel Découverte* de Saint-Louis (voir ce chapitre), de même que le syndicat d'initiative, proposent une excursion d'une demi-journée à la Langue de Barbarie. Compter environ 17 000 F.CFA/pers (plus cher avec *Sahel Découverte*), transport, entrée au parc, pirogue et guide compris (tarif sur la base de 2 personnes). Une bonne solution si vous n'êtes pas motorisé.

Infos pratiques

– ***La meilleure époque*** pour observer les oiseaux s'étend d'octobre à mai.
– ***Bureau du parc :*** *ouv tlj 8h30-17h30. ☎ 33-962-87-36. 📱 77-545-83-31 (Moussa Niang, président du GIE des écogardes). • pnlb.sn •*
– ***Visite du parc :*** *l'entrée coûte 5 000 F.CFA. On vous conseille aussi de prendre un guide : 3 000 F.CFA (forfait pour le groupe). À quoi il faut encore ajouter les frais de pirogue : 8 000 F.CFA jusqu'à 3 pers et 2 500 F.CFA/pers en plus, pour une balade d'env 1h30.* Certains piroguiers vous proposeront une excursion d'une demi-journée, avec soit une pause sur la plage, soit un détour pour aller voir l'ancienne embouchure (aujourd'hui complètement bouchée) ou encore la brèche. Dans ce cas, prévoir 2 000-3 000 F.CFA de plus. De toute façon, tout se discute. Négocier fermement le prix et la durée à l'avance. La balade sur le fleuve Sénégal ne manque pas de charme. On contourne

les îlots de reproduction des oiseaux, mais les visiteurs n'y mettent pas pied. Enfin, il est possible aussi de ne faire qu'un circuit pédestre d'environ 2 km pour une observation ornithologique (compter 1h15) ; dans ce cas, vous n'aurez à payer que l'entrée et le guide, mais vous privant ainsi de la belle promenade en pirogue.

Le Héron Cendré : à l'arrière du bureau du parc, le GIE a ouvert 6 chambres simples (avec moustiquaire, ventilo et sanitaires communs), installées dans des cases. *77-351-64-75. Compter 10 000 F.CFA/pers en ½ pens, petit déj complet (avec œufs) 2 000 F.CFA.* Une solution de secours seulement, ou alors pour les petits budgets, car le ***Campement Zebrabar,*** de l'autre côté de la passerelle ou ***Le Teranga,*** à 2 km (voir plus haut « Ou dormir ? Où manger au sud de Saint-Louis ? »), proposent des hébergements plus confortables et nettement plus agréables.

DANS LES ENVIRONS DU PARC NATIONAL DE LA LANGUE DE BARBARIE

La réserve de Guembeul : *à 10 km au sud de Saint-Louis, sur la gauche de la route de Gandiol ; un panneau la signale. On y accède par une route bitumée, en voiture particulière. Sinon, taxi-ville ou taxi-brousse (compter 3 000-4 000 F.CFA le trajet ; temps d'attente et retour à négocier). ☎ 33-962-87-35. Ouv tte l'année, du lever au coucher du soleil. Entrée : 5 000 F.CFA. Des écoguides, originaires des villages environnants et formés, peuvent encadrer la visite : 3 000 F.CFA, jusqu'à 10 visiteurs. Parcours pédestre 1h-1h30.*

L'objectif majeur de cette petite réserve spéciale de faune peu connue (créée en 1983) est de protéger la cuvette de Guembeul tout en restaurant la faune sahélienne d'origine. D'une surface de 720 ha, la réserve est entourée d'une longue clôture (12 km) et abrite une faune en voie d'extinction.

Cette réserve spéciale de faune est le relais écologique entre le parc national du Djoudj et celui de la Langue de Barbarie. Elle est aussi connue comme étant le plus grand site de nidification des avocettes du Sénégal. On peut y observer notamment des gazelles Dama Mhorr, qui n'existaient plus qu'en captivité en Espagne, offertes à la réserve par ce pays. Voir aussi les oryx algazelles (offertes, elles, par Israël), des gazelles Dorcas, les addax (des antilopes à nez tacheté, espèce quasi éteinte à l'état sauvage) et les tortues sillonnées (alias *Sulcata*), capables de vivre 150 ans. Cette tortue, animal vénéré au Sénégal, est la 3e plus grosse espèce de tortue terrestre. D'autres animaux y évoluent en liberté et se reproduisent comme singes rouges (patas) et les renards pâles.

LE PARC NATIONAL DU DJOUDJ

Situé à 65 km au nord de Saint-Louis et à la lisière du Sahara. « Si Dieu était un oiseau, il se poserait au Djoudj au moins une fois dans sa vie. » Voilà, en effet, un petit paradis naturel pour de très nombreuses familles d'oiseaux migrateurs qui s'y reposent après la longue traversée du Sahara. Pour ce peuple ailé, le Djoudj, milieu aquatique et chaud, représente le 1er point d'eau accessible après l'immensité aride du désert. Créé en 1971, le parc est la 3e réserve ornithologique du monde : plus de 1 million d'oiseaux migrateurs répartis en plus de 360 espèces (des dizaines de milliers de flamants roses, autant de pélicans en période de nidification, des hérons, des aigrettes, des oies de Gambie, mais aussi des balbuzards, des grands cormorans, des

martins-pêcheurs, des aigles pêcheurs, des spatules, des avocettes, des ibis, des canards pilet, des sarcelles d'été). Sur les parties terrestres, on peut observer des phacochères (nombreux), des varans du Nil, des chacals, des pythons et des singes rouges. Mais les mammifères ne sont pas légion, et la plupart des grands animaux qui vivaient dans le parc ont été exterminés depuis longtemps. Le Djoudj est inscrit depuis 1981 au Patrimoine mondial de l'Unesco, notamment en raison de son statut d'« îlot de biodiversité dans un océan de riz ». Jusqu'il y a peu, la présence du barrage de Diama (construit en 1986) sur le fleuve Sénégal n'était pas sans conséquences sur la faune et la flore, qui menaçaient la survie même du parc, du fait de la prolifération de végétaux flottants due à la désalinisation du fleuve et à la baisse de son débit (entraînant une perte d'aliments et de surfaces habitables pour les oiseaux). Mais le cours du fleuve et ce qui peut encombrer sa surface sont désormais mieux contrôlés, et le parc a été retiré de la liste des sites en péril de l'Unesco. Ouf !

Comment y aller ?

➢ ***De Saint-Louis :*** pour ceux qui disposent de leur propre véhicule, suivre la direction Richard-Toll, laisser la bifurcation pour le barrage sur la gauche et emprunter la piste suivante sur la gauche. On peut aussi continuer sur la route Saint-Louis – Richard-Toll et prendre la piste d'après sur la gauche, environ 15 km après le *Lampsar Lodge* (voir plus loin). On conseille d'ailleurs plutôt cette option, car il y a moins de trajet à faire sur la piste, ce qui réduit un peu la durée totale du trajet... et la difficulté de s'orienter une fois qu'on a quitté le bitume (panneaux peu nombreux). Compter 1h15-1h30 en tout.

➢ En ***taxi,*** comptez 25 000 F.CFA la journée, ou 15 000 F.CFA dans chaque sens si vous choisissez de loger sur place et de revenir le lendemain (votre hébergement peut appeler le taxi).

➢ Comme pour la Langue de Barbarie, on peut également passer par une agence de Saint-Louis (*Sénégalib' Tours* ou *Sahel Découverte*) ou par le syndicat d'initiative. Compter autour de 27 500 F.CFA/pers (si 2-3 personnes, tarif du syndicat d'initiative) la demi-journée. Le syndicat d'initiative propose aussi l'option journée complète, transport, entrée au parc, pirogue et guide compris.

– Pour ceux qui choisissent de venir par leurs propres moyens et de dormir à l'une des adresses indiquées ci-après : on conseille d'arriver en fin de journée, puis de partir à la découverte du parc le lendemain de bon matin et d'y passer une partie de la journée.

Visite du parc

– Comme pour la Langue de Barbarie, la ***meilleure époque*** pour visiter le parc s'étend d'octobre à mai.

– ***Infos pratiques :*** *ouv tte l'année. Entrée : 5 000 F.CFA, valable 24h, à payer à l'entrée du parc ; il faut aussi acquitter un laissez-passer de 10 000 F.CFA par véhicule, indispensable pour rejoindre le ponton d'embarquement situé à 7 km de l'entrée ; on conseille également de prendre un guide sur place : 6 000 F.CFA. Enfin, la balade en pirogue (env 1h30) coûte 4 000 F.CFA (pour aller à la plate-forme de reproduction des pélicans).*

– ***Conseil :*** mieux vaut prévoir une bonne paire de jumelles.

➢ ***La découverte du parc :*** la plupart des visiteurs, qu'ils passent ou non par une agence, se contentent de la balade en pirogue de 1h30, pour aller voir la plate-forme de reproduction des pélicans, ce qui est un peu dommage puisque le billet d'entrée au parc est valable 24h. De fait, d'autres parcours et itinéraires sont possibles, et le bureau du parc est là pour vous éclairer à ce sujet, et même vous proposer des tours alternatifs, comme le *circuit spécial* (balade en pirogue de

4h, suivie d'un pique-nique et d'une balade à pied de 1h30-2h vers un site archéologique) ou le *circuit marigot-grand lac.* Pour l'un et l'autre, compter 15 000 F.CFA/pers (sur la base de 4 personnes). Si vous souhaitez vous limiter à la balade en pirogue de 1h30, sachez qu'on trouve sur place, au pont d'embarquement, 2 types de pirogues : celles appartenant à l'*Hôtel du Djoudj* et celles de l'association intervillageoise du Djoudj (billets pour ces dernières vendus à la boutique villageoise *Boutik bi,* à l'entrée du parc). On vous conseille plutôt la 2de option, cela donnera un coup de pouce aux villageois qui déplorent l'espèce de monopole détenu de fait par les piroguiers de l'*Hôtel du Djoudj*...

Où dormir ? Où manger en bordure du parc ou dans les environs ?

Campement villageois Le Njagabaar : *en bordure du parc, à 2 km de l'entrée, et à 9 km de l'embarcadère des pirogues. 77-656-47-90 (le responsable du campement). Sinon, passer à la* ***Boutik bi,*** *à côté du guichet de l'entrée au parc : 77-541-99-41. • lenjagabaar@yahoo.fr • Compter 15 600 F.CFA/pers en ½ pens (indispensable ici) et 18 600 F.CFA/pers en pens complète. Possibilité de planter sa tente pour 2 500 F.CFA/pers. Repas 4 000 F.CFA.* Dans un lieu reposant et calme, 6 cases simples mais propres, avec moustiquaire, ventilo et salle de bains (eau froide). Agréable salle commune pour les repas (soirées danses quelquefois). Accueil sympa et chaleureux. La *Boutik bi,* à l'entrée du parc, est tenue par une villageoise qui vend de l'artisanat réalisé par les habitants. Les bénéfices de ces 2 structures reviennent aux villageois. Pour les non-véhiculés, possibilité de rejoindre l'embarcadère des pirogues en charrette *(6 000 F.CFA)* ou de faire une balade jusqu'au grand lac *(13 000 F.CFA).*

Lampsar Lodge : *situé à mi-chemin entre Saint-Louis et l'entrée du parc. De Saint-Louis, prendre la N 2 sur 35 km en direction de Richard-Toll, puis, à la sortie du village de Ndiaye, la piste à gauche qui mène au fleuve (fléché). 77-733-66-09. • campement-senegal.com • Fermé 15 août-10 oct. Compter 24 000-28 000 F.CFA pour 2-3 pers (45 000 F.CFA pour la case familiale), petit déj 3 500 F.CFA. Menus 8 500-9 500 F.CFA, plats 4 500-6 500 F.CFA.* Située en bordure d'un bras du fleuve, une adresse qui vaut le détour, offrant confort, calme et volupté. Tenu par un couple de Français très accueillant, le *lodge* recèle 7 bungalows bien intégrés dans un jardin luxuriant, décorés à l'africaine et climatisés, avec lit à baldaquin, matelas neuf, salle de bains nickel... On se réveille avec le chant des oiseaux. Belle piscine en bordure de l'eau, jacuzzi sous une paillote, transats, hamacs, grand verger à la disposition des gourmands, prêt d'embarcations à pédales... le lieu ne manque pas d'atouts ! Cerise sur le gâteau, le resto (ouvert aux non-résidents) est excellent. Plats raffinés à base de produits frais, dressage soigné, il y a un chef ici, un vrai ! Les repas se prennent sur un romantique ponton sur le fleuve. Bon, vous l'aurez compris, on a été conquis !

LA VALLÉE DU FLEUVE SÉNÉGAL

Remonter la vallée est une expérience : jusqu'à Bakel, à la frontière malienne, près de 600 km d'une route parallèle au fleuve Sénégal qui longe le sud de la Mauritanie. Au village-carrefour de Taredji, on pourra rejoindre Podor à 20 km au nord, ou, pour les plus téméraires, poursuivre la N 2 sur 400 km, pleine de nids-de-poule et harassante. À l'écart du

fleuve, que l'on ne voit pas de la route, la végétation de type sahélien est magnifique bien qu'un peu monotone (acacias à perte de vue, puis paysage de savane à partir de Dagana). En dehors des villes et bourgades, assez espacées, de jolis villages peuls et toucouleurs s'égrènent, à distance de la route. Jusqu'à Podor, on trouvera une station-service tous les 30 km environ.

Cette région du Sénégal a toujours vécu au rythme du fleuve. Toutes proportions gardées, ce dernier a joué un rôle similaire à celui du Nil en Égypte, les paysans utilisant les sols fertilisés par la crue pour les cultures dites de décrue sur les basses terres du Waalo (les hautes terres, le Dieri, étant réservées aux pâturages et aux cultures sous pluie). Depuis la construction du barrage de Manantali (au Mali), qui a été suivie par la mise en service d'une centrale hydroélectrique, le cycle naturel a été bouleversé, perturbant les activités traditionnelles : on avait bien prévu de restaurer une crue artificielle, mais sa gestion s'est révélée assez calamiteuse et les paysans ont durement souffert. Le projet de rendre navigable le fleuve de Saint-Louis à Ambidedi (Mali), sur 905 km, est encore dans les limbes, et les cultures irriguées n'ont pas donné de résultats à la hauteur de ce qui avait été annoncé…

LES CAPRICES DU FLEUVE

Dans les années 1980, l'aménagement du barrage de Manantali avait pour but, entre autres, de réguler les importantes crues qui se produisaient de juin à octobre. Et pourtant, en 1999, la crue fut telle que, régulation ou non, la vallée fut submergée par les eaux, à la surprise générale, car on pensait que ce phénomène appartenait au passé. À Saint-Louis, on reprit les vieilles habitudes : on fit des offrandes de lait caillé à Mame Coumba Bang, le génie des eaux ! Depuis, tout va bien.

– Un bateau mythique, le *Bou-el-Mogdad,* construit pour les Messageries maritimes (il navigua de 1950 à 1970 entre Saint-Louis et Kayes, au Mali), parcourt à nouveau la route fluviale, plus modestement, jusqu'à Podor, dans le cadre d'une croisière qui se déroule sur une semaine (départ le samedi de Saint-Louis pour un retour en bus le vendredi ; ou départ en bus le samedi pour embarquer à Podor et croisière en sens inverse la semaine suivante). Le bateau fait des escales pour visiter le parc national du Djoudj et plusieurs villages de brousse. *Rens à l'agence* Sahel Découverte *: ☎ 33-961-56-89.* • *bouelmogdad.com* •

RICHARD-TOLL

49 000 hab.

À 100 km à l'est de Saint-Louis, la ville de Richard-Toll est située en bordure du fleuve Sénégal. Autrefois, avant l'arrivée des colons français, c'était un village qui s'appelait *N'Dioukouk.* Ce n'est pas une grande étape touristique, mais elle peut servir de point de départ pour faire le tour du lac de Guiers, au sud.

Adresses utiles

■ ***Banques CBAO et BICIS :*** *en bordure de la route nationale, en face de la gare routière et à la sortie de la ville.* Distributeurs.

Gare routière : *au bord de la route nationale, à l'entrée de la ville en venant de Saint-Louis.*

Centre de santé : *☎ 33-963-31-01.*

Où dormir ? Où manger ?

Plus chic

Hôtel La Taouey : *face à un bras du fleuve. ☎ 33-960-29-41. 77-531-40-10. En venant de Saint-Louis, à l'entrée de Richard-Toll, tourner à gauche juste après la 1re station Shell ; puis de nouveau à gauche à l'embranchement et suivre le chemin en direction du fleuve, sur 400 m env. Double 25 600 F.CFA, petit déj inclus. Menu 5 000 F.CFA. Parking clos.* Petit hôtel familial tenu par Ousmane, un jeune homme très accueillant qui a étudié en France. Coin tranquille. Une poignée de chambres propres et plutôt confortables (clim, douche et w-c). La nº 101, la plus grande, a une vue sur l'arrière-cour ombragée. Resto en terrasse.

Le Gîte d'étape du Fleuve : *au bord du fleuve Sénégal. ☎ 33-963-32-40. • alaingite@arc.sn • Doubles 38 000-42 000 F.CFA selon emplacement, petit déj 3 500 F.CFA. ½ pens possible. Plats 4 500-6 500 F.CFA, menu du jour 11 000 F.CFA. Accepte les chèques français mais pas les CB.* Dans un grand jardin ombragé avec piscine, hamac et ponton qui s'avance sur l'eau, pour les pêcheurs. Organisées autour d'un patio intérieur ou dispersées dans le jardin, les chambres, climatisées et toutes de plain-pied, sont confortables et jouissent d'une petite déco agréable. Belle suite également *(le Cabanon)*, plus chère, au bord du fleuve. Bonne cuisine, servie en terrasse. Tenu par un couple de Français sympa.

Où dormir ? Où manger dans les environs ?

Campement La Teranga : *à 1 km après le village de Ngnith, en surplomb de la rive ouest du lac de Guiers. 76-282-09-99. • lateranga lacdeguiers@yahoo.fr • Sur la N 2, en venant de Saint-Louis, à la borne kilométrique 19 avt Richard-Toll, prendre la piste à droite sur une trentaine de km jusqu'à Ngnith, puis contourner l'usine des eaux par la droite et suivre le fléchage (ou pour ceux qui viendraient par le sud, à 30 km au nord de Keur Momar Sar). Double avec sanitaires 32 000 F.CFA, triple 40 000 F.CFA, ajouter le petit déj (3 500 F.CFA/pers) et la taxe. Repas complet sur résa 7 500 F.CFA.* Au sommet d'une dune, une demi-douzaine de cases spacieuses, sympathiques, bien conçues et de bon confort, dans un environnement préservé. Le propriétaire français, propose des balades en bateau sur le lac et des sorties chasse ou pêche pour les amateurs. Ne pas manquer d'aller à la rencontre des habitants des campements peuls dans les environs, l'accueil y est excellent. Un coin idéal pour se ressourcer en pleine nature.

À voir

La sucrerie de la CSS *(Compagnie sucrière sénégalaise)* **:** *sur le côté droit de la route en venant de Saint-Louis.* Reconnaissable à ses hautes cheminées. La CSS emploie environ 7 000 personnes (dont 1 500 à 2 000 sont des salariés permanents), ce qui en fait la 1re entreprise industrielle au Sénégal. Elle produit près de 100 000 t de sucre par an. Brûlage de la canne spectaculaire.

La folie (ou château) du baron Roger : *à la sortie de Richard-Toll, sur la droite de la route nationale en direction de Podor, prendre le chemin à 300 m env après le pont sur la rivière. 77-527-33-44. Zeina, la fille du défunt conservateur, en assure la visite, moyennant un petit droit d'entrée de 1 000 F.CFA/pers pour l'entretien du château.*
Situé dans un sous-bois à 200 m en retrait de la route, ce manoir datant de l'époque coloniale abrite aujourd'hui le service des Eaux et Forêts.

VERS LE NORD DU SÉNÉGAL

Le baron Roger fut gouverneur du Sénégal de 1822 à 1827, avant l'accession de Faidherbe à ce poste. Pour s'accaparer les terres et y construire sa demeure, il eut recours à une supercherie (la guide vous contera l'histoire des lanières de cuir) dont les gens du pays se souviennent encore. On considère cette demeure comme une folie architecturale (bien que ses proportions soient raisonnables), car, comparée aux cases et maisons africaines, c'est une bâtisse démesurée. Le Roger en question, carriériste parvenu, vécut à Richard-Toll et n'a pas laissé que de mauvais souvenirs. Opposé au trafic d'esclaves, il prit la défense des villageois victimes des razzias mauresques. Faidherbe transforma la demeure en cantonnement pour les troupes françaises. Après l'indépendance, ce fut aussi une école. Du toit du château, on a une jolie vue sur la ville et la campagne aux alentours. On attend les crédits pour la restaurer, mais sa totale décrépitude fait aussi son charme.

DANS LES ENVIRONS DE RICHARD-TOLL

Le lac de Guiers : piste roulante, mais plus conseillé d'avoir un 4x4 et un guide. Sortir de Richard-Toll en direction de Podor et, après le pont, prendre sur la droite l'embranchement pour l'aéroport, qu'on laisse très vite à gauche. La piste longe alors sur la gauche (en direction du sud) la rivière, la Taouey, qui relie le lac au fleuve. Parfois elle s'en écarte, et les plantations de canne ou un village la masquent. Ne pas hésiter à faire des crochets vers ces hameaux et campements peuls ; sinon, la piste devient monotone, et les bords du lac sont plus attrayants. Le plus bel endroit est sans aucun doute la *dune de Gounit,* entre les villages de Sier et Fos. Un panneau l'indique à droite avec une piste bien nette. Traverser les habitations : on arrive sur une dune plantée d'arbres, offrant une vue splendide sur l'autre rive et d'une sérénité parfaite. Ah oui ! pourquoi ne pas y pique-niquer ? Pensez à emporter eau et provisions.
Si c'est samedi, vous aurez droit au spectacle du marché de Keur Momar Sar, au bout de la digue. Ensuite, poursuivre sur Louga pour ceux qui rentrent à Saint-Louis. L'excursion vers le lac de Guiers peut être organisée au départ de votre lieu d'hébergement à Saint-Louis ou Podor (circuit de 200 km).

Dagana : grosse bourgade (25 000 habitants) à 19 km à l'est en direction de Podor. Ce comptoir colonial du XIXe s, qui vivait en partie du commerce de la gomme arabique, était alors défendu par un fort, aujourd'hui bien restauré. Les belles maisons ocre jaune qui bordent le quai témoignent de son importance passée, en tant qu'escale commerciale sur le fleuve Sénégal. Dommage que ces maisons de commerce ne soient pas encore toutes retapées comme à Podor, car un charme fou s'en dégagerait.

Auberge Le Walo : *avt l'entrée du village, à droite en venant de Richard-Toll. ☎ 33-962-71-55. 77-577-52-98. Doubles 25 000-30 000 F.CFA (avec terrasse), petit déj en sus. Plats 1 500-2 000 F.CFA.* Qui pourrait imaginer trouver, presque en brousse, cette auberge pleine de charme et confortable ? Les 9 chambres s'ordonnent autour d'un bel atrium avec coin salon. Spacieuses, avec salle de bains, clim, TV satellite... Le tout est bien tenu. Possibilité de se restaurer (sur commande).

Fort de Dagana : *sur le quai. 78-167-74-61. • fortdagana@gmail.com • Doubles env 35 000-45 000 F.CFA. Petit déj 4 500 F.CFA.* L'ancien fort Faidherbe, construit vers 1820, longtemps laissé à l'abandon, s'est transformé en maison d'hôtes après une rénovation réussie et propose une quinzaine de chambres et suites tout confort. Superbe piscine entre l'hôtel et le fleuve. Restaurant et salle de spectacle.

En continuant vers Podor, s'arrêter au village de ***Thillé Boubakar,*** sur la nationale. Important marché (le jeudi) où l'on trouve un grand nombre de produits mauritaniens : tissus, belles nattes de roseaux tressés avec de fines lanières de cuir selon des motifs ancestraux, etc. Un peu après Thillé, ***Ndiayène Pendao,*** avec ses jolies dunes (expo-vente d'artisanat réalisé par les femmes).

PODOR

11 900 hab.

Située à 215 km de Saint-Louis, Podor est une petite ville somnolente mais très attachante. Il y fait particulièrement chaud. Elle semble oubliée de l'histoire, malgré sa riche et belle homogénéité architecturale relativement bien conservée. Podor vit au rythme du fleuve Sénégal, qui borde la ville et sert de frontière avec la Mauritanie voisine. Autour de la cité, le paysage de la savane annonce déjà le Sahel et le désert : végétation rare, arbustes de plus en plus rabougris, sols et pistes de sable rouge sous le grand ciel bleu limpide. Plantes et cultures poussent facilement dans cette campagne fertile et assez riche sur le plan agricole.

UN PEU D'HISTOIRE

Ancienne capitale d'un des premiers royaumes du territoire, le Tekrour, puis comptoir colonial dans le commerce de l'ivoire et de la gomme arabique. Il fallut l'envoi au XIXe s d'un important corps expéditionnaire français (composé de 2 000 hommes) pour « conquérir » Podor. Afin de garder la mainmise sur ce site stratégique, la France, représentée par Faidherbe, décida de construire un fort au bord du fleuve. Objectif : posséder un 2d poste colonial après Saint-Louis, accessible par le fleuve, qui serait la tête de pont des expéditionnaires de la colonisation chargés de poursuivre à l'est. En moins de 40 jours, très exactement entre le 27 mars et le 1er mai 1854, la construction de la bâtisse fut achevée ! Près de 20 000 briques furent acheminées par bateaux. 500 soldats périrent d'insolation. À l'époque, Podor vivait sous la menace des razzias maures : les hommes et les enfants étaient enlevés pour devenir des esclaves dans l'un des émirats de l'actuelle Mauritanie. Aussi la France se présenta-t-elle comme un gendarme anti-razzia afin de protéger les Sénégalais. Réputés valeureux combattants, les habitants de Podor furent nombreux dans les rangs des tirailleurs sénégalais, dont le premier régiment était justement basé à Podor.

On peut imaginer Podor au XIXe s, quand la région était encore peuplée de lions, de panthères, d'éléphants et d'autruches.

On dit que dans les années 1930, on voyait encore des lions dans la brousse ! Vers 1950, des hippopotames nageaient toujours dans le fleuve ! Aujourd'hui, le paysage n'a pas beaucoup changé, mais la faune sauvage n'est plus là.

TIRAILLEURS SÉNÉGALAIS ET... D'AILLEURS !

Peu de soldats désignés sous cette appellation étaient en réalité sénégalais : c'est parce qu'en 1857 Faidherbe créa, au Sénégal, la première unité de « soldats indigènes » qu'on les nomma ainsi. À l'origine, ces bataillons devaient servir de force auxiliaire pour coloniser l'Afrique de l'Ouest. Mais assez vite, on les engagea sur de nombreux champs de bataille, jusqu'à la guerre d'Indochine : le recrutement se fit dans toute l'Afrique occidentale française, en particulier chez les Mossis (Burkina Faso d'aujourd'hui) et chez les Bambaras (ethnie principale de l'actuel Mali).

Infos utiles

– Attention, ***pas de distributeur automatique à Podor,*** penser à faire un débit de liquidité à Saint-Louis ou à Richard-Toll.

La ***gare routière*** est à l'entrée de la ville (en arrivant de Saint-Louis). En « 7-places », compter 4 500 F.CFA pour Saint-Louis et 4-5 h de route (moitié moins en temps et coût pour Richard-Toll). Attention, il faut parfois changer de taxi-brousse à ***Taredji,*** à l'embranchement avec la N 2, à une vingtaine de km au nord de Podor. C'est d'ailleurs là que l'on trouve l'arrêt des bus (moins chers mais très lents, nous les déconseillons).

Où dormir ?

Bon marché

Centre de formation professionnelle : *un peu excentré, au sud-ouest du centre-ville, après le stade, face au cimetière, dans un grand bâtiment rose bonbon. ☎ 33-965-12-22. Single 10 000 F.CFA, double 15 000 F.CFA. Pas de petit déj.* Dans un centre de formation tristounet, seulement 4 petites chambres sans charme (1-3 lits) mais propres, avec clim, TV et salle de bains (eau chaude). En principe, un gardien est là, mais téléphoner quand même !

Chambre d'hôtes Chez Kane : *rue principale, parallèle au fleuve. 77-501-19-10 ou 77-524-02-25. Entre la gare routière et l'extrémité de l'avenue avec les réverbères, prendre la rue à droite qui fait comme une épingle à cheveux, c'est la maison jaune face au fleuve, avt l'église. 1 seule chambre 15 000 F.CFA, petit déj inclus.* Modeste mais propre et tranquille. Au rez-de-chaussée de la maison des propriétaires, une chambre avec clim, salle de bains (eau froide seulement) et un grand salon à dispo.

Prix moyens

Auberge du Tékrour *(Maison Guillaume-Foy)* **:** *sur le quai principal (bien indiqué). ☎ 33-965-16-82. 77-526-52-00 (Abel). • aubergedutekrour.net • Suivre la rue parallèle au fleuve : c'est la dernière rue à droite. Doubles 22 000-28 000 F.CFA selon confort, petit déj compris (clim en supplément). Repas 5 500 F.CFA (le midi)-7 000 F.CFA (le soir).* Une des belles maisons de négoce du quai, dont la partie la plus ancienne date de 1860, soigneusement restaurée. Hyper bien placée donc pour goûter aux douces soirées du fleuve. À l'étage, 3 chambres simples mais authentiques (toutes ouvertes sur le fleuve), avec sanitaires communs nickel, et 3 autres plus récentes et plus confortables donnant sur le jardin, avec salle de bains, clim et un balcon. Agréable terrasse commune dominant le fleuve pour prendre l'apéro. Petit déj copieux servi dans la cour ombragée ou dans la bibliothèque, riche de plus de 1 000 livres d'histoire ou romans. Repas du soir, avec touche gastro, uniquement sur commande (non-résidents acceptés). Service impeccable. L'association qui a restauré cette antique bâtisse et le quai qui lui fait face propose des visites (lire plus loin « À voir. À faire »).

Plus chic

La Cour du Fleuve : *quai de Podor, juste après la Maison Guillaume-Foy. ☎ 33-965-17-12. 77-492-54-15. • lacourdufleuve.com • Doubles 32 000-43 000 F.CFA selon confort, petit déj inclus ; suite 58 500 F.CFA. Possibilité de ½ pens et de pens complète. Repas (non-résidents acceptés sur résa) 6 000 F.CFA.* Dans un ancien comptoir de commerce du XIXe s (la maison Singer), magnifiquement restauré, 6 chambres et une suite, disposées autour d'une grande cour agrémentée de sculptures contemporaines. Grand salon-séjour avec TV écran large et vaste salle commune avec billard où sont exposées quelques œuvres d'art. Superbe terrasse donnant sur le fleuve. Excellent niveau de confort et grande qualité de service.

À voir. À faire

➢ Une petite balade pédestre s'impose. Comme à Dagana, la couleur dominante des maisons est l'ocre jaune.

La mosquée : très facile à trouver. Ses haut-parleurs sont orientés vers les hébergements du quai, réveil en fanfare assuré le matin vers 5h !

L'ancien fort de Podor : *dans le centre, dans la rue à droite de l'embarcadère. 77-618-31-11 ou 77-447-44-57. Tlj 8h30-13h, 15h30-19h. Entrée : 1 500 F.CFA pour les frais d'entretien.* Construit en 1744, reconfiguré par Faidherbe en 1854. 260 millions de F.CFA ont été consacrés à sa restauration, terminée en 2006. Jusqu'en 1947, l'armée française occupa ce fort ; puis, après l'indépendance, il servit de base à l'armée sénégalaise et de siège à la gendarmerie de Podor, avant d'être laissé à l'abandon. Aujourd'hui, le rez-de-chaussée est aménagé en petit musée retraçant l'histoire de la ville, avec en point d'honneur la conquête islamique d'El-Hadj Omar au XIXe s. Ne pas manquer de s'attarder sur la passionnante exposition permanente du photographe autodidacte Oumar Ly. Ses clichés témoignent de la vie quotidienne et de ses mutations des années 1960 à la fin du siècle dernier, à travers des portraits émouvants de personnalités locales (marabouts, musiciens, champions de lutte...) autant que d'anonymes. À l'étage, on peut visiter le bureau, le salon et la chambre à coucher de Faidherbe (non meublés). Très belle vue sur la ville et la région de la terrasse. Voir également dans l'enceinte du fort la poudrière, la tour de garde, la prison (en ruine) et le chemin de ronde.

Le quai Elhadj-Boubou-Sall : *au bord du fleuve Sénégal.* Quelques maisons et bâtiments, aux murs jaunis par le temps, se dressent sur la rive face au fleuve et à la Mauritanie. À l'époque coloniale, ces demeures abritaient des sociétés commerciales comme Maurel & Prom, Peyrissac... Un petit ***écomusée,*** consacré au commerce fluvial, a ouvert dans l'ancien comptoir de commerce Peyrissac, devenu quincaillerie dans les années 1960. Dans ce lieu resté presque intact, on voit les objets d'alors (balance Roberval, comptoir avec son portillon, étagères en bois...). *Petit droit d'entrée (500 F.CFA).*

Chaque jour, 3 ou 4 bateaux assuraient le trafic jusqu'à Podor. Aujourd'hui, le petit port, bien restauré, somnole. Mais un projet de développement est à l'étude pour relancer l'activité sur le fleuve. L'objectif serait de permettre aux marchandises venant du Mali voisin de transiter vers la côte par le fleuve. Un bateau touristique, le *Bou-el-Mogdad,* assure également des croisières hebdomadaires au départ de Saint-Louis.

Balade dans la ville : rendre visite au marché, toujours animé et coloré. Quelques commerçants mauritaniens viennent vendre leurs marchandises (sucre, thé, tissus, huile). Sur les côtés, on trouve les tailleurs, toujours prêts à se tailler en quatre pour vous. Voir les potières également. En face, les productrices de lait caillé. En ville, on découvre aussi les teinturières, dont une, bien connue, Diabou Saro, travaille avec des colorants naturels (feuilles d'indigo, mil fermenté pour fixer les couleurs, etc.).

La Maison Guillaume-Foy, dans laquelle est installée l'*Auberge du Tékrour,* propose des randonnées pédestres (2h30-3h30) vers Ngawle et Donaye, avec retour en charrette le long de sentiers balisés qui traversent des forêts classées et longent le fleuve et des jardins maraîchers, avec repas sur la natte, chez l'habitant, ainsi que des balades en pirogue à l'arrivée. Tarifs et détails sur le site • *podor-rivegauche.com* • Est également proposé un circuit guidé à la journée, avec passages de bacs dont un à traction manuelle, appelé ***Circuit de l'île à Morfil*** (incluant la visite de villages en architecture et de mosquées du XIXe s). Consultez le site fort bien documenté !

Festival

– **Festival Les Blues du Fleuve :** *sur 3 j., début déc.* • *festivalbluesdufleuve.com* • Organisé par le chanteur Baaba Maal, originaire de Podor.

DANS LES ENVIRONS DE PODOR

La mosquée omarienne de Guédé : *à la sortie de Podor en revenant vers la N 2, prendre la belle piste de latérite sur la gauche, excellente jusqu'à Guédé, à une vingtaine de km.*

Le village, ancienne capitale du Fouta-Toro, compte environ 500 habitants. On est au cœur de la longue bande de terre (190 km), entre le fleuve et l'un de ses bras secondaires, le Doué, où vivaient jadis de nombreux éléphants, appelée « île à Morfil » (du mot portugais *marfim,* désignant l'ivoire). Ne pas oublier de saluer les habitants en entrant dans le village, et éventuellement le chef, s'il n'est pas allé aux champs de mil comme la plupart des hommes. Très jolie petite mosquée en banco, trapue, dans un style « soudanais », avec quelques coquetteries comme des tourelles d'angle et des linteaux décorés de dessins géométriques. Dans les champs, on cultive le riz, les oignons, les tomates et les gombos.

À la saison sèche, si la piste n'est pas trop mauvaise, on pourra visiter d'autres mosquées, dignes d'intérêt (du moins pour les spécialistes), notamment à *Mboyo* et à *Alwar,* le village où naquit El Hadj Omar Tall, le chef de guerre toucouleur qui donna du fil à retordre aux colons français de 1846 à 1864. Ce sont les mosquées les plus anciennes du Fouta (fin du XVIIIe s). Si on a un peu de temps, il est possible de s'arrêter à ***Donaye,*** à 9 km de Podor (sur la piste pour Guédé), village dévasté par la crue de 1999. Belle mosquée omarienne, qui se sent un peu seule (depuis une inondation, les habitants vivent à Taredji, le village voisin) mais qui est toujours en activité.

MATAM ET OUROSOGUI

17 300 et 15 600 hab.

À 430 km de Saint-Louis. Bien que la N 2 soit en bon état jusqu'à Ourosogui et que la piste entre cette dernière et Matam le soit aussi, Matam semble se mourir. Pourtant, son site sur la rive haute du fleuve, en face de la Mauritanie, pourrait en faire une étape accueillante. La création d'une 11e région, en 2001, avec pour capitale Matam, ne lui a pas donné le coup de fouet escompté. Malgré la pauvreté évidente, on ne harcèle pas le visiteur étranger, suffisamment rare pour ne pas y avoir importé de mauvaises habitudes. Matam peut éventuellement être une escale lors d'un long périple africain ou, pour nos lecteurs résidant au Sénégal ou au Mali, lors d'un petit voyage d'agrément complémentaire à la découverte de ces pays et des peuplades environnantes.

Ourosogui, située au carrefour de la N 2 et de la piste reliant Linguère à Matam, est en revanche une ville assez dynamique où vous trouverez tout le nécessaire (essence, alimentation, hébergement, centre de santé et possibilité de retrait bancaire).

Adresses et téléphones utiles

Syndicat d'initiative et de tourisme : *en plein centre (fléché depuis Ourosogui). 77-502-58-32.* Service de guides, informations sur les circuits pour visiter la ville, documentation...

Centre de santé : *☎ 33-966-61-09 à Matam.*

Hôpital : *☎ 33-966-11-41 à Ourosogui.*

Banque BICIS : *à Ourosogui, route de Saint-Louis. Lun-ven.*

Où dormir ? Où manger ?

Peu d'hébergements à Matam et juste quelques dibiteries. On vous conseille les repas en brousse avec les villageois.

🏠 ***Hôtel Oasis du Fouta :*** *dans la rue principale d'Ourosogui.* ☎ *33-966-12-94.* • *oasisdufouta@hotmail.com* • *Chambre ventilée (avec TV) ou climatisée, propre, env 20 000 F.CFA pour 2 avec petit déj. Plat env 3 000 F.CFA.* Site un peu ombragé et accueil sympa. Ce lieu permettra de passer une nuit reposante, pour peu que l'on ne soit pas trop exigeant sur le confort. Possibilité de manger, mais il faut demander à l'avance au gérant.

I●I *Restaurant-dibiterie Le Teddungal :* *dans la rue principale d'Ourosogui, à 200 m en allant vers le carrefour, sur la droite.* Uniquement du mouton grillé. Très bon marché.

BAKEL

12 750 hab.

À 160 km d'Ourosogui et à 705 km de Dakar. Avec ses maisons accrochées à flanc de colline, son panorama superbe, sa population accueillante, Bakel, jumelée avec Apt (Vaucluse), nous a semblé encore plus attachante et intéressante que Matam. On espère que cette ville à la population si sympathique trouvera les moyens de se mettre en valeur.

Comment y aller ?

➢ Prendre la très bonne route de Saint-Louis via Matam et Kanel. De Tambacounda, bon goudron jusqu'à Kidira et Bakel.
ATTENTION ! Pour ceux qui viennent du Mali, le poste-frontière près de Kidira est peu visible et les policiers vous guettent un peu plus loin pour vous taxer, prétextant que vous n'avez pas fait tamponner votre passeport à l'entrée dans le pays...

Téléphones utiles

Hôpital : ☎ *33-983-51-02.*

Gendarmerie : ☎ *33-983-51-06.*

Où dormir ? Où manger ?

🏠 **I●I *Ecolodge Wagadu :*** *quartier Yaguiné.* ☎ *33-980-35-35.* 📱 *77-272-82-20.* • *hotelwagadu.com* • *Compter 18 000-40 000 F.CFA la double.* Une structure récente, sympathique, disposant de chambres classiques, très sobres, et de belles cases traditionnelles africaines (murs en argile et paille), que l'on vous recommande si vous pouvez vous les payer. Restaurant. C'est aussi un espace culturel qui travaille notamment avec le centre d'enseignement féminin local. Des excursions sont proposées.

À voir

🚶🚶 ***L'ancien fort Faidherbe :*** coiffant une colline au-dessus d'une boucle du fleuve, le fort et ses deux anciens canons à l'entrée abritent maintenant la préfecture. On peut monter sur l'agréable terrasse ombragée pour contempler le paysage. En face, sur la rive basse, village mauritanien et ses cultures maraîchères bien entretenues.

🚶 Sur une autre colline, de l'autre côté de la rue principale, le ***pavillon*** dit « ***de René Caillié*** », où cet ancêtre routard aurait bivouaqué quelques années avant de

VERS LE NORD DU SÉNÉGAL

poursuivre, vers Tombouctou notamment. La grimpette pour l'atteindre n'est pas des plus avenante : ordures, énormes canalisations, herbes folles, bref... Et une fois arrivé, on se rend compte qu'une famille y vit même !

Le marché : *en redescendant du fort, prenez la rue qui longe la poste sur la droite ; en continuant, vous tomberez dessus.* Quelques produits mauritaniens.
– Le marché aux légumes, épices, etc., est sur le même côté et à deux pas de l'hôtel *Islam.*

LA PETITE CÔTE

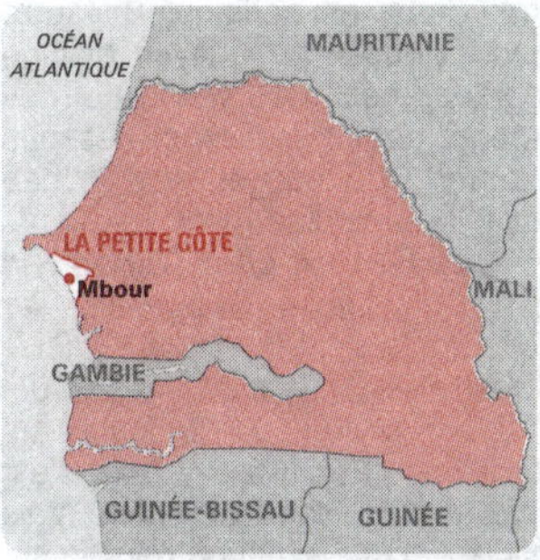

Contrairement à la Grande Côte (entre Dakar et Saint-Louis), la Petite Côte, au sud de Dakar, est propice aux activités balnéaires et s'est imposée comme une destination touristique majeure du pays : grands complexes de vacances, mais aussi petits établissements associant Européens et Sénégalais, ainsi que de nombreuses résidences secondaires de la bourgeoisie dakaroise et autres retraités français (ou européens). Et, comme c'est souvent le cas, ce tourisme concentré a drainé son lot de solliciteurs de tout poil, sans compter les pickpockets et autres tire-laine. Pourtant, à y regarder de plus près, il demeure encore plein de petits coins merveilleux sur cette Petite Côte, des villages et plages tranquilles comme Toubab Dialaw, Popenguine, La Somone, Mbodiene...

TOUBAB DIALAW

3 000 hab.

Adossé à des falaises ocre (les uniques falaises du Sénégal), ce village de pêcheurs s'étend le long d'une jolie plage assez sauvage. Le site, à 50 km de la capitale, séduit par son charme et sa tranquillité. Ce n'est pas pour rien qu'un certain nombre de Dakarois y ont une résidence secondaire. De plus, le nouvel aéroport international n'est qu'à 18 km, ce qui en fait un bon point de chute si vous arrivez dans la soirée.
Mais Toubab Dialaw est également un lieu de la création artistique sénégalaise. On raconte volontiers aussi que si le cheikh Omar Toutiouh Tall, marabout des Toucouleurs, fit un jour jaillir de l'eau douce sur la plage, c'est que l'inspiration coule ici de source ! Aujourd'hui encore, des croyances locales confèrent à cette « eau de Ndiambalane » des vertus fortifiantes et mystérieuses et, chaque année, au moment des grandes marées de juin, la source affleure, tandis que tout le village se réunit pour recueillir cette eau si précieuse...
– ***Attention :*** pas de banque ici, prenez vos précautions avant.

Arriver – Quitter

Station des taxis : *sur la route principale, à 100 m de la gendarmerie.*

➢ ***Rufisque :*** liaisons A/R en taxi-brousse.

➢ ***Dakar et les villes du Sud :*** les taxis-brousse assurent une des liaisons A/R entre Toubab Dialaw et le carrefour de Bounga (à 9 km), sur la N 1, route principale reliant Dakar (gare routière des Baux-Maraîchers) aux villes du sud du pays avec son flot ininterrompu de bus et de taxis.

– En prévenant à l'avance, la plupart des hébergements proposent le transfert depuis (ou vers) l'aéroport international, situé à 18 km. Compter env 15 000 F.CFA (un peu plus cher la nuit).

Où dormir ? Où manger ?

Espace Sobo-Badè : *au cœur du village, sur la falaise surplombant la mer. ☎ 33-836-03-56. 📱 77-699-34-38. • sobobade.com • Doubles 15 000-23 000 F.CFA selon confort et vue ; lit en dortoir 3-8 places env 4 000 F.CFA ; petit déj et taxe en sus. Plats 3 000-7 000 F.CFA.* Un lieu un peu multiforme, installé dans plusieurs corps de bâtiment à l'architecture originale et admirablement intégrée à l'environnement, utilisant des moellons extraits de la falaise, des coquillages, des toits de paille, des mosaïques, etc. Des chambres dont le prix varie selon le confort (avec ou sans clim), la taille et l'orientation, mais toutes décorées avec soin, chaleureuses et équipées de salle de bains (eau froide et eau chaude au seau), ventilo et moustiquaire. Les plus chères, nichées dans les tourelles, ont une vue panoramique sur la mer. Ambiance animée avec des cours de danse, de sculpture, de musique, d'initiation au batik, à la peinture sur verre, etc., suivis par des stagiaires du monde entier... Bon resto prolongé d'une magnifique terrasse surplombant la mer et les rochers, avec accès direct à la plage. Les proprios ont ouvert, à 2,5 km, dans les collines, un autre espace, l'*Engouement*, avec piscine écologique, théâtre de verdure et des logements originaux (voir ci-dessous « Où dormir ? Où manger entre Toubab Dialaw et Popenguine ? »).

Le Rocher, chez Nabou : *en contrebas de l'Espace Sobo-Badè, sur la droite, juste sur la plage. 📱 77-657-17-90. • lerocher@yahoo.fr • Double 15 000 F.CFA, petit déj inclus. Plats 2 000-5 000 F.CFA. Chez Nabou,* c'est d'abord un resto sans prétention mais bénéficiant d'une situation géniale sur la plage, face à un rocher planté dans la mer. Au menu : calamars sautés à l'ail, *yassa,* crêpes aux fruits de mer, omelette « Nabou » (aux poisson et crevettes) et, sur commande, bouillabaisse ou langouste (plus cher mais encore très abordable). La charmante famille de propriétaires loue aussi 3 chambres à l'arrière, simples mais très propres, avec ventilateur et salle de bains. De quoi faire un agréable petit séjour sans trop grever son budget. Une petite adresse qu'on recommande bien volontiers !

Où dormir ?
Où manger entre Toubab Dialaw et Popenguine ?

La Pierre de Lisse : *à* ***N'Dayane.*** *☎ 33-957-71-48. 📱 77-256-56-28. • itinerairelisse.net • À mi-chemin entre Toubab Dialaw et Popenguine. De Toubab Dialaw, prendre la piste à gauche devant la gendarmerie ; c'est 4 km plus loin sur la droite, env 1 km avt le village de N'Dayane. Doubles 45 000-55 000 F.CFA selon confort et vue, petit déj en sus ; 64 000-78 000 F.CFA en ½ pens. Transfert de l'aéroport gratuit si séjour de 1 sem min. Menu 14 500 F.CFA.* Tenue par un couple franco-sénégalais, *La Pierre de Lisse* propose une trentaine de chambres dans des cases décorées sobrement façon africaine, avec pierre apparente, salle de bains, moustiquaire, clim et TV ; le tout dans un grand jardin arboré et fleuri agrémenté d'une superbe piscine (4 bassins communicants), au bord d'une plage semée de paillotes, parasols et matelas. Un véritable appel au farniente ! Également un bâtiment à l'arrière du domaine, abritant pas moins de 60 chambres (on lui préfère les cases), plutôt réservées aux séminaristes. Côté resto, cuisine africaine et européenne à tendance gastro. Et puis pas mal d'activités : balades, parties de pêche, excursions...

L'Engouement : *entre Toubab Dialaw et N'Dayane, dans les collines. ☎ 33-836-03-56. 77-699-34-38. • sobobade.com • De Toubab Dialaw, prendre la piste à gauche env 500 m après la gendarmerie, sur env 2 km (suivre fléchage du théâtre de verdure). Lit en dortoir de 8 pers 5 000 F.CFA, doubles 20 000-30 000 F.CFA ; petit déj en sus. Plat env 4 000 F.CFA (sur commande).* Posée sur le haut d'une colline, cette résidence d'artistes, ouverte à tous, est l'œuvre de Gérard Chenet, à qui l'on doit également l'*Espace Sobo-Badè*. Dortoirs circulaires de 5 lits, très rudimentaires (sanitaires extérieurs), chambres simples en torchis, ou encore dans d'étonnantes voûtes nubiennes construites selon la technique des pharaons, au compas (sans coffrage), avec sanitaires privés. Eau chaude au seau. Pas de clim. Piscine écologique. Le lieu accueille de temps en temps des spectacles et ateliers d'artistes. Une adresse originale et au calme, idéale pour explorer ses potentialités créatives.

DANS LES ENVIRONS DE TOUBAB DIALAW

POPENGUINE

À 8 km au sud de Toubab Dialaw par une bonne piste. Rendez-vous de nombreux chrétiens de l'Afrique de l'Ouest le lundi de Pentecôte. Le Lourdes local sans bondieuseries. À part ça, Popenguine est un petit village tranquille, juché sur la falaise au cap de Nazé, et bordé d'une belle plage, facilement accessible. On peut visiter la ***réserve naturelle de Popenguine,*** dont s'occupe, depuis 1986, le RFPPN, ou Regroupement de femmes pour la protection de la nature *(s'adresser au campement touristique Kër Cupaam ; entrée : env 1 000 F.CFA ; guidage : 5 000 F.CFA).* C'est un site d'hivernage pour les passereaux et autres migrateurs (environ 200 espèces d'oiseaux recensées). Quelque 1 500 femmes de 8 villages travaillent au reboisement, à l'assainissement, à la protection et à l'aménagement de la réserve. Sans oublier le programme de sensibilisation, auprès des enfants notamment... Pour le moment, les circuits touristiques ont épargné Popenguine.

Comment y aller ?

➢ ***De Toubab Dialaw :*** certains taxis-brousse vont de Toubab à Popenguine (8-9 km) par la piste, mais ce n'est pas régulier ; en taxi privé, compter max 3 000 F.CFA.

➢ ***De Dakar :*** ts les bus ou taxis-brousse en direction des villes du Sud peuvent s'arrêter au carrefour de Sindia, situé à 10 km de Popenguine, sur la N 1. Là, prendre un clando pour rejoindre la village.

Où dormir ? Où manger ? Où boire un verre ?

Toutes ces adresses, très proches les unes des autres, se situent dans la rue principale de Popenguine, un peu avant d'arriver à la plage.

Bon marché

Campement touristique Kër Cupaam *(prononcer « Tchoupam ») :*

juste après l'Hôtel Ébène. ☎ *33-956-49-51.* 📱 *77-575-41-64.* • *rnpopenguine@gmail.com* • *Double env 12 000 F.CFA ; lit en dortoir env 6 000 F.CFA ; petit déj compris. Menu env 5 000 F.CFA (sur résa).* Un campement géré par un groupement de femmes œuvrant pour la protection de la nature, mais les dortoirs et chambres (dans des cases) sont sommaires et l'entretien laisse un peu à désirer. Plutôt en dépannage donc. L'endroit accueille parfois des scolaires et des groupes de volontaires européens pour des opérations environnementales. Bureau de la réserve naturelle de Popenguine sur place.

De prix moyens à plus chic

Hôtel Ébène : *sur la rue principale, parallèle à la mer.* ☎ *33-957-71-66.* 📱 *77-658-27-01.* • *campementebene.com* • *Case double 30 000 F.CFA ; grande case 70 000 F.CFA ; petit déj inclus.* Pascale, une Française qui a choisi de s'installer au Sénégal et de prendre un prénom sénégalais (Sokhna), vous accueille dans cette petite structure composée de 2 cases doubles et de 2 grandes cases pouvant accueillir 4, voire 5 personnes, le tout avec ventilo et moustiquaires. L'ensemble est très bien tenu et décoré avec soin (à l'africaine) par votre hôtesse, qui est aussi artiste peintre et ancienne décoratrice d'intérieur. Resto sur commande pour les résidents (produits frais). Très calme et reposant, dans un beau jardin fleuri de bougainvillées, avec une petite case salon pour se poser et une autre pour le bar. Une adresse conviviale.

Les Pieds dans l'Eau : *entre la rue principale et la plage.* ☎ *33-957-06-74.* 📱 *77-742-12-12.* • *bnbpopenguine.com* • *Accès à pied par un chemin qui part du Balafon Café. Double 45 000 F.CFA ; studio 4 pers 55 000 F.CFA ; petit déj inclus.* Dans une vaste maison dominant la mer, chambres nettes, plaisantes et confortables, avec une bonne literie, moustiquaires, salle de bains nickel et une déco joliment africaine. Également un studio (avec cuisine) un peu à l'écart, tout aussi soigné, pouvant accueillir 4 personnes (parfait pour une famille). Et que dire de la piscine, de l'autre côté de la ruelle, d'où l'on a une super vue sur l'océan ! Enfin, les hôtes, Danielle et Ibrahima, vous prépareront un solide petit déjeuner.

Balafon Café : 📱 *77-562-62-54. Tlj sauf mar, midi et soir. Plats env 3 000-6 500 F.CFA.* Surplombant la mer de sa superbe terrasse, un bon petit resto tenu par Agnès et Malick, un couple franco-sénégalais fort accueillant, qui propose des plats originaux et soignés (zébu grillé, lotte portugaise...). Fait aussi bar avec des concerts et soirées africaines le samedi soir. Accès direct à la plage en contrebas. Le couple gère également des hébergements et propose à la location, pour la nuitée ou plus, une dizaine de maisons avec salon et cuisine, au bord de l'eau ou dans le village *(compter 40 000-60 000 F.CFA pour une maison de 2-4 chambres).*

De plus chic à très chic

Restaurant L'Écho-Côtier : *sur la plage.* ☎ *33-957-71-72.* 📱 *77-637-87-72. Tlj sauf mar 8h-22h (au moins). Plats 7 500-10 500 F.CFA.* On aime bien l'ambiance cool et sympa de ce resto installé à même la plage, avec son mobilier chic, ses chaises longues et ses grandes voiles blanches qui procurent de l'ombre. Cuisine originale et goûteuse (tournedos flambé, filets de rouget au pistou, lotte au caramel...), à des prix que justifient la qualité et le cadre du lieu. D'ailleurs, on vient de loin pour y dîner ! Très agréable aussi pour siroter des rhums aromatisés en soirée, à la lumière des bougies.

Les Manguiers de Guéréo : *à env 13 km au sud de Popenguine.* ☎ *33-959-04-01.* 📱 *77-930-97-33.* • *lesmanguiersdeguereo.sn* • *De la N 1, suivre la route de Popenguine puis, à 2 km, bifurquer à gauche*

LA PETITE CÔTE

(fléché ensuite ; 8 km de piste). Double 95 000 F.CFA, petit déj compris. Suites plus chères. Ce luxueux *lodge* a élu domicile dans un superbe environnement, loin de tout, au bord d'une lagune. L'endroit est constitué d'un ensemble de bungalows en dur, très confortables (clim, salle de bains, jolie déco, terrasse privée), et noyés dans un ravissant jardin verdoyant. Piscine avec transats pour profiter du calme. Bon resto sous une grande paillote. Des sentiers avec cabanes d'observation sillonnent les alentours. L'un d'eux, aménagé avec un ponton en bois, pénètre au sein de la mangrove. Superbe ! On se sent privilégié (un peu trop peut-être...).

LA RÉSERVE DE BANDIA

À 65 km au sud de Dakar sur la route de Mbour, sur la gauche entre Sindia et Nguékokh. ☎ 33-958-20-24. • reservedebandia.com • Y aller en taxi. Ouv tte l'année, tlj du lever au coucher du soleil (caisse 8h-18h). Entrée : 12 000 F.CFA ; 7 000 F.CFA moins de 12 ans ; gratuit moins de 3 ans. Guide obligatoire : 6 500 F.CFA par voiture. La visite se fait en véhicule personnel (dans ce cas, ajouter 10 000 F.CFA), en taxi ou dans des 4x4 (9 places), disponibles à l'entrée pour 40 000 F.CFA, chauffeur compris. Pdt l'hivernage (juil-oct), et 4x4 obligatoire. Compter 2-3h de visite ; on recommande le mat (8h-10h) ou la fin de l'ap-m (16h-18h) pour observer plus d'animaux.

La réserve de Bandia occupe 3 500 ha de savane arbustive, essentiellement plantée d'acacias, de baobabs millénaires, et sillonnée par 50 km de pistes. Le site est d'abord un paradis pour les oiseaux, dont le joli calao à bec rouge qui virevolte joyeusement de branche en branche, croisant écureuils, singes verts, singes patas... Le guide est en contact avec d'autres collègues qui tournent dans le parc et se communiquent la position des animaux. On a donc toutes les chances d'observer buffles, gazelles, phacochères, chacals, élands de Derby (la plus grande antilope d'Afrique), autruches, antilopes hippotragues et impalas, cobes defassa et même un magnifique troupeau de girafes, des zèbres et deux rhinocéros blancs ! Sans oublier les tortues géantes et autres crocodiles dans la mare à côté de l'entrée de la réserve.

CONTEURS D'HISTOIRE

La savane de cette région est parsemée de nombreux baobabs, pouvant mesurer 20 m de haut pour 10 m de diamètre et vivre jusqu'à 2 000 ans. Cet arbre sacré est l'emblème du Sénégal. Malgré ses petites racines, son tronc peut stocker près de 100 000 l d'eau, donnant au bois une texture spongieuse qui l'épargne de l'exploitation forestière. Et c'est tant mieux car il sert quotidiennement aux villageois de la brousse. L'écorce produit cordes et médicaments, les feuilles assurent des décoctions salvatrices et son fruit est comestible. Les cavités du tronc constituent même la dernière demeure des griots en pays sérère (n'ayant pas travaillé la terre, ils ne peuvent y être ensevelis).

***Le Bandia :** à l'entrée de la réserve. ☎ 33-959-15-00. Tlj jusqu'à 15h30 (16h30 w-e). Pizzas et plats 5 000-6 000 F.CFA, menus 9 000-16 000 F.CFA.* Planté devant la mare aux crocodiles où les animaux viennent boire, c'est le resto-bar de la réserve, dans un vaste espace bien ombragé et ventilé, sous une charpente ornée de têtes d'antilopes. Excellent burger d'antilope, d'ailleurs, mais aussi blanquette de gibier, côtes d'éland, saucisse de zébu... ou, plus classique, de bonnes pizzas au feu de bois. Pas vraiment donné, mais la qualité est là. Un endroit très prisé par les expats le week-end.

À faire dans les environs

– *Accrobaobab Adventure : à 1,5 km au sud de la réserve de Bandia, en direction de Mbour, fléché sur la droite, puis piste sur 2 km. 77-638-74-74 ou 77-637-14-28. • accro-baobab.com • Tlj 8h-12h, 15h-19h. Fermé sept. Entrée : 15 000-25 000 F.CFA selon formule ; 4 000-10 000 F.CFA pour les 2-10 ans.* Dans un petit coin de savane isolé de la route et planté de nombreux baobabs magnifiques, des parcours aériens marrants et bien sécurisés avec de nombreuses tyroliennes, ponts de singe, ponts himalayens (de corde), escalade, descente en rappel, etc., et même une pirogue suspendue pour les enfants ! Tenu par un Français spécialiste de la discipline, qui a formé lui-même son personnel d'encadrement.

LA SOMONE

4 000 hab.

À environ 75 km au sud de Dakar, et à 30 km au sud de l'aéroport international, La Somone est fréquentée par des toubabs établis à Dakar depuis les années 1970. À l'époque, la mer n'avait pas encore mangé la plage. Oui mais voilà. La Somone n'a pas résisté à la « Salymania » : détournement des crédits destinés à la protection de l'environnement, abondance de faux guides et autres rastas d'opérette en quête d'un pigeon... Heureusement, il reste quelques restos sympas face à l'Atlantique, une forêt de baobabs dans l'arrière-pays et la lagune toujours aussi magnifique pour observer les oiseaux...

– ***Important :*** on trouve quelques bureaux de change à La Somone. Distributeur de la *Banque islamique du Sénégal* au rond point de N'Gaparou, à 3 km de La Somone.

Arriver – Quitter

Station des taxis : *sur la route principale.*

➢ ***Saly et Mbour :*** nombreuses liaisons en taxi-brousse. Bien se renseigner auprès des hôteliers sur le prix de la course, car certains chauffeurs exagèrent !

➢ ***Dakar et les villes du Sud :*** les taxis-collectifs assurent des liaisons entre La Somone et N'Guékhokh, situé à 12 km sur la N 1 reliant Dakar aux villes du Sud. Là, de nombreux bus et taxis-brousse circulent dans les 2 sens.

– En prévenant à l'avance, la plupart des hébergements peuvent organiser le transfert depuis (ou vers) l'aéroport international, situé à 30 km. Compter env 20 000 F.CFA (un peu plus cher la nuit).

Où dormir ? Où manger ?
Où boire un verre dans le coin ?

De bon marché à prix moyens

***Auberge Sangomar** (Chez Fatou) : à **N'Gaparou,** env 400 m après le rond-point, sur la gauche en direction de Saly ; à env 3,5 km de La Somone. ☎ 33-958-54-84. 77-566-03-32 (Fatou). Double ventilée 17 500 F.CFA, climatisée 25 000 F.CFA, petit déj compris. Appart 4 pers 40 000 F.CFA. Plats 3 000-5 000 F.CFA.* Fatou possède 5 chambres, mais elle préfère dire qu'elle en a 4 ! Elles sont distribuées autour d'un agréable patio décoré de fresques. Toutes disposent d'une salle de bains. En matière de restauration, outre les plats traditionnels sénégalais, Marie, la cuisinière, s'est lancée dans la cuisine thaïe !

Le Bassari : *BP 350,* ***N'Gaparou.*** *77-567-39-17. • augereaumarieclaude@yahoo.fr • À env 500 m de la limite entre les communes de N'Gaparou et de La Somone, côté plage (repérer le panneau bleu discret « Villa Rokhaya » sur la gauche en venant de N'Gaparou ou demander « Marie Bassari »). Doubles 25 000-30 000 F.CFA, petit déj inclus.* Une poignée de cases assez simples (toilettes à l'extérieur, salle de bains avec douche froide) un peu vieillissantes mais propres, auxquelles s'ajoutent, dans la maison des propriétaires, 2 chambres disposant de leur propre salle de bains. Ce n'est pas la folle ambiance mais ça donne directement sur la plage.

Le Ndiambour *(Chez Beydi et son fils Ibou) : dans La Somone, au bord de la route principale, sur la gauche en venant de N'Gaparou. 77-633-91-12. Ouv tlj midi et soir. Plats env 2 000-4 000 F.CFA.* Une salle agréable prolongée en coursive sur l'extérieur et un petit resto à la cuisine de qualité. Bien pour se restaurer à petits prix le nez sur le va-et-vient de la rue.

Les restos de la lagune : *à l'embouchure de la lagune, sur la plage située en face du parking (tt au bout de la rue principale), de l'autre côté de l'étier (compter env 2 000 F.CFA l'A/R en pirogue). Plat env 3 000 F.CFA.* Quelques restos ont installé leurs paillottes et leurs transats sur la plage, les pieds dans le sable. Parfait pour avaler un poisson grillé, s'offrir une langouste (prévenir un peu avant), descendre une bière fraîche et laisser filer le temps. Ambiance dreadlocks sur fond de drapeau sénégalais **Chez Rasta** (*77-557-63-31*) où l'on biberonne du Bob Marley adossé à la mangrove.

De prix moyens à plus chic

Hôtel de la Lagune : *entre le centre du village et la lagune, côté plage. 33-957-74-07. 77-538-38-45. • lagune-hotelsomone.com • Doubles 45 000-50 000 F.CFA selon saison, petit déj compris, taxe en sus. Possibilité de ½ pens. Plats 5 000-7 500 F.CFA. Menu 8 500 F.CFA.* Un jardin qui se termine sur une plage plantée de cocotiers et des cases avec clim et salle de bains, mais dans lesquelles l'on se sent vite à l'étroit. Tant pis (ou tant mieux), on profitera davantage du jardin, de la piscine et de la plage ! Resto-paillote où l'on sert une cuisine alliant saveurs européennes et africaines.

Auberge Keurmariguen : *dans une rue perpendiculaire à la route principale ; au bord de la plage (panneau). 33-958-51-37. 77-627-16-22. • keurmariguen.com • Resto tlj midi et soir. Double 34 000 F.CFA, petit déj compris. Menus 6 000-8 000 F.CFA ; jeu, soirée camerones 11 000-15 000 F.CFA.* Face à l'océan, ce resto, qui surplombe la plage des pêcheurs, propose chaque jour une cuisine différente. 3 choix parmi entrées, plats et desserts. La table est joliment dressée et l'assiette réputée pour sa fraîcheur. Au fond du jardin, une poignée de bungalows bien tenus, équipés de moustiquaire, ventilateur et salle de bains. Piscine.

Africa 6 : *à l'entrée de La Somone, sur la gauche en venant de N'Gaparou (fléché). 77-639-27-88. Menus 3 500 F.CFA (le midi seulement) et 7 500 F.CFA (buffet jeu soir et sam soir 10 000 F.CFA) ; plats 4 000-8 500 F.CFA.* Une série de tables en bordure de plage, face au large et agréablement rafraîchie par la brise marine. Même si l'endroit est un peu bétonné, l'emplacement reste stratégique. La formule déjeuner comprend une salade, un poisson grillé et un accompagnement. Soirée sénégalaise le jeudi soir, groupe le dimanche. C'est chaud !

L'Ardoise : *dans le centre de La Somone, au bord de la route principale, sur le côté droit en venant de N'Gaparou. 77-657-64-04 et 78-443-00-98. Ouv le dim midi et ts les soirs sauf lun. Plats 6 500-9 500 F.CFA. Menus 8 900-17 900 F.CFA.* Ici, pas de vue sur la mer, mais avec un cadre intime et coquet, un jardin verdoyant, c'est pardonné. Et puis, on y sert une cuisine d'inspiration française savoureuse, bien exécutée. La carte change régulièrement mais le poulet mariné au gingembre ou la lotte au crumble de chorizo tiennent régulièrement le haut de l'affiche. Un bon repas en perspective.

À voir

La réserve naturelle de La Somone : *kiosque d'information (guérite verte) sur la plage au niveau du parking situé à l'extrémité de la route principale. En principe, tlj 8h30-19h. 2 options : la partie terrestre (compter env 6 500 F.CFA/pers, dont 1 500 F.CFA d'écotaxe) pour 1h30-2h de balade en charrette. Ou la partie fluviale (même prix comprenant 2 000 F.CFA d'écotaxe). Départ normalement à partir de 2 pers (max 10 pers/pirogue). Durée de la balade env 1h30 selon l'humeur du piroguier.*
Le delta de la rivière Somone est un environnement d'exception qui s'épanouit au gré des marées sur 7 000 ha, entre mangrove et bancs de sable. Un site également très apprécié pour ses parcs à huîtres. On peut en déguster sur place chez l'ostréiculteur tous les dimanches en fin de matinée ou bien à Saly, au resto *Le Petit Rosé*. Site naturel classé *Ramsar* (zone humide d'importance internationale), on y recense pas moins de 172 espèces d'oiseaux. En décembre, c'est l'arrivée des flamants roses. Le reste du temps, aigrettes, hérons, pélicans, sternes, martins-pêcheurs et œdicnèmes du Sénégal constituent les espèces les plus courantes. En raison d'un irrémédiable ensablement, la rivière Somone a malheureusement de plus en plus de mal à se frayer un chemin jusqu'à la mer. Cela dit, en pirogue, la visite peut se faire aussi bien à marée haute qu'à marée basse. Dans le second cas, il est plus facile de tenter quelques incursions dans la mangrove (sentier aménagé), notamment pour y observer, à travers le treillis des branchages, le crabe violoniste ou le gros crabe bleu.

Le sentier écologique de La Somone : *panneau discret sur la droite de la route principale, env 150 m avt d'arriver au parking du terminus de la route. Entrée : 1 500 F.CFA.* Un sentier aménagé de 1,2 km s'aventure dans le monde merveilleux de la mangrove. Panneaux d'interprétation et tour d'observation pour épier l'avifaune.

Le parc des Oiseaux exotiques : *à **N'Gueringne** (route de N'Guékhokh), à env 5 km de La Somone. ☎ 33-958-50-30. 📱 77-572-15-04. Tlj 9h-19h. Entrée : 5 000 F.CFA, boisson comprise ; réduc.* Dans une volière géante, d'innombrables oiseaux exotiques, dont de nombreuses espèces du Sénégal, réunis par un passionné, Jean-Pierre Chollet. Ici, des perroquets du monde entier côtoient quelques espèces sénégalaises, mais aussi des tortues, des crocodiles, des lamas... Tiens, des lièvres de Patagonie aussi. Bon resto dans le parc *(📱 77-668-00-20 ; ouv midi et soir ; plats 4 500-7 000 F.CFA).*

SALY

20 000 hab.

Quand on parle de tourisme au Sénégal, un nom vient à l'esprit : Saly-Portudal. Une station balnéaire entièrement vouée, depuis les années 1980, au tourisme de masse. De plus, avec le temps, la plage a été grignotée par la mer si bien qu'il n'en reste plus vraiment. Rien de spécial à y faire, à part bronzer en sirotant des cocktails au bord de la piscine de son hôtel. Une manne touristique qui attire arnaqueurs de tout poil, apitoyeurs professionnels, prostituées et gigolos, puisque Saly est devenue une plaque tournante du tourisme sexuel. Vous l'avez compris, Saly n'est pas notre tasse de thé !

Arriver – Quitter

Stations des taxis : *sur la place principale, à côté de la banque SGBS.* Nombreuses liaisons quotidiennes directes pour **Mbour** (env 200 F.CFA/pers ou 1 000 F.CFA pour le véhicule complet), **La Somone, Joal, Dakar** et **Kaolack.** Pour les autres villes, le mieux est de prendre d'abord un taxi officiel ou un *clando* jusqu'à Mbour, puis un taxi-brousse *(N'Diaga N'Diaye)* circulant sur la N 1.

Bus Dem Dikk : *sur l'axe principal Saly-Mbour, à env 1 km de l'intersection avec la nationale, sur la droite en allant vers Mbour. Y aller en taxi. 78-620-04-12. Bureau au 1er étage. Possibilité de résa 48h avt.* Liaison pour Dakar : 2 bus/j. (1 le mat, l'autre en milieu d'ap-m). Tarif : 2 000 F.CFA. Trajet : env 1h30.

Adresses utiles

Banques, change : *agences* ***SGBS*** *et* ***BICIS*** *proches l'une de l'autre au niveau du rond-point de Saly. Fermé sam ap-m et dim.* Change, distributeur et transfert d'argent *Western Union.*

Consul honoraire de France : *M. Christian Langlois – Les Riads de Saly, route des Anacardiers. ☎ 33-957-33-92. • acs@agenceconsulairesaly.org • Fermé w-e.*

SOS Médecin : *☎ 33-889-15-15. 24h/24.*

Pharmacie : *au rond-point de Saly. ☎ 33-957-12-05. Tlj sauf dim 8h-22h. Si fermée, le contact et l'adresse de la pharmacie de garde sont affichés sur la vitrine.*

Boutique Maam Samba : *près du rond-point de Saly, en face du nouveau casino. 77-54-922-05. Tlj sauf dim 10h-13h, 16h30-19h30.* Beau choix de tissages, batiks, vêtements, ainsi que des sacs et des jouets. Fabriqués par les artisans d'un village de brousse, Ndem, près de Bambey, ils sont commercialisés sous la marque *Maam Samba.* Articles de qualité dans le cadre du commerce équitable.

Où dormir ? Où manger ?

Beaucoup d'hôtels à Saly. À côté de grandes structures presque toutes réservées par des tour-opérateurs, on trouve quelques petites adresses comme celles-ci :

La Médina : *dans le village. ☎ 33-957-49-93. 77-918-71-73. • lamedina@orange.sn • En arrivant de La Somone, prendre à gauche au rond-point, puis encore à gauche après la banque BICIS. Doubles 24 000-31 000 F.CFA, petit déj inclus.* En plein cœur du village, à 15 mn à pied de l'océan, cet établissement propose des chambres bien décorées, avec salle de bains, ventilo (ou AC) et moustiquaire. Elles sont distribuées autour d'un patio où pousse une végétation luxuriante. Certaines sont traversantes et donnent sur le bar et la piscine. Le week-end, Fatou, la maîtresse des lieux, chanteuse de son état, débarque de Dakar pour animer les soirées. Une adresse aux prix raisonnables.

Auberge Le Dakan : *Saly Niakh-Niakhal. ☎ 33-954-90-37. 77-450-39-46. • ledakan.free.fr • En arrivant de La Somone, à l'entrée de Saly tourner à gauche juste avt l'arche « bienvenue à Saly » pour prendre la route goudronnée qui longe le musée Khelcom ; parcourir 1 700 m et tourner à gauche (c'est fléché). Double 30 000 F.CFA, petit déj inclus. Possibilité de ½ pens. Menus 7 500-9 000 F.CFA.* Une petite oasis à l'abri des regards à environ 500 m de la plage. Gérée par un couple de Français, cette structure propose des cases tout confort réparties autour d'une petite piscine. Aussi une chambre à l'étage. L'une des cases possède une mezzanine (idéal pour les familles). Le jardin n'est pas bien grand mais garantit tout de même une parfaite intimité. Côté saveur, l'endroit est réputé pour sa cuisine inventive préparée à partir de produits du marché (passer commande la veille ; fermé mercredi). Jeux pour tout-petits (attention quand même aux épines des euphorbes). Accueil courtois.

Le Petit Rosé : *dans la rue principale, sur la gauche en venant de La Somone ; en face du Royal Saly. 77-517-20-35. À env 150 m du Rhino Resort. Tlj sauf dim. Plats env 4 000-5 500 F.CFA.* Salle plaisante prolongée par une terrasse ombragée. Dans l'assiette, des plats locaux et français piochés au hasard sur l'ardoise. C'est aussi ici que vous dégusterez les huîtres élevées dans la lagune de La Somone.

Chez Marie : *sur la place principale. ☎ 33-957-11-11. Tlj midi et soir. 4 000-6 500 F.CFA.* Une adresse dont l'attrait principal est sa terrasse enfouie sous la végétation ! D'ailleurs, de l'extérieur, on ne voit plus que les imposantes grappes fleuries de bougainvillées. Cuisine principalement française. Un resto bien connu des toubabs du coin.

Chez Poulo : *à Saly Niakh-Niakhal. ☎ 33-957-27-50. 77-653-85-80. À env 1,5 km du rond-point principal. Tlj midi et soir. Plats 2 000-4 000 F.CFA.* Dans une ruelle ensablée du centre, populaire et proprette gargote. Le midi, *maffé, yassa* et *thiéboudienne.* Sinon, daurade grillée, grillades.

MBOUR

181 800 hab.

Pour celles et ceux qui désirent tutoyer l'Afrique, la Petite Côte commence véritablement ici, à 85 km au sud de Dakar. À Mbour, dans cette ville transpirante et poussiéreuse, grouillante d'activité, où se mêlent effluves de poisson, relents de fritures et les couleurs qui dégoulinent des étals du marché. Une vraie ville africaine, en somme. Principal pôle économique de la Petite Côte au temps de la colonie, Mbour tire aujourd'hui l'essentiel de ses revenus de la pêche artisanale. Il y règne, du côté du port, une vraie effervescence. De plus, la ville a conservé le charme désuet de ses vieilles maisons de commerce, son église, ses entrepôts d'arachide et les vestiges de son wharf. Allez-y pour prendre le pouls du Sénégal, mais prenez garde aux nuées d'enquiquineurs professionnels.

– ***Attention :*** prenez garde à vos affaires lorsque vous visiterez le marché et évitez de vous déplacer à pied la nuit dans certains quartiers.

Arriver – Quitter

Gare routière : *à l'entrée de Mbour, en léger retrait de la route principale, 200 m après Auchan sur la gauche en venant de Dakar.* Liaisons directes en petit et gros bus, *N'Diaga N'Diaye* ou « 7-places » pour **Dakar** (gare routière Baux-Maraîchers), ***Kaolack, Thiès, Touba, Banjul...*** Aussi départ des « clandos » pour ***Saly.***

Station des taxis « clandos » : *à l'emplacement de l'ancienne gare routière, près de l'église.* Pour ***Nianing, La Pointe-Sarène, Mbodiene, Djiffer*** et ***Joal-Fadiouth.***

Bus Dem Dikk : *à env 4 km de Mbour, sur la route de Saly. Voir rubrique « Arriver – Quitter » à Saly.*

Adresses utiles

Office de tourisme : *près du marché, dans l'enceinte du village artisanal. 76-502-73-73 et 77-542-91-72. • officetourismembour@gmail.com • En principe, tlj 9h-19h.* Propose d'intéressantes visites guidées payantes de la ville, évitant aussi d'être la proie des racoleurs.

Pharmacies : *rue de l'hôpital ; à l'entrée de la ville en arrivant de Dakar,* *bifurquer à droite en face du stade.* L'hôpital est au bout de la rue.

■ **Banques, change :** *bd Demba-Diop (route principale), agences* **SGBS** *et* **CBAO** *; et non loin, rue Malick-Sy (centre historique), une agence* **BICIS.** *Fermé sam ap-m et dim.* Change, distributeur et *Western Union.*

■ **Contact Voyages Sénégal :** *76-683-64-38 et 77-577-36-27. • contact-voyages-senegal.com •* Une petite agence mais vraiment pro et serviable. Excellents chauffeurs guides. Circuits sur mesure et toutes prestations. Demander Abou.

Où dormir ?

De prix moyens à plus chic

Hôtel Ndaali : *sur la plage. ☎ 33-957-47-24. 76-683-66-32. • ndaalimbour.com • En venant de Dakar, à l'entrée de Mbour, prendre à droite la rue en face du stade (route de l'hôpital), la suivre jusqu'à la plage puis bifurquer à gauche, au niveau du* Tama Lodge *; c'est 150 m plus loin. Doubles 27 000-32 000 F.CFA (sans ou avec clim), petit déj inclus. ½ pens possible. Plats 3 500-6 000 F.CFA.* Charmant petit campement propret, arboré et très fleuri, installé au bord d'une plage propre. Plusieurs cases (2-4 personnes) impeccablement tenues, avec salle de bains, ventilo ou clim. Les plus grandes avec mezzanine. Également 2 appartements de charme pour 6-7 personnes, avec toit de paille, terrasse au 1er étage et pieds dans l'eau. Resto ombragé où l'on déguste un steak de zébu au poivre vert et une belle sélection de poissons. Petite terrasse perchée avec vue sur la mer. Excursions. Excellent rapport qualité-prix.

Keur Marrakis : *Sérère Souf, route de Joal. ☎ 33-954-74-54. 77-277-87-18. • marrakis.com • À env 1 km du centre ; de la route nationale, suivre le fléchage de l'hôtel* Club Safari *puis prendre à gauche après celui-ci. Doubles 26 000-32 000 F.CFA ventilées ou climatisées, petit déj inclus. ½ pens possible.* Perchée en balcon sur l'océan, cette auberge dispose de chambres simples et plaisantes avec salle de bains. Celles situées côté mer, plus fraîches, sont juste ventilées. Belle terrasse surplombant le large (top au coucher du soleil !), piscine. Au resto, la cuisine italienne marie avec bonheur les produits locaux. Bon accueil.

Hôtel Mbaila : *sur la plage. ☎ 33-957-43-00. 77-635-63-58. • mbailahotel@gmail.com • En venant de Dakar, à l'entrée de Mbour, prendre à droite la rue en face du stade (route de l'hôpital) ; à la fin du goudron, suivre la 1re piste à droite puis, 200 m plus loin à gauche (c'est 400 m plus loin). Double env 37 000 F.CFA, petit déj inclus. ½ pens possible. Plats 3 500-4 500 F.CFA.* Une série de statuettes longilignes dignes de Modigliani confère à cette adresse « pieds dans le sable » un certain caractère. Côté bucolique, une belle cocoteraie. Côté confort, des chambres bien tenues disposant chacune d'une salle de bains, de moustiquaires, de la clim. Décorées « à l'africaine », elles donnent sur la plage pour le plus grand bonheur des résidents.

Blue Africa : *sur la plage. ☎ 33-957-09-93. 76-689-36-34 (Fodé Senghor). • blueafrica2@orange.sn • En venant de Dakar, à l'entrée de Mbour, prendre à droite la rue en face du stade (route de l'hôpital) ; à la fin du goudron, suivre la 1re piste à droite puis, 200 m plus loin, prendre à gauche (c'est 300 m plus loin). Doubles 26 000-35 000 F.CFA selon saison, petit déj compris. ½ pens possible. Repas env 4 500-5 000 F.CFA.* Sur un terrain ombragé au bord d'une superbe plage hérissée de cocotiers, dans un bâtiment en dur, des chambres assez basiques mais propres, avec salle de bains (eau chaude), ventilo, clim, et terrasse privée pour certaines. Accueil courtois.

Très chic

Le Tama Lodge : *av. de la Mer, sur la plage des Cocotiers. ☎ 33-957-00-40. • tamalodge.com • En venant* *de Dakar, à l'entrée de Mbour, prendre à droite la rue en face du stade (route de l'hôpital) ; c'est tt au bout à gauche. Doubles 136-210 € selon saison et vue, petit déj compris ; également quelques suites. Possibilité de ½ pens. CB acceptées.* Superbe endroit, sous les cocotiers, face à l'une des plus belles plages de la Petite Côte. Atmosphère « ethnique » envoûtante, où règnent bois, paille, torchis, statuettes et autres totems africains (style dit « soudanais »). Cases décorées avec le même souci du détail, toutes avec salle de bains, ventilo, clim et terrasse privée, les plus chères *(chambre Royale et case du Chef)* avec vue sur la mer. Vraiment original et nickel. Cuisine variée et inventive. Joli bar-resto (réservé aux clients de l'hôtel). Service souriant et très sympa.

Où dormir ? Où manger à Warang-Sérère ?

Tranquille quartier résidentiel côté océan dans un sympathique hameau, à 6 km de Mbour vers Joal. Toutes les adresses donnent sur le même axe.

Chambres d'hôtes Les Amarantes : *☎ 33-957-32-88. 77-763-14-83. • les-amarantes.com • De la route principale, tourner à droite à la pancarte « Warang », puis à gauche (fléché). Double 19 000 F.CFA, petit déj en sus. Repas le soir seulement sauf dim 6 500 F.CFA (8 000 F.CFA sam soir, ouvert aux non-résidents).* Adorable structure d'une blancheur immaculée, autour d'un patio fleuri et verdoyant. 4 chambres cosy, colorées et tout confort (clim, coffre, moustiquaire). En plus, un studio avec cuisine extérieure et petite terrasse privée. Piscine et excellente table d'hôtes. L'ensemble est vraiment bien tenu. Accueil particulièrement affable et la plage n'est qu'à 200-300 m. L'une de nos plus séduisantes adresses, c'est dit !

Les Manguiers de Warang : *dans le village. ☎ 33-957-51-74. 77-529-10-01. • lesmanguiersdewarang.com • Panneau sur la droite de la route principale en allant vers Joal. Double env 20 500 F.CFA, petit déj compris ; ½ pens 31 500 F.CFA ; 6 500 F.CFA/pers en dortoir, petit déj « mini » compris ; taxe en sus. Repas env 6 000 F.CFA.* À 2 mn de la plage, sous de vénérables manguiers, un microvillage de cases en dur (2-4 personnes), propres et décorées à l'africaine. Salle de bains, et moustiquaires partout. Les toits étant plats, ils se transforment en terrasse-solarium le jour et en chambre à la belle étoile la nuit. Également un dortoir de 8 places, disposant lui aussi de sa propre terrasse (idéal pour les groupes). Belle piscine, et au programme, tout un tas d'activités et de randos. Bon resto servant une cuisine un brin inventive. Une adresse reposante, gérée aux petits oignons.

Hôtel Le Warang : *sur la plage. 76-468-11-85 et 77-571-05-30. • hotel-lewarang.com • Depuis la route principale, tourner à droite à la pancarte « Warang », puis à gauche (bien indiqué). Double 30 000 F.CFA, petit déj inclus ; env 40 000 F.CFA en ½ pens. Plat env 4 000 F.CFA. Menu 6 500 F.CFA (resto ouvert aux non-résidents).* En surplomb de la plage, des cases rondes au toit de paille, un peu serrées les unes contre les autres entre les allées fleuries. Confort suffisant : clim, moustiquaire et salle de bains. Bar et resto panoramique offrant une cuisine franco-sénégalaise. Piscine.

Où manger ?

De bon marché à prix moyens

Le Virage (*Chez Albert*) **:** *rond-point 44, quartier Mbour Toucouleur. 77-537-01-09. Tlj midi et soir. Repas 2 000-4 000 F.CFA.* L'un des meilleurs restos de la ville. Grande terrasse protégée, ventilos et accueil chaleureux pour une belle cuisine servie généreusement. Plats du jour au tableau noir, mais la délicieuse lotte aux lardons est toujours présente, ainsi que la brochette océane de daurade grillée sauce gingembre, le filet de bœuf et les crevettes crème et champignons. Clientèle mélangée, locaux et vieux résidents français.

Chez Nadette : *dans une petite rue perpendiculaire à la route principale, en face de Speedy et de la gare routière. ☎ 33-957-51-80. 📱 77-538-64-23. Tlj midi et soir sauf dim. Plat 1 500 F.CFA le midi, à la carte le soir.* Un intérieur propre, une déco soignée, le sourire de Bernadette et des plats qui ont du goût (petit dessert offert aux bons clients). Spécialité de brochette de lotte et de thiof braisé. Le midi, *yassa, maffé...* C'est la recette de la maison pour vous faire passer un bon moment. Une pause qui s'impose !

Alain et Ely : *presque en face du Polimed (l'hôpital local) ; dans la rue qui mène au Tama Lodge, env 200 m après la fin du goudron, côté gauche. 📱 77-550-17-42. Tlj sauf lun midi et soir. Plats 3 500-5 000 F.CFA.* Simple, bien tenu, terrasse tranquille. Calamars au persil, filet de zébu ou de barracuda écrits à la craie sur un tableau noir...

La Grignotte : *sur la route principale (côté droit en venant de Dakar), face au stade. ☎ 33-957-33-66. 📱 77-368-88-49. Tlj 10h-minuit (dim 18h-minuit). Pizzas 3 500-5 000 F. CFA.* Sympathique snack (burgers, *chawarma*) réputé pour ses bonnes et croustillantes pizzas (une quarantaine de choix), pâtes, lasagnes...

Où boire un verre ? Où sortir ?

– **Attention :** prudence quand vous sortez la nuit à Mbour ! Évitez les maquis craignos, sortez à plusieurs et, pourquoi pas, en compagnie de gens du coin qui vous auraient été recommandés.

Quelques endroits sympas pour faire la fiesta dans le « vieux Mbour » : le bar-jardin **Caicédrat** *(rue Malick-Sy, face à la banque BICIS)* avec sa « soirée sénégalaise » hebdomadaire ou encore les concerts dansants certains soirs (vers 21h) et, parfois, les week-ends (avec repas à partir de 19h) au **Foyer Sainte-Marthe** *(juste à côté de l'église ; programme : 📱 77-501-24-70 ; entrée : 1 000 F.CFA).*

À voir. À faire

Succession de jolies ***plages*** tout le long de la côte, la plus belle devant le *Tama Lodge* (à l'extrémité de la rue de l'hôpital, celle qui part en face du stade). Elle accueille chaque soir les lutteurs à l'entraînement, véritables apollons d'ébène au corps sculptural. On y joue aussi au foot.

Le port de pêche : c'est le 2e port de pêche du pays, qu'il faut absolument arpenter en long, en large et en travers. Payez-vous les services d'un guide de l'office de tourisme *(compter 10 000 F.CFA, 1-5 pers ; voir « Adresses utiles », plus haut),* il vous donnera pas mal d'infos intéressantes sur les poissons, le fumage... Vers 18h, ne pas manquer le retour des pêcheurs. À peine les pinasses multicolores ont-elles franchi la barre qu'une horde désordonnée se jette sur elles pour rapporter sur la plage des paniers débordant de poissons argentés, de coquillages et de crustacés. Les femmes réceptionnent alors les précieuses marchandises, trient, écaillent, vident, ensanglantant la plage au passage, tapissant le sable d'écailles scintillantes... Un tableau haut en couleur, sur fond de soleil rougeoyant. Saisissant pour les yeux, bouleversant pour les narines ! Tout ça est expédié rapidement (enfin, façon de parler...) sous une *grande criée* très animée. Les poissons sans grande valeur partent pour la fumerie locale, tandis que les espèces nobles destinées à l'export sont acheminées vers des centres de conditionnement à l'hygiène chirurgicale, avant d'être vendues sur les étals des marchés européens...

Juste à côté, intéressant *chantier naval* où l'on construit des pirogues de différentes tailles, adaptées à chaque type de pêche. Couramment utilisées pour la pêche au filet, les plus grosses (les pinasses) peuvent transporter une trentaine de marins.

Le marché de Mbour : *à 200 m du port.* Un marché très vivant où l'on trouve fruits, légumes, poissons, viandes, tissus, épices et de la bimbeloterie de Chine. Là aussi, faites-vous accompagner d'un guide, et demandez-lui de vous montrer les étals des guérisseurs (vous trouverez tout le matériel nécessaire pour fabriquer un talisman et conjurer un sort) ou encore celui des pharmaciens traditionnels, des tailleurs, des électroniciens, sans compter la vaisselle en fonte d'alu et autres ustensiles de cuisine... Attention aux pickpockets !

La réserve écologique expérimentale de Mbour : *route de Joal, à 1,5 km du centre-ville, sur la droite. ☎ 33-957-11-08 (poste de garde) ou 77-819-23-74 (M. Diallo). Sur rdv : tlj sauf w-e 8h-16h (13h ven).* Géré par l'Institut de recherche pour le développement (IRD), il s'agit d'un sentier écologique (1,5 km) qui chemine dans la savane arbustive (nombreux oiseaux), et d'un écomusée.

NIANING

10 000 hab.

À 8 km au sud de Mbour, Nianing est d'abord un authentique village de pêcheurs qui s'étend le long d'une jolie plage. C'est ensuite une petite station balnéaire qui abrite l'un des plus gros complexes hôteliers du pays. On y trouve aussi quelques petits établissements soucieux d'intégrer leur activité dans la vie locale et de préserver les coutumes. D'ailleurs, les courses de pirogues demeurent le temps fort des fêtes de fin d'année... Un endroit sympa pour établir son camp de base.

Arriver – Quitter

Station des taxis : *sur la gauche de la route en venant de Mbour, en face de la* Bank of Africa. Liaisons quotidiennes A/R pour ***Mbour*** (250 F.CFA), ***La Pointe-Sarène, Mbodiene*** et ***Joal.*** Pour ***Dakar,*** des bus *N'Diaga N'Diaye* partent tôt le mat ; sinon, passer par Mbour.

Adresse utile

■ **Bank of Africa :** *au bord de la nationale. Fermé w-e.* Change, *Western Union* et distributeur (parfois en panne...). Sinon, les banques les plus proches se trouvent à Mbour.

Où dormir ? Où manger ?

Le Ben'tenier : *sur la droite de la route en venant de Mbour. ☎ 33-957-14-20. 77-443-16-15. • lebentenier.org • Double 30 000 F.CFA, petit déj inclus. Possibilité de ½ pens. Plats env 3 000-4 000 F.CFA.* Dans un beau jardin luxuriant et fleuri, des cases ventilées (pas de clim), de styles peul, sérère, bassari... Plafond en boudins de rônier. Douche froide privée (ou douche chaude commune), w-c, moustiquaires. Piscine. Spectacles certains soirs, pêche en pirogue, circuits découverte à thème (agence de voyages sur place : *Afrika Touki,* • *afrikatouki.com* •). Une bonne adresse, tenue par Nadine Diop, d'origine bretonne et qui, de plus, est très impliquée auprès d'associations locales et de la maternité de Nianing. Toutes les bonnes volontés sont d'ailleurs bienvenues pour aider à constituer des paquets de naissance, etc.

Casa Coco : *sur la plage. ☎ 33-957-35-36. 77-115-68-48. À 150 m de la route principale (panneau sur le côté droit de la route en venant de Mbour). Fermé de juil à mi-août. En ½ pens seulement, doubles 60 000-77 000 F.CFA selon standing. Plats 4 000-6 000 F.CFA. Barbecue dim midi 9 000 F.CFA.* Un ensemble de jolies cases africaines avec leur toit de paille, dissimulées sous les bougainvillées, autour de la piscine. Moustiquaire, clim, salle de bains dans chaque chambre. L'endroit ne manque pas de charme. De plus, la terrasse du resto donne directement sur la plage. Juste à côté, les propriétaires proposent des chambres dans des constructions récentes, à la déco moderne et à l'esprit moins africain. Là encore, belle piscine dans un jardin spacieux, avec vue sur le large. Poissons grillés, viandes, langouste sur commande. Groupe le vendredi soir. Excursions.

Le Coco Diop : *à env 50 m en retrait du goudron, sur la gauche en venant de Mbour. 77-570-94-04. Tlj midi et soir sauf lun. Plats 4 000-7 000 F.CFA. Pizzas 3 500-4 800 F.CFA.* Un patio intime et chaleureux (avec terrasse protégée et paillote), planté de palmiers pour se mettre au frais. Le cadre est vraiment très sympa, un tantinet classe (nappes et serviettes en tissu), et c'est à peine plus cher qu'ailleurs ! Quant à la cuisine, elle est classique mais fort bien exécutée. Langouste sur réservation. Un excellent rapport qualité-prix.

Le Petit Bonheur (Chez Pape) **:** *sur le côté gauche de la route en allant vers Joal, près de la station des taxis. 77-860-20-04. Tlj sauf mar 10h30-23h30. Plats 3 000-4 500 F.CFA, pizzas 1 800-3 500 F.CFA.* Un intérieur soigné et une petite terrasse avec vue sur la circulation. On y vient pour son gratin de poisson ou d'aubergines, le filet de zébu et la blanquette de lotte. Pizzas au feu de bois. Groupes et soirées musicales les lundi et jeudi soir.

Où dormir ? Où manger à La Pointe-Sarène ?

À mi-chemin entre Mbour et Joal, La Pointe-Sarène donne refuge à un petit village de pêcheurs, enclavé dans la nature sauvage, bordé de plages délaissées par les touristes. Un coin tranquille pour vivre à l'heure africaine.

➢ ***Pour y aller :*** à 2,3 km de Nianing, bifurquer à droite (panneau « Sarène Beach Club ») ; le village se trouve à 2 km environ...

Campement Le Mbind Sara : *dans le village, en bord de mer, en face de la plage. ☎ 33-957-73-19. 77-276-65-66. Double env 15 000 F.CFA, petit déj compris. ½ pens possible. Plat env 3 000 F.CFA.* Sur la plage, une dizaine de petites cases en dur avec toit de paille, ventilo, moustiquaire, douche et w-c. Simple et propre. Resto sur place avec des spécialités sénégalaises. Vue directe sur l'activité des pêcheurs.

MBODIENE-PLAGE

3 000 hab.

À environ 25 km au sud de Mbour, sur la route de Joal, le village de Mbodiene se distingue par son église à l'architecture presque mexicaine. Elle est célèbre pour ses vitraux réalisés avec des inclusions de bouteilles de verre dans le ciment ! Le dimanche, la messe en sérère, accompagnée des chœurs et tam-tams splendides, affiche une réputation qui a largement dépassé la paroisse. À environ 2,5 km du village, on atteint, par un réseau de pistes ensablées difficilement praticables pendant l'hivernage, la plage de Mbodiene qui

s'épanouit tranquillement au bord d'une lagune plantée de palétuviers, où nichent quantité d'oiseaux... Il faut alors traverser cette lagune peu profonde pour gagner la plage, immense et déserte.
– ***Important :*** les banques les plus proches se trouvent à Mbour ; faites vos réserves avant de venir.

Arriver – Quitter

🚗 ***Station des taxis :*** *sur la route principale Mbour-Joal, juste devant l'église.* Liaisons quotidiennes A/R pour ***Joal, La Pointe-Sarène, Nianing, Mbour*** et ***Dakar.***

Où dormir ? Où manger ?

Campement Le Thiossane *(Chez Alicia) : à env 3 km de Mbodiene, au bord de la lagune ; départ de la piste au niveau du village (panneau sur la droite de la route principale en venant de Mbour). En arrivant, klaxonner si le portail est fermé. 📱 76-588-10-25 ou 76-589-34-71. • lethiossane.com • Pour y aller, prendre un taxi collectif reliant Mbour à Joal, descendre à Mbodiene, puis finir en charrette... Huttes sénégalaises et chambres 7 000-14 000 F.CFA pour 2 ; petit déj compris pour les chambres seulement. Plat 3 500 F.CFA, menu env 7 000 F.CFA.* En pleine nature, au sommet d'une dune de sable arborée, ce campement un poil sommaire mais bien agencé propose des cases en dur toutes blanches. Matelas en mousse, moustiquaire et sanitaires communs (eau froide) corrects. Les huttes en paille sont vraiment sommaires. Belle salle commune pour refaire le monde après une rando (apporter sa bibine). En face, s'étire une lagune, véritable havre de paix pour de nombreux oiseaux : spatules, cormorans, grues, hérons, flamants roses et, certains jours, des centaines de pélicans. Accueil gentil comme tout. Une adresse au bout du monde pour les Robinsons en mal de naufrage.

JOAL-FADIOUTH

40 000 hab.

À 30 km au sud de Mbour, Joal est (officiellement) la ville natale de Léopold Sédar Senghor. Cette rivale de Mbour en matière de pêche artisanale s'étire le long d'une plage interminable et marque l'extrémité sud de la Petite Côte. Fadiouth, une île pittoresque située juste en face, reliée par un pont en bois, est devenue en quelques années une destination très prisée des touristes séjournant à Nianing ou à Saly. On aurait pu craindre le pire, mais les habitants se sont vite organisés pour monter un syndicat d'initiative et offrir aux visiteurs d'un jour services de guides et tout le toutim... Saluons cette initiative qui permet aujourd'hui de visiter Joal et ses environs sans (trop) se faire enquiquiner. Car, outre Fadiouth, la ville vaut vraiment le détour, avec son port, ses fumeries de poisson en plein air

UN CRABE VIOLONISTE

Les amateurs des mystères de la nature ne manqueront pas d'observer, depuis le pont de Joal à marée basse, les fameux crabes à une pince, dits « violonistes » (uca pugilator). *En fait, ces bestioles d'une étrange teinte violette ont une patte disproportionnée leur servant de pelleteuse ! Très utile pour se planquer dans la vase à l'approche d'un danger ou pour se battre contre un concurrent.*

et la maison du père du Père de la nation, sans oublier la mangrove et les alentours, où est encore fortement ancrée la culture animiste des Sérères.
– ***Important :*** les banques les plus proches se trouvent à Mbour ; faites vos réserves avant de venir.

Arriver – Quitter

Gare routière : *sur la route principale, à l'entrée nord de Joal, proche du port de pêche.* Liaisons quotidiennes A/R pour ***Mbodiene, La Pointe-Sarène, Nianing, Mbour*** et ***Dakar.***

Station des taxis : *à 100 m du rond-point, en direction de Djiffer, sur une place en léger retrait de la rue. Après 18h, les taxis-brousse partent depuis le parking situé au bord du rond-point (en face de la station Total).* Liaisons tlj dans les 2 sens avec ***N'Dangane, Palmarin*** et ***Djiffer.***

Où dormir ? Où manger ? Où boire un verre ?

Le Thiouraye : *côté lagune. 77-531-87-07 et 77-515-60-64. • lethiouraye.com • Au rond-point principal, prendre la direction de Djiffer, puis 3e rue à droite (juste avt le pont) ; c'est 200 m plus loin. Double 16 000 F.CFA, petit déj inclus. Plats 3 500-4 000 F.CFA.* Sympathique petite structure proposant 3 chambres simples, bien tenues, au confort correct (moustiquaires, ventilo, salle de bains avec douche froide). Agréable terrasse donnant sur la lagune et face à la mangrove. Poissons et poulet grillés (langouste sur commande) qu'on déguste dans la plénitude du soir...

Auberge Le Djembé : *sur la plage. ☎ 33-954-83-97. 77-094-58-74. • auberge-djembe.com • Au rond-point, prendre la direction de Fadiouth puis, 400 m plus loin, bifurquer à droite dans la rue qui longe le stade ; c'est au bout. Double env 28 000 F.CFA, petit déj compris. Plats 3 000-4 500 F.CFA.* Un petit établissement dans un bâtiment récent, qui ne fait pas de bruit, sans charme particulier, mais fonctionnel. Une poignée de chambres simples et très correctes avec moustiquaire, clim et salle de bains (eau chaude). Resto pour les résidents. Piscine de poche.

Hôtel Joal Lodge : *quartier Diamaguène. ☎ 33-954-82-48. 77-590-79-09. • joallodge@gmail.com • À env 200-300 m du rond-point, dans la rue qui part à droite de la station Total ; à 50 m de la plage. Double 25 000 F.CFA, petit déj inclus. ½ pens possible.* Des cases climatisées, dont une suite avec mezzanine, pour un ensemble assez harmonieux donnant sur un beau petit jardin. Cette structure, quoiqu'un peu défraîchie, a tout d'un riad version sénégalaise avec ses murs couleur latérite. On aime bien la petite piscine et la petite terrasse-paillote pour admirer la mer. Idéal pour siroter une liqueur de Warang. Plats sénégalais sur commande.

La Taverne du Pêcheur : *devant le pont de Fadiouth. ☎ 33-957-68-43. Ouv tlj ; cuisine jusqu'à 15h (bar ensuite). Plats 3 500-5 000 F.CFA.* Le plus bel emplacement de la ville, face à l'île de Fadiouth pour cette vaste terrasse au bord de l'eau, agréablement rafraîchie par la brise marine. Vue imprenable sur la lagune, le pont, le ballet des pirogues, sol en coquillages... On en oublierait presque les plats européens ou locaux, bien préparés. Sous des paillottes, l'endroit idéal en tout cas avant ou après la visite de l'île, y compris pour se désaltérer ou pour déguster une douzaine d'huîtres devant un verre de blanc.

Le Tann o Mack : *à 150 m du rond-point, en direction de Djiffer sur le côté droit, juste avt le pont. ☎ 33-954-83-79. 77-720-49-68. Tlj midi et soir. Plat env 2 000 F.CFA.* Là aussi, populaire rade le soir. Quelques tables en terrasse à l'arrière. Poissons et poulet grillés.

Havana Café : *à 50 m du rond-point, en direction de Djiffer sur le côté gauche (pas d'enseigne). Tlj jusqu'à 2h du mat.* Une courette avec paillote, tables et chaises pour s'envoyer des *Flag* en écoutant de la musique. Ça bouge un peu en fin de soirée.

Où dormir ? Où manger dans les environs ?

Hôtel-restaurant Baobab Lodge : *à **Diyabougou,** à 8 km en direction de Palmarin. 77-255-05-64. • babalodje@gmail.com • Doubles 30 000-35 000 F.CFA, petit déj inclus ; possibilité de ½ pens. Plats 4 000-7 000 F.CFA. Menu 8 500 F.CFA.* Juste en face du baobab sacré, ce *lodge* offre calme, confort et l'occasion de belles balades dans la nature environnante. Vaste jardin fleuri et piscine. Cases d'excellent standing (lit *king size,* clim, TV, certaines avec mezzanine) et une grande salle de restaurant bien fraîche (ouverte aux gens de passage). Cuisine correcte et accueil souriant.

À voir

L'ÎLE DE FADIOUTH

Un des endroits les plus intéressants du Sénégal. Profitez du calme et de la sérénité de l'île. Regardez, à marée basse, les femmes ramasser les coques et les enfants jouer au football sur le terrain... submersible ! Sentez le sol étincelant crisser sous vos pieds, car l'île est entièrement constituée de coquillages. Il s'agit de buttes artificielles que les habitants des premiers siècles de notre ère ont constituées pour maintenir l'île « à flot ». Aujourd'hui, des digues en béton contiennent l'avancée incessante de la mer. Derrière ces digues, des sécheries où dorent bernard-l'hermite et autres gros coquillages que sont les « camemberts sénégalais »...

L'île de Fadiouth est reliée à la côte par un pont de bois piéton de plus de 500 m de long, réalisé en 2005 par une entreprise française avec le soutien de la Banque mondiale. Sentimentaux, les habitants ont demandé de laisser en place les piliers en rônier de l'ancien pont démoli.

Le passage du pont est gratuit pour les insulaires. Les touristes, eux, sont invités à prendre un guide officiel en s'adressant au syndicat d'initiative. En raison des abus et de la multiplication des enquiquineurs, le ***syndicat d'initiative*** *(77-412-67-67 – Jean-Louis – ou 77-205-66-66 – Boubacar – ; • destinationjoalfadiouth.com • ; tlj 8h30-18h),* situé sur la place, face au départ de la passerelle, assure ce service. On y achète les tickets. *Env 5 000 F.CFA pour la seule visite à pied de l'île et du cimetière (4 pers max) ; 6 000 F.CFA en plus pour la visite en pirogue qui comprend les anciens greniers sur pilotis et le cimetière (11 000 F.CFA donc, 4 pers max). Dans les 2 cas, compter 1h-1h30 d'exploration.* Le système fonctionne bien. Cependant, on ne saurait trop vous conseiller de briefer votre guide au départ si vous voulez éviter de perdre du temps dans les boutiques de souvenirs ! Dernière chose, pensez à prendre des lunettes de soleil, car la réverbération est intense.

– La visite du ***village*** proprement dit, dont 90 % des habitants sont catholiques, est surprenante : on y découvre une société traditionnelle en miniature. L'île a beau être petite, elle est tout de même divisée en 6 quartiers et placée sous l'autorité d'un chef de village élu. Elle possède des lieux de réunion : une maison à palabres par quartier, où se prennent les décisions importantes, l'église (chorale accompagnée de djembé et guitare le samedi à 18h et le dimanche à 9h (grande messe avec chorale adultes) et à 11h (chorale enfants), ou encore la mosquée... Les ruelles animées de l'île, où gambadent quelques cochons, abritent des commerces aux noms amusants : *Auchan, Galeries Lafayette, Samaritaine,* etc. Tous les matins a lieu le marché dans la rue principale, surnommée « Champs-Élysées » tant ça bouchonne ! On trouve également une dizaine de petites boutiques d'artisanat local. Les coquillages sont partout : sur le sol, dans les murs des maisons... Seuls les moulins à mil et les oiseaux se permettent de troubler le silence. Si l'envie vous prend d'y résider, sachez qu'il existe un campement assez sommaire, le ***Saint Antoine de Padoue,*** avec des chambres rustiques mais à la propreté acceptable, équipées de sanitaires communs (📱 76-356-63-50 ; à deux pas de l'église, dans le quartier Ndayane ; le mieux est de demander le chemin). Compter 10 000 F.CFA pour 2. Pour le coup, une véritable insertion locale !

– Un autre pont de bois mène au ***cimetière de coquillages*** avec ses tombes en haut de la butte, tout en coquillages elles aussi. Par grand soleil, la blancheur du sol est aveuglante. C'est l'un des rares cimetières où tombes catholiques, musulmanes et un carré des familles mixtes cohabitent fraternellement.

– Une autre curiosité de Fadiouth, ce sont les ***greniers à mil,*** ces anciens garde-manger perchés sur pilotis (« ticket pirogue » à prendre au syndicat d'initiative). Autrefois, ce système devait protéger les récoltes contre les incendies et les rats. On peut en voir également dans certains *bolongs* du Sine-Saloum...

ESPRIT SAIN

L'église de l'île de Fadiouth, inaugurée en 1881, fut payée en partie par les musulmans alors que la mosquée fut construite avec une large participation financière des catholiques ! Dans le même (bon) esprit, le cimetière est l'un des deux seuls mixtes du Sénégal avec celui de Ziguinchor. En n'oubliant pas le baobab sacré à proximité pour les animistes chrétiens, voici un magnifique exemple de tolérance et de syncrétisme...

– Le coin regorge d'***îles*** et d'***îlots*** déserts accessibles en pirogue : pour un après-midi de bronzette peinard, faites-vous conduire à la plage des Mouettes, par exemple, sans oublier de préciser au piroguier l'heure à laquelle il doit venir vous rechercher.

– Enfin, pour celles et ceux qui n'ont pas froid aux yeux, sachez qu'ici, à Fadiouth, la gent masculine d'une population majoritairement chrétienne ne crache pas sur les p'tits canons. Elle se retrouve pour picoler dans les « coins », ces lieux informels souvent situés dans les arrière-cours. Les aventuriers essaieront le vin de palme ou encore le soum-soum, l'alcool obtenu après fermentation de la pomme de cajou.

AILLEURS À JOAL

Le port : *à la sortie de la ville en direction de Dakar ; au bout de la rue qui part en face de la gare routière.* Beaucoup moins d'attrape-touristes qu'à Mbour. Le spectacle est peut-être un peu moins saisissant mais il vaut quand même son pesant d'arachides.

Les fumeries de poisson : *à env 2 km du rond-point en direction de Dakar, bifurquer à droite juste avt le château d'eau ; c'est 800 m plus loin.* C'est ici qu'on fume le 2d choix, ces poissons qui arrivent par charrette directement du port et qu'on serre les uns contre les autres sur des linéaires et des linéaires de claies pour les fumer. Ils sont mis en sac et expédiés dans les pays voisins (souvent transformés en farine comme nourriture animale). Le site est alors noyé dans un épais brouillard très odorant. Pensez-y si vous avez un rencard le soir même ou alors changez de vêtements !

La maison de Senghor : *en ville, sur le bord de la nationale. 📱 77-541-39-61 (Étienne). Tlj sauf lun 9h-13h, 15h-18h. GRATUIT.* C'est « Mbiin Diogoye », littéralement « la maison du lion » en sérère, puisque c'est comme ça que Léopold appelait son père. Le papa de Senghor était un richissime homme d'affaires qui, tout en étant chrétien, n'avait pas moins de 5 épouses ! La maison en elle-même ne vaut d'être visitée que si Étienne, conservateur du lieu, vous en commente la visite, car elle fut déterminante dans l'œuvre du poète-président. Aujourd'hui, avec ses murs usés et ses photos surannées, tout ça sent un peu la naphtaline. Petite expo sur l'homme, son ascension politique, et sur la culture sérère.

DANS LES ENVIRONS DE JOAL

À 7 km au nord de Joal-Fadiouth sur la route de Mbour, face au séminaire de Ngazobil, débute une piste qui va jusqu'à Nguéniène (20 km). Sur le chemin, on peut voir la vieille église du village de ***Ndianda,*** qui offre la silhouette attendrissante d'une chapelle bretonne. C'est l'un des plus anciens monuments de la Petite Côte. Classée Monument historique, ce qui devrait la sauver de la ruine... Au bout de la route, après environ trois quarts d'heure de piste, on atteint ***Nguéniène,*** village de brousse où se tient ***chaque mercredi, un grand marché aux bestiaux.*** On y vient de tout le pays et même de Mauritanie et du Mali (taxi collectif le mercredi matin depuis Joal-Fadiouth).

Le baobab « sacré » : *à env 8 km au sud de Joal, au bord de la route en direction de Djiffer.* C'est, dit-on, le plus gros baobab du Sénégal ! Bon, chaque région a son baobab géant... quant à être sacré, là aussi, il y aurait à redire... Complètement creux, il a servi un temps d'habitation à des marabouts en retraite spirituelle, et même à des bandits en cavale ! Très « visité », il est malheureusement cerné par des boutiques de marchands d'artisanat qui peuvent décourager de s'en approcher... La région est aussi très fertile en manguiers, dont les vergers bordent les pistes de leurs masses d'un vert d'une étonnante densité.

Mangado : ***à Fadial.*** *77-175-88-48. À 1,5 km du baobab sacré, en direction de Djiffer ; dans le village, sur le côté gauche de la route. Tlj sauf dim (pas d'horaires fixes, il y a souvent quelqu'un sur place).* Une petite entreprise montée grâce à l'appui de Dominique, une Française, qui élabore de bonnes confitures artisanales de mangue. Ce qui a permis, au passage, de créer quelques emplois dans le village. Également du chutney de mangue et autres confitures (pomme de cajou, banane, goyave). Une initiative à soutenir. Possibilité de visite du verger de manguiers, sur résa.

Mbissel : *à 5,5 km au sud du baobab sacré, en direction de Djiffer.* Ce petit village de brousse est l'ancienne *résidence des rois du Sine.* Près du cimetière, une enceinte protège la tombe très vénérée du roi Meïssa Waly Dione, fondateur du royaume du Sine, mort au XIVe s, sur laquelle on trouve également les traces de cérémonies rituelles. À l'entrée, l'image d'un éléphant évoque le poème de Senghor : *L'Éléphant de Mbissel...* La visite s'effectue en compagnie de François, le guide qui habite à côté *(77-473-93-18 ; compter 1 000 F.CFA/pers).* Par respect pour le lieu, il convient de se déchausser pour entrer dans l'enceinte. Dans un autre coin du village, on observe un curieux cercle constitué d'une quantité d'antiques pilons à mil cassés, disposés concentriquement avec les traces blanchâtres des libations accompagnant les cérémonies animistes. Le rituel est destiné à éloigner la malédiction. Là encore, une personne est chargée d'accompagner le visiteur sur le site, mais le prix de la visite est carrément abusif *(5 000 F.CFA pour le groupe ; demander Thérèse dans le village).*

LE SINE SALOUM

• Carte *p. 174-175*

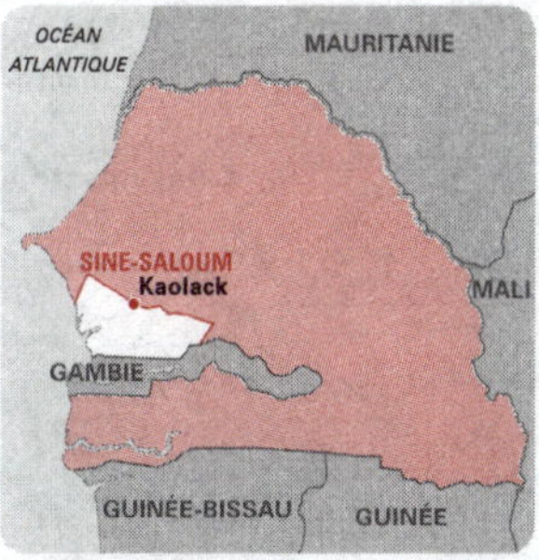

À moins de 200 km de Dakar, le delta du Saloum est certainement l'une des régions naturelles les plus étonnantes et magnifiques du Sénégal, inscrite au Patrimoine mondial par l'Unesco en 2011. Situé au confluent des fleuves Sine et Saloum, il couvre quelque 334 000 ha qui se divisent en 9 forêts classées, 2 aires marines protégées, 2 réserves naturelles communautaires, sans oublier les 76 000 ha du parc national du delta du Saloum ; le tout classé « Réserve mondiale de la biosphère » par l'Unesco et « Zone humide d'importance internationale » (Ramsar). Un pedigree de choix pour des vacances inoubliables !

Coincé entre la Petite Côte et la Gambie, le delta du Saloum recèle un fouillis inextricable de milliers d'îles, canaux et bancs de sable, où la mangrove – cette formation végétale composée de palétuviers surgis de l'eau – s'épanouit sans compter. C'est aussi l'un des plus grands sites ornithologiques d'Afrique de l'Ouest, après le banc d'Arguin (Mauritanie) et le Djoudj (au nord de Saint-Louis-du-Sénégal), où cohabitent près de 200 espèces d'oiseaux (pélicans, marabouts, sternes, hérons, aigrettes et, encore plus remarquables, aigles pêcheurs...), sans oublier une profusion de poissons, coquillages et crustacés (barracudas, thiofs, mérous, huîtres de palétuvier, crabes violonistes...).

À côté de cette beauté sauvage exceptionnelle qui vaut au delta le surnom d'« Amazonie du Sénégal », on découvre d'authentiques villages isolés de pêcheurs – la pêche étant l'activité majeure de la région – séchant et fumant poissons et coquillages sur la plage, ou, comme à Niominka, des artisans qui travaillent le bois... Chaque île du delta a son caractère et ses traditions encore bien vivantes, où la *teranga* (« hospitalité » en wolof) signifie toujours quelque chose ! Le Sine Saloum compte aussi d'anciennes villes coloniales comme Kaolack ou Foundiougne, conservant le charme suranné de leurs vieux bâtiments administratifs, maisons de commerce, ports et entrepôts, dont l'activité était étroitement liée à la culture de l'arachide, secteur aujourd'hui en crise...

– ***Important :*** se promener en pirogue dans le delta, s'enfoncer silencieusement dans les *bolongs* (bras de mer) au milieu des oiseaux, rencontrer les habitants des villages reculés ou pratiquer la pêche... tel est le beau programme qui s'offre à vous. Souvent, hélas, un peu cher. On conseille donc de se grouper pour louer des pirogues et, bien entendu, de discuter les prix. Ces derniers variant fréquemment, renseignez-vous à droite, à gauche, et croisez vos infos pour avoir une idée juste des tarifs et de la moralité des piroguiers. Le mieux est aussi de demander conseil aux gérants des campements et hôtels.

PRESQU'ÎLE DE PALMARIN – DJIFFER

C'est une étroite langue de terre sauvage, serrée entre l'océan Atlantique à l'ouest et les eaux paisibles du delta du Saloum à l'est. Elle s'étire sur

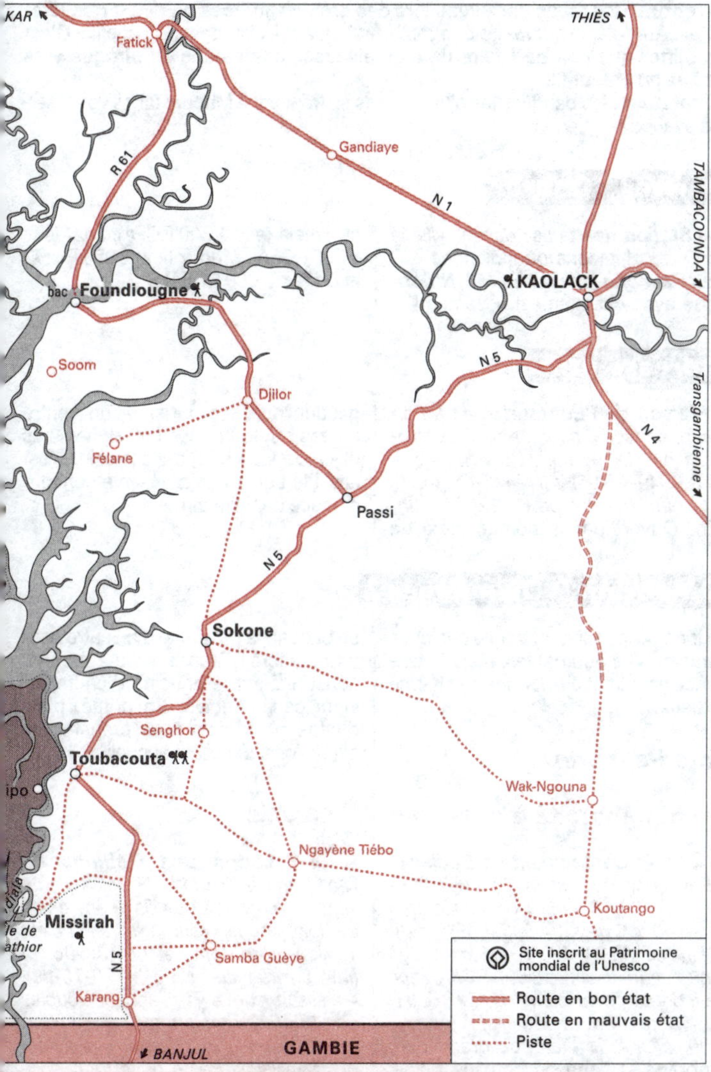

une dizaine de kilomètres du nord au sud, de Palmarin (qui se divise en 4 quartiers : Ngallou, Ngueth, Gounoumane et Diakhanor) à Djiffer. Elle est bordée de plages de sable fin, pas toujours très propres malheureusement, de lagunes, de végétation dense, de paysages désertiques salés, etc. Mais le problème c'est qu'au fil des ans, la mer monte, monte... et grignote toujours un peu plus cette fragile péninsule. Le village de Djiffer, cet important port de pêche planté à la porte du delta, à l'extrémité sud de la péninsule,

se retrouve les pieds dans l'eau lors des grandes marées ou des fortes tempêtes. Au-delà, la *pointe de Sangomar* est, quant à elle, devenue une île. C'est de Djiffer que l'on part faire de merveilleuses excursions en pirogue vers les îles du Saloum...

– ***Important :*** les banques les plus proches se trouvent à Mbour ; faites vos réserves avant de venir.

Arriver – Quitter

Station des taxis : *dans le village de Djiffer.* Liaisons quotidiennes A/R pour ***Palmarin*** (env 400 F.CFA), ***N'Dangane*** avec changement à Samba Dia et Fimela (env 1 300 F.CFA), ***Joal*** (env 1 300 F.CFA), ***Mbour*** (env 2 000 F.CFA) et ***Dakar*** (3 000 F.CFA).

Adresse utile

Maison de l'Écotourisme : *à Palmarin, en face du campement* Le Djidjack *(voir « Où dormir ? Où manger ? »).* *☎ 33-949-41-95. 74-445-86-36. Tlj sauf dim en principe 8h-12h30, 15h-18h.* Ouvert par le comité local de gestion de l'écotourisme, un centre d'infos qui fournit les renseignements utiles sur les visites dans le coin. C'est aussi le bureau de la réserve communautaire de Palmarin.

Où dormir ? Où manger ?

Le long de la route, on trouve quelques campements abordables, mais la tendance est plutôt aux *lodges* de charme luxueux.

Vers Palmarin

De bon marché à plus chic

Campement Le Djidjack : *à Palmarin, côté océan. ☎ 33-949-96-19. 76-669-03-71. • djidjack.com • Bungalow 2 pers 34 000 F.CFA, petit déj inclus, 52 000 F.CFA en ½ pens ; en tente mauritanienne, 8 000 F.CFA/pers, petit déj compris ; camping env 3 500 F.CFA/pers. Plat 5 000 F.CFA ; repas 9 000 F.CFA.* Dans ce grand parc ombragé et fleuri en bord de plage, de belles cases de différentes tailles (2-6 personnes), construites dans le style local, avec salle de bains carrelée, eau chaude, moustiquaire ; propreté sans faille. Également une tente mauritanienne proposant 8 couchages comme un dortoir (moustiquaire fournie mais pas les draps ni les couvertures ; sanitaires communs, douche froide). Jolie piscine et terrasse perchée dans un baobab, à proximité d'un autre baobab... sacré ! Grande salle à manger construite sur le principe d'un impluvium casamançais. En prime, plein d'infos sur le coin pour préparer les excursions. Excellent accueil.

Très chic

Lodge des Collines de Niassam : *à Palmarin-N'Gallou, côté lagune ; à l'entrée du village en venant de Joal, panneau sur la gauche ; c'est 1,5 km plus loin. 77-639-06-39 (info en français : 06-24-70-75-99). • niassam.com • Tte l'année. Doubles env 135-222 € en ½ pens selon hébergement et emplacement ; également des familiales. Resto ouvert aux non-résidents : menus 8 000 F.CFA le midi, 15 000 F.CFA le soir.* De magnifiques cases perchées dans les baobabs, sur pilotis en bord de lagune (paradisiaques pour les rêveurs et les contemplatifs), ou encore installées côté jardin fleuri. Les intérieurs sont superbes, avec salle de bains (seaux d'eau chaude) et terrasse privée pour profiter du cadre exceptionnel : vénérables baobabs, ponton privé pour gagner une petite île, anciens greniers à mil sur pilotis, ballet de pirogues et d'oiseaux, ainsi qu'une piscine. Cuisine raffinée. Propose plusieurs excursions. Rien ne manque, dans une ambiance un peu (trop) privilégiée tout de même.

L'île M'Boss Dor : *sur l'île de M'Boss Dor, dans le delta du Saloum. 77-541-96-83 (nov-juin). En France : 05-58-77-91-89 (juil-oct). • mbossdor.com • Accès après 15 mn de piste depuis le village de Palmarin (rdv avec les propriétaires, Édith et Frédérick, au garage face à la mosquée), puis traversée de 15 mn en pirogue. Ouv de mi-oct à mi-juin. Résa obligatoire (min 2 j. avt). Double env 108 000 F.CFA en pens complète (formule table d'hôtes), eau et vin compris. Ajouter le transport (2 000 F.CFA) et le droit d'entrée dans la réserve (2 000 F.CFA/pers).* Dans cette île privée sauvage, perdue dans les mangroves du fin fond du delta, voici 4 bungalows en bois sur pilotis, décorés avec beaucoup de goût et équipés de w-c, douche, moustiquaire et terrasse privée. Chaleureuse case à palabres faisant office de resto-bar-salon. Tenu par un couple de Français proposant aussi des balades en brousse et en pirogue, kayak et ULM, pêche... Baignade depuis la plage de sable. À propos, pour familles ou bande d'amis, possibilité de louer toute l'île ! Une adresse de charme vraiment très intime.

Vers Djiffer

De bon marché à prix moyens

Campement de la Pointe de Sangomar : *à Djiffer, à l'entrée du village, juste avt le rond-point, côté gauche. 77-536-44-25. Doubles 14 000-22 000 F.CFA avec ou sans salle d'eau, petit déj inclus ; 24 000-32 000 F.CFA en ½ pens. Plat 3 000 F.CFA.* Un paisible jardin ombragé par des cocotiers, accolé à une plage de sable blanc colorée par les pirogues, face à la lagune. Des cases à l'entretien parfois moyen mais tout de même plaisantes, avec ou sans salle de bains privative et moustiquaire. Agréable resto-paillote au bord de l'eau. Super randos en kayak avec bivouac sur une île, pêche... Une adresse accueillante.

La Tulipe Noire : *4 km avt Djiffer, sur la droite de la route. 77-372-29-96 et 76-878-34-86. • latulipenoiresenegal.com • Ouv tte l'année. Double 20 000 F.CFA, petit déj inclus ; 38 000 F.CFA en ½ pens. Plat 5 000 F.CFA.* Petite adresse tranquille qui propose des cases et des chambres dans un jardin qui donne directement sur la plage. Chambres simples, décorées de jolis tissus africains et bien tenues. Ventilo, moustiquaire, salle de bains avec douche froide. Une adresse pour s'isoler à prix raisonnables.

Plus chic

Ecolodge de Palmarin : *4 km avt Djiffer, sur la droite de la route, à hauteur du château d'eau (panneau). 33-957-00-57. 76-739-06-91. • ecolodge-senegal.com • Fermé sept. Double 56 000 F.CFA en ½ pens. Repas 7 500 F.CFA.* Une vingtaine de bungalows en terre ocre, réunissant éléments sérères et peuls. Une architecture originale et une belle unité de l'ensemble qui forme comme un petit village, parfaitement intégré au paysage. Les cases, avec sanitaires (douche chaude parfois défaillante), sont ventilées. L'océan et son immense plage sont tout proches, tellement proches d'ailleurs qu'on s'endort bercé par le bruit des vagues... Activités incluses dans le prix : sorties en pirogue et pêche, VTT. Une bien belle adresse.

À voir. À faire

Balades en pirogue : *départ de l'embarcadère de Djiffer ; à l'entrée du village, bifurquer à gauche au rond-point, c'est tt au bout.* Comme d'habitude, essayez de former des groupes pour payer moins cher. Un contact sérieux, recommandé par les hôtels du coin : *Pape Ndiaye* (📱 77-553-70-00). Pour ceux qui aiment l'aventure, on suggère le village de *Niodior,* sur une île du delta (pirogues régulières chaque jour), ou celui de *Dionewar.* On peut dormir chez l'habitant.

Le village de Djiffer : *à la pointe sud de la péninsule.* On peut dire que la carte postale locale n'a guère bougé depuis longtemps (à part le téléphone portable et les boutiques de réparation). On y voit les pêcheurs qui réparent leurs filets, quelques gargotes d'où s'échappe le fumet du *thiéboudienne,* des cabanes de bric et de broc... On conseille surtout d'assister au retour de pêche en fin d'après-midi. Scènes colorées immuables garanties !

À l'entrée de **Palmarin (quartier de Ngallou),** sur la gauche de la route en venant de Joal, ne manquez pas les curieux ***puits de sel*** non reliés à la mer. La technique est originale : au départ, l'exploitant creuse un trou profond de 2 ou 3 m, au fond duquel l'eau salée, qui imbibe le sol, forme une petite flaque. Le trou se remplit d'eau douce à la saison des pluies. Celle-ci se charge en sel par apport de la nappe sous-jacente. Le soleil provoque l'évaporation, et le sel se dépose sur les parois. L'alternance des trous et des tas de sel, à côté des anciens greniers à mil sur pilotis, compose des paysages uniques, et inoubliables à la tombée de la nuit.

La réserve naturelle communautaire de Palmarin : *s'adresser à la maison de l'Écotourisme (voir « Adresse utile », plus haut). Droit d'entrée : 2 000 F.CFA ; guide officiel obligatoire : 5 000 F.CFA ; loc de charrette 7 000 F.CFA pour 4 pers.* La réserve couvre près de 10 500 ha, entre mangrove, forêt et littoral. On peut y observer des chacals, et même des hyènes, à la tombée de la nuit. Il existe 2 circuits (compter env 1h30-2h) : celui qui permet d'observer en principe des hyènes (départ vers 17h) ; l'autre fait un tour plus complet dans la réserve. Les deux partent des puits de sel.

N'DANGANE

1 000 hab.

On arrive au quartier « Campement » de N'Dangane – « le havre » en wolof – par une route qui se jette dans la mer. C'est le coin où résident les touristes et où se trouvent nos adresses. Quelques centaines de mètres plus à l'ouest, on aperçoit le quartier des pêcheurs, N'Dangane Sambou, où vivent les habitants. Situé au bord du delta du Saloum, N'Dangane constitue souvent une première étape dans l'exploration de cette région fabuleuse. On y loue des pirogues pour se rendre sur l'île de Mar Lodj, havre de paix insoupçonné, ou pour partir à la découverte des villages perdus dans les mangroves, plages superbes, nature luxuriante... Ne pas oublier non plus la région autour de Fimela, à quelques kilomètres au nord de N'Dangane, parmi vergers et bords de fleuve alanguis. On y trouve de bien belles adresses, au cœur de la vie sénégalaise.

– ***Important :*** les banques les plus proches se trouvent à Mbour ; faites vos réserves avant de venir.

Arriver – Quitter

Station des taxis : *dans le quartier des pêcheurs. Les taxis-brousse s'arrêtent aussi au niveau du rond-point dans la rue principale, à N'Dangane Campement.* Taxis-brousse pour ***Fimela.*** De Fimela, liaisons pour ***Samba Dia, Joal, Mbour, Dakar*** et ***Fatick*** (d'où l'on rejoint Foundiougne ou Kaolack).

Adresses utiles

■ ***Bureau d'accueil et d'informations touristiques :*** *à N'Dangane-Campement, bâtiment à gauche de l'embarcadère. Tlj 8h-17h.* Quelques infos sur le coin.

■ ***GIE des piroguiers :*** *dans le même bâtiment que le bureau d'accueil et d'informations touristiques, à gauche de l'embarcadère. 📱 77-575-45-20.* Un regroupement de piroguiers propose des tarifs fixes (assez chers, cela dit), de l'heure à la journée. Compter par exemple 30 000 F.CFA/pirogue pour 2h sur l'île de Mar Lodj et l'île aux Oiseaux.

■ ***Les aventuriers du Saloum :*** *à N'Dangane-Campement. ☎ 33-945-95-83. 📱 77-972-99-94. • guidesinesaloum.com •* Dans la rue qui part à droite au niveau du rond-point principal (en arrivant dans le village) ; c'est à 100 m. Une agence sérieuse tenue par Pierre Diouf et son frère. Organise différentes excursions et circuits personnalisés dans le Sine Saloum, et même au-delà (pirogue, kayak, bivouac, etc.).

Où dormir ? Où manger ? Où boire un verre ?

Bon marché

🏠 ***Le Barracuda** (Chez Mbacké) : dans la rue principale, à 50 m de l'embarcadère. 📱 77-559-32-29. Double 15 000 F.CFA, petit déj inclus. Supplément pour la clim.* Petite structure moderne sans charme particulier, basique mais bien tenue et au confort correct : salle de bains, moustiquaire, ventilo ou clim (en principe)...

Prix moyens

🏠 🍽 ***Campement Auberge Bouffe :*** *depuis la rue principale, prendre la piste à gauche env 150 m avt l'embarcadère. ☎ 33-949-93-13. 📱 77-786-54-48 et 77-791-38-05. • aubergebouffe.com • Tte l'année sauf resto fermé de fin mai à fin oct. Double 26 000 F.CFA, petit déj inclus ; 36 000 F.CFA en ½ pens. Menu 6 000 F.CFA.* 📶 Une adresse antimorosité, tenue par un couple suisse qui a misé sur la profusion de couleurs, de la salle de resto accueillante au jardin fleuri. Les chambres ventilées avec terrasse (douches froides et toilettes séparées) sont tout aussi guillerettes, dans des cases en dur, et le tout a poussé autour d'un baobab séculaire. Au resto (pour les résidents, sur résa seulement), délicieuse cuisine bio. Massages, piscine... Un avantageux cocktail qualité-prix-accueil.

🏠 🍽 ***Le Cormoran :*** *dans la rue principale, sur la droite 100 m avt l'embarcadère. ☎ 33-949-93-16. 📱 77-619-45-84. • lecormoran.net • Double 27 000 F.CFA, petit déj inclus ; 38 000 F.CFA en ½ pens, taxe en sus.* 📶 Cases bien tenues, de confort correct (ventilo, clim, sol carrelé). Certaines sont plus récentes que d'autres. Petite piscine. Bon accueil.

🏠 🍽 🍸 ***La Maroise :*** *dans la rue principale, sur la droite, 300 m avt l'embarcadère. 📱 78-131-95-15. • lamaroise.com • Double 22 000 F.CFA, petit déj et taxe en sus. Plats 3 500-6 000 F.CFA.* 📶 Chambres avec AC, TV, moustiquaire et salle de bains privative (eau chaude), simples et plutôt plaisantes. Au resto, quelques plats du jour de qualité régulière, mitonnés en fonction de la pêche et du marché. Plats sénégalais sur commande. Terrasse couverte idéale pour boire un verre en soirée avec vue directe sur l'animation du village.

Très chic

🏠 🍽 ⛱ ***Les Cordons Bleus :*** *depuis la rue principale, prendre la piste à gauche env 150 m avt l'embarcadère (panneau). ☎ 33-949-93-12. 📱 77-403-80-56. • hotel-lescordonsbleus.com • Fermé en sept. Double en ½ pens (demandée oct-juin) 70 000 F.CFA pour 2. Juil-sept, possibilité de chambre avec petit déj, env 54 000 F.CFA pour 2. Plat 5 000 F.CFA, menu env 10 000 F.CFA.* 📶 C'est l'adresse de charme du village. Des cases en dur dispersées dans un gentil jardin avec plage donnant sur le delta. Déco ethnique soignée et tout confort : salle d'eau (chaude), clim, coffre... 2 piscines et une petit bain pour les enfants, minigolf et resto de bonne tenue (ouvert aux non-résidents). Propose des excursions.

Où boire un verre ?

Les Piroguiers : à l'embarcadère. Pied dans l'eau, l'endroit privilégié pour siroter un jus de bissap ou descendre une *Gazelle*... Possibilité d'y grignoter.

Où dormir ? Où manger dans les environs ?

À Djilor Djidjack

Village paisible à 6 km au nord de N'Dangane et à 2 km au sud de Fimela, sans doute le village natal de Léopold Sédar Senghor (même si, pour l'état civil, c'est Joal-Fadiouth où la naissance du futur président a été déclarée quelques mois après celle-ci). En tout cas, il y passa son enfance. On y trouve également le *Miam-Miam,* l'une de nos meilleures adresses gastronomiques dans le coin, et un superbe musée d'art traditionnel. Au fait, un truc tout bête : si vous souhaitez vous orienter sur *Djilor Djidjack* avec Google Earth, tapez... *Guilor,* sinon vous avez des chances de vous retrouver à *Djilor Saloum* (à quelques dizaines de kilomètres !).

La Source aux Lamantins : *dans le village. ☎ 33-949-50-08. 77-241-23-03. • lasourceauxlamantins.com • Fermé sept. Selon saison, doubles 44 000-47 000 F.CFA, petit déj inclus ; 63 500-67 000 F.CFA en ½ pens. Menus 8 000-10 000 F.CFA.* Il ne manque rien à cet « espace écotouristique et culturel » : un environnement privilégié au bord de la mangrove, une cuisine gastronomique (le chef s'est formé chez les grands à Dakar), une piscine et des chambres confortables, décorées avec goût. Douche froide. 2 restaurants, l'un dans une salle panoramique s'inspirant d'un impluvium ou, encore mieux, sur un ponton, posé sur l'eau. On ne peut plus romantique ! L'autre, le *Maquis,* plus populaire, n'est ouvert que le week-end. Excursions possibles dans la région, ainsi que des visites guidées de sites liés à Sédar Senghor. Accueil pro et patronne dynamique !

Restaurant Miam-Miam : *dans le village. 77-172-74-26. Tlj midi et soir. Plats env 3 500-6 000 F.CFA.* Dans les Jardins d'Aïda, superbe environnement, calme et relaxant. Restaurant proposant une remarquable cuisine française et africaine, préparée à base de produits de qualité (volailles de l'élevage maison, poisson de toute fraîcheur, légumes bio du potager). Vous y trouverez même un hachis de confit de canard aux patates douces (sur commande) et de délicieuses échappées vers la cuisine asiatique. Bar et terrasse fort agréables. Au fond du jardin, le propriétaire, Réginald, propose également des nourritures spirituelles avec un *musée d'Art et d'Histoire des cultures d'Afrique de l'Ouest* (lire « À voir. À faire » plus loin).

Au nord-est, autour de Fimela

À 7 km au nord-est de N'Dangane, village tranquille au bord du delta pour profiter de la vie. De Fimela, possibilité de gagner l'**île de Simal,** la seule du Sine Saloum reliée à la terre ferme par une digue.

Station des taxis : *au centre de Fimela, près de la station* Total. Taxis-brousse et taxis collectifs pour ***Samba Dia, Joal, Mbour, Fatick.***

De plus chic à très chic

Ecolodge de Simal : *sur l'île de* ***Simal,*** *à 5 km de Fimela. 78-435-10-27 (sur place) et 77-403-63-63 (résa). • ecolodgedesimal.com • Depuis Fimela,* *accès par une digue ; traverser le village de Simal, c'est 300 m plus loin. Fermé 15 août-30 sept. Double 62 000 F.CFA en ½ pens, activités comprises ; possibilité de pens complète. Plat 5 000 F. CFA. Repas 7 500 F.CFA. Réduc à partir de 3 nuits.* On est sous le charme de ce surprenant village de cases peules en matériaux locaux (murs et toit en paille), nichées au bord du delta. Chacune dispose d'une moustiquaire et d'une salle d'eau dans un enclos en plein air. Repas servis au bord de l'eau. Piscine. Balades en pirogue, en calèche, pêche à la palangrotte... Une excursion gratuite en 4x4 à partir d'un séjour de 3 nuits. Une atmosphère de bout du monde, propice à un repos total.

Souimanga Lodge : à **Fimela.** *77-638-76-01 ou 77-511-49-12 et 77-638-76-01. • souimanga-lodge.com • À 500 m de la sortie de Fimela, en direction de Dakar, panneau sur la droite ; c'est 1 km plus loin. Fermé de fin août à mi-oct. Selon vue (jardin ou lagon), doubles 132 000-148 000 F. CFA, petit déj inclus ; 154 000-148 000 F.CFA en ½ pens ; réduc mai-oct. Pour ceux qui ont gagné au loto, suite avec piscine privée. Menus (sur résa seulement) env 11 000-15 000 F. CFA.* Isolés entre mer et savane, au cœur d'un charmant jardin luxuriant et fleuri, une poignée de bungalows en bois sur pilotis, aménagés avec un goût exquis et raffiné. Le resto (ouvert aux non-résidents) propose de succulents menus gastronomiques, servis dans une jolie salle chic et panoramique. Apéro sur le ponton, massages en plein air... Piscine à débordement dont la ligne d'horizon se confond avec la lagune. Nombreuses activités proposées. Une adresse zen et de charme, pour ceux qui en ont les moyens...

À Yayème

À 10 km au nord de N'Dangane et à 2,5 km de Fimela. Un petit village bénéficiant d'un microclimat privilégié. Tout y est plus vert qu'ailleurs. Exubérante végétation, forêt de rôniers et de baobabs, riches vergers et en prime, un grand fromager... Lacis de ruelles révélant un paisible mode de vie et une très belle adresse pour résider et vivre au rythme du village.

Boundao Lodge : *dans le village. 77-700-07-88. • boundaolodge.com • Fermé juin et sept. Doubles ventilées ou climatisées 59 000-65 000 F.CFA en ½ pens. Repas env 8 500 F.CFA.* Un adorable campement bien inséré dans le village, noyé dans la végétation et offrant des cases traditionnelles en banco ou en treillis de bois. Intérieur de charme, plafond en « boudins de rônier », beaux tissus et bon confort. Certaines cases disposent d'une salle de bains en plein air. Au milieu de cet éden, une agréable piscine haricot. Case ouverte et longue table d'hôte pour la bonne cuisine (française et sénégalaise) de l'hôtesse. Excursions multiples. On serait tenté de dire lieu magique !

À voir. À faire

***Le musée d'Art et d'Histoire des cultures d'Afrique de l'Ouest** (MAHICAO) :* à **Djilor Djidjack.** *Dans le magnifique parc du* Restaurant Miam-Miam. *77-164-98-83. • mahicao.org • En principe, tlj 10h-13h, 15h-18h. Entrée : 2 000 F.CFA ; réduc.* Dans une belle structure créée spécifiquement pour ça, présentation de près de 500 objets d'art, masques, sculptures, bijoux traditionnels, costumes et tant d'autres fascinantes choses... Collectés par Réginald, passionné d'art africain. Riche survol de l'histoire culturelle de l'Afrique du néolithique saharien à nos jours... Statuettes en terre cuite, poteries, masques ibo du Nigeria, antilopes bambara, nombreux objets domestiques anciens, galerie de photos des œuvres du musée Barbier-Mueller (de Genève)... Bibliothèque pour les enfants et collection de catalogues d'expo. À ne point manquer !

Balades en pirogue : se renseigner auprès de son hébergement ou du GIE des piroguiers (voir « Adresses utiles », plus haut) sur les nombreux *bolongs* qui sillonnent le delta. Les ornithologues amateurs ne manqueront pas l'île aux Oiseaux, qui sert de reposoir, la nuit, à des dizaines de hérons, aigrettes, pélicans...

Balades en calèche : dans la forêt de rôniers. L'occasion de saisir, tôt le matin ou en fin d'après-midi, une agréable atmosphère de brousse au rythme nonchalant des chevaux...

DANS LES ENVIRONS DE N'DANGANE

L'ÎLE DE MAR LODJ

Mar Lodj, une île très étendue (150 km²) face à N'Dangane (où se trouve l'embarcadère), est un peu un paradis tranquille où il fait bon vivre. L'île compte 4 villages pour environ 6 000 habitants, qui vivent essentiellement de la pêche (la zone est l'une des meilleures du Sénégal), de l'élevage et d'un peu de culture... Dans des paysages assez dépouillés par le sel et où alternent savane, champs et mangroves, on se déplace en charrette tirée par un âne ou un cheval, car les distances peuvent difficilement se faire à pied. Arrêt obligatoire à l'église du village de Mar Lodj pour sa Vierge noire et sa messe du dimanche à 10h au son des tam-tams. À 50 m de là s'élève un fromager sacré. Autre visite étonnante : le village de *Wandié,* perdu dans la mangrove. C'est en fait une île dans l'île, à laquelle on accède en pirogue à rame tellement le cours d'eau est petit... Mar Lodj offre l'occasion de se plonger au cœur du Sine Saloum et de se confronter à la sérénité du delta caché.

LES CANONS DU SALOUM

Le delta du Saloum est traversé par une vieille route maritime coloniale permettant encore aujourd'hui aux cargos de rejoindre le port de Kaolack. En 1940, après avoir mis une partie de l'or de la Banque de France en sûreté à Kayes (Mali), via Dakar, le gouvernement français décida de protéger son trésor d'un éventuel débarquement au Sénégal en fortifiant cette voie navigable avec des canons, disposés notamment devant Foundiougne et au sud-est de l'île de Mar Lodj. Toujours en place, ces canons ne servirent jamais...

Venir en pirogue à Mar Lodj

On y accède en pirogue depuis N'Dangane. Compter 6 000-7 000 F.CFA (un peu plus cher la nuit – mais on déconseille vivement de faire le voyage dans le noir...). Trajet : 10-30 mn selon destination. En les prévenant un peu avant, les hébergements organisent le transfert jusqu'à leur propre ponton aménagé au pied des chambres. Certains intègrent déjà le prix de la pirogue dans celui de la chambre.
Sinon, il existe la navette publique (« le courrier »), pas chère (500 F.CFA/pers), de Ndangane Village à l'île, mais départ aléatoire. Débarcadère à côté du campement touristique Mbine Diam et à 800 m environ du village. Trajet : env 15 mn.

Où dormir ? Où manger ?

On trouve plusieurs hébergements de bon niveau et accueillants. Privilégier le séjour en demi-pension (de toute façon, on ne se déplace pas de nuit sur l'île). Tous proposent également la pension complète ainsi que des excursions dans les environs.
L'auberge *Sakado,* le campement touristique Mbine Diam, le *Farakaba* et le *Bazouk du Saloum* se trouvent

à proximité les uns des autres, sur la rive ouest de l'île, à 800 m environ du village. Les autres sont plus éloignés.

Très bon marché

Auberge Sakado : *77-593-77-29. ● aubergesakado.e-monsite.com ● Dortoir 6 000 F.CFA/pers, chambres 6 500-7 000 F.CFA/pers ; camping et hamacs 4 000-5 000 F.CFA. Petit déj en sus. Possibilité de ½ pens.* Structure proposant divers types de logement. Tenue par un Français, ancien routard. Dortoir de 3-6 lits, chambres doubles à quadruples, plus paillote avec hamacs et un coin camping (3 douches, 3 toilettes communes)... Simple, basique mais bien tenu. Grande cour et petite cuisine équipée, bar. Électricité solaire. Balades en pirogue (notamment des apéros-pirogue), pêche (matériel fourni, et on grille son poisson sur le BBQ maison). Bien pour les petits budgets ! En revanche, pas de vue sur le *bolong,* contrairement aux autres adresses.

De bon marché à prix moyens

Le Farakaba : *77-511-48-96 et 77-564-68-83. ● ibangom61@hotmail.fr ● Ouv tte l'année. Double 29 000 F.CFA en ½ pens. Plat 3 000 F.CFA ; menu 6 000 F.CFA.* Campement au bord du *bolong,* simple et bien tenu, proposant des chambres dans des cases au toit de paille ou à l'étage d'une maison (douche froide). Accueil chaleureux, atmosphère conviviale et des plats bien concoctés servis sur une terrasse. Petite faiblesse : la distribution de l'eau parfois défaillante (il paraît que c'est le réseau local ; au besoin, on se lave alors au seau).

Campement touristique Mbine Diam : *77-564-73-27. ● campementmbinediam@hotmail.fr ● Près de 28 000 F.CFA la double en ½ pens.* Petit campement au fil de l'eau, où se tiennent des cases en dur basiques, avec moustiquaire et sanitaires sommaires (douche froide). Cependant, accueil chaleureux de la proprio qui a vécu plus de 15 ans en France. Cuisine traditionnelle dont on profite les pieds dans l'eau. Vraiment roots, mais une adresse sympathique.

Campement Essamaye : *sur la rive nord de l'île, à 2 km env du village. 77-555-36-67 et 77-930-90-06. ● senegalia.com ● En principe, fermé en août. Double env 36 000 F.CFA en ½ pens ; transfert en pirogue inclus.* Au bout de l'île, loin du village et de tout, plaira surtout aux Robinsons. Campement d'une dizaine de chambres autour d'une grande case à impluvium de style casamançais. Chambres simples, propres, avec ventilo, moustiquaire. Sanitaires communs bien tenus, douche froide. Propose aussi une case avec 2 chambres et salle de bains privée (même tarif). Restaurant au bord de l'eau. Balades, sorties en kayak, pêche au filet depuis le ponton, etc.

De prix moyens à plus chic

Le Bazouk du Saloum : *77-348-22-45 et 77-333-19-52. ● bazoukdusaloum.com ● Pirogue gratuite 2 fois/j. (à 12h et 17h depuis* N'Dangane Campement *; 10h et 15h depuis Mar Lodj ; 20 mn). Resto ouv aux non-résidents (résa souhaitée). Fermé de mi-août à mi-oct. En ½ pens seulement, compter env 44 000 F.CFA pour 2. Plats 3 000-4 000 F.CFA. Menu 7 000 F.CFA. CB refusées.* Dans un joli jardin coloré de superbes grappes de bougainvillées, des bungalows en brique avec toit de chaume, hyper bien tenus, face au *bolong.* Chambres soignées, joliment décorées, sanitaires privés (douche froide), moustiquaire, ventilos marchant au solaire et terrasse individuelle. Bloc sanitaire commun pour ceux qui veulent prendre une douche chaude. Belle salle à manger. Environnement agréable en bord de plage avec quelques transats. Excursions possibles (promenades en pirogue, pêche). Prêt de kayaks. Une adresse charmante.

Campement Hakuna Lodge : *à l'extrémité sud-est de l'île, à env 3 km du village. 77-637-24-73. En France : ☎ 05-46-50-51-58. ● hakunalodge.*

com • Fermé de mi-août à mi-oct. Double env 60 000 F.CFA en ½ pens. Menu 8 000 F.CFA. Transfert 25 000-30 000 F.CFA selon pirogue (20-45 mn). Sur ce site unique, au fin fond de l'île, parsemé d'arbres (10 000 ont été plantés sur 10 ha), une vingtaine de jolies cases aux murs en bambous montés sur béton, aux toits de paille, avec moustiquaires et sanitaires privés à ciel ouvert. À l'écart, face à la mangrove, une plagette avec sable clair et transats, parfaite pour bouquiner ou la bronzette (on ne se baigne pas). L'endroit abritait jadis une base militaire française, dont il subsiste aujourd'hui 2 énormes canons qui défendaient l'approche du port de Kaolack... Balades en calèche ou pirogue, et pêche à la ligne, spécialité du campement et bien d'autres choses (randos à cheval, canoë à dispo, etc.). Une adresse résolument nature.

Très chic

Le Kooniguy : *à env 1,5 km au sud-est du village. 77-647-37-41. • lekooniguy-senegal.com • Fermé de début août à mi-oct. Resto ouvert aux non-résidents (possibilité de passer l'ap-m au bord de la piscine). Transfert 15 000 F.CFA (A/R). Double 75 000 F.CFA en ½ pens, taxe en sus. Menu 9 500 F.CFA. CB refusées.* Face à un *bolong*, une adresse intime proposant de spacieux bungalows (près de 50 m²), douche chaude), plaisants et répartis dans un jardin. C'est la seule adresse de l'île à posséder une piscine. Un véritable petit havre de paix où, pour ne rien gâcher, la table est excellente. Nombreuses activités proposées (pêche à la traîne, surf-casting), possibilité de visites dans les environs. Une adresse pour ceux qui recherchent un certain standing.

KAOLACK

186 000 hab.

• Plan *p. 185*

Plaque tournante du commerce de l'arachide et du sel, 2e ville économique du Sénégal, Kaolack est d'abord un carrefour routier incontournable entre la Petite Côte, la Gambie, la Casamance, la Guinée et le Mali (environ 300 camions par jour partent pour la frontière !). À ce titre, c'est une ville étape toute trouvée, hors des sentiers touristiques, même si la chaleur y est parfois étouffante. Loin des racoleurs en tout genre, son marché incroyablement pittoresque et haut en couleur mérite une petite halte. De plus, la ville regorge de vieux bâtiments coloniaux poussiéreux, ultimes témoins de l'époque où – avec son port ouvert sur le delta du Saloum – elle comptait parmi les principaux centres de transit pour le commerce de l'arachide...

Arriver – Quitter

Gare routière de Nioro *(hors plan par B2,* ***1****) : à la sortie sud de la ville, sur la route de Toubakouta, devant la station-service* Total. Une foule de liaisons A/R directes en bus, *N'Diaga N'Diaye* (camionnettes Mercedes blanches) et taxis-brousse pour ***Passi, Foundiougne, Sokone, Toubacouta, Ziguinchor, Tambacounda, Kédougou...***

Gare routière de Dakar *(hors plan par A1,* ***2****) : à env 2 km du centre-ville, sur la route de Dakar, dans la rue sur la gauche 500 m avt la mosquée moderne. Taxis pour le centre-ville (env 1 000 F.CFA).* Nombreuses liaisons A/R directes en bus, *N'Diaga N'Diaye* et taxis-brousse pour ***Thiès, Fatick, Mbour, Rufisque, Dakar*** (gare routière des Baux-Maraîchers), ***Saint-Louis...***

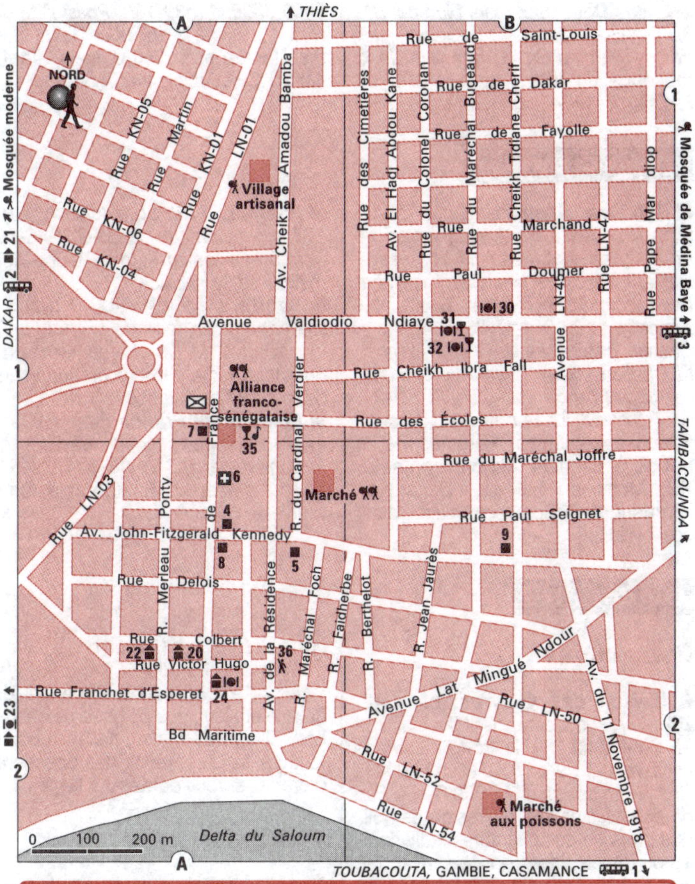

KAOLACK

Adresses utiles

- 1 Gare routière de Nioro (hors plan par B2)
- 2 Gare routière de Dakar (hors plan par A2)
- 3 Bus Dem Dikk (hors plan par B1)
- 4 Banque CBAO (A2)
- 5 Banque SGBS (A2)
- 6 Clinique Sarr (A2)
- 7 Pharmacie Minebar (A1)
- 8 Sen'Térenga (A2)
- 9 Épicerie de France (B2)

Où dormir ?

- 20 Maison des Œuvres (A2)
- 21 Auberge Djoloff Inn (hors plan par A1)
- 22 Caritas (A2)
- 23 Le Relais de Kaolack (hors plan par A2)
- 24 Hôtel de Paris (A2)

Où manger ?

- 23 Resto du Relais de Kaolack (hors plan par A2)
- 30 Boulangerie (B1)
- 31 Le Brasero (B1)
- 32 Blue Bird (B1)

Où boire un verre ? Où écouter de la musique ? Où danser ?

- 32 Blue Bird (B1)
- 35 Diamerek (A1-2)
- 36 Sun Saloum (A2)

Bus Dem Dikk (hors plan par B1, **3**) : *à env 2,5 km du centre-ville, quartier de Médina Baye ; non loin de la mosquée du même nom. Y aller en taxi. 78-620-04-08. Bureau ouv tlj 5h30-8h30, 11h30-16h. Possibilité de résa 48h avt.* 2 bus/j. pour Dakar (1 le mat, l'autre en milieu d'ap-m). Tarif : 4 000 F.CFA. Trajet : env 3h30-4h.

Adresses utiles

■ **Banques, change :** *agence* **CBAO** *(plan A2,* **4***), av. J.-F.-Kennedy (angle rue de France). ☎ 33-941-34-20. Fermé sam ap-m et dim. À deux pas, également une agence* **SGBS** *(plan A2,* **5***), av. J.-F.-Kennedy. ☎ 33-941-11-88. Fermé w-e.* Change, distributeur et *Western Union.*

Clinique Sarr (plan A2, **6**) : *241, rue de France. ☎ 33-941-19-21. 77-637-03-69. À côté de l'Alliance franco-sénégalaise.* Pour les petits bobos seulement. Sinon, contacter *SOS Médecin* à Saly ou à Dakar (voir les rubriques « Adresses utiles » dans ces 2 villes).

■ **Pharmacie Minebar** (plan A1, **7**) : *174, rue de France. ☎ 33-941-46-75. Fermé sam ap-m et dim.* L'une des meilleures de Kaolack.

■ **Sen'Téranga** (plan A2, **8**) : *av. J.-F.-Kennedy. En face de la BCAO. Tlj 7h-minuit (21h dim).* Le supermarché de Kaolack. On y trouve pratiquement de tout sauf de l'alcool.

■ **Épicerie de France** (plan B2, **9**) : *av. J.-F.-Kennedy (angle rue Cheikh-Tidiane-Cherif). ☎ 33-941-22-61. Tlj sauf dim ap-m.* Bien fournie. On y trouve de l'alcool.

Où dormir ?

Bon marché

Maison des Œuvres (plan A2, **20**) : *127, rue Colbert (entrée 537, rue M.-Ponty). ☎ 33-941-25-26. Doubles avec ventilo ou clim 10 000-20 000 F.CFA ; lit en dortoir env 2 000 F.CFA. Pas de petit déj.* Cette mission catholique propose des chambres individuelles ou doubles avec douche, lavabo et w-c communs. Également 4 dortoirs, 2 de 35 lits (ça commence à faire du monde !), 2 de 10 lits.

Auberge Djoloff Inn (hors plan par A1, **21**) : *quartier Fass, camp de garde. ☎ 33-941-93-60. À env 3 km du centre-ville, sur la droite de la route, direction Dakar. Doubles 13 000-16 000 F.CFA selon confort, petit déj inclus.* Un hôtel fonctionnel posté au bord de la N 1, à 500 m après la mosquée moderne. Des chambres simples et propres, avec salle de bains (douche froide), ventilo ou clim. Prendre impérativement une chambre qui donne à l'arrière, plus épargnée par le bruit de la circulation. Ne fait pas resto.

Caritas (plan A2, **22**) : *542, rue M.-Ponty. ☎ 33-941-20-30 ou 27-30. 77-513-38-51. • caritaskl@arc.sn • Juste en face de la Maison des Œuvres. Double env 20 000 F.CFA, petit déj inclus.* Pour dépanner en période de grande chaleur, une poignée de chambres climatisées, avec salle de bains (douche froide). Prévoir des bouchons d'oreilles si vous optez pour la clim.

Plus chic

Le Relais de Kaolack (hors plan par A2, **23**) : **plage de Kundam.** *☎ 33-941-10-00 ou 01. • horizons-bleus.sn • Dans le quartier des entrepôts d'arachide, au bord du fleuve Saloum. Double env 33 000 F.CFA, petit déj compris. ½ pens possible. Menu 7 000 F.CFA.* En fait de plage, c'est un paysage industriel avec montagne de sel que l'on perçoit de l'autre côté du Saloum. Chambres dans un bâtiment récent (déco un tantinet kitsch) et bungalows confortables, équipés de salle de bains et clim. Parfaitement tenus, à défaut d'avoir un charme fou. En revanche, le jardin et la piscine au bord du delta *(ouverte aux non-résidents : 3 500 F.CFA)* sont fort agréables. Fait resto (voir ci-dessous

« Où manger ? »). Un rapport qualité-prix honnête.

Hôtel de Paris (plan A2, **24**) : *rue de France. ☎ 33-941-10-18 à 20. • horizons-bleus.sn • Resto tlj 12h-15h, 19h-22h30. Double 35 000 F.CFA, petit déj inclus. Plats 4 500-7 000 F.CFA. Menu 7 000 F.CFA.* Dans le quartier des entrepôts, cette bâtisse coloniale de 1901 abrite l'un des plus anciens hôtels de la ville. Chambres standardisées et correctes (salle de bains, clim, TV satellite...). Mais l'ensemble ne refuserait pas un petit rafraîchissement... Piscine de poche.

Où manger ?

Pas grand chose pour se mettre sous la dent à Kaolack...

De bon marché à prix moyens

Boulangerie (plan B1, **30**) : *av. Valdiodio-Ndiaye (c'est le bâtiment carrelé à gauche de la station Total). Tlj.* Bon pain et viennoiseries.

Le Brasero (connu localement comme « Chez le Libanais » ou « Chez Anouar » ; plan B1, **31**) : *510, av. Valdiodio-Ndiaye. ☎ 33-941-16-08. Tlj 7h-22h. Plats env 1 500-4 000 F.CFA.* Dans un cour ombragée, on se régale de grillades (brochettes de zébu) et de salades composées, sans oublier les plats du jour sénégalais *(yassa, maffé...)*, servis seulement le midi. Bien aussi pour boire un vrai *espresso* ou une bière fraîche.

Blue Bird (plan B1, **32**) : *rue du Maréchal-Bugeaud. ☎ 33-941-53-50. Tlj 8h (17h dim)-2h du mat. Plats 1 500-4 500 F.CFA.* Une salle plaisante et propre comme il faut, aux lumières rougeoyantes le soir. On s'y pose en confiance. Plats du jour sénégalais, viandes, poissons, pizzas et quelques plats libanais. Beaucoup de monde en soirée le week-end.

Resto du Relais de Kaolack (hors plan par A2, **23**) : *voir « Où dormir ? ». Menu 7 000 F.CFA.* Bons petits plats de cuisine internationale concoctés avec soin et servis dans le jardin, au bord de la piscine.

LE SINE SALOUM

Où boire un verre ? Où écouter de la musique ? Où danser ?

Blue Bird (plan B1, **32**) : *voir « Où manger ? ».* Concerts gratuits les vendredi et samedi à partir de 22h-23h. Ambiance sympa et animée. C'est d'ailleurs là où se retrouvent de nombreux expats le week-end en soirée.

Le Diamerek (plan A1-2, **35**) : *191, rue de France. ☎ 33-941-10-61. • afkaolack.org • Rens tlj sauf dim-lun 9h-13h, 15h-19h. Ouv 10h-14h, 17h-minuit.* C'est l'espace culturel de l'Alliance franco-sénégalaise. On y produit de bons concerts, payants ou gratuits. Petite restauration sur place.

Sun Saloum (plan A2, **36**) : *av. de la Résidence. Tlj sauf lun jusqu'à l'aube. Dans le centre. Inutile de s'y pointer avt 1h du mat. Entrée 2 000 F.CFA/pers.* Avec sa soirée sénégalaise du vendredi et « l'internationale » du samedi, c'est un petit rayon de soleil pour la jeunesse locale. Bonne ambiance.

À voir

Le marché (plan A2) : *entrée par l'av. J.-F.-Kennedy, au pied de la vieille horloge coloniale.* C'est l'un des marchés les plus importants du Sénégal et, au carrefour des routes commerciales venant du Mali, de la Guinée et de la Gambie, l'un des plus beaux et des plus pittoresques aussi. Un vrai régal pour les yeux. On y trouve à peu près tous les corps de métiers, des réparateurs de téléphones mobiles aux dinandiers en passant par les savetiers et les herboristes. Ne pas manquer le coin des instruments de musique, ni celui des marchands de gris-gris. On y trouve toute une panoplie de remèdes aphrodisiaques à base de cornes de gazelles, crinière de lion (!), peau de serpent, etc., avec lesquels les femmes sénégalaises soignent leur *gazou* (« mari ») fatigué !

Le village artisanal *(plan A1) : av. Cheikh-Amadou-Bamba, en face de l'hôpital régional. Tlj 9h-20h.* Un marché peu fréquenté et c'est dommage, car le choix en maroquinerie, sculpture, tissus, bijoux (boutiques-ateliers de créateurs), etc., est assez intéressant. Les prix sont plus facilement négociables qu'à Dakar.

L'Alliance franco-sénégalaise de Kaolack *(plan A1) : 191, rue de France. ☎ 33-941-10-61. • afkaolack.org • Mar-sam 9h-13h, 15h-19h ; fermé dim-lun.* Un bâtiment multicolore à l'architecture remarquable, qui a gagné le prix d'architecture de Karim Aga Khan. Construit en 1994 par Patrick Dujarric, un architecte anthropologue français talentueux, ce bâtiment fait la fierté de la ville, même s'il accuse un peu le poids des ans. Les peintures sont l'œuvre d'artistes locaux. De temps à autre, théâtre, concerts, conférences et expos.
– Petit bar-cafétéria en plein air – *Le Diamerek* *(voir plus haut « Où boire un verre ? Où écouter de la musique ? Où danser ? »).*

Le marché aux poissons *(plan B2) : accès par la rue Cheikh-Tidiane-Cherif. Tlj, le mat seulement.* En bordure du Saloum se dresse une halle très fréquentée qui reçoit poissons, coquillages et crustacés pêchés dans la région.

La mosquée de Médina Baye *(hors plan par B1) : à env 2,5 km du centre-ville, dans le quartier musulman de Médina Baye.* Une mosquée imposante financée par les Niassènes, une confrérie adepte de la *tidjania* fondée par El Hadj Ibrahima Niass (alias Baye Niass), un érudit soufi qui fut très influent en politique dans la première moitié du XXe s. Chaque année à l'occasion du Maouloud (l'anniversaire de la naissance du Prophète Muhammad), elle attire des milliers de fidèles. Ce jour-là, tout autour, marché très animé.

La mosquée moderne *(hors plan par A1) : à env 2,5 km du centre-ville, en direction de Dakar, sur la gauche de la N 1.* Reconnaissable à ses curieux minarets pointus de couleur bleue qui rappellent un peu le style des mosquées ottomanes. Voulue par un richissime Sénégalais pour son marabout préféré. Malheureusement, le bienfaiteur (qui fit don de quelque 3 milliards de F.CFA !) est mort avant son achèvement... Mais suspicieux sur la provenance des fonds qui ont permis son édification, aujourd'hui, les fidèles la boudent.

DANS LES ENVIRONS DE KAOLACK

PASSI

Petite ville carrefour à 30 km au sud-ouest de Kaolack, sur la route vers la Gambie et la Casamance par Banjul. Le samedi est le meilleur jour pour y venir et découvrir son marché, coloré et bruyant, qui s'avère l'un des plus réputés de la région.

NIORO DU RIP

C'est le cœur de la zone des mégalithes. Celle-ci s'étend jusqu'en Gambie : il s'agit de 4 groupes de cercles mégalithiques, Siné Ngayène, Wanar ainsi que Wassu et Kerbatch (ces 2 derniers étant situés en Gambie). Que nos amis bretons se rassurent, aucun n'égale Carnac, mais cela mérite cependant un détour.

➢ ***Pour y aller :*** à 55 km de Kaolack sur la Transgambienne ; pas de problème avec les taxis-brousse et « cars rapides ». Avec un peu de chance, vous trouverez un commerçant ou un cadre faisant le trajet quotidiennement : beaucoup d'habitants de Nioro travaillent dans la capitale régionale. Un circuit a été conçu au départ de Frigui sur la Transgambienne, mais il est mal indiqué et les risques de s'égarer sont importants.

Les moins courageux se contenteront du site de ***Sine Ngayène,*** d'accès facile et qui, cela tombe bien, constitue l'***ensemble mégalithique*** le plus important de Sénégambie : 1 102 pierres levées forment plus de 52 cercles. En venant de Kaolack, au sud de Nioro, après avoir franchi le Grand Bao Balon (panorama superbe), prendre la 2e piste à gauche (à environ 3 km du fleuve, arrêt des taxis-brousse), puis 12 km de piste carrossable à petite vitesse ; on traverse plusieurs villages dans lesquels il est facile de se perdre ; ne pas hésiter à demander son chemin. Le mieux, lorsqu'on est en voiture, est d'inviter comme guide l'un des habitants du village proche de la Transgambienne. On peut aussi louer une charrette attelée, pas cher et balade sympa malgré la chaleur (pensez à l'eau).

FOUNDIOUGNE

5 800 hab.

À 30 km au nord de Passi et à la même distance de Fatick, cette bourgade tranquille, peu touristique, est lovée sur la rive gauche du Saloum que l'on traverse avec un bac en attendant la mise en service du pont qui le remplacera (les travaux débutés en 2018 devraient durer près de 3 ans). Il y règne une certaine douceur de vivre. Un environnement naturel agréable, doublé d'une position stratégique qui en fit un port de premier plan durant l'ère coloniale (80 000 habitants alors !), comme en témoignent ses vieux entrepôts d'arachides, bâtiments administratifs, maisons de commerce, lieux de culte, batteries de canons...
Aujourd'hui, Foundiougne est la capitale de la crevette rose. Le soir, de septembre à avril, on peut observer d'étonnantes loupiotes qui scintillent dans l'obscurité silencieuse au milieu de l'eau ! Ce sont les pêcheurs de crevettes qui attirent les bestioles dans leur filet. Plus tard dans la nuit, les crevettes sont pesées à terre, puis expédiées par camions frigorifiques vers Dakar. Avant le lever du soleil, tout est terminé. Tant pis pour les couche-tôt !
– ***Important :*** les banques les plus proches se trouvent à Kaolack et Mbour ; faites vos réserves avant de venir !

Arriver – Quitter

Station des taxis : *à la sortie de Foundiougne en direction de Passi, à côté de la gendarmerie.*
➢ ***Passi et Kaolack :*** liaisons quotidiennes A/R en taxis-brousse.
➢ ***Sokone, Toubacouta et Karang*** *(frontière Gambie)* **:** changer de taxi-brousse au carrefour de Passi, sur la N 5, route principale reliant Kaolack à la Casamance (via la Gambie), avec son flot important de bus, *N'Diaga N'Diaye* (camionnettes Mercedes blanches) et taxis-brousse.
– *Rappel :* si vous ne possédez pas le visa gambien, on ne peut pas traverser la Gambie pour se rendre en Casamance via Karang.
➢ ***Fatick :*** liaisons quotidiennes A/R en taxi-brousse, avec traversée du Saloum sur le bac. Fatick se situe sur la N 1, où circulent de nombreux bus, *N'Diaga N'Diaye* (camionnettes Mercedes blanches) et taxis-brousse entre Dakar (gare routière des Baux-Maraîchers) et les villes du sud du pays : Mbour, Tambacounda, Kédougou...

➢ ***Mbour et Dakar :*** 1 *N'Diaga N'Diaye*/j., que les Sénégalais appellent « l'horaire » (car c'est le seul qui part à l'heure, compte tenu du bac !). Départ de Foundiougne à 7h30 pétantes. Passe par Mbour. Compter 1 500 F.CFA pour Mbour, 2 000 F.CFA pour Dakar (4h30 de trajet).

Traversée avec le bac

Durée : 20 mn. Env 100 F.CFA pour les piétons, 400 F.CFA pour une moto et 1 500 F.CFA pour une voiture avec chauffeur. 📱 77-532-13-62 (M. Zale) ou 77-535-72-49 (Ibrahim).

➢ Départ de ***Foundiougne*** (rive gauche) tlj à 7h30 (1er départ de la journée) pour ***N'Dakhonga*** (rive droite, en face de Foundiougne). Le bac enchaîne ensuite les A/R. Dernier départ de l'embarcadère de ***N'Dakhonga*** vers 18h. Si vous souhaitez traverser en fin de journée, le mieux est de téléphoner un peu avant pour s'assurer de l'heure du dernier bac. Attention : les traversées sont suspendues une partie du mercredi après-midi (le bac est en maintenance). Sachez que le bac qui part de Foundiougne à 7h30 est réservé en priorité au bus pour Dakar (le fameux « horaire »). Il peut y en avoir plusieurs ; le bac n'étant pas très grand, pour avoir une chance de traverser avec son véhicule individuel à cette heure-là, mieux vaut se présenter très tôt...

Où dormir ? Où manger ? Où boire un verre ?

🏠 🍴 ⛱ ***Le Baobab-sur-Mer*** *(Chez Anne-Marie) :* *à 200 m à gauche de l'embarcadère, face au fleuve. ☎ 33-948-12-63. 📱 77-656-07-59. • lebaobabsurmer.e-monsite.com • Double ventilée 17 000 F.CFA, climatisée 22 000 F.CFA, petit déj inclus. En ½ pens 26 000-30 000 F.CFA. Plats 3 000-3 500 F.CFA.* 📶 Une adresse nichée dans un petit jardin fleuri au bord du Saloum. Des chambres simples, avec salle d'eau (douche froide), entretenues correctement. Attention toutefois, les matelas ne sont pas de qualité égale. Au resto, bonne cuisine familiale bonne, où les crevettes sont à l'honneur. À déguster sous la paillote ornée de fresques naïves, ou sur la terrasse couverte au bord de l'estuaire. Accueil familial. Une adresse où l'on se sent bien.

🏠 🍴 ***Auberge Sine Saloum*** *(Chez Michel et Gnagna) :* *dans le centre-ville, rue de la grande mosquée. 📱 77-648-00-57 et 77-641-57-49. • aubergesinesaloumfoundiougne.com • Double ventilée 15 000 F.CFA, petit déj en sus. Supplément AC : 8 000 F.CFA. En ½ pens 27 000 F.CFA pour 2. Également 2 studios. Repas env 4 000 F.CFA.* 📶 Petit hôtel tenu par un retraité franc-comtois et sa femme Gnagna, organisé autour d'une cour et d'un baobab. Chambres sans fioritures, sans mauvaise surprise non plus, avec salles d'eau (douche froide) et moustiquaire. Celles à l'étage sont climatisées et proposent un petit balcon. Au resto, cuisine française et européenne. Ambiance tranquille, aux sons de la ménagerie (singes, oiseaux...). Propose des sorties de pêche : *39 000 F.CFA la journée jusqu'à 4 pers (repas en sus).*

🍴 ***Tata Maguette :*** *en face du débarcadère. ☎ 78-129-84-22. Tlj jusqu'au dernier client. Plats 1 000-3 000 F.CFA.* Toute petite gargote pour boire une bière ou grignoter une brochette. Accueil gentil comme tout de Tata Maguette. Une bonne occasion pour socialiser avec les autres clients, locaux et coopérants...

À voir. À faire

👁👁 ***Promenade en pirogue sur le Saloum :*** en général, chaque campement possède son homme de confiance, auquel vous pouvez vous fier. Les balades le long des *bolongs* sont magnifiques. C'est même la principale attraction de la région. Certains proposent de bivouaquer dans les îles : on s'endort parfois parmi les hurlements des chacals et des hyènes !

👁 ***Le marché :*** *à deux pas de la station des taxis. Mar mat.* Un marché vivant et très coloré qui attire les villageois des alentours.

SOKONE

12 600 hab.

Un village connu pour ses huîtres de palétuvier, où l'on peut faire une halte dans l'une de ses belles adresses. Le mercredi s'y tient un important *louma* (marché hebdomadaire), à ne pas manquer si vous êtes dans le coin. Mais c'est surtout celui de Touba Mourite, à 15 km dans la brousse, qui déplace les foules le dimanche (marché aux bestiaux, entre autres).

– ***Important :*** les distributeurs de billets les plus proches se trouvent à Kaolack. Station-service à l'entrée de Sokone.

Arriver – Quitter

Station des taxis : *dans le centre du village, sur la gauche en venant de Kaolack.* Nombreuses liaisons A/R directes en bus, *N'Diaga N'Diaye* (camionnettes Mercedes blanches) et taxis-brousse pour ***Kaolack*** (env 1 200 F.CFA), ***Passi*** (env 700 F.CFA), ***Toubacouta*** (env 650 F.CFA), ***Karang*** (**frontière avec la Gambie** ; env 1 500 F.CFA). Pour ***Dakar,*** prendre un 7-places ou le bus de 23h (4h de trajet, 2 500 F. CFA).

Où dormir ? Où manger dans le coin ?

De bon marché à prix moyens

Campement Fadidi Niombato : *Ndoffane (en face de Sokone). 77-215-68-60. • niombato.com • Rens en France : ☎ 03-83-25-44-21. À 1 km de Sokone, en direction de Toubacouta, prendre une piste à droite et la suivre sur 2 km (4x4 quasi obligatoire). Double 30 000 F.CFA, petit déj inclus. ½ pens env 40 000 F.CFA pour 2. Petite réduc en basse saison. Repas 5 000 F. CFA.* Campement solidaire d'une vingtaine de cases traditionnelles dans un jardin fleuri, réalisé dans le cadre d'une initiative conjointe de Sénégalais et Français (association *Lorraine Niombato*). Chambres nickel, vastes et confortables, presque chic avec leur carrelage. Énergie solaire, ventilo, moustiquaire et douche froide. Grand bar-salle à manger en surplomb d'un très bel environnement (bras de mer et mangrove). Excursions en pirogue, pêche, ornithologie, sentier nature de 2 km. Un comité villageois gère les recettes au profit de villages partenaires.

Les Calaos du Saloum : *à env 1 km de Sokone ; en venant de Kaolack, dans le village, fléché sur la droite au niveau de la gendarmerie ; traverser la digue, c'est à gauche, en bord de lagune. 77-163-26-40 et 77-565-44-00. • les-calaos-du-saloum.com • Double 19 000 F.CFA, petit déj inclus ; 32 000 F.CFA en ½ pens, taxe en sus. Supplément clim 5 000 F.CFA.* Idéalement placé au bord du *bolong* de Sokone, dans un coin très nature. Le nom du campement indique les fortes chances de rencontrer ce sympathique volatile à bec rouge. Grand espace arboré dans lequel s'ébat des cases à l'architecture africaine bien tenues et de bon confort : salle de bains (douche froide), ventilo, moustiquaire... Nombreuses activités. Accueil chaleureux et familial.

Le Caïlcedrat : *dans le centre du village, sur la gauche du goudron en venant de Kaolack. 77-430-52-04 et 77-080-77-76. Plats 2 500-4 500 F. CFA.* Le caïlcedrat est un arbre, celui-là même qui trône au bord de la route, juste au coin de la terrasse couverte du resto. Dispose de quelques chambres classiques, mais on mentionne surtout l'adresse pour ses bons plats de poisson ou viande, lotte en papillote et *yassa* poulet servis avec le sourire. Terrasse au bord de la route. Bien pour se restaurer au cours d'une halte, le midi.

Très chic

Les Barracudas : *à env 7 km au nord-ouest de Sokone ; en venant de Kaolack, dans le village, fléché sur la droite au niveau de la gendarmerie ; traverser la digue, puis tourner à gauche et suivre les panneaux sur env 6 km. 77-129-61-48. • espritdafrique-senegal.com/les-barracudas • Compter 78 000 F. CFA en ½ pens pour 2.* L'adresse idéale pour un séjour au calme total, au bord d'un *bolong*. Ce campement planté sur un îlot de coquillages propose des cases confortables en dur (ventilo, clim, salle de bains et douche chaude). Petit coin avec transats au bord de l'eau, piscine. On a un petit faible pour les 2 chambres dont les terrasses privées donnent directement sur le *bolong*. Excursions dans le coin (balades en bateau, sorties ornithologiques, pêche, etc.). Un endroit où le charme opère immédiatement et que l'on a du mal à quitter.

TOUBACOUTA

3 000 hab.

On aime bien la vie tranquille de ce petit village niché au bord d'un *bolong*, dans un environnement sauvage à souhait. Des habitants accueillants, quelques maisons coloniales rappelant l'épopée de l'arachide, et surtout, de magnifiques balades en pirogue vers les îles perdues du delta du Saloum... Pas étonnant que le village compte autant de campements et hôtels.

– ***Important :*** les banques les plus proches se trouvent à Kaolack (65 km).

Arriver – Quitter

Station des taxis : *dans le village, au carrefour de la route pour Missirah.* Taxis-brousse pour ***Missirah*** seulement (500 F.CFA). Pour ***Dakar, Kaolack, Sokone*** et la ***frontière gambienne,*** rejoindre la route nationale située à 1 km du village qui relie Kaolack à la Gambie. Là, grimper dans un bus, *N'Diaga N'Diaye* (camionnettes Mercedes blanches) ou un taxi-brousse qui circulent dans les 2 sens.

Où dormir ?

En venant de Kaolack, à environ 200 m avant l'entrée de Toubacouta, bifurquer à droite (panneau « Keur Saloum »), on arrive sur la latérite principale qui mène jusqu'au *bolong*. Toutes nos adresses se situent dans le même coin.

De bon marché à prix moyens

Keur Youssou : *depuis la latérite principale, prendre la 1re latérite sur la droite direction Soucouta ; c'est à 150 m sur la droite (au pied de l'antenne-relais). 77-634-59-05. • keuryoussou.com • Double 15 000 F. CFA, petit déj compris, taxe en sus. ½ pens possible. Supplément AC : 5 000 F.CFA. Repas (sur résa seulement) 4 000 F.CFA.* Une adresse chez l'habitant pour partager la vie d'une concession. Youssou et sa femme Fatou vous reçoivent avec beaucoup de simplicité et de gentillesse. Autour de la grande cour-jardin, plusieurs jolies cases proprettes avec ventilo et sanitaires (douche froide) ou des mini-bungalows avec terrasses de style colonial. Certains sont climatisés. Toits en boudins de feuilles de rônier qui donnent un petit charme. Bonne cuisine. Excursions sérieusement menées par Youssou, ancien guide touristique.

Campement Keur Thierry : *depuis la latérite principale, 1re latérite sur la droite direction Soucouta, puis sur la gauche (panneau). 77-439-86-05. • keurthierry.com • Doubles 15 000-17 500 F.CFA avec ventilo ou clim, petit déj compris, taxe en sus. Plats 4 000-6 000 F. CFA.* Campement accueillant proposant une poignée de grandes chambres tout confort : TV, salle d'eau. Plafond en boudins de feuilles de rônier. Également un 2d ensemble de chambres (le *Keur Thierry II*), toutes climatisées. Agréable jardin. Au resto, en général, un plat unique qui change tous les jours préparé par Thierry lui-même. Propose pas mal d'excursions, mais surtout des sorties pêche, la spécialité de la maison *(20 000 F.CFA, plus l'essence).*

Africa Strike : *depuis la latérite principale, 100 m avt d'arriver au bord du bolong, bifurquer à droite (panneau), c'est 400 m plus loin. 33-948-77-40. 77-575-66-51. • africastrike.com • Double 26 000 F.CFA, petit déj inclus ; 39 000 F.CFA pour 2 en ½ pens.* Quelques chambres dans une ancienne villa coloniale. Cadre sobre, confort correct, clim, salle de bains avec eau chaude, moustiquaire, large véranda pour se détendre et piscine. *Lodge* spécialisé dans la pêche : impressionnant tableau des records de prise.

De plus chic à très chic

Maison d'hôtes Keur Niaye : *fléché sur la droite depuis la latérite principale. 77-289-07-79. En France : 06-25-45-78-08. • keur-niaye-maison-dhote.com • Double 46 000 F. CFA, petit déj inclus ; ½ pens 62 000 F. CFA. 30 % plus cher lors des périodes de fête.* Cette *Keur Niaye* (« maison des éléphants » en wolof) se révèle une adresse raffinée, située dans un grand jardin tranquille et arboré avec plein de petits coins pour se détendre (et des hamacs). Céline et Gilles proposent des chambres spacieuses et de grand confort (clim, douche chaude). En outre, cuisine inspirée, à partir de beaux produits et parfums suaves (sans oublier le copieux petit déjeuner, les confitures maison...). En prime, des conseils avisés pour les activités et les excursions (une bonne vingtaine de propositions) et toute une équipe aux petits soins pour les hôtes.

Hôtel Keur Saloum : *tt au bout de la latérite principale. 33-948-77-15. • keursaloum.com • En ½ pens, bungalows 63 000-72 500 F.CFA pour 2 selon saison. Plat 4 300 F.CFA. Menu 9 300 F.CFA.* Au bord du *bolong*, cet établissement propose des cases climatisées avec salle d'eau, joliment intégrées dans un parc de 7 ha. Également des suites, plus chères, très spacieuses (70 m²), avec terrasses privatives au dessus de l'eau. Somptueuse vue surplombant le *bolong* et la mangrove depuis la vaste terrasse du resto-bar. Superbe piscine, tennis, plage entourée de verdure. Nombreuses activités proposées : balades en pirogue, kayak, VTT, pêche...

LE SINE SALOUM

Où dormir dans les environs ?

Campement Keur Bamboung : *sur l'île de* **Sipo.** *Prise en charge en pirogue depuis le village de Dassilamé (seulement après résa par tél), puis en charrette. 77-510-80-13. • ckbamboung@gmail.com • Ouv tte l'année. Résa indispensable, y compris pour les repas. Double env 35 000 F.CFA en ½ pens, 46 000 F. CFA en pens complète, transport en pirogue inclus.* En plein cœur d'une aire marine protégée communautaire *(droit d'entrée 2 000 F.CFA/pers),* un campement écotouristique dont les bénéfices permettent d'appuyer la communauté rurale et de payer les gardes de cette aire. Cases (2-6 personnes) rudimentaires, construites en matériaux traditionnels et équipées de moustiquaire, électricité solaire et sanitaires privatifs (douche à ciel ouvert). Visite des villages en pirogue, randonnées pédestres (penser à apporter ses jumelles)...

Où manger ? Où boire un verre ?

Chez Fodé : *depuis la latérite principale, prendre l'avant-dernière latérite sur la gauche avt d'arriver au bolong, c'est 300 m plus loin. 77-709-96-36. Tlj midi et soir. Plat env 3 000 F.CFA.* Fodé, tout le monde le connaît ! Il fut longtemps le chef-cuisinier de l'hôtel *Keur Saloum.* L'heure de la retraite ayant sonné, il a monté son petit resto, chez lui, dans sa concession. Tous les jours, il propose du poulet et du poisson, mais il sait cuisiner plein d'autres choses (même de la bouillabaisse !). N'hésitez pas y passer avant, et voir ce qu'il peut vous concocter. Une adresse attachante (ne pas se fier à la façade qui ne paie pas de mine).

Bar de l'Hôtel Keur Saloum : *voir plus haut « Où dormir ? ».* La magnifique terrasse-paillote, avec vue incroyable sur le méandre gracieux du *bolong,* est vraiment idéale pour un repas en toute quiétude ou s'envoyer des verres au soleil couchant. Très romantique.

À faire

Balades en pirogue : *des piroguiers proposent leurs services depuis la plage située entre les hôtels* Keur Saloum et Les Palétuviers. *Env 25 000 F.CFA la ½ journée et 40 000 F.CFA/j. (prévoir le pique-nique) ; moins cher que le tarif des hôtels.* Ne pas manquer l'excursion de *Diorom-Boumak.* Il s'agit d'un amas coquillier de 400 m de long pour 12 m de haut (accès libre), constitué par les habitants du début de notre ère, et supportant plusieurs tumuli funéraires (où l'on a retrouvé 7 000 corps inhumés entre les VIIe et XIVe s). L'ensemble est coiffé d'un magnifique bosquet de baobabs, arbres avides de calcaire. En saison, d'avril à juillet et d'octobre à décembre, la promenade continue jusqu'au *reposoir des oiseaux,* que l'on peut observer en grand nombre. La sérénité du *bolong,* la tiédeur de l'air et le passage des oiseaux dans le soleil couchant vous laisseront des souvenirs très forts... Près de Toubakouta, une partie du delta du Saloum est classé en aire marine protégée de Bamboung *(droit d'accès : 2 000 F.CFA/pers que l'on paie dans le village de Sipo).*

MISSIRAH

À 12 km au sud de Toubacouta par une bonne piste sur laquelle il n'est pas rare d'apercevoir des singes un peu effarouchés. Petit village en bordure de la forêt de Fathala et aux portes du parc national du delta du Saloum, Missirah peut constituer un camp de base pour partir explorer cette fabuleuse zone naturelle. Il est également célèbre pour son fromager millénaire, le plus grand du Sénégal, dit-on, avec ses quelque 30 m de circonférence, son allure impressionnante et les silhouettes curieuses que chacun peut voir dans ses racines (un christ en croix, un crocodile...). Guide obligatoire (3 000 F.CFA). Missirah, c'est aussi un port de pêche animé, avec certaines pirogues en fibre de verre offertes par les Japonais pour se faire pardonner la surexploitation des fonds marins. On y observe une multitude de séchoirs et de saloirs à poisson où les femmes s'activent (pas les hommes !)... Depuis le port, il faut encore longer les rives du *bolong* vers la droite pour aller voir la fumerie de poissons et, un peu plus loin... les femmes toujours, décortiquant les huîtres à l'ombre du baobab.

– ***Important :*** les banques les plus proches se trouvent à Kaolack.

Arriver – Quitter

Station des taxis : *sur le port de pêche.* Taxis-brousse pour ***Toubacouta*** (env 500 F.CFA).

Où dormir ? Où manger dans le coin ?

Bon marché

Campement Capitaine des Bolongs : *à deux pas du port. 77-225-66-75. • aubergecapitainedesbolongs.com • Double 20 000 F.CFA, petit déj inclus ; 25 000 F.CFA en ½ pens.* Dans un jardin verdoyant, quelques cases basiques (ventilateur, moustiquaire et douche froide) mais bien tenues dans l'ensemble. Accueil sympa de Cheik Sidibé qui propose des excursions dans le delta.

Plus chic

Bonobo Lodge : *sur l'île de Kathior, face à Missirah (10-15 mn de traversée). 76-343-10-02. ☎ 33-992-98-93. • bonobolodge.com • Double 62 000 F.CFA en ½ pens, 80 000 F.CFA en pens complète, transport en pirogue inclus.* Sur une île de rêve (1 km x 2 km) pour les apprentis Robinson, un campement rénové qui propose d'agréables cases avec ventilo, moustiquaire, salle de bains à ciel ouvert (eau chaude). Conviviale case commune, bibliothèque, billard, cinéma en plein air, petite piscine d'eau naturelle. Bonne cuisine. Excursions (canoë-kayak, pêche, bivouac, etc.). Une adresse pied dans le sable, sous l'œil bienveillant de petits singes et de nombreux oiseaux.

À faire

Balades dans le parc national du delta du Saloum : *droit d'accès 5 000 F.CFA/pers valable 1 j. Le ticket s'achète au bureau des parcs nationaux situé dans la rue principale, à côté de l'école élémentaire (tlj 8h-18h).* Ne pas manquer l'***île aux Oiseaux,*** au large du village de Bétenti (à ne pas confondre avec le *reposoir aux oiseaux* près de Toubacouta !). On y dénombre jusqu'à 77 000 couples (à faire pâlir le grand maître Hitchcock !). C'est l'une des plus grandes réserves de sternes royales au monde. Impressionnant et magnifique. La meilleure période pour l'observation : de mars à septembre.

LE SÉNÉGAL ORIENTAL

TAMBACOUNDA

119 000 hab.

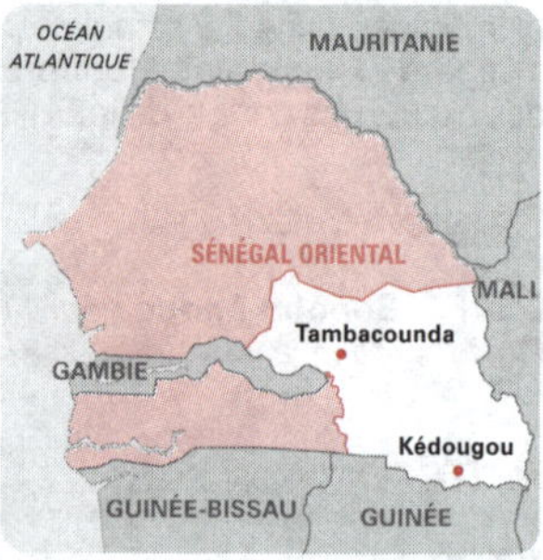

Ville de garnison à environ 470 km de Dakar par une bonne route asphaltée, Tambacounda, jumelée à La Roche-sur-Yon, n'offre pas grand-chose à visiter. Ville carrefour sur la route du Mali, elle constitue le point de passage obligé vers le parc du Niokolo Koba, la région de Kédougou ou pour ceux qui veulent contourner la Gambie pour se rendre en Casamance. Située dans une dépression du plateau latéritique, c'est l'une une des villes les plus chaudes du pays. Si, de novembre à mai, la chaleur y est sèche et supportable, pendant l'hivernage en revanche, elle devient carrément oppressante.

– ***Orientation :*** Tamba est organisée autour de sa vocation de carrefour. La route Kaolack-Mali (N 1) fait office d'avenue principale, coupée à angle droit par la route pour Kédougou (N 7).

Arriver – Quitter

Gares routières : pour ***Dakar, Saint-Louis, Kédougou,*** le ***Niokolo Koba*** et la ***Casamance,*** à l'entrée de la ville en venant de Kaolack, en face de la station *Total,* derrière le cimetière catholique ; pour ***Kidira*** (et le Mali) et ***Bakel,*** à la sortie est de la ville (demander le garage *Kothiary*).

➢ ***De/vers Dakar :*** en « 7-places », compter env 8h de trajet (passage par Thiès et Diourbel).

Également des ***bus climatisés*** :

– Avec la compagnie nationale *Sénégal Dem Dikk,* bus en principe à 6h les lun, mer et sam ; à 9h30 les mar, ven et dim (les bus arrivent alors de Kolda). Pas de bus jeu. Compter env 6h de route pour 9 000 F.CFA. Les bus desservent aussi ***Kaolack.*** *Départ devant la cathédrale, dans le sud de la ville, en retrait de la route pour Kédougou, près de l'auberge* Sadio. *78-620-04-11.*

– Avec la compagnie *Salam Transports,* bus tlj sauf mar à 20h30. Arrivée vers 5-6h du mat. Compter 8 000 F.CFA (bagages en sus). *Départ près de la pharmacie du marché, en retrait de la N 1. 77-367-72-99 (Tamba) ou 77-874-81-38 (Dakar).*

➢ ***De/vers Kédougou :*** en attendant l'achèvement de la route (lire plus loin « Kédougou »), compter 6-7h en « 7-places ».

➢ ***De/vers Saint-Louis :*** en « 7-places », changer à ***Kaoloack*** (4-5h de route) ou Touba.

➢ ***De/vers Ziguinchor :*** compter env 8h de route en « 7-places », via ***Kolda.***

Adresses et infos utiles

■ ***Agence consulaire de France :*** *Ronan Guéguen, à l'Hôtel Oasis.* *77-432-25-67.* • *acftambacounda@gmail.com* •

■ ***ICD Afrique Tambacounda :*** *quartier abattoirs complémentaires, route Hôtel Aska Kebe.* ☎ *33-981-50-34.* • *icd-afrique.org* • Une ONG membre de l'ATES (association pour le Tourisme équitable et solidaire) qui, entre autres projets, organise des tours dans la région, notamment en association avec le GIE « Les Amis de la nature ».

■ ***Hôpital régional :*** ☎ *33-981-12-18 (route de Kédougou).*

■ ***Commissariat de police :*** ☎ *33-981-10-11, 18 ou 19 (pratiquement en face de l'hôpital).*

■ ***Banque SGBS :*** *route de Kédougou, sur la gauche en venant du carrefour.* ☎ *33-981-15-30. Lun-ven 8h15-12h45 (12h30 ven), 14h45-16h30 ; sam 9h-12h15.* Fait aussi *Western Union.* Également, sur l'avenue principale (N 1), des agences ***CBAO Ecobank*** et ***BICIS,*** toutes avec distributeur.

■ ***Pharmacie Thiaala :*** *à côté de la SGBS.* ☎ *33-981-13-23. Lun-ven 8h-13h, 16h-21h, sam jusqu'à 13h30 ; pharmacie de garde affichée en vitrine.*

Épicerie Leniani : *av. Léopold-Sédar-Senghor (route de Kédougou). Juste à côté de la SGBS.* Beaucoup de choix. *Également une supérette,* ***Azur*** *(en venant de Kaolack, prendre à droite juste après la CBAO, c'est au niveau de la voie ferrée ; lun-sam 8h-minuit, dim 10h-21h).*

Où dormir ? Où manger ? Où boire un verre ?

Nombreuses gargotes sur la route nationale Kaolack-Mali, notamment autour de la station *Shell.*

Bon marché

Auberge Sadio : *quartier Médina-Coura.* ☎ *33-981-06-65.* *77-547-47-55. De la N 1, prendre la rue qui part entre la BCAO et la station Shell, c'est presque à l'extrémité de la rue sur la gauche. Doubles ventilées 13 000-16 000 F.CFA (sanitaires communs ou privés) ; 20 000 F.CFA avec la clim ; petit déj compris.* Installée dans un quartier populaire fourmillant d'échoppes d'artisans, cette grosse maison blanche regroupe une dizaine de chambres dont 2 climatisées. Simple, mais très propre. Terrasse informelle sur le toit. Un bon rapport qualité-prix.

Chez Rosita : *dans l'enceinte du village artisanal, derrière le marché.* *77-213-94-88. Plat du jour 1 000 F.CFA le midi, 1 500 F.CFA le soir ; autres plats jusqu'à 3 500 F.CFA.* Parmi les cases des artisans, une salle quelconque, et une poignée de tables en terrasse, sous les acacias. Le cadre est modeste et tranquille, la cuisine, simple, généreuse (entrée et dessert sont inclus dans le prix du plat), est préparée avec soin et offre un peu de choix. Un bon plan quoi, souligné par l'accueil en douceur des 2 sœurs maîtresses des lieux. De quoi séduire autant les toubabs de passage que les gens du coin.

Chez Francis : *sur la route de Kédougou, à gauche. Au choix, foie, steak et poulet-frites env 2 500 F.CFA.* Derrière une clôture déglinguée, 2 petites salles et une courette où se retrouvent voyageurs et habitués, venus siffler une *Gazelle* devant le match du soir. Quelques plats également, sandwichs, omelettes et grillades. Fins de soirée parfois animées...

Plus chic

Hôtel Oasis Oriental Club : *à l'entrée de la ville, sur la gauche, en* *venant de Kaolack. ☎ 33-981-18-24. • oasisorientalclub.com • Compter 32 000 F.CFA pour 2, petit déj inclus. Repas complet à partir de 7 500 F.CFA (hors boissons).* Construit autour d'une piscine, un hôtel agréable pour une halte, avec une vingtaine de cases climatisées, vieillissantes mais confortables. Un nouveau bâtiment, style « colonial », devrait bientôt sortir de terre. Grand parking clôturé. Organise des excursions et circuits dans la région.

Le Relais de Tamba : *à l'entrée de la ville en venant de Kaolack. ☎ 33-981-10-00. • horizons-bleus.sn • Compter 32 000 F.CFA pour 2, petit déj inclus. Menu 7 000 F.CFA.* Rejeton d'une petite chaîne locale, un hôtel de bon standing d'une vingtaine de chambres sans caractère mais impeccables (clim), distribuées autour d'une belle piscine. Bon resto. Parking gardé. Accueil pro.

À voir

Le marché : *dans la rue parallèle et au nord de la N 1 (Kaolack-Mali).* Vivant, mais rien d'exceptionnel.

Le village artisanal : *derrière le marché (en face de la caserne des pompiers), tlj 7h-20h.* Soutenu par *l'Institut de coopération pour le développement en Afrique (ICD Afrique),* qui a contribué à sa rénovation. 18 artisans y exposent et méritent bien un petit coup de pouce.

GOUDIRY

5 000 hab.

Ancienne capitale de l'État théocratique du Boundou (XVIIIe s), Goudiry contrôlait à l'époque le trafic caravanier vers la Gambie et le Bambouk (grand pourvoyeur d'or, situé désormais au Mali). Majoritairement peuplée de Peuls, cette paisible petite ville située entre Tambacounda (à 110 km) et Kidira, n'offre rien d'exceptionnel. C'est une étape possible pour celles et ceux qui gagnent le Mali.

Adresses utiles

Gare routière : *à l'entrée en venant de Tambacounda.*
Hôpital régional : *☎ 33-983-71-12.*
Gendarmerie : *☎ 33-983-71-05.*
Station-service : *vers la gare routière.*

Où dormir ? Où manger ?

Hôtel Savane Safari Club : *☎ 33-983-71-65. • savanesafari.com • À l'entrée de la ville quand on vient de Kidira, derrière la sous-préfecture. Compter 16 000-26 000 F.CFA en chambre double, ventilée ou climatisée, petit déj inclus. Menu 6 500 F.CFA.* C'est la seule installation hôtelière de la ville, avec 10 bungalows (climatisés) et 4 chambres (ventilées). Son nom révèle bien sa vocation première, la chasse. De toute façon, la saison ne dure guère que de janvier à mars-avril, et les non-chasseurs disposent de leur propre salle de resto et bar. Piscine.

LE PARC NATIONAL DU NIOKOLO KOBA

• Carte *p. 200-201*

À proximité de la Guinée et à environ 600 km de Dakar par une route goudronnée, le Niokolo, comme on l'appelle familièrement, constitue l'une des plus grandes réserves animalières d'Afrique de l'Ouest, étendue sur 913 000 ha. Longtemps laissé en déshérence, le parc a été repris en main au mitan des années 2010, avec notamment une intensification de la lutte contre le braconnage qui a permis de faire repartir à la hausse la population animale. Cela dit, on n'est pas au zoo ni même en Afrique du Sud ou en Tanzanie. Surprendre des animaux relève du hasard (donc de la chance...) et certains risquent de revenir déçus. Reste que, avec ses 330 espèces d'oiseaux, 80 de mammifères et ses 1 500 essences recensées, le Niokolo réserve bien des surprises aux amoureux d'espaces naturels, qui y croiseront sans difficulté plusieurs sortes d'antilopes, des cobes de Buffon, des guibs harnachés, des hippotragues (l'antilope-cheval ou koba, qui a donné son nom au parc), des phacochères, des hippopotames (enfin leurs oreilles), des crocos, des singes verts, des babouins en pagaille, des patas et quantité d'oiseaux, donc. Plus rares, une famille de lions, une hyène, des buffles, ou l'éland de Derby. Mais il faudra s'armer de patience et traquer l'animal dès l'aurore, ce qui oblige à coucher dans l'un des logements du parc, puisque ce dernier n'ouvre qu'à partir de 7 heures du matin. En ce qui concerne l'éléphant, c'est carrément l'Arlésienne, car de mémoire de guide, le dernier spécimen a été entraperçu en avril 1999 !

PAS LES CHAMPIONS DU SLALOM !

Les hippopotames peuvent être agressifs, notamment les femelles qui veillent sur leurs petits. Mais ces gros pleins de soupe sont tellement massifs (certains pèsent plus de 3 t) qu'une fois sur terre, ils ne peuvent se déplacer qu'en ligne droite, incapables de tourner. Alors si l'un d'eux vous charge, pensez à zigzaguer !

UNE RÉSERVE FRAGILE

Parc national depuis 1954, le Niokolo Koba fait partie, depuis 1981, de la liste des sites du Patrimoine mondial et des Réserves de la biosphère chapeautés par l'Unesco. Il a été inscrit sur la liste du Patrimoine mondial en péril en 2007 en raison des pillages incessants dont il a fait l'objet de la part des braconniers. Jadis, le parc comptait plusieurs villages, dont il reste quelques ruines ou bâtiments abandonnés, des alignements de caïlcédrats (arbres aux propriétés thérapeutiques) ou quelques plantations de teck. La population vivait de la chasse et contribuait par sa présence à limiter le braconnage. Ainsi, l'équilibre naturel se maintenait-il. Mais, dès 1969, les villageois furent « invités » à s'installer en périphérie.

Malheureusement, au fil des années, des départs à la retraite et des décès ont sérieusement entamé le capital humain susceptible d'assurer la surveillance du parc, et les gardes n'étant pas remplacés, ce fut la porte ouverte au braconnage. Repris en main depuis le milieu des années 2010 (réfection des pistes, relance de la lutte contre le braconnage), le Niokolo Koba reprend du poil de la bête si l'on ose dire, certains animaux, lions notamment, voyant, semble-t-il, leur population

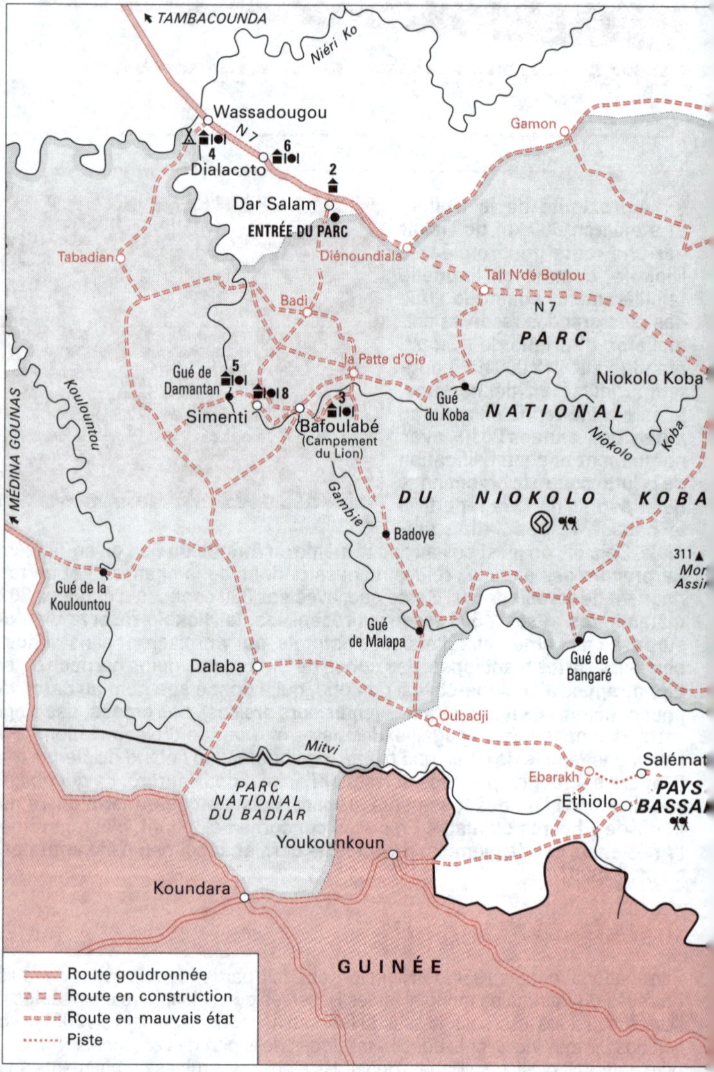

Où dormir ? Où manger ?

- **2** Chez Ibrahima
- **3** Campement du Lion
- **4** Campement-hôtel de Wassadou
- **5** Campement écotouristique du GIE « Les Amis

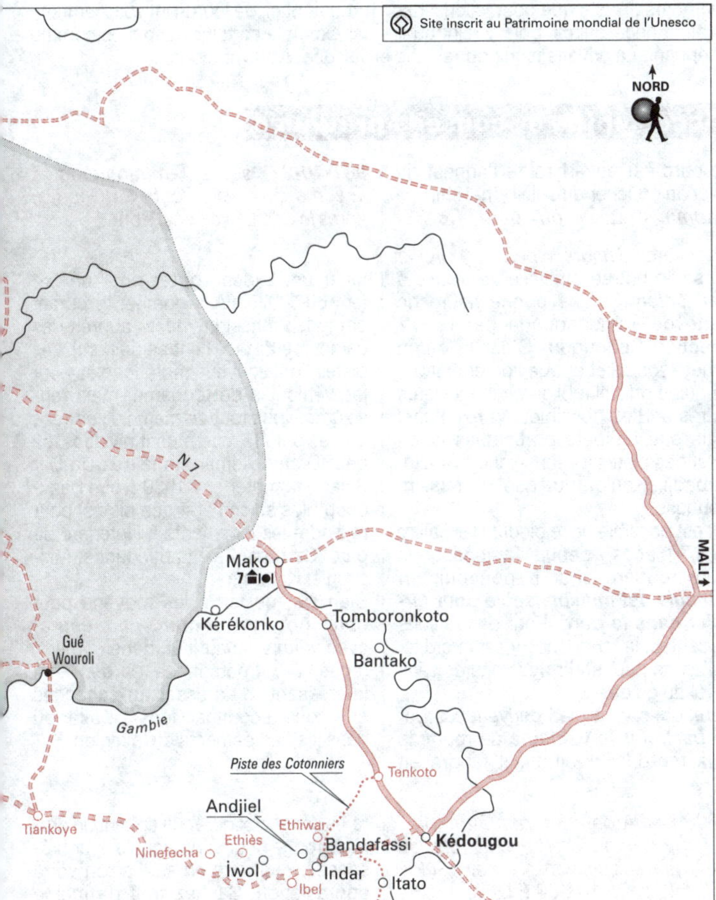

LE NIOKOLO KOBA ET LE PAYS BASSARI

de la nature » du gué de Damantan
6 Campement écotouristique du GIE « Les Amis de la nature » de Dialacoto
7 Eco Campement Keur Annick et Africa Safari
8 Hôtel Simenti

augmenter. Reste que pour valoriser son fort potentiel, de lourds investissements seraient nécessaires, pour y réintroduire par exemple certaines espèces comme l'éléphant. La privatisation pourrait être envisagée. À suivre, donc...

Accès, infos et conseils pratiques

Le parc est ouvert toute l'année, du lever au coucher du soleil (7h-18h). *L'administration du parc (☎ 33-981-10-97) est à Tambacounda, à la sortie de la ville, route de Goudiry, après le complexe* Legal Pont.

Comment rejoindre le parc et y circuler ?

La seule entrée officielle se trouve à ***Dar Salam,*** à une bonne heure de route de Tambacounda par la N 7 direction Kédougou. C'est là qu'on achète son billet et que l'on embarque un guide officiel (obligatoire). Plusieurs autres sorties possibles en revanche, mais pas toujours praticables selon l'état des pistes (se renseigner) : Mako, Oubadji, Kouloutou, gué de Missira Gounass.

S'il est possible de rejoindre Dar Salam en « 7-places » depuis Tambacounda (gare routière pour Kédougou), ***un véhicule est indispensable pour circuler dans le parc.*** Pour des raisons évidentes, la randonnée y est interdite, et l'on ne peut sortir des voitures sans l'aval du guide.

Ceux qui sont à pied peuvent essayer de ***partager le véhicule*** de routards déjà motorisés. Sinon, il faudra en louer un. L'idéal, opter pour un ***4x4*** (env 60 000 F.CFA la journée, carburant compris ; renseignements auprès des campements ou à l'entrée du parc). Les pistes sont souvent impraticables pour les véhicules de tourisme, mais renseignez-vous tout de même à l'entrée ; si elles ont été récemment nivelées, ça peut éventuellement le faire... De Dar Salam, compter env 1h30 (voire beaucoup plus selon l'état des pistes) pour rejoindre les logements à l'intérieur du parc. Carburant à Tambacounda, Missirah et Kédougou.

Bien sûr, qui en a les moyens peut opter pour ***un circuit sur mesure,*** avec voiture, chauffeur, hébergement, repas ; à 3-4 personnes, ça peut être intéressant. S'adresser aux agences que nous recommandons à Dakar ou dans les campements de la région.

Tarifs

5 000 F.CFA/pers et par 24h, plus 10 000 F.CFA de forfait pour le véhicule quel que soit le nombre de j. Guide obligatoire : 10 000 F.CFA/j. Une précision : les journées des guides s'entendent du lever au coucher du soleil. Si vous dormez 1 nuit dans le parc, qu'importe votre heure d'arrivée ou de départ, 2 journées seront donc facturées. Issus des villages environnants, groupés en coopérative (bien demander les guides certifiés), les guides connaissent le parc comme leur poche mais pas toujours les animaux. Toutefois, leurs yeux aguerris sont d'un précieux secours, car les animaux sauvages, c'est comme les champignons, rares sont ceux qui vous agitent un drapeau rouge pour vous signaler leur présence ! Pourboire en sus, selon votre appréciation. Sachez tout de même qu'ils ne travaillent pas tous les jours et que cela leur permet d'améliorer un peu leur ordinaire. ***On ne choisit pas son guide.*** Tous patientent à l'entrée du parc et embarquent avec les visiteurs à tour de rôle. Consulter le site du GIE des guides du Niokolo : ● *niokolo-safari.com* ●

– Pas de droit d'entrée à payer pour qui se contente d'emprunter la N 7 reliant Tambacounda à Kédougou et qui traverse en partie le parc.

Quand y aller ?

Dès le début de la ***saison sèche,*** des feux sont allumés dans les sous-bois afin de permettre la repousse d'herbes nécessaires à l'alimentation des herbivores. Au fur et à mesure que les mares formées par les crues et les pluies s'assèchent, les animaux se dirigent vers les cours d'eau pour s'abreuver. C'est à cette période qu'on a le plus de chances de les voir. Pour ne pas trop souffrir de la chaleur, optez pour décembre ou janvier, mais plus vous vous rapprocherez du pic de la saison sèche (avril-mai), plus vous aurez des chances d'apercevoir quelque chose. Un peu plus tard, quand les températures redescendent (fin juin, début juillet), ce n'est pas mal non plus, mais il faut absolument éviter la saison des pluies qui arrive ensuite. Si le parc reste ouvert, la plupart des pistes sont alors impraticables, hormis un circuit spécial, forcément réduit, qui est maintenu en état. Si vous êtes un tant soit peu rompu aux comportements des animaux sauvages, vous savez que c'est ***très tôt le matin ou à la tombée de la nuit que vous avez des chances de les voir*** (les hippopotames, par exemple, ne sortent de l'eau que la nuit). Sinon à part des écureuils et le cul d'un babouin détalant devant la voiture, la possibilité d'en apercevoir diminue à mesure que le soleil monte dans le ciel. Moralité, pour voir des animaux, il faut dormir à l'intérieur du camp. Les purs et durs emporteront leur propre guitoune et iront la planter du côté du mont Assirik, dernier refuge des espèces menacées. Cela dit, on peut toujours opter pour un compromis en couchant dans l'un des campements situés près de l'entrée, et se pointer dès l'ouverture, à 7h.

Quel équipement prévoir ?

Emporter spray ou crème antimoustiques, jumelles.

Prévoir aussi quelques réserves (biscuits, fruits...) et au moins 2 l d'eau par personne et par jour. Ainsi qu'une provision de F.CFA en petites coupures. Aucune opération bancaire possible dans le parc, la banque la plus proche est à Tambacounda.

Où dormir ? Où manger ?

L'idéal, pour qui a le temps, est de combiner un logement la veille à l'extérieur du parc avec une nuit à l'intérieur : entrer tôt le matin, et dormir sur place, pour explorer le Niokolo au lever du jour puis au crépuscule et enfin à l'aube de nouveau. En revanche, à part à loger dans l'hôtel *Simenti* récemment relancé, cela implique de s'asseoir sur son confort, les campements dans le parc étant très sommaires.

À l'extérieur du parc

Campement écotouristique du GIE « Les Amis de la nature » de Dialacoto *(carte Le Niokolo Koba et le pays bassari,* ***6****)* **:** *dans le village de* ***Dialacoto,*** *prendre la piste qui part au niveau du petit marché couvert. 70-107-36-36 (Ansou Barrou, gérant) ou 77-490-46-79. • campementdedialacoto.overblog.com • Compter 8 000-10 000 F.CFA/pers suivant confort (salle d'eau privée ou non), petit déj en sus. Repas 3 500 F.CFA.* À seulement 15 mn de route du parc (on peut le rejoindre en taxi-moto), une poignée de cases en brique de banco, simples et bien tenues, avec moustiquaire et électricité. Case commune bien ventilée avec grande table pour des repas en commun. Une adresse modeste mais accueillante, gérée par un GIE qui propose aussi des visites du village (école, dispensaire, etc.). Peut vous organiser une location de véhicule pour la visite du parc.

Campement-hôtel de Wassadou *(carte Le Niokolo Koba et le pays bassari,* ***4****)* **:** *entre Tambacounda et Dar Salam, à 4 km en retrait de la route, au bord d'une boucle du fleuve Gambie (c'est fléché). ☎ 33-982-36-02. 70-106-23-27 ou 70-866-51-52. Fermé sept et 1re quinzaine d'oct. En case, 23 900 F.CFA/pers en ½ pens. En « paillote », 4 000 F.CFA/pers, petit déj (2 600 F.CFA) et repas (7 000 F.CFA) en sus.* Superbe emplacement en surplomb du fleuve Gambie, parmi singes et oiseaux, tandis qu'au loin, mugissent les hippos. À l'ombre des grands arbres sont disséminées une vingtaine de cases en dur, avec salle d'eau et moustiquaire, vieillissantes mais bien tenues. Groupe électrogène le soir, pas d'eau chaude. Également 4 « paillotes » en fibre tressée, très sommaires (moustiquaire), avec sanitaires communs, très sommaires eux aussi. Belle salle de resto en semi plein air. Balade en pirogue sur le fleuve à la rencontre des hippos et des oiseaux, location de canoës *(5 000 F.CFA/pers l'activité).* Le campement peut aussi prendre en charge l'excursion dans le parc *(env 125 000 F.CFA pour 4, véhicule, guide et entrées incluses),* avec bivouac en option. Transfert possible depuis Dakar *(autour de 125 000 F.CFA l'aller pour 4 pers max)* ou Saint-Louis.

Chez Ibrahima *(carte Le Niokolo Koba et le pays bassari,* **2***)* **:** *à* ***Dar Salam,*** *juste à côté du poste d'entrée du parc. 78-522-82-37. Pour 2, compter 9 000 F.CFA en chambre et 5 000 F.CFA en tente ; petit déj en sus. Repas 3 500 F.CFA.* On l'indique seulement pour les purs et durs qui tiendraient à entamer la visite du parc dès l'ouverture. Seule option ici depuis la fermeture du campement de Dar Salam, cette minuscule structure est plus que sommaire : tente de camping ou piaule en dur, avec électricité, moustiquaire et « sanitaires » privés (un coin de carrelage et un seau). Repas sous une paillote de fortune.

Dans le parc national

Rester dans le parc, c'est sortir de l'agitation des hommes et de la vie frénétique du monde moderne. C'est se laisser aller au rythme et au son étrangement musical de la savane. C'est, sauf à loger à l'hôtel *Simenti,* accepter de se passer d'une bière bien frappée et d'électricité. C'est aussi composer avec les baisers sanglants des moustiques...

Mieux vaut avoir dévalisé l'épicerie de Tamba avant d'entrer dans le parc. Emporter sa lampe de poche et suffisamment d'eau en bouteille.

Campement du Lion *(carte Le Niokolo Koba et le pays bassari,* **3***)* **:** *situé avt Simenti, près de la confluence de la rivière Niokolo Koba avec le fleuve Gambie ; à env 1h30 de route de l'entrée. Il est géré par l'association des guides du parc. 77-267-89-24 (Ansoumane Sanokho). • ansousanokho@yahoo.fr • Paillote et lit de fortune 8 000 F.CFA pour 2, sans petit déj. Menu 4 000 F.CFA.* Pour les « vrais » routards amateurs de nature, voici une adresse « à la dure ». L'hébergement, constitué d'une dizaine de cases en tressage de bambou *(krinting),* est réduit à sa plus simple expression, avec douches et toilettes communes. En contrebas, sur les rives du fleuve, entre décembre et janvier, vous pourrez observer les crocos se dorant les écailles au soleil. Pour les hippos, il faut se rendre au gué de Bafoulabé, à environ 1 km du camp ; et dès potron-minet !

Campement écotouristique du GIE « Les Amis de la nature » du gué de Damantan *(carte Le Niokolo Koba et le pays bassari,* **5***)* **:** *situé après Simenti, à env 1h30 de route de l'entrée. 77-433-75-17. • madyndiaye1@yahoo.fr • Case en dur 11 000 F.CFA pour 2, petit déj compris. Repas 3 500 F.CFA.* Un campement un peu moins *roots* que celui du *Lion,* avec une poignée de cases en dur sur un terrain ombragé. Pas d'électricité ici non plus. Toilettes au jerrycan et pour la grosse commission, rendez-vous chez les militaires qui campent juste à côté. Un vrai camp de base pour broussards. Pour info, on peut ici traverser le fleuve à gué avant de poursuivre son chemin vers le pays bassari ou la Guinée.

Hôtel Simenti *(carte Le Niokolo Koba et le pays bassari,* **8***)* **:** *à env 1h30 de route de l'entrée. ☎ 33-981-18-24. • rgueguen@orange.sn • Pour 2, compter 32 000 F.CFA, petit déj inclus, 47 000 F.CFA en ½ pens, 62 000 F.CFA en pens complète.* Laissé à l'abandon durant quelques années, le seul hôtel du parc a été repris en 2017 par la même équipe que l'hôtel *Oasis Oriental Club* de Tambacounda. Une douzaine de cases couleur terre, avec clim et eau chaude accueillaient à nouveau les visiteurs début 2018. À terme, d'autres chambres devraient suivre, logées celle-ci dans le bâtiment principal. Le resto d'origine devrait également être reconstruit, avec sa terrasse en surplomb du fleuve Gambie. Et, enfin, la piscine remise en eau !

La visite du parc

Pour qui n'a qu'une journée à consacrer au Niokolo Koba, un passage s'impose au gué de Bafoulabé, celui du campement du Lion, où barbotent en principe crocos et hippos, puis par la mare de Simenti pour espérer apercevoir aigles pêcheurs, échassiers, phacochères et antilopes, dont le fameux Koba, ou antilope-cheval. Avec de la chance, on pourra même y croiser des lions... De Simenti, balade possible de 1h30 en ***pirogue*** pour approcher de plus près oiseaux et hippos (20 000 F.CFA pour 4 personnes max). On peut enfin terminer la journée par le gué de Damantan.
En 2 jours, on peut pousser jusqu'à la mare de Sitendi, puis jusqu'à celle de Oueni (nombreux guibs et cobes) en passant par le grand mirador, construit à l'époque où les éléphants venaient prendre leur bain dans le fleuve Gambie. Et pourquoi pas grimper le mont Assirik, point culminant du parc (311 m). Bien sûr, on garantit presque toujours des singes (verts, patas et surtout des babouins), des écureuils et des *cétékois* (reconnaissables à leur aptitude à traverser derrière la voiture et que seuls les guides voient). Tout ça sur fond de broussailles emmêlées qui ne facilitent pas la visibilité, de souches et d'une terre à moitié calcinée sur laquelle poussent de magnifiques fleurs jaunes.

ENTRE LE NIOKOLO KOBA ET KÉDOUGOU

Peu d'hommes, une savane sèche, des champs de coton. La région de Mako, à une centaine de km de Dar Salam et 40 km de Kédougou semble oubliée du monde. Pourtant, depuis quelques années, la zone vit une mini-ruée vers l'or, favorisée par la remontée des cours du métal jaune. On s'est alors souvenu que la région, qui faisait partie du très puissant empire du Wagadou (dont l'apogée se situe au Xe s), recélait à l'époque de précieuses pépites. Depuis, dans le lit des rivières, dans des mines improvisées (et meurtrières) s'affairent les orpailleurs. Un crochet en route peut permettre de mesurer la rudesse d'un métier aux méthodes très artisanales. On peut aussi prolonger l'étape, les environs comptant 2 agréables campements qui peuvent, pourquoi pas, faire office de camp de base pour explorer la région, jusqu'au pays bédik.
– Pour un point sur l'état des routes, lire plus loin « Arriver – Quitter » à Kédougou.

Où dormir ? Où manger dans le coin ?

🏠 🍴 ***Eco Campement Keur Annick*** *(carte Le Niokolo Koba et le pays bassari,* ***7****)* **:** *sur la rive est du fleuve Gambie, à* ***Mako.*** *Prendre à droite juste après le pont (repérez l'hippo).* 📱 *77-405-19-41 ou 77-676-09-84. En France :* 📱 *06-30-78-42-69.* • *keurannick.com* • *En ½ pens, 13 500 F.CFA/pers dans une case ventilée. Repas 3 500-5 000 F.CFA.* À l'origine, il s'agissait d'un projet humanitaire mené par un pharmacien nantais, Paul Dechambenoit, puis le concept s'est enrichi d'un volet écotouristique. À l'écart du village, en pleine brousse, un chapelet de cases traditionnelles, dont 2 grandes avec 2 chambres, ont été dispersées de loin en loin le long du fleuve. Elles sont très simples mais vastes et bien tenues, avec toilettes intérieures. Électricité solaire. Resto. Randos pédestres ou excursions en 4x4 dans la région. Possibilité de camper sur place. Une adresse hautement recommandable pour la tranquillité des lieux ainsi que pour le sérieux et la gentillesse de ses propriétaires. Paul Dechambenoit a également racheté un ancien campement de chasse, ***Africa Safari,*** situé à une dizaine de km de Mako direction Kédougou. Confort un cran au-dessus, dans une dizaine de cases en dur un peu anciennes mais agréables et climatisées, enfouies dans la forêt au bord du fleuve. Piscine. Pour une retraite comme hors du monde *(compter 25 000 F.CFA pour 2, petit déj en sus ; repas 7 500 F.CFA).*

À voir

Plusieurs villages d'orpailleurs jalonnent la région. On peut, par exemple, depuis le campement *Keur Annick*, gagner le village de ***Kérékonko*** par une piste longeant le fleuve Gambie dans lequel barbotent quelques hippos, en égrenant au passage un chapelet de villages malinké clôturés de tresses en bambou (10 km, 20 mn aller en 4x4). Une fois arrivé à Kérékonko, traverser le village en direction du fleuve. Au bord de l'eau, les orpailleuses tentent leur chance en filtrant le sable avec une calebasse.
Autre option, pousser jusqu'à ***Tomboronkoto,*** à environ un quart d'heure de route de Mako, direction Kédougou. Le village s'est littéralement transformé en une mine à ciel ouvert : on pellette, on concasse, on égrène, on tamise, on retamise... La visite est à la fois édifiante et inquiétante *(prévoir env 1 500 F.CFA/pers).* Ceux qui veulent en savoir plus pousseront jusqu'à ***Bantako,*** à environ un quart d'heure de route plus au sud (quelques kilomètres après Tomboronkoto, en haut d'une côte, prendre la piste à gauche, c'est fléché). Là, c'est carrément le Klondike ! Dans ce village, qui comptait à l'origine seulement quelques familles d'éleveurs, s'entassent aujourd'hui près de 4 000 personnes ! Une vraie ville en pleine cambrousse, avec ses ruelles bordées d'échoppes et ses petits métiers. Attention, n'y allez pas seul, faites-vous accompagner d'un guide et signalez-vous auprès du « service de sécurité local » qui assurera votre protection moyennant 10 000 F.CFA. Le milieu n'est pas très accueillant. Côté visuel, c'est moins spectaculaire qu'à Tomboronkoto car les mines sont souterraines. Les éboulements sont fréquents, les morts aussi.
Enfin, toujours sur la route de Kédougou, une dizaine de km au sud de l'embranchement pour Bantako, possibilité d'obliquer, à Tenkato, sur la ***piste des Cotonniers,*** direction Thiabedji, pour rejoindre Bandafassi et le pays bédik par les villages d'orpailleurs de l'intérieur. Compter 1h30-2h de trajet (tout dépend de l'état de la piste), entre collines et champs de coton.

LE PAYS BASSARI ET LE PAYS BÉDIK

Bassari et Bédik comptent parmi les ethnies les plus mystérieuses du Sénégal. Fondamentalement animistes, en dépit du christianisme qui influence la vie d'une partie d'entre eux, ces chasseurs-cueilleurs – devenus cultivateurs au fil des siècles – célèbrent encore aujourd'hui des rites déterminants pour la cohésion de leurs groupes respectifs. Peu nombreux (on estime les Bédik à environ 3 000 âmes, et les Bassari à environ 20 000, dont un tiers sur le territoire guinéen), ils sont cantonnés, pour les premiers, aux reliefs situés à l'ouest de Kédougou (région de Bandafassi) et pour les seconds, à cheval entre le nord de la Guinée (est de Youkounkoun) et le sud du parc du Niokolo Koba. Dans la région vivent aussi une myriade d'autres ethnies, Dialonkés vers Fongolimbi, Malinkés ou encore Peuls, notamment autour de la cascade de Dindéfelo, la plus importante du Sénégal, adossée aux contreforts du Fouta Djalon.
Ici et là, dans la brousse, se sont établis quelques campements sommaires (pas d'eau courante, encore moins de clim), points de chute pour des balades et randonnées à la découverte des traditions et de la vie des villages, qu'ils soient disséminés le long du fleuve Gambie, perchés au sommet des falaises bédik ou dispersés entre les collines du pays bassari. Certains voyageurs optent pour des treks de plusieurs jours, avec nuit en bivouac ou chez l'habitant.
La région étant très enclavée et difficile d'accès – c'est, aussi, ce qui fait son attrait – on peut choisir de passer par une agence pour organiser sa venue.

On peut, aussi, louer un 4x4. Cela dit, il est toujours possible, avec patience et endurance, de rejoindre les différents villages avec les rares transports locaux. Et, pour qui n'a pas de programme, de laisser le temps en suspend pour mieux s'imprégner du rythme de la brousse.

UN PEU D'ETHNOLOGIE

LOIN D'ÊTRE UNE MASCARADE !

En Afrique, il y a les humains, les esprits et les masques. Quand dans une cérémonie on fait référence à un masque, il faut le considérer comme un être à part entière, doté de pouvoirs qui lui sont propres car possédé par les esprits, et non comme un simple humain portant un masque.

Bédik et Bassari, à l'instar de leurs cousins les Coniagui (vivant dans le nord-est du Fouta Djalon) et les Badiaranké (région du mont Badiar en Guinée), appartiennent au même groupe ethno-linguistique des Tendas.

Les ***Bédik*** sont d'origine mandingue, comme le prouvent leurs patronymes : Keïta, Kamara, Kanté, Samora (noms de famille courants dans l'actuel Mali). Peu nombreux, ils se divisent en plusieurs clans et demeurent relativement épargnés par le monde extérieur. Évangélisés par des missionnaires dans les années 1950, ils ont pour autant conservé la plupart de leurs rituels. Leur calendrier festif compte 7 grandes dates qui sont autant d'occasions de faire couler la bière de mil (le dolo). Chaque année au mois de mai se déroule le ***minymor,*** le rite annuel censé assurer la fertilité de leurs terres. Toute la communauté invoque alors les esprits pour apaiser la nature et faire en sorte que les semailles prennent (nous sommes en fin de saison sèche, et l'environnement est particulièrement ingrat). La communication avec les esprits se fait dans le cadre du *gangouran,* une danse mystique censée avoir été révélée par des êtres surnaturels, considérés comme des prédicateurs venus apporter aux hommes la science du passé, du présent et de l'avenir. À cette occasion, les Bédik font appel à des masques constitués de feuilles de karité et d'écorces. Seul le chef du village est autorisé à aller chercher dans la forêt sacrée les feuilles nécessaires à leur confection. S'ensuit un rituel très élaboré dans lequel apparaît d'abord *gangouran,* une sorte de père Fouettard qui poursuit les jeunes garçons non encore circoncis en exigeant d'eux qu'ils sacrifient un poulet en son honneur.

Puis c'est au tour de *Lukuta* d'entrer en scène, un masque chargé de redonner aux femmes mariées, responsables des semailles, le langage secret de la forêt sacrée, indispensable à une bonne récolte. Pour cela, *Lukuta,* qui est aussi appelé « grand-mère » chez les Bédik, danse avec elles (c'est d'ailleurs la seule occasion pour les femmes de danser avec un masque). Enfin, surgit le « zébulon » de la fête, le truculent *Niatioma,* qui bondit dans tous les sens, sabre à la main, en essayant de découper les esprits du mal qui auraient la négligence de s'attarder dans le village. Bref, une cérémonie passionnante, que certaines agences proposent aux touristes.

Les ***Bassari,*** eux, sont célèbres pour leurs rites initiatiques. Leur société est assez complexe, le rôle, la conduite et les responsabilités de chacun étant déterminés par l'appartenance à une ***classe d'âge*** bien précise. Le passage d'une classe à une autre obéit alors à des rites déterminants pour le reste de la vie, et ceci quel que soit l'endroit de résidence. Par exemple, un Bassari vivant à Dakar reviendra nécessairement dans son village natal pour se faire initier. 7 étapes jalonnent leur vie (8 pour les femmes). ***L'initiation,*** qui se déroule vers l'âge de 15 ans, est une étape capitale pour un jeune garçon Bassari, car le rite est censé détruire son identité d'enfant. Tout se passe au cours d'un bref séjour (2 semaines quand même !) dans une grotte située en forêt. Une retraite « à la dure » pendant laquelle le futur initié ne doit manifester aucune émotion et apprendre une nouvelle langue, celle des initiés. Il est encadré par un groupe d'*Odyars* (les représentants de la classe d'âge de 30 à 36 ans). Puis il retourne vers le village au moment venu, muni d'un sabre de laine rouge et d'un arc bouclier pour défier un masque au combat, *Lukuta.*

C'est le temps fort de l'initiation. Peu importe s'il gagne, l'essentiel étant de vaincre sa peur en osant défier le masque. Pour la petite histoire, aujourd'hui, certains futurs initiés habitant à Dakar pratiquent la lutte ou les arts martiaux et flanquent carrément la pâtée aux masques restés au pays ! Cette cérémonie se déroule après les récoltes, début mai (c'est le chef du Fétiche qui propose une date après avoir consulté les esprits de la brousse). Elle n'a cependant pas lieu tous les ans ; on attend qu'il y ait suffisamment de garçons à initier. Pour y assister, il est demandé une participation aux photographes *(compter env 5 000 F.CFA pour un appareil photo et 10 000 F.CFA pour une caméra vidéo).*

UNE VARIANTE DES BOULES DE CRISTAL...

Avant de défier un masque au combat, le futur initié bassari doit sacrifier un coq, le saigner, l'éviscérer puis examiner les testicules de l'animal. S'ils sont noirs, mauvais présage. S'ils sont blancs, le masque n'a qu'à bien se tenir !

En dehors de *Lukuta,* signalons l'existence d'un autre masque, *Odo-kuta,* dont la forme circulaire symbolise le monde et l'univers, personnifie l'esprit de la nature. C'est lui qui se porte garant du rite et de l'observance des traditions.

Parmi les cérémonies, citons également l'adieu des masques, qui marque la fin de l'hivernage, tout comme chez les Bédik le *Syamboumbou* (encore un masque) quitte les champs quand le maïs arrive à maturité.

KÉDOUGOU

33 000 hab.

Petite ville égarée à 235 km de Tambacounda sur les rives du fleuve Gambie, cette bourgade poussiéreuse n'a pas grand-chose à offrir au visiteur. Elle fait cependant office de porte d'entrée vers les pays bédik et bassari et vers les villages peuls des environs de Dindéfelo. Ceux qui tiennent à leur confort et ne se sentent pas de loger dans les campements de brousse pourront en faire leur camp de base pour explorer la région. Bien se renseigner sur l'état des pistes, surtout en période d'hivernage et dans les mois qui suivent.

Arriver – Quitter

– ***Un point sur les routes :*** martyrisée par les camions maliens en surcharge pondérale notoire (jusqu'à 100 t !), ***la route nationale 7 reliant Tamba à Kédougou*** est dans un état déplorable sur une portion d'une centaine de km entre le sud de Dar Salam et Mako, alternance de piste cahoteuse et de goudron dévoré de nids de poule (d'autruche plutôt !). Des travaux de reconstruction ont été entrepris en 2016, mais ils devraient durer un bout de temps... Revêtement correct sinon en amont et en aval de cette zone.

Pour relier ***Kédougou à Salémata (à 75 km, en pays bassari) via Bandafassi (15 km, en pays bédik),*** on emprunte une large piste plutôt bonne. Une route goudronnée est en construction, mais ne devrait pas être achevée avant le début des années 2020. Des pistes secondaires, souvent difficiles, desservent la cascade de Dindéfelo et les villages bassari d'Ebarakh et Ethiolo. Ces derniers peuvent aussi être rejoints en traversant le parc du Niokolo Koba (sortie par le poste de garde d'Oubadji). Bien se renseigner avant cependant, les pistes dans la partie sud du parc ne sont pas toujours praticables.

Gare routière : *à l'entrée de la ville en venant de Tamba, en retrait de la route principale sur la gauche (demander le « grand garage »).*

➢ ***En « 7-places » de/vers Salémata, Dindéfelo, Fongolimbi :*** tlj, mais plus de chance le mar, jour du marché de Salémata, le dim pour Dindéfelo et le jeu pour Fongolimbi. Prévoir de l'eau et des provisions de bouche pour la route (un peu de patience aussi)... Également des « 7-places » pour ***Tamba. Pas de taxi brousse en revanche pour Bandafassi,*** à 15 km (pays bédik). Prendre un taxi de ville (compter env 5 000 F.CFA ; négocier), ou essayer d'attraper sur la route un véhicule (camion, voiture particulière) s'y rendant.

➢ ***En bus de/vers Dakar via Tambacounda, Kaolack :***

*– Avec **Niokolo Transports** (☎ 33-985-19-19, 77-529-74-57. ● niokolotransports.com ●). Du croisement de la station* Total, *remonter la rue vers le nord (route du Mali), en laissant la station sur votre droite. C'est dans une ruelle à env 200 m sur la gauche (demander). Tlj 8h-13h, 15h-19h.* En principe, pour Dakar, départ mar et dim à 15h (arrivée le lendemain vers 5h) ; lun et ven à 15h dans l'autre sens. Compter 11 000 F.CFA l'aller, bagages en sus. D'autres compagnies effectuent le même trajet sur les autres jours de la semaine. Demander à *Niokolo Transports,* ils réserveront pour vous. Dans tous les cas, s'y prendre ***bien à l'avance*** (min 2 j.).

Adresses utiles

■ **Banques :** *2 banques avec distributeurs dont la **CBAO,** à côté de la station* Total. *Agence ouv lun-ven 8h30-13h, 14h30 (15h ven)-16h (16h30 ven).*

Hôpital : *avt le croisement en arrivant de Tamba. ☎ 33-985-10-04.*

■ **Pharmacies :** *seulement 2 en ville, **Keneya,** sur la route de Tamba, à côté de la gendarmerie (☎ 33-985-15-25), et **Ya Salam,** au cœur du marché, derrière la station* Total *(demander). En alternance hebdomadaire, l'une ferme à 22h, l'autre est ouverte 24h/24.*

■ **Police :** *route de Tamba, près de la gendarmerie. ☎ 33-985-11-53.*

Où dormir ? Où manger ?

Peu d'hébergements, et pas vraiment de restos en dehors de ceux des hôtels. Quelques gargotes en centre-ville sinon.

Campement Timinandya : *à la sortie de Kédougou, sur la route de Salémata. 77-552-61-21. Double ventilée 10 000 F.CFA ; climatisée 16 000 F.CFA ; petit déj en sus. Timinandya* signifie « système D » en malinké. Dans une cour jardinée, une dizaine de cases en dur et toit de chaume, simples mais relativement confortables (moustiquaire, sanitaires dans chaque) et fort bien tenues. Resto en projet. Accueil gentil. Assez excentré en revanche (compter env 500 F.CFA pour rejoindre le centre en taxi).

Le Bédik de Kédougou : *quartier Gomba, au bout de la rue qui passe devant la poste. ☎ 33-985-10-00. ● horizons-bleus.sn ● Réserver à l'avance. Double avec clim 32 000 F.CFA, petit déj inclus. Plats 5 000-7 500 F.CFA (pas mal de choix). Menu 7 000 F.CFA.* Pour vous remettre d'un périple en pays bassari, une adresse confortable et impeccablement tenue, appartenant à la même chaîne que le *Relais de Tambacounda.* Chambres pas vraiment folichonnes mais bien équipées. Jolie piscine et resto agréable, ouvert sur la campagne où coule le fleuve Gambie. Également une belle terrasse de resto surplombant le fleuve chez le voisin immédiat, le *Relais de Kédougou* (gestion différente). Peu de choix en revanche *(plat env 6 000 F.CFA)*. On peut aussi y loger (même gamme de prix), dans une ambiance plutôt orientée chasse et grosses cartouches... ☎ *33-985-10-62.*

DANS LES ENVIRONS DE KÉDOUGOU

Les possibilités d'excursions sont multiples, mais relier chaque site demande du temps (piste). Si l'on y découvre bien sûr la vie des villages peuls, la zone de la cascade de Dindéfelo séduira plutôt les adeptes de balades dans la brousse et le long du fleuve Gambie. En pays bassari, on viendra surtout découvrir des traditions préservées et très spécifiques. Idem pour le pays bédik qui se prête également à des randonnées sur les crêtes de villages en villages.

Disposer d'un 4x4 est préférable si on souhaite voyager « confortable » et être autonome. Mais ***voyager avec les moyens locaux*** est tout à fait possible (taxi-brousse). Pour un 4x4, compter 40 000-60 000 F.CFA/j. selon le confort (clim ou pas). Renseignez-vous après de votre campement. Possibilité également de contacter Bruno Guérin, un Français installé dans la zone depuis une quinzaine d'années, qui officie comme chauffeur avec son propre véhicule *(📱 77-511-76-04. • autourdekedougou@gmail.com •).*

On peut aussi passer par des opérateurs locaux comme ***Trekking Sénégal*** : *📱 77-554-65-74. • trekking-senegal.com •* Cheikh Tidiane Diallo, guide officiel à Dindéfelo et à Afia, organise des circuits de 4 à 6 jours dans le pays bédik et dans les villages peuls des environs au départ de Kédougou. Nuits en bivouac ou dans des campements villageois.

FONGOLIMBI

Fongolimbi est situé à 1 km de la frontière guinéenne et à 28 km au sud-est de Kédougou : c'est un peu le bout du monde. Jusque dans les années 1970, il fallait encore 2 jours à ses habitants pour gagner Kédougou à pied. Aujourd'hui, Fongolimbi, fief des paysans dialonkés (ethnie mandingue), attire les randonneurs qui veulent entrer en contact avec l'Afrique profonde. Son *louma* (marché hebdomadaire) a lieu tous les jeudis, et nombreux sont les commerçants des pays frontaliers qui s'y retrouvent. C'est un point de départ pour des treks vers les différentes cascades de la région (Wassaya, Kounsy, Lombel) ou plus à l'est, vers les rochers de forme humaine de Marougou. Mais mieux vaut être autonome pour sa nourriture et son couchage.

LES VILLAGES PEULS D'AFIA ET DE DINDÉFELO

Afia et Dindéfelo sont reliés à Kédougou par une piste dégradée bordée de champs de termitières champignon (bifurcation à gauche au début de la piste pour Salémata). La piste est aussi un axe de pénétration vers la Guinée voisine qu'empruntent des camions surchargés. En chemin, peu après Kédougou, on traverse le village d'***Itato,*** où se tenait jadis un marché aux esclaves.

➢ Taxis-brousse quotidiens depuis Kédougou pour Dindéfelo (prévoir de l'attente), plus nombreux le dim, jour du marché. Compter env 1 300 F.CFA et 1h30 de trajet jusqu'à Dindéfelo, voire plus selon l'état de la piste. Si vous optez pour Afia, faites-vous déposer à l'embranchement. Le village se trouve à 2 km de la piste principale.

Afia : *prendre la piste qui part à gauche, une dizaine de km avt Dindéfelo ; c'est fléché.* Un village peul, caractéristique, perdu au beau milieu d'une savane plantée de kapokiers et de bombax (arbres aux grosses fleurs rouges). On produit ici de l'huile d'arachide, du miel et des produits à base de karité (d'où le nom du village Afia-Tiabekaré, le nom du karité en pulaar, la langue des Peuls de la région). Le village est établi en bordure du fleuve Gambie, propice à la baignade, dont les rives sont bordées de gros rochers ronds (des arènes granitiques). La zone se prête à de nombreuses balades, notamment à la découverte des villages dispersés de part et d'autre du fleuve. En dépassant Afia direction Dindéfelo, on traverse le village de ***Ségou*** (rien à voir avec son homonyme malien), d'où une mauvaise piste hachée de cailloux file vers la Guinée. Cascade dans les environs (que l'on peut aussi rejoindre à pied depuis Afia). Campement au village.

Campement Tako Mayo : *dans le village d'**Afia-Tiabekaré** (ou Afia 1). 77-652-64-50. • dialloa95@yahoo.fr • Selon confort (ventilo ou non), compter 8 500-10 000 F.CFA/pers en ½ pens et 13 000-15 000 F.CFA/pers en pens complète.* En bordure du village, à un jet de pierre du fleuve Gambie, un campement tranquille et soigné d'une dizaine de cases rondes, toutes avec moustiquaire, la moitié avec ventilo. Douches communes en plein air. Bonne cuisine et excellent accueil d'Alpha, guide professionnel, qui a monté un autre campement dans sa concession familiale à Dindéfelo (le *Taco Felo*). Nombreuses excursions possibles, dont des treks sur plusieurs jours. Alpha a monté, avec l'aide d'une association espagnole, un atelier, mitoyen au campement, formant à la couture les jeunes filles des villages environnants. Elles en repartiront avec un métier et une machine à coudre, de quoi développer une activité autonome. On peut acheter les sacs, nappes, etc., confectionnés par les élèves.

Dindéfelo : *à 35 km de Kédougou.* *Dindéfelo* signifie en pulaar, la langue des Peuls, « au pied de la montagne », en l'occurrence, le Fouta-Djalon. Le dimanche, jour de marché, des Guinéens viennent y vendre huile de palme, oranges, cigarettes aux marchands de Kédougou. Le village est aussi un point de départ pour randonner, notamment sur le plateau (lire plus bas « Balades et randonnées »). Il compte plusieurs campements, qui forment autant de points de chute pour les randonneurs pas trop exigeants côté confort. Pour manger, s'adresser à eux. Le lieu est aussi célèbre pour sa ***cascade,*** la seule vraie chute d'eau du pays, mais ne vous attendez pas aux chutes du Niagara, *diourde* (« la chute d'eau » en pulaar) est plutôt tranquille. Elle se trouve à une demi-heure de marche du village. Après avoir suivi le sentier bien marqué qui serpente au milieu d'un chaos de grès rouge (arbres remarquables), la densité de la végétation augmente à mesure que l'on approche du but. Sur place, l'eau ruisselle et perle contre une paroi haute de 80 m. Sous cette bruine, le lieu est d'une fraîcheur bienfaisante, mais pas de quoi casser trois pattes à une pintade quand même. Baignade possible dans la pièce d'eau située au pied de la paroi. Peut-être apercevrez-vous en chemin des serpents, voire, avec de la chance, des chimpanzés. Pour y accéder, il vous sera réclamé une participation de 1 000 F.CFA/personne. Comptez env 3 000 F.CFA en plus si vous prenez un guide. Faites appel à leurs services, ils sont sympas et compétents.

LE FOUTA-DJALON, CHÂTEAU D'EAU DE L'AFRIQUE DE L'OUEST

Le massif du Fouta-Djalon est l'une des régions les plus arrosées d'Afrique de l'Ouest. Les fleuves Niger, Gambie et Sénégal y prennent leur source. Pays de fractures rocheuses et de jungles impénétrables, il fut le fief des Peuls qui menèrent le djihad en résistance à la percée coloniale française.

Où dormir ? Où manger ?

Campement villageois : *en allant vers la cascade, à la sortie du village. 77-711-13-92 ou 77-658-87-07 (Bala Touré). Compter 6 000 F.CFA pour 2 dans des cases rudimentaires, petit déj en sus. Repas env 3 000 F.CFA.* Dans une grande concession, une série de cases en dur simples et bien tenues, alimentées à l'électricité solaire, avec douche et w-c intégrés. Les bénéfices de ce GIE sont utilisés par les villageois pour le dispensaire, le soutien aux plus démunis. Petite boutique d'artisanat.

Le Dogon du Fouta : *en allant vers la cascade, avt le campement villageois. 77-552-38-31 (Moktar) ou 77-789-40-02 (Lama). Doubles 6 000-8 000 F.CFA selon confort (sans ou avec sanitaires privés). Petit déj en sus. Repas env 3 000 F.CFA.* Campement convivial et bien arrangé, composé de cases traditionnelles rustiques colorées et bien tenues, la plupart avec « salle d'eau » privée en plein air, sur l'arrière (on se douche au seau). Celles en paille laissent mieux circuler l'air, agréable lorsqu'il fait chaud. Sympathique paillote-resto. Électricité solaire. Accueil cool.

Balades et randos

De Dindéfelo, au-delà de la cascade, nombreuses balades possibles, en particulier sur le plateau, notamment vers la *source* de la cascade et vers la grotte et les dents de *Dandé* (campement sommaire dans le village du même nom). Du plateau toujours, on peut aussi rejoindre un point de vue sur la cascade de Ségou, un village de potiers, et même une piscine naturelle. Autre curiosité géologique, la *malle de Pélele,* un étrange bagage suspendu entre ciel et terre à environ 7 km du village, à qui les gens du coin attribuent toutes sortes de pouvoirs.
On peut sinon préférer une balade le long du fleuve, avec une partie en pirogue. Renseignez-vous auprès de votre campement qui vous orientera vers un guide local *(env 10 000 F.CFA pour une balade à la journée).*
Possibilité également de suivre un trek sur plusieurs jours vers le pays bédik, avec nuits en bivouac, et de combiner marche et portions en 4x4 ou à moto.
Enfin, ceux qui s'intéressent aux grands singes pourront prendre contact avec la *réserve communautaire de Dindéfelo,* où la branche espagnole de l'institut Jane Goodall travaille à un programme de conservation du chimpanzé d'Afrique de l'Ouest *(• dindefelo.org •).* Excursion possible à la recherche des primates *(env 15 000 F.CFA).*

LE PAYS BÉDIK

Le pays bédik est constitué d'un chapelet de villages perchés sur une falaise à l'ouest de Kédougou, en bordure de la piste pour Salémata. Vivant jadis dans la plaine, les Bédik se réfugièrent sur les hauteurs à la fin XIXe s pour fuir le djihad mené par le marabout guinéen Alfa Yaya. Longtemps, on compta alors un village peul dans la plaine, et son alter ego bédik au sommet de la falaise. Aujourd'hui, de nombreux Bédik sont redescendus s'installer dans la plaine où les conditions de vie sont moins rudes, créant des quartiers distincts de ceux des Peuls. Il faut dire qu'aucun village de la falaise n'a accès à l'eau potable, certains n'ayant pas d'eau du tout. Pas de poste de santé non plus, ni d'électricité. Seuls les villages d'Iwol, le plus important, et Andjiel font de la résistance. Les autres sont quasi déserts.
Les villages de la falaise s'explorent ***à pied.*** Pour faire le grand chelem, on peut, à partir d'Indar (accolé à Bandafassi), grimper sur la falaise en direction d'Ethiwar, puis rejoindre successivement Andjiel, Iwol et Ethiés pour terminer à Ninefecha. On peut aussi monter (ou redescendre) directement à Iwol depuis le village peul d'Ibel ou à Andjiel depuis le camp militaire de Patassy. Bref, un tas

de combinaisons possibles, pour 1h, 1 jour comme 1 semaine de rando (hébergement chez l'habitant), dans un paysage qui n'est pas sans évoquer le pays dogon au Mali, en beaucoup plus réduit.

– ***Guide indispensable,*** bien sûr. *Compter env 10 000 F.CFA pour une excursion à la journée, auxquels s'ajoute la taxe d'entrée dans les villages (1 000 F. CFA/pers, à remettre au chef). Pour un trek sur plusieurs j., compter env 22 500 F.CFA/j. tt compris, sauf l'eau (prévoir des pastilles de purification).* On peut par exemple se renseigner auprès de Marc, guide officiel (lire plus bas, « *Chez Léontine Keita* »). Dans tous les cas, évitez de distribuer des « cadeaux » aux villageois...

Bandafassi : *à env 15 km à l'ouest de Kédougou par la piste pour Salémata.* Bandafassi est la porte d'entrée du pays bédik. On y trouve un campement (« Chez Léontine Keita »; lire ci-dessous) qui pourra servir de camp de base à ceux qui n'ont pas organisé à l'avance leur visite de la zone. On peut aussi y pratiquer ***l'escalade,*** une voie ayant été équipée en 2017. Renseignement au campement ou auprès de Marcel *(77-987-39-49 ou 77-204-37-15).*

On pourra aussi aller jeter un œil au ***village communautaire*** *(gratuit),* un centre d'interprétation géré par le ministère de la Culture et construit avec l'aide des Nations Unies et de la coopération espagnole. Le site est un rien surdimensionné et souffre du manque de visiteurs, mais on pourra s'y familiariser avec les différents types de cases que l'on croisera dans la sous-région : les longs toits des peuls, les murs en pierre volcanique des Bassari, en terre des Bédik, en vannerie des Coniagui, etc. Également une modeste expo sur les activités et coutumes de ces différents peuples. Les lieux accueillent en principe un *festival des ethnies minoritaires* en décembre (parfois décalé, parfois annulé) et une foire agricole en avril. On peut aussi y dormir, dans des cases en dur avec sanitaires (eau courante) et ventilo. *Compter 10 500 F.CFA/pers en ½ pens. 77-520-24-53 (M. Mbaye).*

Chez Léontine Keita *(Campement Le Bédik)* ***:*** *à* ***Indar,*** *à côté de Bandafassi. 77-554-99-15 (Léontine) ou 77-212-25-06 (Marc). Compter 10 000 F.CFA/pers en ½ pens ; 13 000 F.CFA/pers en pens complète. Repas seul 3 000 F.CFA.* Accolées au village, une dizaine de cases en dur, avec ventilo, électricité et sanitaires privatifs (douche au seau ; eau courante en projet). Dommage que l'aspect extérieur du campement soit un peu dégradé, mais des travaux sont en cours. La courageuse Léontine propose de bons petits plats qu'elle vous servira dans la case centrale. Toute la famille travaille dans le tourisme : Marc, le frère de Léontine, est guide.

Iwol : *accès en 1h de marche à partir du village peul d'****Ibel,*** *à une bonne dizaine de km à l'ouest de Bandafassi.* Plus important village de la falaise bédik (env 600 habitants), niché à 440 m d'altitude au sommet d'un éboulis de dolérite (pierre magmatique apparentée au basalte), Iwol domine une brousse plantée de cotonniers et de fleurs d'hibiscus (bissap). Village de tisserands, on y trouve un baobab sacré et un fromager multiséculaire. Jean-Baptiste Keïta, à la fois prêtre, instit et pharmacien, présente généralement son village aux touristes (on peut loger chez lui). Artisanat local.

Andjiel : *accès par le camp militaire de Patassy, en retrait de la piste de Salémata, entre Bandafassi et Ibel.* L'autre « grand » village bédik de la falaise (env 200 habitants) est accessible en seulement 15 mn de montée, pour peu que l'on dispose d'un véhicule pour venir jusqu'à son pied. Au sommet, les habitants y vivent dans une grosse vingtaine de cases groupées les unes contre les autres. Certaines femmes portent encore dans le nez une épine de porc-épic, ou plutôt, la plupart du temps, un fétu de paille pour maintenir le trou, ne chaussant la longue épine que pour les fêtes. Le dénuement est flagrant (sauf en vin de rônier !).

Si l'accueil est chaleureux, certains pourraient – ou pas – se sentir mal à l'aise, en voyeur d'une micro société dont on pourra juger l'isolement fascinant par ses traditions préservées ou misérable par ses conditions de vie. La vérité est sans doute quelque part entre les deux... Joli point de vue en tout cas sur la savane arbustive bosselée de reliefs.

LE PAYS BASSARI

Après Ibel, la piste vers Salémata est jalonnée de loin en loin de villages peuls, à la périphérie desquels pâturent des troupeaux de bovins, leur principale source de revenu. N'hésitez pas à vous arrêter, les gens sont accueillants et vous offriront peut-être le thé.
Enfin, la végétation se densifie, marquant l'entrée dans le pays bassari. Pas de falaise ici, mais un paysage vallonné, hérissé de hauts arbres, dans lequel les Bassari vivent en habitat dispersé, organisés en concessions familiales distantes les unes des autres.

***Salémata :** à env 2h de (bonne) piste de Kédougou (en « 7-places », compter 3 000 F.CFA/pers).*
Petit bout du monde égaré dans la brousse aux confins du Sénégal et de la Guinée, Salémata, sorte de chef-lieu des 27 villages du pays bassari, est constitué de grappes de cases disséminées parmi manguiers et baobabs. Seul incongruité dans le paysage, un improbable night-club en forme de château fort, érigé par un certain Bob, aujourd'hui décédé.
Chaque mardi, de 8h à 21h, se déroule le marché hebdomadaire, qui attire de la Guinée voisine les trafiquants de tout poil (alcool, carburant, sucre), mais aussi des Peuls venus vendre leur bétail, et des Coniagui leurs graines de néré (très appréciées des femmes bassari pour leurs sauces).
Salémata est aussi un point de départ pour randonner vers le village et les grottes d'Egath, à 4 km de là, puis vers Ebarakh (3 km plus loin), où l'on pourra découvrir 2 puits naturels. Autre destination, le village malinké de Lingué Koto (7 km), proche du fleuve Gambie dans lequel on peut espérer voir des hippos, ou encore Ethiolo (lire plus bas). On peut combiner marche et trajet en véhicule. Guide indispensable *(env 10 000 F.CFA/j.).*

***Campement Le Peluun :** à l'entrée du village. ☎ 33-835-15-70 (à Dakar). Sur place, 77-146-85-12 (Blaise) ou 77-289-52-30. • peluun@orange.sn • Double 9 000 F.CFA ; petit déj 1 500 F.CFA. Repas 3 500 F.CFA. Supplément en période de fêtes.* Campement agréable de 8 cases peules perchées sur un monticule, au milieu de gros baobabs, de manguiers, de karités. Si le confort est très simple, le tout, parfaitement intégré au paysage, a beaucoup d'élégance et de charme. Toutes les cases sont ventilées et disposent de leur propre coin douche (au seau, en extérieur). Toilettes communes. Électricité. Le campement est soutenu par l'*Association Cauris* de Dakar *(Espace Thialy).*

***Ethiolo :** accès par une piste (env 7 km) qui part sur la gauche peu avt d'arriver à Salémata. Pour ceux qui n'ont pas de véhicule, le plus simple est d'y aller à pied avec un guide, ou d'attendre une voiture...* Ethiolo est en fait un ensemble de hameaux bassari disséminés dans une savane arbustive de laquelle émergent de loin en loin les silhouettes des rôniers, d'où l'on tire le vin de palme. Un environnement âpre, de bas-fonds poussiéreux (du moins en saison sèche) et de latérite brûlante. À partir d'Ethiolo, quelques excursions possibles vers la grotte des initiés, l'ancien mur monté par les Peuls au temps du djihad, la « place » du village, seulement utilisée lors des rituels, d'initiation notamment (voir le paragraphe sur les Bassari en début de chapitre), ou

LE SÉNÉGAL ORIENTAL

pour observer un « vigneron » grimper le long d'un rônier pour y extraire le vin. On peut aussi pousser jusqu'au village d'artisans de Goumon (poterie, tambours, mobilier en vannerie).
Mais à Ethiolo, le plus sympa, c'est la rencontre avec Balingho, Bassari lui-même, intarissable sur le sujet. On l'écouterait pendant des heures, tentant de démêler l'écheveau de ses dires, car avec Balingho, c'est pas toujours *joni-joni* (« rapide »). On a le temps, le vin est bon...

Campement d'Ethiolo « Chez Balingho, la Vallée heureuse » : *au cœur du village. 77-146-81-39. Nuitée 3 500 F.CFA/pers. Petit déj 2 000 F.CFA. Repas 3 000 F.CFA. Supplément au moment des fêtes rituelles (réserver bien à l'avance).* Une douzaine de cases traditionnelles sommaires, avec moustiquaire, sanitaires communs (toilettes sèches) et douche au seau. Vente de poupées, colliers et masques, dont certains sont utilisés pour les rituels. Ambiance conviviale et familiale.

LA CASAMANCE

• Carte *p. 217*

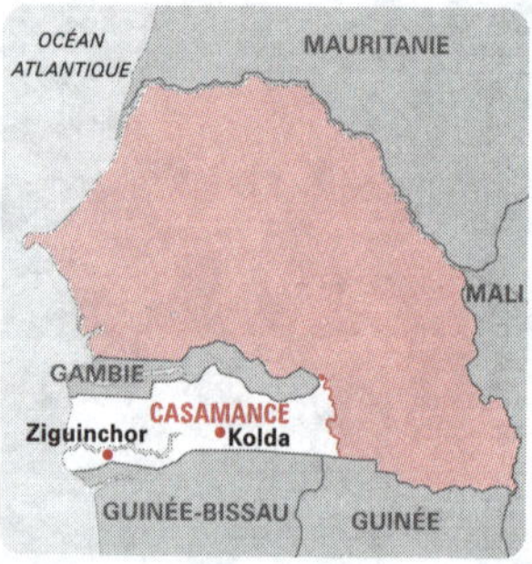

Située au sud de la Gambie, et donc isolée du reste du pays, la Casamance se compose administrativement de 3 sous-régions : la basse Casamance, région de l'estuaire et de Ziguinchor ; la moyenne Casamance, au centre (région de Sedhiou) ; et la haute Casamance, à l'est (région de Kolda). En basse Casamance, vous rencontrerez surtout les Diola, qui tentent de maintenir leurs coutumes contre les influences du Nord, alors que les Mandingues et les Peuls sont plus nombreux respectivement en moyenne et haute Casamance.

Luxuriante, la Casamance est traditionnellement appelée le « grenier du Sénégal ». C'est là, en effet, qu'on trouve le plus d'arbres fruitiers et de rizières, la pluviométrie y étant nettement plus importante que dans le reste du pays.

La Casamance souffre d'un déficit touristique chronique, dû à de multiples causes, dont son accès, relativement difficile, depuis Dakar. Quel dommage ! Cet isolement, obstacle à une bonne intégration politique, lui a permis de garder une forte identité, encore empreinte d'une culture animiste toujours vivace. Entre *bolongs* (cours d'eau salée bordés de mangroves), myriades d'îles esseulées et vastes plages quasiment pour vous seuls, la Casamance – encore trop mal valorisée en comparaison du Sine Saloum, par exemple – a pourtant beaucoup à offrir, à commencer par son sens de l'accueil. D'ailleurs, n'oubliez pas de saluer ceux que vous croisez par le traditionnel *Kassoumaye ?* (« Ça va ? »), auquel on vous répondra : *Kassoumaye kep* (« Ça va bien »), puis ponctuez d'un sonore *Yo* (« oui »).

Comment aller en Casamance depuis Dakar ?

L'idéal, si vous en avez le temps et les moyens, est de prendre le ***bateau*** à l'aller, pour profiter de la remontée du fleuve au petit matin, et d'opter pour ***l'avion*** au retour.

On peut sinon, bien sûr, ***passer par***

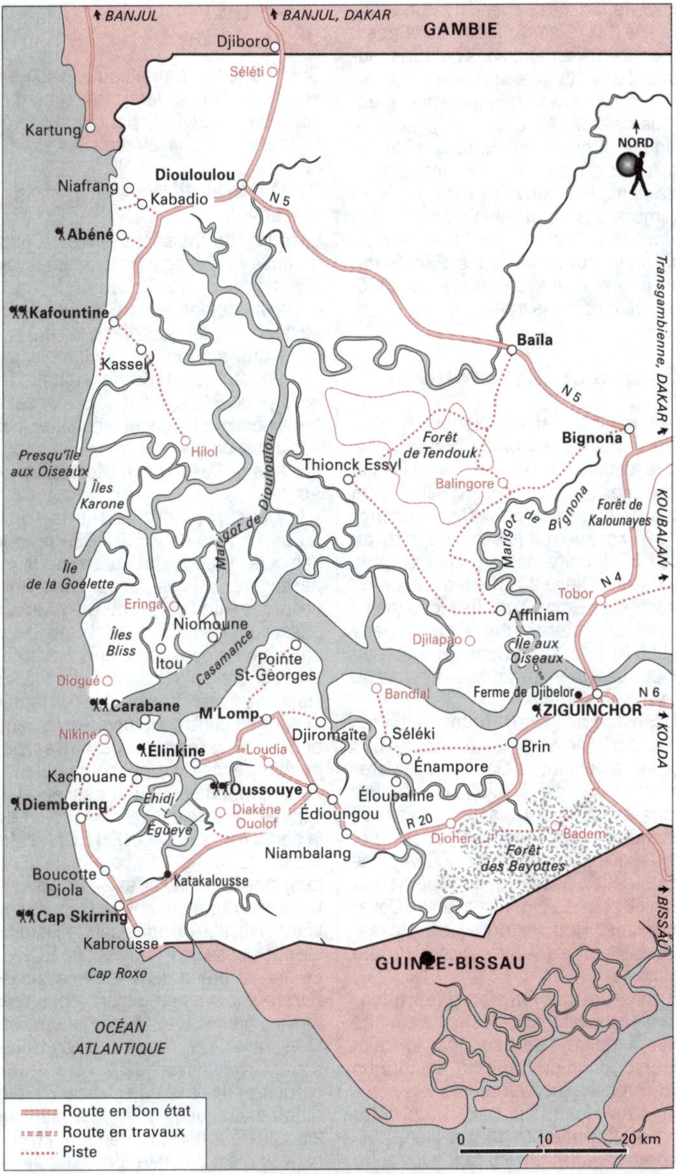

LA CASAMANCE

la route. Sachez cependant que la traversée de la Gambie prend du temps... et coûte de l'argent, sans qu'il soit toujours facile de faire la part entre taxes officielles et extorsion. Renseignez-vous cela dit. Avec le changement de régime survenu en Gambie en 2017, la situation pourrait évoluer favorablement, les pouvoirs sénégalais et gambiens s'étant sensiblement rapprochés... Surtout, l'achèvement du ***pont en construction à Farafenni,*** programmé aux alentours de 2020, devrait fluidifier le trafic.

En bus et taxi-brousse

Des minicars et « 7-places » relient Dakar à ***Ziguinchor*** au départ de la gare routière Baux-Maraîchers à Pikine. Compter au min 10h. Également un bus de 60 places pour ***Cap Skirring,*** *Cap Express,* 4 fois/sem, qui part du CDPES (centre de formation), après la Patte d'Oie, à 300 m en direction du marché de Grand Yoff. Très long (nombreux arrêts en route). Compter env 8 000 F.CFA. Pour couper le trajet, on peut aussi prendre un taxi-brousse au départ de ***Kaolack.***
Attention : si vous optez pour les transports en commun, assurez-vous qu'ils traversent la Gambie par Farafenni et pas par Banjul, où il faudra vous acquitter sur place d'un « visa » obligatoire dont le tarif est aléatoire et très élevé (jusqu'à 60 000 F.CFA...). Si vous devez passer quand même par Banjul, prenez votre visa avant, à Dakar ou Paris. Pour le détail des taxes, lire ci-dessous « Avec votre propre véhicule ».
En passant par ***Farafenni,*** en attendant l'achèvement du pont, il peut être plus « rapide » de découper le trajet en tronçons : de Kaolack, prendre un taxi-brousse jusqu'à la frontière, puis un autre jusqu'au bac. Emprunter le bac (ou une pirogue) à pied, puis reprendre un nouveau taxi sur l'autre rive du fleuve jusqu'à la frontière. C'est compliqué, mais on évite ainsi de faire la queue au bac pour attendre que ce soit au tour de son taxi-brousse d'embarquer (ça peut parfois durer des heures...).

Avec un véhicule de location

Si vous louez un véhicule, assurez-vous que les papiers, notamment la carte de la CEDEAO pour la traversée de la Gambie, sont en règle.

Par la Transgambienne via Kaolack et Bignona

La route dite Transgambienne est goudronnée au Sénégal (mais en mauvais état de Nioro du Rip au croisement pour Diaroumé, via la Gambie et ses 20 km de piste). Au total, env 450 km, alors que contourner la Gambie par Tambacounda et Kolda signifie un voyage de 910 km. On vous conseille cet itinéraire si vous ne souhaitez pas séjourner en Gambie ou sur le littoral nord de la Casamance (Kafountine et Abéné).
À la douane sénégalaise (à la sortie du pays), taxe de 2 500 F.CFA pour le véhicule. Rien à débourser pour les passagers. Si vous passez avec votre propre véhicule, procurez-vous un passavant (formulaire à 3 volets de la chambre de commerce et d'industrie ; on l'achète pour trois fois rien dans l'une des guérites en bordure de route). Théoriquement, pour traverser la Gambie par ***Farafenni,*** vous n'avez pas besoin de visa. La police gambienne vous tamponne juste le passeport, à l'entrée (taxe de 5 000 F.CFA) comme à la sortie (re-taxe, de 2 000 F.CFA cette fois-ci). Cela dit, il arrive parfois (c'est rare) que le douanier exige un visa de transit, au tarif variable... Concernant votre véhicule, on vous délivre juste un laissez-passer, qui coûte 2 000 F.CFA.
Le bac se prend dans les environs de ***Farafenni,*** avec un départ à peu près ttes les heures 8h-21h, si tout va bien. Mais attention, les temps d'attente sont souvent longs (idéalement, en 1h, ça doit pouvoir être fait, mais il arrive qu'on mette jusqu'à 6h pour relier les 2 postes-frontières !). Pendant l'hivernage, il n'est pas rare d'embarquer ou de débarquer dans l'eau... 4x4 alors vivement recommandé ! Si vous avez une berline, renseignez-vous, il peut être alors préférable de passer par Banjul et le bac de Barra, mais dans ce cas, vous ne couperez pas au visa.

Surtout, ne faites pas la queue derrière les camions : ils passeront de toute façon après vous (ils poireautent parfois plusieurs jours !). Pour les véhicules, le billet s'achète 1 km avt le bac, dans un baraquement à droite de la route. Prévoir env 180-305 GMD selon le type de véhicule, chauffeur compris (à la mi-2018, 56 GMD env équivalaient à 1 €). Compter env 25 GMD/pers (les billets s'achètent au bac). On peut payer en F.CFA : compter alors 3 500-5 000 F.CFA par véhicule et 500 F.CFA/pers. Tarifs susceptibles de varier. Pour ceux qui voyagent en taxi, le chauffeur collectera l'argent et achètera les billets.

Un détail : en Gambie, conservez des F.CFA (notamment des coupures de 1 000 F.CFA), toujours très utiles pour payer le bac et les imprévus au niveau des postes de police (!). Lors des contrôles, soyez patient. Si on vous demande 1 000 F.CFA, ne rechignez pas et allongez-les avec le sourire : c'est comme ça que ça marche ; sinon, on risque de vous ordonner de faire demi-tour. Vous aurez tout le temps de pester une fois la frontière franchie.

Après les contrôles de sortie du territoire gambien et ceux d'entrée au Sénégal se succèdent quelques points de contrôle de militaires ou de gendarmes de Casamance. Restez tranquille et aimable, ça arrange les choses.

Via Banjul

À envisager seulement si vous allez en Casamance du côté d'Abéné et de Kafountine. La route de Kaolack à Sokone n'est pas très bonne (nids-de-poule) ; elle est, en revanche, bitumée et excellente entre Sokone et Karang (frontière sénégalaise). On entre alors en Gambie par le poste-frontière d'Amdallai, ouvert, en principe, de 7h à 19h. Une vingtaine de km de goudron séparent Amdallai du bac de Barra.

Pour votre véhicule, taxe de 2 500 F.CFA à la douane sénégalaise (à la sortie du pays) et de 2 500 F.CFA à la douane gambienne (à l'entrée du pays). Si vous voyagez avec votre véhicule, la douane sénégalaise vous délivre une « dispense d'acquit » (à garder précieusement, ce document vous sera demandé aux postes gambiens), sur laquelle le douanier mentionne le nombre de jours que vous envisagez de passer en Gambie. Prévoyez toujours un peu plus large, on ne sait jamais. Nécessité d'avoir un visa. On vous rappelle qu'on peut l'obtenir au poste-frontière, mais nous ne le conseillons pas. Il peut en coûter, en comptant les « à-côtés » (euphémisme), jusqu'à 60 000 F.CFA, et sans reçu bien entendu. Prendre absolument son visa à Paris ou Dakar. Le bac de Barra, avant d'arriver à Banjul, est beaucoup plus moderne que celui de Farafenni (compter 17 500 F.CFA pour le véhicule et 5 400 F.CFA/pers). Il est conseillé d'arriver le matin de très bonne heure, car les camions affluent vite. Si vous êtes en 4x4 d'agence, en principe votre chauffeur saura à qui donner les billets de 10 000 F.CFA permettant de gagner quelques places !

On rejoint la Casamance par les postes-frontières de Djiboro (Gambie) et de Séléti (Sénégal). Attention, ouverture de 7h à 19h pour les véhicules. En dehors de ces horaires, vous pouvez tenter de passer, mais les douaniers vous demanderont un dédommagement financier... S'attendre également à de nombreux contrôles de police gambiens avant d'atteindre la frontière sénégalaise (mais c'est juste pour racketter les chauffeurs !).

Côté casamançais, la route est bonne.

En bateau

2 bateaux affrétés par la COSAMA, l'*Aline Sitoe Diatta* et l'*Aguène* (plus petit, pas de resto ni de cabines, seulement des sièges) assurent la liaison entre ***Dakar*** et ***Ziguinchor.*** Il y en avait un 3e, mais il a été embouti par un navire italien ! Malheureusement, leur faible capacité ne suffit pas à répondre aux besoins. Il faut donc réserver au moins 2 semaines à l'avance. Attention, pas de résa possible depuis l'Europe, il faut passer par une agence sénégalaise (par exemple, *Diambone Voyages* ou *Casamance Évasion Tourisme* à Ziguinchor) ou par la COSAMA directement. Pour réserver par agence, fournir une copie du passeport (1re page). Prévoir un virement bancaire ou un transfert par

Western Union (sauf avec *Casamance Évasion Tourisme,* que l'on paie à l'arrivée). Les billets seront alors retirés à l'embarquement au bureau COSAMA. Commission à payer, bien sûr.

– Tarifs/pers : env 15 900 F.CFA en fauteuil (seule option sur l'Aguène) ; 18 900 F.CFA en couchettes 8 places ; 28 900 F.CFA en couchettes 4 places avec sdb ; pour les plus fortunés, 30 900 F.CFA en cabine privée de 2 places ; petit déj inclus pour les cabines de 2 et 4 places ; ½ tarif 4-11 ans ; gratuit moins de 4 ans. Tarifs résidents moins élevés. Compter 64 000 F.CFA pour un véhicule (mais résa seulement la veille ; CB refusées).

À l'embarquement, nombreux contrôles (éviter les objets tranchants). Attention : seule une petite valise est acceptée en cabine, les bagages plus encombrants vont en soute.

– ***À Dakar :*** *rens à la COSAMA (Consortium sénégalais d'activités maritimes), à côté de l'embarcadère de Gorée : ☎ 33-821-29-00 (gare maritime) et 33-821-34-34 (siège). • cosamasn.com •*

– ***À Ziguinchor :*** *☎ 33-991-72-00.*

– ***À Carabane :*** *☎ 33-984-31-90.*

➢ L'*Aline* quitte Dakar mar et ven vers 20h et arrive le lendemain vers 10h. Embarquement 15h-19h. Départ de Ziguinchor jeu et dim à 13h, embarquement 9h-11h45, pour une arrivée le lendemain vers 7h à Dakar. Le bateau fait escale sur l'île de ***Carabane.***

L'*Aguène* part de Dakar le jeu (mêmes horaires) et de Ziguinchor les mar et ven à 15h (embarquement 12h-14h).

Noter que les horaires sont stricts et qu'à Dakar, mieux vaut prévoir large pour se rendre au port, en raison des embouteillages.

En avion de Dakar ou Paris

➢ La compagnie *Transair* propose en principe 2 vols/j. Dakar-Ziguinchor, avec escale à Cap Skirring 2 fois/sem (en principe les ven et dim). Aller simple env 70 000 F.CFA. À Dakar (aéroport) : *info au 📱 77-294-52-52.* À Ziguinchor : *☎ 33-991-01-05 ou 📱 77-563-78-27. • groupetransair.sn •* Résa directement auprès des bureaux de la compagnie, ou passer par une agence (par exemple, *Diambone Voyages* ou *Casamance Évasion Tourisme* à Ziguinchor). Attention : arriver impérativement 2h avant l'heure annoncée du vol. Il n'est pas rare que l'avion décolle... en avance ! La nouvelle compagnie nationale, *Air Sénégal,* assure également la liaison Dakar-Ziguinchor.

➢ D'oct à mi-mai, liaisons directes ***Paris-Cap Skirring*** assurées par *Transavia* (voir « Arriver – Quitter » à Cap Skirring). En principe, 2 vols directs/sem en saison.

➢ Autre possibilité, enfin, en évitant Dakar, avec *Brussels Airlines (• brusselsairlines.com •)* qui propose un vol ***Paris-Banjul*** (Gambie), via *Bruxelles,* 4 fois/sem. Prévoir un visa de transit et ensuite un acheminement vers son hébergement en Casamance. Une solution pratique pour la région de Kafountine (au nord de la Casamance). Kafountine est à 114 km de l'aéroport et Cap Skirring à 190 km.

Transports intérieurs

Une fois en Casamance, aucun souci pour rejoindre les villages principaux en minicar ou taxi-brousse, comme dans le reste du Sénégal. Particularité casamançaise, certaines localités sont reliées par des ***pirogues villageoises,*** notamment au départ de Ziguinchor et Elinkine (lire les chapitres consacrés). On peut aussi y affréter une pirogue privée. Enfin, on peut bien sûr louer un véhicule (voir nos adresses à Ziguinchor et Cap Skirring notamment).

CAMPEMENTS VILLAGEOIS INTÉGRÉS

Voilà une expérience originale et intéressante. Au cours des années 1970, plusieurs campements gérés de manière collective ont vu le jour. Au sein de différents villages, choisis pour l'intérêt particulier de leur cadre ou de leurs activités, les habitants ont construit des cases traditionnelles pour accueillir

les voyageurs. Une majorité d'entre eux offrent un niveau de confort très correct, avec parfois des sanitaires individuels, et donc un très bon rapport qualité-prix.
Traditionnelle aussi, la nourriture est simple mais copieuse. Pour le voyageur, c'est l'occasion d'un réel contact avec la population, et la formule a le mérite d'être économique. Pour les villageois, c'est un moyen de créer un échange avec l'étranger, de préserver un patrimoine culturel et de soutenir, avec les bénéfices, des projets sociaux et locaux.
Les tarifs sont plus ou moins identiques pour tous les campements : en pension complète, entre 12 000 et 13 000 F.CFA par personne. Infos sur • *village-casamance.com* •

CULTURE DIOLA

> **UN POINT SUR LE G**
>
> *Les Diolas n'ont pas l'accent marseillais. Si plusieurs de leurs mots – bolong, Diembering, bombolong, etc. – s'orthographient en français avec un « g » final, celui-ci ne se prononce pas. Exception notable, Cap Skirring.*

En Casamance, les Diola sont le groupe ethnique le plus important (60 % de la population), loin devant les Wolofs, les Mandingues et les Peuls. L'ethnie diola est en fait constituée de différents groupes qui ne parlent pas tous la même langue : on distingue les Diola *kassa,* ou Floups, majoritairement chrétiens (basse Casamance, au sud du fleuve), les Diola musulmans *(blouf, karone, fogny),* nombreux au nord-ouest de la région (notamment vers Abéné et Kafountine), et les Diola de l'Est, métissés avec les Mandingues, eux aussi musulmans. La région de Kolda (haute Casamance), peuplée surtout de Peuls, est appelée Fouladou. Enfin, d'autres ethnies, installées en Gambie et en Guinée-Bissau, leur sont plus ou moins étroitement apparentées et sont présentes sur le territoire sénégalais (les Manjaks, les Balantes, les Mankagnes et les Baïnouks).
Quand on décrit ***la culture diola animiste,*** il s'agit en général de celle des Diola kassa (à l'ouest de Ziguinchor, sur la rive sud du fleuve), où la tradition reste la plus forte. Les Diola, contrairement à la plupart des autres ethnies du Sénégal, ne sont pas organisés en castes. L'organisation sociale, communautaire, est égalitaire (on dit que l'homme et la femme diola se réalisent dans le cadre de leur culture, sans chercher à se distinguer individuellement) ; elle se fait autour de la famille étendue, patrilinéaire, les villages étant répartis en quartiers correspondant aux familles. Une importance particulière est accordée aux classes d'âge (voir plus loin « L'initiation »).

Les *boekins* (fétiches)

Autrefois, les villageois étaient tous uniquement animistes (l'âme est indépendante du corps) ; ils croyaient que des âmes et des esprits animaient tous les êtres de la nature, l'univers étant formé par un tout.
Aujourd'hui encore, même s'ils sont nombreux à être catholiques, pratiquant une sorte de syncrétisme original, les Diola croient en l'existence d'un dieu unique, Ata Emit, créateur du monde, ce qui se combine assez bien avec la foi chrétienne. Ils s'adressent à lui par l'intermédiaire des ancêtres, chargés de les protéger, mais aussi et surtout en sollicitant les *boekins.*
Invisibles, extrêmement puissants, les *boekins* sont le trait d'union entre Dieu et les hommes. En Afrique, on attribue la plupart des événements à l'intervention d'esprits bienveillants ou malveillants ; c'est pourquoi il ne faut pas les négliger si on tient à s'attirer leurs bonnes grâces. On les consulte pour des problèmes personnels (stérilité, santé...) ou collectifs. Lorsqu'un individu enfreint les lois du

groupe, par inexpérience ou méchanceté, sa faute rejaillit sur lui, sur sa famille et même parfois sur le village tout entier. Dès lors, il faut s'adresser aux *boekins* ou aux ancêtres, pour se livrer à des rites de réparation, qui comprennent la plupart du temps une part d'offrandes à faire au *boekin*. Celui-ci peut être matérialisé par une pierre, un bout de bois, une coquille... Bref, un objet très banal. On le consulte par l'intermédiaire d'un ***féticheur.***

Aujourd'hui, ce sont les marabouts, chargés de répandre la foi musulmane, que l'on retrouve auprès des féticheurs. On les consulte à tout bout de champ, car on leur prête tous les pouvoirs (celui de rendre malade, stérile, impuissant, et, inversement, celui de guérir). Le maraboutage est devenu une pratique des plus courante (voir aussi en fin de guide, dans « Hommes, culture, environnement », la rubrique « Marabouts »). De la naissance à la mort, les individus portent des gris-gris et participent à toutes sortes de cérémonies destinées à les libérer d'un mal ou à nuire à un ennemi.

L'initiation

L'équilibre traditionnel de la société diola fut en bonne partie rompu avec l'islamisation mandingue, puis par l'implantation coloniale européenne et enfin par la modernité plus ou moins galopante. C'est par une sorte de contre-pied, de sursaut pour renforcer les valeurs ancestrales, que l'initiation (appelée *bukut*) est revenue en force.

L'initiation a lieu tous les 2 ans : c'est un rituel d'intégration, qui permet de quitter l'univers de l'enfance pour accéder à celui de l'homme grâce à un enseignement secret, religieux, militaire et social. Le « stage » initiatique peut durer des mois : les anciens transmettent leur savoir. Rassemblés dans le bois sacré, ils passent ensemble des moments qui préparent à la vie adulte. Certaines parties de ces fêtes sont ouvertes au public (on peut assister au départ ou au retour du bois sacré), d'autres restent secrètes. On y enseigne le respect dû aux aînés, les multiples règles qui régissent le village, le clan, la famille, les chants et langages secrets du tam-tam, les lois de la nature. On y ajoute une préparation militaire (physique) sévère, dans le dessein de réunir corps et esprit.

Fêtes casamançaises

Si on a un peu de temps en Casamance, on peut essayer d'assister aux fêtes qui ont lieu à l'occasion de l'initiation. Dans beaucoup de villages diola, elles se déroulent au printemps ou au début de l'été. Évidemment, dates et heures sont fluctuantes ; il faut se renseigner ou tomber dessus par hasard. D'une façon générale, ceux qui prennent le temps de se balader d'un village à l'autre ont des chances de voir diverses cérémonies ou événements sociaux (enterrements, mariages, etc.). Si le courant passe bien, possibilité d'y assister. De grands moments !

Avec un peu de chance, vous pourrez voir le ***Koumpo.*** Entièrement habillé de feuilles de rônier, il représente l'esprit des ancêtres et des vivants. Il protège le groupe, notamment les faibles et les jeunes. Il est plus particulièrement présent dans l'est de la région, dans les villages de peuplement mandingue, et se produit, dans une danse-spectacle qui commence à la tombée de la nuit, pendant la saison sèche.

Vers la fin septembre, peut-être tomberez-vous sur la sortie du ***Kankouran,*** d'origine mandingue. Il est vêtu de la tête au pied de longues bandes d'écorce rouge. Il s'agit d'un personnage mystique, grand initié qui accompagne les jeunes garçons au bois sacré lors de leur initiation, à l'occasion des rites de circoncision. Il est aussi présent lors des cérémonies de la fertilité. Ses pouvoirs sont importants, il peut régler un problème, enlever un sortilège... En un mot, il est le gardien de l'ordre et représente « l'esprit du bois sacré ». À noter que cette fête d'origine mandingue a été reprise chez certains Peuls et Diola *fogny* (musulmans) et qu'on la connaît aussi à Mbour, sous le nom de *Diambadon.*

ENVIRONNEMENT

La Casamance, c'est d'abord un milieu qui a façonné les hommes et leur mode de vie : un fleuve long de 350 km, se ramifiant en d'innombrables bras (les ***bolongs***). L'eau de mer y remonte sur plus de 100 km dans les terres. Les marées, surtout en avril, lors des basses eaux du fleuve, et l'évaporation augmentent la teneur en sel, qui atteint 40 g/l (bien davantage à certains endroits), rendant l'eau impropre à l'irrigation, problème sensiblement aggravé ces dernières années par une baisse de la pluviométrie. Traditionnellement dominante, la ***riziculture*** en zone de mangrove reste essentiellement de subsistance. La ***pêche*** en mer en revanche, si elle reste pratiquée de manière artisanale, s'est sensiblement développée ces dernières années, notamment dans la région de Kafountine, et son produit est exporté dans toute l'Afrique de l'Ouest. Des entrepreneurs chinois ont même ouvert des unités de production de farine de poisson sur la côte. Mais cela ne suffit pas pour faire vivre la région, qui connaît un fort exode rural.

En revanche, la Casamance possède un ***capital écologique*** remarquable, qui attend encore d'être valorisé, comme cela a été fait dans le delta du Saloum, et que l'on peut explorer soit par la pratique d'un sport (VTT, kayak), soit en faisant plus largement de l'écotourisme, au contact des communautés traditionnelles villageoises. Ainsi, la région compte plusieurs aires marines protégées et ***réserves ornithologiques*** (Kalissaï, Kassel) abritant 200 espèces d'oiseaux. On y dénombre aussi une cinquantaine d'espèces de mammifères, dont certaines sont protégées également. Grâce aux interdits liés à la religion animiste, les ***forêts*** sont globalement bien préservées. Les paysans n'ayant pas recours aux feux de brousse comme ailleurs dans le pays, elles ont souvent gardé leur végétation originelle et sont autant de conservatoires de la biodiversité. La Casamance compte ainsi une trentaine de forêts classées, mais la plupart sont méconnues, à l'abandon ou ne se visitent plus (ainsi du parc national de basse Casamance). Revers de la médaille, on s'y livre désormais au ***trafic de bois rare*** (teck, bois de vène), alimenté par la demande sur le marché mondial, chinois notamment. Un trafic juteux, générateur de conflits. Après le massacre de 14 coupeurs de bois début 2018, le pouvoir sénégalais a affirmé vouloir prendre le problème à bras le corps, en interdisant les coupes et en mettant en chantier une réforme du code forestier. Affaire à suivre...

HISTOIRE

Les Portugais furent les premiers européens à remonter le fleuve en 1455 : un navigateur vénitien au service du roi du Portugal nomme alors le pays *Kassamansa* (de *kassa,* « domaine » ou « pays », et *mansa,* « roi » en diola), tandis que les Diola qu'ils rencontrent alors l'appellent *Kasamu Aku,* le « pays des cours d'eau ». Près de 2 siècles plus tard, ils fondent des ***comptoirs commerciaux,*** notamment à Ziguinchor, où ils se livrent au commerce des ***esclaves.*** Les Français s'intéressent aussi à la région et s'installent petit à petit, au cours de la première moitié du XIXe s, d'abord sur les îles de Diogué et de ***Carabane,*** où l'on peut encore voir aujourd'hui les ruines d'une esclaverie.

LA JEANNE D'ARC DE CASAMANCE

Aline Sitoe Diatta, jeune fille de Kabrousse née en 1920, connut un incroyable destin. Partie gagner sa vie à Dakar, elle revint au pays en 1940 après qu'une voix le lui eut ordonné. Elle souleva le peuple casamançais contre les colons blancs. Elle se mit à réaliser des miracles et à prophétiser à tout-va, avant d'être sacrée reine de Casamance. Jugée dangereuse par les colons, elle fut arrêtée en 1943 et mourut en déportation à Tombouctou l'année suivante. Le ferry ralliant Dakar à Ziguinchor porte aujourd'hui son nom.

À la suite d'un accord avec les Portugais, Ziguinchor devient française en 1886. La frontière avec la Gambie est fixée en 1889, et dès lors, la ***colonisation française*** s'étend, non sans difficultés, les Diola se révoltant parfois ou pratiquant une forme de désobéissance obstinée (refus de la conscription, de l'impôt, des réquisitions de riz ou de bétail, de la mise en culture de l'arachide, considérée comme coloniale...). Le souvenir de quelques grandes figures historiques de la résistance à la colonisation est encore vivace aujourd'hui : le roi d'Oussouye, Sihalebe Diatta, arrêté en 1903, ou Aline Sitoe Diatta, jeune fille de Kabrousse, morte en déportation pendant la Seconde Guerre mondiale.
En 1947 est fondé le *MFDC* (Mouvement des forces démocratiques de Casamance), qui prendra les armes contre l'État sénégalais dans les années 1980.

La question casamançaise

La question casamançaise ne peut s'expliquer sans une prise en compte de son ***isolement géographique,*** héritage des découpages coloniaux. Enclavée entre un pays anglophone, la Gambie, et un pays lusophone, la Guinée-Bissau, c'est de fait une région isolée du reste du Sénégal. Cet enclavement se traduit par de grandes difficultés de communication maritime ou terrestre et des ***particularismes culturels régionaux*** très forts. Un Casamançais vous dira qu'il est aussi différent d'un autre Sénégalais qu'un Portugais peut l'être d'un Allemand. Ils revendiquent cette différence à travers leur langue, leur apparence, leurs croyances. Et dans leurs discours perce souvent une défiance envers les « gens d'en haut » (largement réciproque, d'ailleurs...).
Une partie des Casamançais reprochent au Nord d'avoir exploité le « grenier du Sénégal » sans jamais en redistribuer les fruits. Dans l'esprit de beaucoup d'entre eux, « Dakar » est une métaphore du pouvoir absent, corrompu, des bureaucrates qui oppriment la région et lui refusent toute reconnaissance. Pour certains, l'espèce de mise en quarantaine économique, les problèmes de sécurité, tout cela aurait été orchestré par le Nord pour rapatrier le tourisme et la croissance vers la Petite Côte ou le Sine Saloum. Cela en dit long sur l'état d'esprit des habitants.
Cet antagonisme a culminé dans les années 1980 et 1990 avec une ***guerre civile*** qui a fortement traumatisé la région, et le pays. Dénonçant un colonialisme intérieur exercé par les Wolofs, une large contestation émerge, violente, attisée par la répression tout aussi violente de l'État sénégalais, notamment à l'encontre de manifestants lors d'une grande marche de protestation des Casamançais en 1982. Les membres du MFDC prennent alors le maquis, sous l'autorité de ***l'abbé Augustin Diamacoune Senghor,*** luttant contre le gouvernement, pour l'autonomie.
En décembre 2004, un ***accord de paix*** est officiellement signé, mais la mort, début 2007, de l'abbé Diacamoune, ne simplifie pas son application, faute d'un successeur incontesté. Si l'on ne peut pas dire que le processus de paix soit véritablement achevé aujourd'hui, la situation s'est largement apaisée et l'issue semble proche. Depuis 2012, avec la médiation discrète de l'église catholique, les ***négociations*** entre le pouvoir central et les reliquats du MFDC, désormais divisé en 2 fronts, nord et sud, avancent, poussant le président Macky Sall à saluer, dans ses vœux pour 2018, des « progrès déjà substantiels, par un dialogue confiant ». Et de conclure « Faisons le pas décisif vers la paix définitive, une paix sans vainqueur ni vaincu. » Déjà, en 2014, Macky Sall était venu présenter aux Casamançais un « Projet de Pôle de développement de la Casamance », avec 23 milliards de F.CFA à la clé (financement de la Banque mondiale). Souhaitons que les tensions générées par le trafic de bois ne viennent pas perturber la résolution définitive du conflit.
Pour ce qui est des ***conditions de sécurité,*** précisons qu'aucun touriste n'a été visé depuis 1995. Si la présence militaire est toujours bien visible sur certains axes routiers (route de Bignona pour la Gambie, route Kolda-Ziguinchor), les accrochages avec l'armée sont désormais très rares, le dernier fait notable remontant en 2011. Voyager en Casamance n'implique donc pas plus de vigilance qu'ailleurs dans le pays. Seule consigne, éviter de traîner dans les bandes frontalières

bordant la Guinée-Bissau et la Gambie, autant à cause des rebelles que des divers trafics qui s'y déroulent... De toute façon, vous n'avez aucune raison de vous retrouver dans ces zones, il n'y a même pas de route... Sinon, comme ailleurs, ***éviter de circuler de nuit.*** En cas de doute, consulter les « conseils aux voyageurs » du site du ministère des Affaires étrangères français.

ZIGUINCHOR

205 000 hab.

• Plan *p. 227*

Il était une fois une ville coloniale animée, aujourd'hui mélancolique. Ses anciens comptoirs délabrés alanguis au bord du fleuve, ses bâtiments coloniaux décatis reconvertis en bâtiments administratifs, ses rues poussiéreuses et aérées et, dans l'atmosphère, des souvenirs. Comme étrangère au fracas qui agite d'autres grosses villes africaines, Zig' semble engluée dans une douce torpeur qui vous happe le temps d'une escale, à la descente du bateau, du taxi-brousse ou de l'avion. On y flâne au hasard, rayonne autour en pirogue à moteur, rencontre, dans les rues, des jeunes bien plus cool qu'à Mbour ou Dakar. Avant de poursuivre sa route vers les plages ou la brousse casamançaises.

Arriver – Quitter

La ville et ses proches environs sont sillonnés par un réseau de minibus *Tata* très fréquents de la compagnie *Sotrazig*. Du rond-point Jean-Paul-II *(plan A-B2)*, les lignes n°s 5, 2 et 8 desservent la gare routière ; la n° 1 l'aéroport (via le marché Boucotte). Compter 100-250 F. CFA selon la distance parcourue.

Gare routière *(hors plan par B2)* **:** *au carrefour des routes pour Dakar, la Guinée-Bissau et Kolda, près du pont Émile-Badiane. Taxi depuis le centre-ville (compter 500 F.CFA) ou bus.*

➢ ***Minicars et taxis-brousse (« 7-places »)*** *pour les principaux villages de Casamance. Plus de départs le mat (comme d'hab', les véhicules partent quand ils sont pleins).* En minicar, compter env 800 F.CFA pour Oussouye, 1 500 F.CFA pour Élinkine ou Cap Skirring, 2 000 F.CFA pour Kafountine, 3 000 F.CFA pour Kolda. Env 500 F.CFA plus cher en « 7-places ». N'espérez pas trop enchaîner plusieurs villages dans la même journée... Également des « 7-places » pour Sénoba (frontière sénégalaise par la Transgambienne) et Tambacounda (env 9 500 F.CFA).

➢ La compagnie nationale *Sénégal Dem Dikk* *(bureau près de l'ancien aéroport, S.I.C.A.P. Liberté 5 ; ☎ 77-012-74-62 ou 77-501-43-00)* assure une liaison quotidienne pour Dakar (départ à 6h), mais en passant par Banjul (visa obligatoire, très cher sur place). Mieux vaut donc prendre un « 7-places » pour la Transgambienne (lire plus haut « Comment aller en Casamance depuis Dakar ? »).

➢ ***Taxis privés :*** ils peuvent vous conduire n'importe où, mais négociez le prix car ils sont bien plus chers que les taxis-brousse. Intéressant à plusieurs. Demandez à votre lieu d'hébergement de vous en appeler un.

➢ ***Les pirogues villageoises :*** *à l'****embarcadère de Boudody*** *(plan A1,* ***1****), entre les hôtels* Kadiandoumagne *et* Le Perroquet. Desservent les villages autour de Ziguinchor. Renseignez-vous bien sur les heures de retour pour organiser au mieux votre sortie.

➢ ***Pour quitter la Casamance en avion ou bateau :*** voir la rubrique « Comment aller en Casamance depuis Dakar ? » au début du chapitre « La Casamance ». Le bateau pour Dakar se prend au port *(plan B1,* ***2****)*.

Adresses utiles

Infos touristiques et représentations diplomatiques

Office de tourisme (plan et zoom B1) : *au croisement de la rue du Capitaine-Javelier et de la rue du Général-de-Gaulle. 77-604-88-99 (Charles Lamine Diabone) ou 77-800-71-71 (Arfang Sané). Lun-ven 8h-13h, 15h-18h ; sam mat.* Au rez-de-chaussée du conseil régional, dans un très bel immeuble colonial rénové par la Coopération française. Infos pratiques sur la région (hébergement, transports, contact de guides, etc.).

Agence consulaire de France (zoom B2, **3**) : *rue de France, en face de l'Hôtel Flamboyant. ☎ 33-991-22-23. 77-641-88-30 (Mme Chiche). • acfziguinchor@gmail.com • Permanence consulaire lun-ven 9h-12h et jeu 15h-17h. En dehors de ces horaires et en cas d'urgence, s'adresser à la réception de l'*Hôtel Flamboyant *(plan zoom B1,* **24***). Également une permanence à Cap Skirring (hôtel* La Paillote*), 1 fois par mois.*

Consulat de Guinée-Bissau (plan A-B2) : *quartier Santhiaba. 77-556-09-60 ou 77-522-37-26. Lun-ven 8h-14h.* Compter 20 000 F.CFA pour un visa court séjour. Apporter une photo d'identité ou une copie du passeport.

Agences de voyages, location de véhicules et taxis

Casamance au Présent (hors plan par B3, **18**) : *agence de Tilène, face au marché Baneto. 78-482-98-87 (Rey) et 77-885-01-69 (Marine). En France : 06-24-06-54-95. • futuraupresent.com •* Agence créée par l'association

Adresses utiles

- Office de tourisme (plan et zoom B1)
- **1** Embarcadère de Boudody (A1)
- **2** Port (bateau pour Dakar ; B1)
- **3** Agence consulaire de France (zoom B2)
- **4** Casamance Évasion Tourisme, Pharmacie du rond-point (A2)
- **5** Casamance Voyages Tourisme (zoom B1)
- **6** Diatta Tours (zoom A1)
- **7** Banque CBAO (zoom B1)
- **8** Banque SGBS (zoom A1)
- **9** Dr Simon Tendeng (médecin ; B2)
- **10** Hôpital régional (hors plan par A4)
- **11** Librairie (zoom B1)
- **12** Alliance française (hors plan par A4)
- **13** Supérette SARA (zoom B1)
- **16** Ecobank (zoom A2)
- **18** Casamance au Présent (hors plan par B3)
- **24** Diambone Voyages (zoom B1)

Où dormir ?

- **20** Casa Motel et Camping Casamance (hors plan par B2)
- **21** Auberge Casafrique (B3)
- **23** Le Perroquet (A1)
- **24** Hôtel Flamboyant (zoom B1)
- **25** Hôtel Kadiandoumagne (A1)
- **27** Hôtel Néma-Kadior (hors plan par A4)

Où manger ?

- **12** Les Jardins de l'Alliance (hors plan par A4)
- **23** Le Perroquet (A1)
- **24** Les restaurants de l'hôtel Flamboyant (zoom B1)
- **25** Restaurant de l'Hôtel Kadiandoumagne (A1)
- **30** Le Cordon Bleu (zoom B1)
- **31** Le Tamarinier (B2)
- **32** Le Kassa (B2)
- **33** Le Mansah (zoom B1)
- **35** Le Walkunda (A2)
- **36** Le Kangoulène (A2)
- **37** Restaurant Lakana (B2)

Où boire un verre ? Où sortir ?

- **23** Bar de l'hôtel Perroquet (A1)
- **25** Bar de l'Hôtel Kadiandoumagne (A1)
- **32** Le Kassa (B2)
- **34** Le Bombolong (zoom B1)
- **40** Les Pieds dans l'Eau (hors plan par B1)
- **43** Nankabi (hors plan par B3)

Où acheter de beaux tissus ?

- **42** GIE Africa Batik (A-B2)

À voir

- **50** Association Futur au Présent (A4)

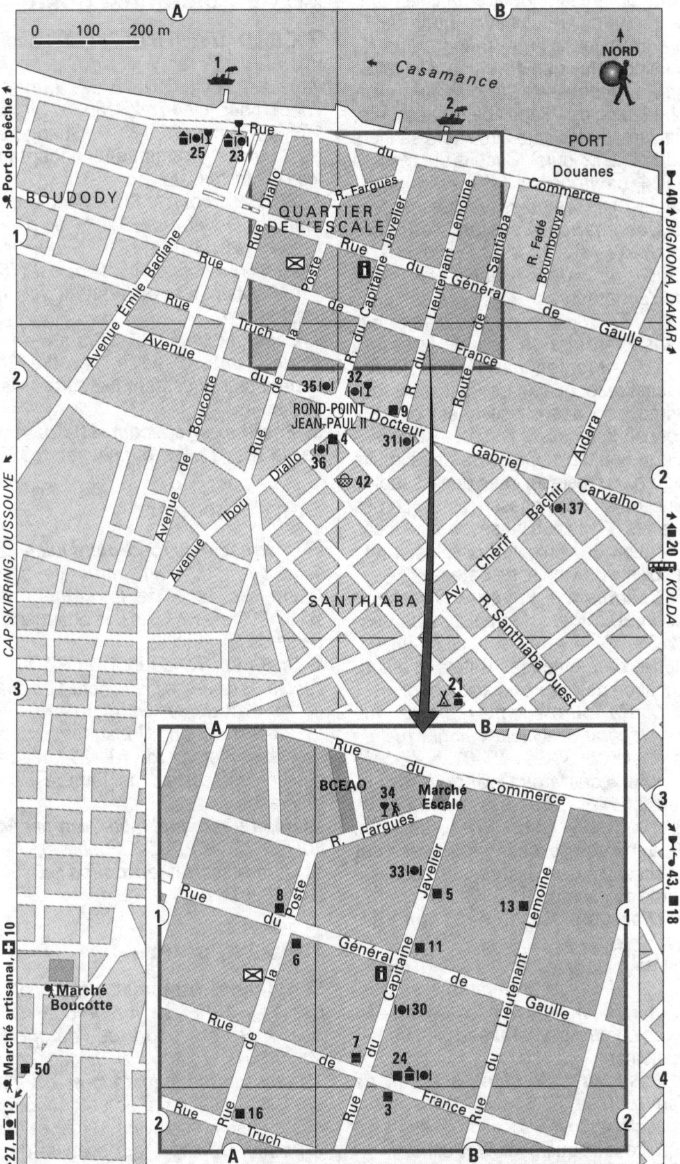

LA CASAMANCE

ZIGUINCHOR

Futur au Présent (détails dans la rubrique « À voir »). Plusieurs intéressants programmes à la journée : cours de cuisine, musique traditionnelle avec griots, découverte de quartiers périphériques, de villages de brousse, etc. Également des itinéraires hors sentiers battus (2-12 jours). Circuits sur mesure aussi, ça va de soi (VTT, trek, kayak, pêche...). Prix étudiés, équipe très pro.

■ ***Casamance Évasion Tourisme*** *(plan A2,* ***4****)* **:** *av. Ibou-Diallo (sur le rond-point Jean-Paul-II, en face de la cathédrale). ☎ 33-990-18-18 ou 📱 77-386-06-90. • casamance-evasion-tourisme.com • Lun-sam 8h-18h.* Montée par Modou Diouf, ancien responsable de l'office de tourisme de Casamance (c'est dire s'il connaît la région !), l'agence se revendique équitable. Organise des circuits sur un ou plusieurs jours dans la région ainsi qu'au pays bassari, ainsi que des ateliers d'initiation au savoir-faire local. Location de véhicules et vélos. Vente de billets d'avion et de bateau.

■ ***Casamance Voyages Tourisme*** *(zoom B1,* ***5****)* **:** *rue du Capitaine-Javelier. ☎ 33-991-43-62. 📱 77-574-98-63.* Sérieux et efficace. Billets d'avion. Location de voitures, excursions.

■ ***Diatta Tours*** *(zoom A1,* ***6****)* **:** *907, rue du Général-de-Gaulle ; angle rue de la Poste. ☎ 33-991-27-81. 📱 77-517-58-95. • diattatour@yahoo.fr • Lun-ven 8h-12h, 15h-18h ; sam 9h-13h.* Billets d'avion et de bateau, location de véhicules, excursions. Également un bureau à Cap Skirring (en face de la sortie de l'aéroport).

■ ***Diambone Voyages*** *(zoom B1,* ***24****)* **:** *rue de France, juste à côté de l'*Hôtel Flamboyant. *☎ 33-991-67-74. 📱 77-641-51-32. • diambonevoyages.com •* Billets d'avion et de bateau (avec commission). Bureau à l'aéroport également.

■ ***Casa Auto Service* :** *à 100 m de l'aéroport. 📱 77-646-79-83. • mounirouloc@yahoo.fr •* Location de 4x4 avec chauffeur uniquement. Très sérieux.

■ ***Adrien Manga* :** *📱 77-549-37-00.* Location de véhicules.

🚗 ***Taxis* :** *pour les déplacements en ville, compter 500 F.CFA la course, 1 000 F.CFA pour les adresses en périphérie.*

Argent, banques, poste

■ ***CBAO*** *(zoom B1,* ***7****)* **:** *à l'angle des rues de France et du Capitaine-Javelier. ☎ 33-991-13-62. Lun-jeu 7h45-15h45 ; ven 7h45-13h30, 14h45-15h45 ; sam 9h15-12h15.* Change et distributeur automatique acceptant *Visa* et *MasterCard.*

■ ***SGBS*** *(zoom A1,* ***8****)* **:** *à l'angle des rues du Général-de-Gaulle et de la Poste. ☎ 33-991-12-51. Lun-jeu 7h45-16h ; ven 7h45-12h, 14h45-16h15.* Change et distributeur *Visa* et *MasterCard.*

■ ***Ecobank*** *(zoom A2,* ***16****)* **:** *rue de la Poste. Lun-ven 8h-17h, sam 9h-12h.* Distributeur acceptant les cartes *Visa* seulement.

✉ ***Poste*** *(plan et zoom A1)* **:** *dans le centre (rue de la Poste), près de la* SGBS.

Santé, urgences

■ ***Pharmacie du rond-point*** *(plan A2,* ***4****)* **:** *sur le rond-point pardi, av. Ibou-Diallo, en face de la cathédrale. ☎ 33-991-12-79.* Liste des pharmacies de garde en vitrine.

■ ***Dr Simon Tendeng*** *(plan B2,* ***9****)* **:** *à l'angle de la rue du Lieutenant-Lemoine et de l'av. du Dr-Gabriel-Carvalho. ☎ 33-991-13-85. Consultation lun-ven 8h-15h et sur rdv 18h-20h.* Médecin-conseil auprès de l'ambassade de France.

✚ ***Hôpital régional*** *(hors plan par A4,* ***10****)* **:** *☎ 33-991-11-54 (urgences).*

■ ***Commissariat de police* :** *☎ 33-991-10-13.*

Culture, divers

■ ***Alliance française*** *(hors plan par A4,* ***12****)* **:** *av. du Lycée-Guignabo, BP 213 (route de l'aéroport). ☎ 33-991-28-23. • afziguinchor.org • Tlj sauf dim tte la journée et lun mat 9h-19h.* Belle architecture, inspirée d'une case à impluvium diola, et due à Patrick Dujarryc, qui a aussi dessiné l'Alliance française de Kaolack. Agréable resto dans un jardin tropical (lire plus loin « Où manger ? »). Bibliothèque et salle d'exposition. Spectacles, débats et projections organisés régulièrement.

■ **Librairie** (zoom B1, **11**) : *159, rue du Capitaine-Javelier. Ouv lun-ven et sam mat.* On y trouve livres, cartes postales, presse locale et internationale.

■ **Supérette SARA** (zoom B1, **13**) : *rue Lemoine. Tlj sauf dim.* Bien approvisionnée, quelques produits frais.

Où dormir ?

De très bon à bon marché

Auberge Casafrique (plan B3, **21**) : *☎ 33-991-41-22. 77-699-26-26. • casafrique@yahoo.fr • Du rond-point Jean-Paul-II, descendre l'avenue qui part à gauche de la station Total jusqu'à l'av. C. Bachir-Aidara ; tourner à droite ; c'est dans la 2e rue à gauche. Doubles avec sanitaires communs 9 000 F.CFA ; avec sdb 13 000-17 000 F.CFA (ventilo ou clim) ; petit déj en plus. Possibilité de planter sa tente 3 500 F.CFA. Plat du jour 1 000 F.CFA.* Un petit campement proposant des chambres un poil défraîchies mais propres autour d'un grand jardin ombragé et charmant. Les moins chères, sans sanitaires, sont vraiment étouffantes. Possibilité de manger.

Le Perroquet (plan A1, **23**) : *rue du Commerce. ☎ 33-991-23-29. • hotel-le-perroquet.com • À côté du départ des pirogues. Réserver à l'avance en saison. Doubles 15 000-18 000 F.CFA (ventilo ou clim) ; petit déj en plus. Possibilité de ½ pens.* L'hôtel possède sans doute, avec le *Kadiandoumagne* voisin, le plus bel emplacement de la ville. Balcon surplombant le fleuve Casamance pour les chambres ventilées ; les climatisées s'agencent autour d'une cour. La salle du resto plonge sur les barques de pêcheurs. On y mange bien (voir « Où manger ? »).

Casa Motel (hors plan par B2, **20**) : *route de Kolda-Tambacounda, quartier de Diefaye. ☎ 33-991-96-06. 77-220-86-45. • casa-motel.com • Bus n° 7 pour le centre. Double 16 800 F.CFA, petit déj et taxes en sus.* Tenu par un Français, un hôtel récent et impeccable, empilant ses chambres sur 2 niveaux, autour d'une courette donnant sur la brousse. Elles sont spacieuses et de bon confort : grand lit, ventilo, eau chaude. Seul défaut, assez excentré. Pour amateurs de calme. Mitoyen, un beau terrain sur lequel on peut camper, le ***Camping Casamance*** *(☎ 33-991-70-39).*

Prix moyens

Hôtel Flamboyant (zoom B1, **24**) : *rue de France. ☎ 33-991-22-23 ou 35-78. 77-255-38-67. • flamboyant.info • Résa conseillée. Double climatisée 28 000 F.CFA ; quelques chambres moins chères au rdc près de la piscine (18 000-20 000 F.CFA, avec ventilo ou clim). Taxe et petit déj en plus. En ½ pens 44 000 F.CFA. Plat du jour 4 500 F.CFA.* Un jour, Philip s'est fixé à Ziguinchor ; venue en vacances, Véronique n'est plus repartie. Elle assure aussi une permanence consulaire (voir « Adresses utiles »). Leur bel établissement, très central, est construit en forme de demi-case à impluvium autour d'une petite piscine haricot côté rue. À l'arrière, côté jardin, d'autres chambres, plus au calme. Toutes sont claires, impeccables et bien équipées : TV satellite, frigo, belle salle de bains carrelée avec eau chaude. Bar et resto au bord de la piscine, complété d'un 2d, dans l'ancien hôtel *Tourisme,* aujourd'hui décati, situé de l'autre côté de la rue (pas mal de choix, du casse-croûte type omelette au classique européen ou sénégalais). Ambiance sereine et amicale. Un excellent rapport qualité-prix.

Hôtel Néma-Kadior (hors plan par A4, **27**) : *route de l'aéroport, en face de l'Alliance française. ☎ 33-991-10-52. 77-907-41-80. • khadygiroux@yahoo.fr • Double 30 000 F.CFA, petit déj inclus. ½ pens et pens complète possibles. Accès piscine pour les non-résidents 2 000 F.CFA.* Grands bâtiments avec toit de paille, ne manquant pas de style. Chambres un peu tristes mais récemment rénovées, avec clim, salle de bains correcte et terrassette. L'intérêt de l'hôtel tient surtout à son cadre paisible et verdoyant, une forêt de manguiers dans la ville, doublée d'une grande piscine. Resto.

De plus chic à très chic

🏠 ***Hôtel Kadiandoumagne*** *(plan A1,* ***25****) : rue du Commerce ; à côté de l'embarcadère des pirogues. ☎ 33-938-80-00. • hotel-kadiandoumagne.com • ♿ Doubles 42 000-57 000 F.CFA selon taille et vue ; petit déj 5 000 F.CFA. Possibilité de ½ pens.* 📶 Un très beau cadre, pied dans l'eau, avec jardin et piscine (elle se confond avec le fleuve Casamance), pour cet ensemble de charme au décor africain sobre et soigné. Y logent une quarantaine de chambres confortables (clim, TV satellite, minibar...), avec vue sur le fleuve pour celles situées à l'étage. Peut-être certaines sont-elles un peu exiguës pour le prix : demander à en voir plusieurs (éviter celles qui donnent sur la cuisine). Resto et bar sur pilotis particulièrement reposant, où l'on peut déguster toutes sortes de jus de fruits frais et de cocktails maison (voir « Où manger ? »).

Où manger ?

Très bon marché

🍽 Dans le centre-ville, plusieurs petits restos de seulement quelques tables, des gargotes améliorées, servent le midi un plat du jour sénégalais, type *thiéboudienne,* facturé 1 000 F.CFA, et autour duquel se retrouvent travailleurs du coin et toubabs bien inspirés. Dans le genre, on a bien aimé ***Le Cordon Bleu,*** rue Javelier *(zoom B1,* ***30*** *; 📱 76-874-67-74),* cantine de quartier proprette et ventilée où le repas s'arrose de bons jus de fruits frais. À quelques pas, sur la même rue, on peut aussi tenter le ***Mansah*** *(zoom B1,* ***33*** *; 📱 77-651-37-71),* dans lequel on signalera un petit effort en matière de déco. Autre bonne option, ***Le Tamarinier,*** av. Carvalho *(plan B2,* ***31*** *; ☎ 33-544-81-81),* et son cadre coloré. Ils sont aussi ouverts le soir, avec cette fois-ci des plats à la carte *(autour de 3 000 F.CFA),* mais tout ce qui y est listé n'est pas toujours disponible. Et il faudra s'armer de patience...

🍽 ⛱ ***Les Jardins de l'Alliance*** *(hors plan par A4,* ***12****) : dans les jardins de l'Alliance française. ☎ 33-991-28-23. Tlj sauf dim-lun. Plat du jour le midi 1 000 F.CFA ; à la carte 2 000-2 500 F.CFA (compter 1 000 F.CFA de plus les soirs de concert).* Gestion familiale, dans un jardin paisible et rafraîchissant ombragé de grands arbres, ou dans une salle à l'architecture inspirée des cases à impluvium. Certainement le meilleur rapport qualité-prix de Ziguinchor pour un steak-frites ou une brochette de poisson, par exemple. Sympa aussi pour profiter des concerts de l'Alliance autour d'un bon dîner.

🍽 ⛱ ***Le Kangoulène*** *(plan A2,* ***36****) : av. Ibou-Diallo. En face de la cathédrale, à deux pas du rond-point Jean-Paul-II. Tlj midi et soir. Plat du jour le midi 1 000 F.CFA. Grillade env 3 000 F.CFA.* Peu de choix dans ce petit resto de quartier spécialisé en grillades. Salle quelconque, mais la miniterrasse fleurie est vraiment agréable et le steak réputé comme le meilleur en ville.

Bon marché

🍽 ***Restaurant Lakana*** *(plan B2,* ***37****) : rue Cherif-Aidara, quartier Santhiaba. Tlj midi et soir jusqu'à 22h. Plats 3 500-4 500 F.CFA.* Dans une grande cour, une poignée de tables réparties de façon intime. Un des restos préférés des coopérants et de leur famille pour la qualité des pizzas au feu de bois (une bonne dizaine de choix) et la générosité des portions. Également des fruits de mer, viandes tendres, excellente brochette de lotte, pâtes diverses... Accueil affable.

🍽 ⛱ ***Le Perroquet*** *(plan A1,* ***23****) : voir « Où dormir ? ». Plats 3 500-4 500 F.CFA.* La cuisine est généreuse, et la terrasse couverte, au bord du fleuve, délicieuse. Petite originalité, les glaces en dessert. Sympa aussi pour siroter un verre le soir, dans une ambiance paisible.

|●| ***Le Kassa*** *(plan B2, **32**) : rond-point Jean-Paul-II. ☎ 33-991-13-11. Juste à l'entrée de la station* Shell. *Tlj jusqu'à 2h. Chaque j., un plat sénégalais différent (sauf le poulet yassa servi tlj) 2 400-2 800 F.CFA ; à la carte, plats 3 500-6 000 F.CFA.* Resto-bar autour d'une cour-jardinet bien agréable. Carte touffue, mais qualité de la cuisine irrégulière. On peut se contenter d'y boire un verre ; l'ambiance est sympa et se prolonge tard en fin de semaine, lorsqu'un orchestre vient jouer. Autant d'Africains que de toubabs.

|●| Pas mal de choix sinon aux restaurants de l'hôtel ***Flamboyant*** *(zoom B1, **24**).* Lire plus haut « Où dormir ? ».

Prix moyens

|●| ***Restaurant de l'Hôtel Kadiandoumagne*** *(plan A1, **25**) : voir « Où dormir ? ». Menu du jour 9 000 F.CFA ; plats 4 000-8 000 F.CFA.* Si vous n'avez pas les moyens de vous offrir l'hôtel, franchissez au moins le seuil du restaurant. Face au grand ponton sur le fleuve, vue superbe. Service et cuisine assez raffinés, proposant des recettes plus originales qu'à l'ordinaire.

|●| ***Le Walkunda*** *(plan A2, **35**) : au rond-point Jean-Paul-II. ☎ 33-991-18-45 et 42. Tlj sauf dim soir jusqu'à 23h. Plats 3 600-5 000 F.CFA ; pâtes et snacks (omelettes, sandwichs...) moins chers.* Poisson grillé à la sénégalaise, curry de bœuf à la thaïe, filet de capitaine au basilic, filet de bœuf simplement grillé... Une cuisine soignée, dans un cadre un rien cossu, prolongé d'une terrasse sous une voile d'ombrage. Loue également 4 chambres, donnant sur le jardin *(17 000 F.CFA pour 2).*

Où boire un verre ? Où sortir ?

Les Pieds dans l'Eau *(hors plan par B1, **40**) : quartier Goumel.* Gargote au bord de l'eau où l'apéro prend les couleurs rasantes du soleil couchant et la *Gazelle* un goût d'éternité ! Accueil vraiment sympathique dans un cadre chaleureux (superbes fresques). Possibilité de se restaurer.

En journée ou pour une soirée tranquille, le ponton de l'***Hôtel Kadiandoumagne*** *(plan A1, **25**)* permet de prendre un verre en toute quiétude face aux barques qui dodelinent sur l'eau. Idem à l'***hôtel Perroquet*** voisin *(plan A1, **23**)*, pour qui préfère une ambiance moins cossue. Fréquenté à toute heure sinon, le ***Kassa,*** sur le rond-point Jean-Paul-II (*plan B2, **32*** ; lire plus haut « Où manger ? »).

Le Bombolong *(zoom B1, **34**) : rue de Sédhiou. ☎ 33-938-80-01. Tlj à partir de 22h. Entrée : à partir de 1 000 F. CFA selon soirée.* La boîte la plus fréquentée de la ville. Ne désemplit pas en début de mois. Musique africaine, ambiance africaine...

Nankabi *(hors plan par B3, **43**) : quartier Tilène central. Pas facile à trouver, y aller plutôt avec un ami africain. Tlj jusqu'à très tard.* Strictement pour explorateurs de la nuit ! Dans une grande cour protégée de ce quartier populaire, cadre pas mal destroy, fresques défraîchies, tables de récup... Atmosphère fiévreuse, surtout le week-end. Parfois, concert de musique guinéenne.

Le CIA Night Club *(hors plan par A2) : quartier Belfort, entre la « route 54 » et Santhiaba, ts les taxis connaissent. Entrée : 1 500-2 500 F. CFA.* Une grande discothèque au public plus populaire qu'au *Bombolong,* mais assurant une ambiance tout aussi torride. Jeunes et moins jeunes s'y retrouvent pour danser toute la nuit sur des musiques sénégalaises ou bissau-guinéennes.

Où acheter de beaux tissus ?

GIE Africa Batik *(plan A-B2, **42**) : quartier Santhiaba. 77-653-49-36. Du rond-point Jean-Paul-II, prendre l'av. Ibou-Diallo, puis 1re à gauche et 1re à droite (indiqué par un panneau presque effacé). Tlj (pas d'horaires).*

Un modeste atelier chez l'habitant, qui permet de comprendre le processus de fabrication des batiks : à voir (à toucher) et à acheter (assez cher). Des réalisations moins originales qu'ailleurs, mais c'est l'adresse la plus centrale. Accueil fort sympathique.

À voir. À faire

Le centre *(quartier de l'Escale ; plan A-B1),* hérissé de quelques grands fromagers où nichent des colonies d'oiseaux (aigrettes, hérons, cormorans, cigognes...) conserve encore quelques bâtiments coloniaux qui achèvent de décrépir, dont le plus remarquable est sans doute le conseil régional, où loge l'office de tourisme *(zoom B1),* reconnaissable à son dôme, ses bandes bicolores et ses volets à claies.
Le long du fleuve, coup d'œil à l'***embarcadère*** des pirogues villageoises *(plan A1),* entre les hôtels *Le Perroquet* et *Kadiandoumagne.* En longeant la rive vers l'ouest (après l'hôtel *Kadiandoumagne* donc), on atteint au bout de quelques centaines de mètres le ***port de pêche*** *(hors plan par A1),* actif surtout le matin, au retour des pêcheurs.

Le marché Boucotte *(plan A4) : sur le chemin de l'aéroport.* Également appelé ***Saint-Maur-des-Fossés*** (en raison d'un jumelage avec la ville du Val-de-Marne). Depuis qu'il a brûlé en 1995, les commerçants se sont installés dans la rue qui le longeait. Il a été reconstruit dans un style plutôt harmonieux, mais beaucoup de commerçants ont préféré rester à l'extérieur, constituant un immense souk en plein air.

Le marché artisanal *(hors plan par A4) : à 200 m du marché précédent. Tlj, mais moins d'artisans le ven à l'heure de la prière.* Construit uniquement pour les touristes, le marché a beaucoup de mal à tenir le coup faute d'une affluence suffisante de vacanciers. Pas mal de choix cela dit (négocier, bien sûr). On y trouve également un modeste ***musée des Arts et du Patrimoine,*** monté par l'équipe du festival *Casamance en Scène* (lire plus bas « Manifestation »). Tableaux et sculptures d'artistes contemporains locaux. Spectacles de temps à autres. *Tlj 9h-18h ; entrée : 1 000 F.CFA, avec visite guidée.*

– ***Association Futur au Présent*** *(plan A4,* ***50****) : av. Djignabo, entre le marché Boucotte et l'Alliance française. 77-885-01-69 (Marine). • futurapresent.com • Téléphoner avt pour organiser une visite.* Profitez de votre séjour à Ziguinchor pour découvrir l'association franco-sénégalaise Futur au Présent (plus connue sous le nom de FAP !), qui réalise un travail remarquable auprès des enfants des rues de Casamance. Plus de 5 000 d'entre eux ont été accueillis dans son centre, plus de 3 500 ont bénéficié d'une prise en charge médicale et une centaine de petites filles ont été sorties du travail des enfants et scolarisées. L'équipe de FAP vous accueille en toute simplicité autour d'un repas, d'un thé ou d'un moment de causerie. L'occasion de vivre une rencontre unique et rare... Une petite participation solidaire de 3 000 F.CFA est demandée pour le partage du repas. Une autre façon de soutenir leur action est de suivre les excursions de leur agence de voyages (voir plus haut chapitre « Agences de voyages. *Casamance au Présent* ») ou d'acheter les vêtements de la marque *Marché Boucotte* (infos sur le site *• marcheboucotte.com •* ou la page facebook de *Marché Boucotte*).

Manifestation

– ***Casamance en Scène :*** *1 sem en déc.* Festival de théâtre, sous la houlette de l'Alliance française. Parade et spectacles (gratuits ou payants).

DANS LES ENVIRONS DE ZIGUINCHOR

La ferme de Djibelor : *à 5,5 km de la ville, route de Cap Skirring. Bus nº 6B depuis le rond-point Jean-Paul-II. ☎ 33-991-17-01 ou 78-195-65-72. Lun-sam 8h-18h. Entrée : 1 000 F.CFA ; ½ tarif enfants. Compter 1h30 env (visite libre).* Gérée par Gérard Wartraux, un personnage installé ici depuis de nombreuses années, la ferme compte 30 ha de plantation de différentes espèces fruitières tropicales, ainsi qu'une foule de fleurs et d'arbres. Fait aussi un élevage de crocodiles du Nil, des tout petits aux gros bestiaux, parqués dans des enclos. Ça impressionne toujours... Loue également des sortes de *lodges* en bois pour 3 personnes, rustiques et bien équipés, avec cuisine et salle d'eau *(25 000 F.CFA/nuit).*

L'écomusée de Brin : *à env 7 km de Ziguinchor, route de Cap Skirring (sur la gauche à la sortie de Brin). 77-417-44-40 (Jean-Noël Biagui). Lun-ven 10h-17h. Le w-e, sur rdv. Visite de l'élevage d'autruches : 1 500 F.CFA. Visite guidée du musée (élevage inclus) : 5 000 F.CFA.* Monté sur leur riche propriété par un couple franco-sénégalais, ce petit musée présente des objets traditionnels de la vie quotidienne diola du siècle passé (agriculture, pêche, fétiches, etc.), dont certains sont toujours utilisés aujourd'hui. Intéressant, mais pas donné. Plus insolite, un petit élevage d'autruches, dont on peut même acheter les œufs, décorés de peintures africaines (tant pis pour l'omelette).

La forêt de Kalounayes : *à l'est de la route Bignona-Ziguinchor.* Magnifique forêt classée qui offre de nombreuses balades, notamment vers le petit village de Koubanao. Campement dans le village de Coubalan :

Campement villageois Ankadji de Coubalan : *à 22 km env de Ziguinchor. Aller jusqu'à Tabor (12 km env), puis, dans le village, bifurquer sur la droite (bonne piste d'une dizaine de km, faisable en voiture de tourisme). À Coubalan, à gauche juste avt la digue. Si vous n'êtes pas motorisé, le mieux est de les contacter avt. 77-925-77-75 ou 77-578-20-91. Nuitée 4 000 F.CFA/pers. Pens complète 12 800 F.CFA/pers.* En bordure d'un séduisant *bolong,* 3 cases rondes de 2 chambres, chacune avec sanitaires privés et moustiquaires. Électricité solaire. Repas dans une belle case à impluvium ou sur 2 terrasses face au fleuve. Reposant et bien tenu. Différentes activités (balades en pirogue sur les *bolongs,* pêche, circuits pédestres).

AFFINIAM

S'il y a une balade à faire dans les environs de Ziguinchor, c'est bien l'escapade en pirogue à moteur vers ce village très étendu, l'un des plus séduisants de la région, jumelé avec Allonnes (Maine-et-Loire). Affiniam possède comme particularité d'être le seul village où les femmes manient le *kayendo* (ou *kadiando* : sorte de longue pelle-bêche traditionnelle) au même titre que les hommes. Les maisons sont dispersées dans un véritable verger de papayers, manguiers, orangers, fromagers, plantes médicinales... L'occasion d'un édifiant cours de botanique tropicale, pour peu que votre guide soit calé en la matière. Au cours de la balade, vous remarquerez avec quelle ingéniosité les villageois savent utiliser les richesses de la nature ; de chaque plante, de chaque racine, de chaque fruit, ils parviennent à tirer parti : nourriture, habillement, médication... Ainsi, si les racines des fromagers, accolées sur le tronc comme des arcs-boutants, sont taillées de la sorte, c'est parce que les habitants en font des portes, découpées d'une seule pièce dans la masse !

Comment y aller ?

➢ Le plus simple est de suivre une ***excursion organisée*** par les hôtels (notamment le *Flamboyant,* le *Kadiandoumagne* et *Le Perroquet*) ou les agences de voyages de Ziguinchor (lire plus haut « Adresses utiles » à Ziguinchor). On recommande la balade d'une journée, alliant le plaisir de glisser au milieu des *bolongs* et des oiseaux (flamants roses, aigrettes, cormorans, hérons de toutes sortes, pélicans, bécasses, aigles pêcheurs...), le repas en commun et la balade pédestre botanique et culturelle, ainsi que, peut-être, l'escale au village de ***Djilapao.*** Celui-ci possède une étonnante case à étages, où vivait un artiste qui l'a décorée de sculptures murales très expressives... Bar-restaurant à côté de la case. Certains hôtels proposent aussi de coupler la voiture (accès par une piste qui fait faire un énorme détour au départ de Ziguinchor) et la pirogue, histoire de varier les plaisirs : c'est plus cher que la seule balade en pirogue. Départ à l'embarcadère de Boudody *(plan Ziguinchor A1,* ***1****),* entre les hôtels *Kadiandoumagne* et *Le Perroquet. En pirogue, selon le nombre de participants (12 max), compter env 10 000-12 500 F.CFA/pers la ½ journée ; 15 500-17 500 F.CFA/pers la journée complète (repas compris).*

➢ Il est aussi possible, pour aller à Affiniam directement, de prendre la ***pirogue villageoise*** qui part de Ziguinchor vers 15h (sauf dim) ou de réserver celle du campement villageois. Compter 1h30 de trajet.

Dans tous les cas, ***prévoir eau et chapeau.*** À l'arrivée au débarcadère d'Affiniam, compter 10 mn de marche (en plein soleil) avant d'atteindre le village.

Où dormir ? Où manger ?

🏠 🍽 ***Campement villageois Diameor Diamé :*** *☎ 33-936-96-19. 📱 77-567-00-44 (Nestor Sambou) ou 77-618-80-93 (Frédéric Badji). Pens complète 12 000 F.CFA/pers ; ½ pens possible.* Obscures pour garder la fraîcheur, les chambres sont organisées autour d'une case à impluvium. Sanitaires carrelés et propres. Éclairage à l'énergie solaire. Bonne cuisine familiale. Nombreuses activités (balades thématiques à pied et à vélo, pêche à la palangrotte, etc.).

LA ROUTE DE ZIGUINCHOR À CAP SKIRRING

Entre Ziguinchor et Cap Skirring se succèdent rizières, mangroves et forêts de manguiers, de baobabs, de fromagers, semés de villages de brousse et entrecoupés de *bolongs* menant vers des îles plus ou moins isolées. Autant d'invitation à des escapades au cœur d'un pays diola à l'identité animiste encore forte, à explorer à pied, en pirogue, à VTT, l'espace de quelques heures ou de quelques jours...

LES CASES À IMPLUVIUM

De cette sous-région sont originaires les fameuses cases à impluvium, emblématiques de l'architecture diola. De forme circulaire, elles n'offrent, hormis la porte, presque aucune ouverture vers l'extérieur. Leur toit, en pente vers l'intérieur, délimite un puits de jour. Cette ouverture centrale assure l'éclairage d'une galerie intérieure sur laquelle s'ouvrent de multiples chambres (celle du chef de famille contient également un grenier à riz). Elle permet également d'évacuer la fumée dégagée par le foyer central et de récupérer l'eau de pluie. À l'origine, ce type de construction avait un rôle défensif, le petit nombre d'ouvertures prévenant vols et attaques. Attention, ne pas s'imaginer que toutes les cases sont conçues sur ce modèle traditionnel, c'est loin d'être le cas.

ÉNAMPORE

À 20 km environ de Ziguinchor, par une piste de 12 km que l'on prend à Brin, sur la droite. Taxi-brousse depuis Ziguinchor. Les plus courageux peuvent s'y rendre à vélo (aller-retour dans la journée). Ancien fief du royaume du Bandial (ou royaume du Mof Awi), le village d'Énampore est célèbre pour ses cases à impluvium. La plus ancienne et la plus remarquable se trouve à 200 m du campement villageois. Visite intéressante qui permet de comprendre la logique de ce type d'habitat ; remarquer les enclos extérieurs privatifs pour chacune des familles. Ne pas oublier de donner un petit pourboire.

PALME D'OR POUR LE RÔNIER

La campagne autour de Séléki et Énampore est truffée de palmiers-rôniers, ces arbres multifonctions : on utilise le tronc imputrescible pour édifier les charpentes des habitations et les piliers. Les branches sont transformées en meubles, les feuilles tressées servent à faire des paniers ou les plafonds des maisons. Les fruits gélatineux se mangent, les racines sont utilisées comme médicament, la sève comme boisson. Qui dit mieux ?

➢ À partir d'Énampore, très belles ***balades en pirogue*** vers Éloubaline et, de là, possibilité d'atteindre le *Campement des Bolongs* à Édioungou, près d'Oussouye (voir plus loin), toujours en pirogue. Pas de service régulier de pirogue villageoise entre ces villages (tout dépend de la demande), mais vous pourrez toujours en louer une sur place ou partir avec des guides du campement villageois (pirogues à rame).

Campement villageois : *sur la route principale à la sortie du village. 📱 77-441-44-84 et 77-416-73-24. Compter 10 000 F.CFA/pers en ½ pens ; 13 000 F.CFA en pens complète.* Hébergement dans une case à impluvium refaite à neuf en 2010, alliant tradition et confort moderne (sanitaires privatifs et éclairage solaire). Organise des circuits guidés dans le village ou alentour : habitat, animisme...

SÉLÉKI

À 2 km d'Énampore par une bonne piste. Taxis-brousse depuis Ziguinchor. Sinon, on peut y aller à pied depuis Énampore. Agréable village et accueil très chaleureux des habitants. On y trouve un autre campement villageois à impluvium, plus cher que celui d'Énampore mais dans un bel environnement, en bord de *bolong.*

LA CASAMANCE

NIAMBALANG

À 35 km de Ziguinchor (5 km avant Oussouye), sur la route goudronnée qui rejoint Cap Skirring. Dans le village, belle case à impluvium à 300 m environ sur la gauche, en retrait de la route (demander le chemin à un villageois). Ne pas oublier de donner un petit pourboire à la fin de la visite.

ÉDIOUNGOU

Prendre à droite à hauteur du panneau d'entrée d'Oussouye ; à 1 km environ. Tranquille village construit dans une terre aux reflets ocre, en bord de *bolong.*

Campement des Bolongs : *au bord d'un bolong et tenu par William et Hortense Bassene. ☎ 33-993-10-41. 📱 77-815-16-15 et 77-637-46-75. Double 13 000 F.CFA, petit déj en sus ; en ½ pens 11 500 F.CFA/pers. Menu* *copieux 7 000 F.CFA.* Au bord de l'eau, en retrait du village, un genre d'hôtel en dur sur 2 niveaux, plutôt décati. Les chambres, au rez-de-chaussée et sans vue, sont certes défraîchies mais propres et d'un niveau de confort étonnant : douche (qui fonctionne), ventilo et moustiquaire. Au 1er étage, le vaste resto-bar couvert, très agréable, s'ouvre sur le *bolong* bordé de palétuviers. Quelques hamacs dodelinent. On apprécie la quiétude du lieu tout en dégustant une bonne cuisine, notamment les crevettes, la spécialité de la maison. Bon accueil. Ambiance familiale.

L'atelier de poterie « Chez Évelyne » : *dans le village (demander, tt le monde connaît). 77-103-48-38. Compter 1 000 F.CFA/pers pour une démonstration.* Édioungou est très réputé pour le travail de ses potières, et on vient de loin acheter leur production. Ici, l'argile est un mélange de vase tirée des *bolongs* et de coquillages pilés. Les potières n'utilisent ni tour ni four de cuisson. Vous pouvez visiter le modeste atelier d'Évelyne-Marie-Rosalie, qui vous expliquera tout sur cette technique, et en profiter au passage pour découvrir le joli village.

À voir dans les environs

Éloubaline : *accès seulement en pirogue.* Balade intéressante, faisable aussi depuis Énampore (voir plus haut). À 1h d'Édioungou environ, un village très isolé, sans ressources, essentiellement animiste, où 600 personnes vivent dans 40 cases, dont une poignée à impluvium. La visite du village, guidée, permet d'apprendre pas mal de choses sur les fétiches, la gestion de l'eau et les conditions d'existence très difficiles des villageois. Possibilité de manger sur place.

OUSSOUYE

5 000 hab.

Petite ville paisible et conviviale (une préfecture tout de même) où les fêtes diola sont très nombreuses, Oussouye est l'une des localités du pays diola où les traditions sont les mieux préservées. Les cérémonies d'initiation y sont particulièrement réputées, ainsi que la fête du Roi d'Oussouye (Humabel) fin septembre ou début octobre. On rencontre en effet à Oussouye l'un des derniers rois animistes, réfugié dans le bois sacré et tout de rouge vêtu. Les habitants le sollicitent pour toutes sortes de problèmes qui seront discutés dans le secret de sa forêt... Les étrangers peuvent aussi demander une audience, mais ça ne s'improvise pas. À cette richesse culturelle s'ajoute un emplacement stratégique, à 40 km de Ziguinchor et 30 km de Cap Skirring, au croisement de la route pour Élinkine. Autant d'arguments pour en faire une base idéale d'où rayonner dans la région, pourquoi pas à VTT, pour qui rechercherait la tranquillité de la brousse sans pour autant se sentir trop isolé.

RÉGICIDE

Le roi d'Oussouye, Sihalébé, fut arrêté en 1903 et emprisonné à Sedhiou. Il ne représentait pourtant pas un grand danger pour les colons. Or, les Français ignoraient qu'un roi animiste, vivant à l'écart du village dans un bois sacré, ne pouvait ni manger ni boire en public. Sihalébé se laissa donc mourir de faim plutôt que de transgresser l'interdit...

Adresses et infos utiles

Gare routière : *à l'entrée d'Oussouye en venant de Ziguinchor, sur la droite.* Minicars et taxis-brousse pour Ziguinchor, Cap Skirring, M'Lomp et Élinkine.

■ **Crédit mutuel du Sénégal :** *dans le marché, entre la gare routière et la pharmacie.* Possibilité de change en fonction des liquidités disponibles en caisse... ***Pas de distributeur*** sinon. Mieux vaut venir les poches pleines.

■ **Casamance VTT :** *du rond-point, en venant de Ziguinchor, continuer tt droit par la piste, dépasser la poste, puis panneau sur la gauche. ☎ 33-993-10-04. 77-572-11-96. • casamancevtt.com • Ouv 8h30-12h30, 15h-19h. En été, s'adresser au Campement Émanaye ; sinon, un bureau à l'hôtel* La Paillote, *à Cap Skirring. Loc de vélos : 6 000 F.CFA la ½ journée, 8 000 F.CFA la journée (36 000 F.CFA la sem). Excursions VTT, rando, kayak, pirogue ou combinées, à partir de 8 000 F.CFA la ½ journée et de 17 000 F.CFA la journée, repas, guide et assurances compris. Également des circuits multi-activités avec bivouac sur 2 j. ou davantage, notamment à la pointe Saint-Georges et sur les îles, et des excursions en pirogue à Carabane et Éloubaline, et à Énampore au départ de Ziguinchor.* L'esprit de *Casamance VTT*, c'est l'écotourisme. Benjamin Bourgoin connaît la Casamance comme sa poche et a fait le pari, il y a plus de 20 ans, d'implanter un pôle de randonnée VTT en son cœur, en y associant tout le village. Les balades rayonnent dans toute la région et s'adressent à tous les publics, des plus sportifs aux non-initiés, et peuvent combiner marche, VTT, kayak, pirogue et même véhicule pour les moins en jambes. Bref, vous devriez trouver votre bonheur ! Organisation de raids VTT et de trekking également. Benjamin est aussi à l'origine d'un semi-marathon (21 km) qui se déroule, en principe, tous les 2 ans, en décembre (années impaires). Accompagnateur de montagne, il sait ce que « sécurité » signifie, et on peut compter sur son équipe pour les tuyaux fiables. D'inoubliables moments en perspective.

Où dormir ? Où manger ?

Campement Émanaye : *quartier Harlem. 77-605-97-76 et 77-573-63-34. Téléphonez à* Casamance VTT *si vos appels ne passent pas (situé à 100 m du campement). • emanaye.free.fr • Du rond-point, en venant de Ziguinchor, continuer tt droit par la piste, dépasser la poste ; c'est plus loin sur la gauche (panneau). Double 8 000 F.CFA, petit déj en sus. ½ pens (un bon choix) 14 000 F.CFA/pers en chambre double. Repas 4 000 F.CFA.* *Émanaye* signifie « riz » en diola. Dans une maison à étages, Élisabeth (Éli pour les intimes), qui habite sur place avec sa famille, loue une douzaine de chambres fraîches (ventilation naturelle) avec 2 lits (un simple et un double), salle de bains et moustiquaire. Sous la grande paillote donnant sur les rizières, repas conviviaux, savoureux et copieux, pris avec les autres hôtes (mais pas obligatoire) autour de grandes tables. Atmosphère reposante et très familiale. Notre meilleur rapport qualité-prix du village.

L'Auberge du Routard, chez Gouro Diatta : *quartier Harlem. 77-228-93-93. • auberge.du.routard@gmail.com • Mêmes indications que pour le Campement Émanaye, c'est juste avt sur la gauche (bien indiqué). Double avec sdb 6 000 F.CFA, petit déj en sus ; ventilo en supplément 1 500 F.CFA. Repas 3 000 F.CFA.* Au sein d'une petite concession et d'un jardin ombragé, une dizaine de chambres sommaires et bien tenues, avec moustiquaire et salle d'eau, réparties dans un bâtiment construit sur le principe d'une case à impluvium et joliment décoré par un artiste du coin. Le plus : on a vraiment l'impression de vivre au sein de la famille. Très sympa et nourriture excellente. Balades possibles, excursions en bateau et pêche. Une précision : on n'est pas actionnaire !

Campement Aljowe : *mêmes indications que pour le* Campement Émanaye, *en poursuivant sur la piste 200 m de plus. ☎ 33-993-03-92 ou 77-605-57-30. • campementaljowe@gmail.com • Double 10 000 F.CFA, petit déj inclus. ½ pens 16 000 F.CFA/pers.* À l'écart du village, une adresse paisible et charmante imitation de case à impluvium, en terre crue et toit de chaume. Dans le sable de la cour centrale vagabonde une vénérable tortue. Chambres simples et soignées, colorées de tissus traditionnels, avec douche façon *tadelakt* marocain. Préférer les plus grandes (les « suites »), facturées au même prix ! Accueil en douceur de Justine, la gérante.

Campement Alulum : *à la sortie de la ville direction Cap Skirring. 77-564-32-23. • diattapierre@yahoo.es • Doubles 10 000-15 000 F.CFA (ventilo ou clim), petit déj en sus. Repas 3 000 F.CFA.* En bord de route (trafic relatif cela dit), face aux rizières, un campement récent monté par un guide local, Pierre Diatta. La douzaine de chambres, fraîches et nickel, avec salle d'eau, s'organisent façon case à impluvium, autour d'une courette hérissée de papayers. Restos sous une tonnelle en dur à l'extérieur. Hamacs. Excursions dans les îles (Éloubaline notamment) et villages des environs, à la découverte des fétiches et traditions diola.

Dans la gare routière, on pourra se taper le midi un bon *thiep* pour env 500 F.CFA dans la gargote **Chez Henriette,** qui compte à peine une table. Pour un cadre un peu amélioré, genre maquis, pousser en direction du rond-point ; plusieurs modestes restos sur la droite ***(Chez Fatou, Chez Odette)***. Sinon, se rabattre sur les restos des campements.

Où dormir ? Où manger dans les *bolongs* ?

Campement de l'île d'Égueye : *à l'embarcadère de Diakène Ouolof, à mi-chemin d'Oussouye et de Cap Skirring, par la route principale, prendre la pirogue du campement (15 mn de trajet, gratuite pour les résidents) ou en louer une à Élinkine. 77-544-80-80 (Abdou N'Diaye, le gérant). • campement-egueye.fr • abdouegueye@gmail.com • Compter 13 000-16 500 F.CFA/pers en ½ pens avec ou sans sdb privative. Repas 4 500 F.CFA (traversée en pirogue incluse).* Magnifiquement situées dans l'un des coins les plus secrets et sauvages de la région, des chambres simples mais propres. Électricité solaire. Petit déj devant le *bolong,* pain maison, huîtres de palétuviers en apéro... Le rêve, quoi ! Propose des randos sur l'île et des sorties en pirogue, à la découverte des oiseaux et des crocodiles.

Campement Afambil sur l'île d'Ehidj : *pirogue depuis Élinkine ou l'embarcadère de Katakalousse (20 km d'Oussouye sur la route du Cap). 77-566-99-73 (Léon). Doubles 13 000-18 000 F.CFA, sans ou avec salle d'eau, petit déj inclus. ½ pens possible. Également une grande case indépendante (25 000 F.CFA).* Une escapade hors du monde, sur la petite île sablonneuse des féticheurs, perdue au milieu des *bolongs,* et dont le village n'excède pas une dizaine de cases. Doublé d'un resto réputé pour ses bonnes spécialités locales, le modeste campement de Léon, les pieds dans le sable, compte seulement 6 chambres. Hamacs.

Achats

Mathias Diatta : *quartier de Kahinda. 77-576-44-19. • mathiasdiatta71@yahoo.fr • À la sortie d'Oussouye côté Ziguinchor, prendre la piste au niveau de la gare routière ; parcourir 1 km env (prendre un taxi-moto). Appeler avt pour être sûr de trouver Mathias chez lui. Pièces à partir de 2 000 F.CFA.* Ce sculpteur d'oiseaux utilise des bois de fromager et d'acacia qu'il peint ensuite. Parmi ses autres thématiques : les grands bonshommes en bois, les ustensiles de cuisine et une amusante grenouille des marais tout en voix... Expo-vente au *campement Émanaye* ou chez François Diedhiou, dit Pompidou (face à la gare routière), par ailleurs oncle du roi d'Oussouye.

Fête

– ***Fête du Vin de palme et du Riz nouveau :*** *2e sem de fév, sur 3 j. (et surtout 3 nuits, « jusqu'au chant du coq »).* Chaude ambiance.

DANS LES ENVIRONS D'OUSSOUYE

Même si vous n'envisagez pas de faire de balades à vélo, n'hésitez pas à demander conseil à *Casamance VTT.*

L'unité de transformation de noix de cajou : *à **Senghalen,** à 2 km d'Oussouye. Au rond-point, prendre la route de M'Lomp, puis, à la sortie du village, suivre une piste sur la droite (pas de panneau ; se faire accompagner ou prendre un taxi-moto). 77-912-92-92. Tlj.* Ombragé par des manguiers et anacardiers, le site, agréable, accueille une modeste fabrique très artisanale, gérée par Pattern, qui a pris la suite de son père. La visite permet de comprendre tout le processus de production de la noix, dont la récolte et la torréfaction ont lieu de mars à juillet. Avec la pomme, on distille une eau-de-vie, le *soum soum.* Les noix, assaisonnées en diverses recettes (la *Réveil Maman* au poivre, la *Réveil Papa* au piment, la *Oui chéri(e)* au sucre, etc.), sont conditionnées en petits paquets pour la vente. Une idée de cadeau peu encombrant à rapporter. En plus, on fait une bonne action, la fabrique employant une quinzaine de personnes handicapées physiques et de filles-mères.

LE TÉLÉPHONE DIOLA

Dans les villages de la région, peut-être remarquerez-vous un gros tambour en bois, de forme allongée et ouvert sur le dessus, le bombolong. *Il est taillé dans un tronc de fromager et sert de téléphone de brousse pour faire passer des messages d'un village à l'autre (naissance, décès, etc.). Il accompagne aussi des cérémonies. La version diola des cloches, en quelque sorte.*

L'île d'Égueye : une base idéale pour quelques très belles excursions, dont l'une des plus agréables consiste à passer sous le pont de Diakène et remonter les *bolongs* en bateau vers Boudiediette. On se croirait dans une Amazonie africaine (lianes, crocodiles, nombreuses variétés d'oiseaux...). Infos auprès du campement de l'île (voir « Oussouye. Où dormir ? Où manger dans les *bolongs* ? »). Bons spots de pêche également dans les alentours et sorties en kayak possibles (base de *Casamance VTT* sur place, les contacter au préalable – voir « Oussouye. Adresses et infos utiles »).

M'LOMP

5 800 hab.

À 10 km au nord d'Oussouye, ce village compte de superbes fromagers géants et quelques cases à étages étonnantes, soutenues par de belles colonnades. Balade à faire à vélo au départ d'Oussouye ou en taxi-brousse

(certains rejoignent ensuite Élinkine). M'Lomp est en grande majorité animiste, et les croyances traditionnelles marquent encore profondément les comportements quotidiens. La mission catholique, très active, s'en accommode. Messe avec tam-tams et chœurs.

Où dormir ? Où manger ?

Centre social Koukangoumé : *à l'entrée du village, sur la droite en venant d'Oussouye. 77-727-80-26 ou 77-575-99-45. Resto tlj sauf dim, le midi seulement pour les non-résidents ; prévenir à l'avance. En ½ pens, 8 000 F.CFA/pers. Menu env 4 500 F.CFA.* Restaurant et logement-école tenus par une mission catholique pour des femmes qui ont leurs ateliers sur place (teinture, couture, broderie, confiture, etc.), sous la houlette de l'inépuisable sœur Juliette Cagnon. Quelques chambres pour 3 personnes, simples et très correctement tenues. Chacune dispose d'un coin salle d'eau où l'on fait sa toilette au seau. Également un dortoir. En plus du centre social, on y trouve un dispensaire et une maternité où les sœurs font un travail formidable. À propos, kits de soin du cordon et d'accouchement, désinfectants et brassières pour nouveaux-nés bienvenus !

Les Six Palmiers *(Chez Brigitte Diatta)* ***:*** *dans le village, au carrefour principal, tourner à droite (en arrivant d'Oussouye) direction Djiromaïte puis, après la maternité, prendre un petit chemin sur 200 m, c'est la 1re maison à gauche. Ne pas arriver à l'improviste, téléphoner au 77-522-38-76 ou passer avt pour commander son repas (env 4 500 F.CFA).* Petit resto local sans chichis, dans une bâtisse carrée en banco, signalée par un discret « restaurant » marqué au-dessus d'une fenêtre. Accueil adorable de Brigitte.

À voir à M'Lomp et dans les environs

Les cases à étages : le village en compte 4, édifiées en banco, dont 3 près du grand fromager. La plus belle, car encore coiffée de son toit de paille, se trouve à 100 m en retrait de la route. Demandez le chemin, on vous y conduira sans problème. Datant de 1980, c'est la plus ancienne de M'Lomp.

UNE FIERTÉ BIEN CASÉE !

La 1re case à étages fut construite par un tirailleur sénégalais, dès son retour de France, après la Seconde Guerre mondiale. Officiellement, il s'agissait de montrer aux villageois à quoi ressemblaient les maisons des Blancs. En réalité, il nourrissait une certaine fierté d'être allé en Europe et de montrer ce qu'il y avait vu.

Le musée des Traditions diola : *dans le village, à l'ombre du grand fromager. 77-407-31-74 (Léon). En principe, fermé pdt l'hivernage. Pas de prix fixe, on donne ce que l'on veut.* Logé dans une case à impluvium, géré par des habitants du village, un musée certes modeste, mais qui vous permettra, en 20 mn d'une visite bien commentée, de mieux comprendre traditions et organisation de la société diola : travail agricole, objets traditionnels du quotidien, fonction des fétiches, etc. Aussi intéressant que sans prétention.

Djiromaïte : *à 6 km env de M'Lomp par une bonne route goudronnée.* Au bord d'un *bolong,* village tranquille où quelqu'un, il y a quelques années, a conçu le projet d'un grand hôtel, qui a bien été construit mais qui n'a jamais ouvert officiellement ! Cependant, en insistant un peu, on peut y manger et même y dormir. Avec pas mal de chance et de patience, on trouvera dans le village une pirogue pour la pointe Saint-Georges ou pour Bandial (environs d'Énampore).

La pointe Saint-Georges : *au nord de M'Lomp. Pour y aller, piste de sable qui passe par Kagnoute et la forêt de Kanoufa (4x4 indispensable et guide local recommandé ; accès souvent impossible pdt l'hivernage). Possibilité également de s'y rendre à pied depuis M'Lomp ; compter env 2h30-3h de marche (et autant pour revenir !) à travers rizières, mangroves et savane. Bien se renseigner sur les horaires des marées pour ne pas se retrouver piégé à marée haute. Sinon, pirogues villageoises depuis Ziguinchor pour les villages de Niomoune, Haer, Itou et Bakassouk, qui vous déposent, sur demande, à la pointe Saint-Georges (départ de l'embarcadère de Boudady, en principe lun, mer et sam vers 12h ; retour mar, ven et dim ; compter 1 500-2 000 F.CFA).*
La pointe Saint-Georges désigne à la fois un village et une aire marine protégée. Du village, possibilité de grimper au sommet d'un mirador qui offre une vue magnifique sur le site et d'où vous pourrez observer à marée basse l'une des dernières familles de lamantins d'Afrique de l'Ouest (accès libre, mais n'oubliez pas de glisser une petite contribution dans la caisse villageoise). On les voit surtout à marée basse en saison sèche ; c'est beaucoup plus aléatoire pendant l'hivernage. Également, dans la forêt de Kanoufa, une plateforme d'observation panoramique, perchée à 25 m de hauteur au sommet d'un fromager vieux de 6 siècles *(accès : 3 000 F.CFA, baudrier fourni).* Sentiers écologiques dans la forêt à parcourir avec des écoguides du village. L'argent récolté sert à financer l'aire marine protégée et à soutenir des actions de développement du village.
– Dans le village, possibilité de loger dans l'une des 4 cases du campement *Le Lamantin (contacter Louis Diatta au 77-316-46-75. • campementlelamantinfr.wordpress.com •)*

ÉLINKINE

Important village de pêcheurs au bout de la route d'Oussouye (à 55 km de Ziguinchor), posé sur le sable le long d'un large *bolong.* Le village est peuplé à la fois de Diola, catholiques et agriculteurs, et de Niominkas, musulmans et pêcheurs issus du Sine Saloum, ainsi que d'une importante communauté ghanéenne, venue pêcher le requin, exporté ensuite par camions entiers et séché au pays. En retrait de la plage, entre les cases, les hommes, entre deux sorties, reprisent leurs filets. À l'entrée du village, à droite en direction du campement villageois, le grand séchoir à poissons. Modeste marché permanent le long de la rue principale.

Arriver – Quitter

➢ Taxis-brousse et minicars de ***Ziguinchor*** et d'***Oussouye.*** D'Oussouye, certains passent par la piste de Loudia (12 km), que l'on peut aussi emprunter à vélo (plus court que de passer par M'Lomp).
➢ Élinkine est aussi l'un des points d'embarquement ***pour l'île de Carabane,*** à env 30 mn de pirogue. 2 pirogues publiques/j. en principe vers 13h30 et 16h30 (vérifier). Retour le mat. Compter 1 500 F.CFA/pers ; supplément de 500 F.CFA pour les sacs. Si vous louez une pirogue privée, vous paierez env 15 000 F.CFA l'aller simple. On peut aussi affréter une ***pirogue privée*** pour la plupart des villages et îles du delta. Compter env 15 000-20 000 F.CFA/pirogue pour Kachouane, Égueye ou Ehidj ; 45 000-50 000 F.CFA pour la pointe Saint-Georges ou Niomoune.

Où dormir ? Où manger ? Où boire un verre ?

Campement les Îles : *route de la Base (à l'entrée du village sur la gauche). 77-507-18-71 et 77-718-76-41. En France : 06-38-48-81-13 (mai-sept). • pechesejourssenegal.fr • Double 9 000 F.CFA, petit déj en sus ; 21 000 F.CFA en ½ pens.* Un campement cosy comme tout, blanc comme un village grec, un accueil jovial, 4 plaisantes cases d'hôtes fraîches et colorées, avec toit de paille et petite terrasse protégée. Bon confort, jardin fleuri, hamacs. On s'y sent vraiment bien. En outre, cuisinière hors pair offrant de délicieux petits plats. Pas mal d'activités : balades en brousse et en pirogue, pêche, etc.

Campement villageois : *à 500 m env du village ; fléché sur la droite juste avt d'arriver sur le port. 77-229-07-76. • campementvillageoiselinkine.e-monsite.com • Double 9 000 F.CFA ; en ½ pens 19 000 F.CFA.* Une adresse dont la gestion est assurée par le GIE du village. À deux pas des séchoirs à poissons, au bord d'un *bolong* et d'une plage de sable fin bordée de cocotiers, quelques cases au toit de paille, toutes avec salle d'eau, récemment restaurées et à la propreté impeccable, même si les alentours immédiats paraissent un peu dégling'. L'endroit respire le calme. Agréable resto sur une terrasse couverte. Possibilité de camper.

Freebar : *au bord de l'eau, sur la gauche en arrivant à l'embarcadère. 77-712-55-07.* Paillote pépère, les pieds dans l'eau, avec vue sur les pirogues pour de chaleureux crépuscules houblonnés. Repas sur demande.

L'Auberge du Fromager : *devant l'embarcadère. 77-525-64-01 ou 77-616-76-40. Plat 2 000 F.CFA (commander à l'avance).* On peut y boire un verre en attendant le départ de la pirogue. Pour dormir, en revanche, c'est vraiment très très sommaire : à éviter, il y a 10 fois mieux dans le village.

L'ÎLE DE CARABANE

400 hab.

Constituée par un immense banc de sable et des alluvions, l'île de Carabane (57 km²) fut le 1er comptoir commercial de la France, en Casamance, établi en 1836. Tête de pont de la colonisation de la région, l'île servit alors de petite capitale, avant d'être supplantée par Ziguinchor. Ce qu'on vient goûter aujourd'hui à Carabane, c'est avant tout une atmosphère, quelque chose d'indéfinissable, de doux, de sensible et de sévère à la fois. Une île que 400 personnes tentent de faire vivre résolument, avec obstination et optimisme. Une visite de quelques heures dans la journée risque d'être un peu frustrante : nous conseillons d'y passer la nuit pour mieux apprécier le temps qui passe ici de façon différente. Et puis, vous aurez une longue plage de sable à votre disposition. Si vous le pouvez, louez une pirogue vers 17h pour aller à la rencontre des pêcheurs, qui rentrent souvent escortés par des dauphins.

– ***Festival culturel :*** *en avr, sur 3 j.*

Comment y aller ?

3 solutions :

➢ la 1re, si vous êtes à Ziguinchor ou à Oussouye, est d'aller prendre la pirogue à ***Élinkine*** (voir plus haut) ; si vous avez une résa, la plupart des hôtels peuvent s'en charger ;

➢ la 2e, si vous êtes à Cap Skirring, consiste à prendre la pirogue à ***Katakalousse,*** à une dizaine de km de là, sur la gauche de la route après le pont sur un *bolong* (en face de l'hôtel *Katakalousse*). Le hic : c'est très cher !

Compter env 30 000 F.CFA l'A/R par personne (négociable selon le nombre de passagers) ;

➢ la 3e : le ferry reliant Ziguinchor à Dakar fait certains jours escale à Carabane. Il s'arrête 1h à l'aller comme au retour. Lire en début de chapitre « Comment aller en Casamance depuis Dakar ? ».

Où dormir ? Où manger ?

Tous les établissements sont situés au bord de la plage.

De très bon marché à bon marché

Le Barracuda *(Chez Amath) : au débarcadère. 77-659-60-01 ou 77-310-24-24. • carabacuda.free.fr • Double 7 000 F.CFA. ; ½ pens 8 500 F.CFA/pers.* Petite structure d'une douzaine de chambres correctes, toutes avec salle d'eau. Celles situées à l'étage bénéficient d'une vue sur le fleuve, le tout à des prix « campement » : une aubaine pour budgets serrés. Propose également de belles sorties en mer pour les pêcheurs (à la journée ou à la ½ journée). Resto sur une terrasse protégée où l'on mange vraiment bien, surtout quand les clients pêcheurs ne rentrent pas bredouilles. *Journée de pêche 80 000 F.CFA pour 3 (repas compris).*

Badji Kunda *: 300 m env après l'Hôtel Carabane. 77-537-37-02 ou 77-418-98-41. • badoucarabane@hotmail.com • ½ pens 13 000 F.CFA pour 2.* Campement créé par Malang Badji, peintre, philosophe et poète à ses heures (aujourd'hui décédé, mais on peut demander à visiter son atelier). Chambres avec sanitaires partagés assez rudimentaires. On leur préfère celles avec salle d'eau carrelée. Toutes se répartissent autour d'une cour située en retrait du restaurant. Accueil gentil. Excursions et pêche à la journée.

Plusieurs ***gargotes*** le long de la plage, proposant poisson frais et crevettes.

Prix moyens

Hôtel Carabane : *près du débarcadère. 77-569-02-84 ou 77-648-96-34. • hotelcarabane.com • Double 23 000 F.CFA, petit déj inclus. ½ pens 31 000 F.CFA pour 2. Repas 5 000 F.CFA ; ½ tarif moins de 12 ans.* Les murs sont toujours propriété de l'évêché, mais ce vieil établissement qui fut l'ancienne mission catholique a été un poil restauré. Les chambres avec salle de bains restent cependant très classiques (voire banales). Préférer celles situées à l'étage dans le bâtiment à l'arrière. Vaste jardin, très agréable pour se poser autour d'un verre. Cuisine correcte. Électricité 24h/24 (panneaux solaires). Excursions dans les îles alentour et les *bolongs.* Possibilité de transfert pour Élinkine, Katakalousse, Cap Skirring ou Ziguinchor.

À voir

Pas grand-chose à voir, il faut bien l'avouer, mais c'est aussi ce qui fait le charme bien particulier de Carabane. Vous n'y trouverez qu'une grande église désaffectée de style breton (1885) récemment restaurée, quelques bâtiments démolis, comme l'ancienne prison pour esclaves (« l'école spéciale », un centre de redressement et de formation où l'on conduisait les fortes têtes qui résistaient à la colonisation pour leur apprendre un métier) et le vieux cimetière colonial. La 1re tombe est celle du capitaine Protêt, tué par une flèche et qui s'est fait enterrer debout pour faire face à l'ennemi... On peut surtout goûter à la tranquillité, loin de tout, effectuer d'agréables promenades et excursions en sillonnant les sentiers qui parcourent l'île ou en longeant la longue plage vers l'ouest (magnifique balade au soleil couchant !), ou encore partir à la pêche avec des locaux.

DANS LES ENVIRONS DE CARABANE

Niomoune : village de 4 000 habitants de l'autre côté du fleuve, à 1h environ de Carabane, bien connu des plaisanciers, qui viennent volontiers y mouiller. Plusieurs randos possibles. Par exemple, sur 2 jours, avec guide, aller jusqu'au village de Boune et, de là, en pirogue à Kafountine, ou vers les îles Karone ou Bliss (lire également plus loin, à Kafountine, le chapitre « Excursions »). Autre point d'intérêt dans la zone, le village de ***Itou,*** où vit un vieux féticheur célèbre dans toute la région.

➢ On peut y accéder aussi depuis Élinkine, en louant une pirogue privée (lire plus haut), ou encore depuis Ziguinchor *(trajet 3h30-4h).* Paradoxalement, c'est moins cher, car le trajet se fait alors en pirogue villageoise *(départ plusieurs fois/sem ; prix aller : env 1 500 F.CFA).*

Campement Alouga : *dans le village de* ***Niomoune,*** *en bord de fleuve, BP 198.* *77-576-09-77 ou 77-539-71-28. Pour s'y rendre, contacter Hyacinthe, le gérant, ou Valérie, son épouse. 9 500 F.CFA/pers en ½ pens et 13 000 F.CFA/pers en pens complète sur la base d'une chambre double ; ½ tarif pour les 6-10 ans. Repas 3 500 F.CFA. Possibilité de camper : 3 000 F.CFA/pers, petit déj inclus, ou de louer une tente.* Campement très nature, légèrement à l'écart du village, totalement dépaysant, abritant 8 chambres dans une grande maison aux murs de banco. Douche commune (au seau), toilettes sèches, électricité solaire. Bonne cuisine. Ponton flottant (pratique pour les annexes des voiliers). Excursions en pirogue (à la journée ou sur plusieurs jours, notamment vers les îles Bliss et Karone, avec hébergement en tente ou dans des familles). Balades ornithologiques. Excellent accueil du dynamique Hyacinthe Diedhiou, l'âme du campement.

LA CASAMANCE

CAP SKIRRING

• Plan *p. 245*

Certainement la plus belle plage du Sénégal, longue, bordée de cocotiers. Pas étonnant que le *Club Med* y ait installé, il y a un bout de temps déjà, un immense village qui a défini l'identité du lieu. À Cap Skirring, les occupations principales sont la bronzette sur le sable fin, la pêche au gros et les activités sportives et nautiques (dont celles – golf 9 trous, tennis, voile, tir à l'arc – proposées par le club, et accessibles à la journée pour les non-résidents). Une station balnéaire, quoi, qui a aimanté pas mal de Sénégaulois et séduit nombre d'habitués, dont quelques toubabs et toubabettes d'âge mûr, qui s'y promènent au bras d'un(e) Sénégalais(e) comptant quelques années de moins... On peut aussi voir « au Cap », comme disent les gens chic, la remontée des pirogues sur la plage et le séchage des poissons (chemin à droite du *Club Med* en regardant la mer, à partir du rond-point). Les environs offrent également d'intéressantes balades, dans les *bolongs* notamment. Ceux qui cherchent un confort et une vie nocturne que la brousse ne saurait leur offrir pourront ainsi en faire leur camp de base pour explorer la région.

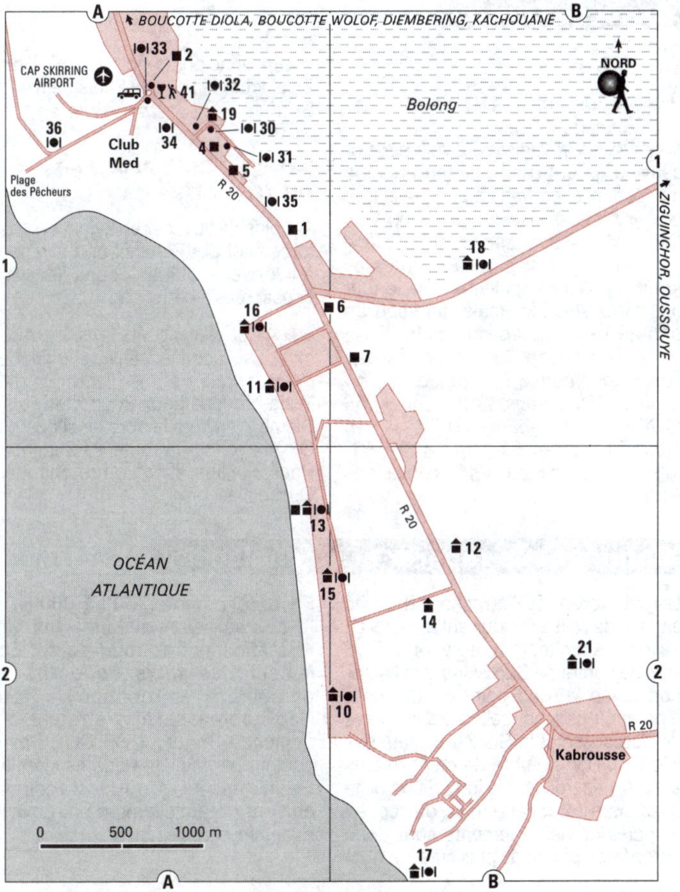

CAP SKIRRING

Adresses utiles

- **1** Centre culturel Cisko (A1)
- **2** Marché artisanal (A1)
- **4** Bureau d'informations touristiques (A1)
- **5** Pharmacie (A1)
- **6** Supérette Chez le Gros (A-B1)
- **7** Supérette Sara (B1)
- **13** Cap Safari (A2)

Où dormir ?

- **10** Campement No Stress « Chez Seleck » (A-B2)
- **11** Campement Chez Mme Mballo (A1)
- **12** Auberge Dioucé (B2)
- **13** Maison d'hôtes Mansa Lodge (A2)
- **14** La Tortue Bleue (B2)
- **15** La Villa des Pêcheurs (A-B2)
- **16** La Paillote village-hôtel (A1)
- **17** Bar de la Mer (B2)
- **18** Bolongs Passion (B1)
- **19** Hôtel Balafon (A1)
- **21** Le Fromager Lodge (B2)

Où manger ?

- **16** La Paillote et Le Paillotin (A1)
- **30** Restaurant L'Acacia (Chez Fatou) (A1)
- **31** Restaurant Mère Nano (A1)
- **32** Bar-restaurant Le Régal (A1)
- **33** Bar-restaurant Le Palet (A1)
- **34** La Carpe Rouge (A1)
- **35** Casa Resto (A1)
- **36** À la Diaspora (A1)

Où boire un verre ? Où sortir ?

- **41** La Case Bambou (A1)

Arriver – Quitter

En avion

✈ ***Aéroport*** *(plan A1) : à 100 m du rond-point du village.*

➢ Avec les voyagistes, 2 vols directs/sem de fin oct à mi-mai (en principe mer et dim) avec *Transavia.* *• transavia.com • Rens et résas chez* Promo Vols Club, *dont le correspondant sur place est* Cap Safari *(voir plus loin « Adresses et infos utiles »).* Également via le tour opérateur ***Air CM,*** mais qui vend en priorité des séjours complets. *Résa par l'agence* Cap Casamance *: • capcasamance.com • En France, 71, bd Ornano, 75018 Paris. ☎ 0892-055-056 (0,34 €/mn) et 01-53-41-00-50 (lun-ven 10h-17h). À Cap Skirring : 📱 77-653-97-21 (hébergé par l'hôtel* Villa des Pêcheurs*).*

➢ En principe, le vol *Transair* Dakar-Ziguinchor fait escale 2 fois/sem à Cap Skirring. *• groupetransair.sn •*

En car, taxi-brousse ou taxi privé

À moins de voyager en avion, on passe forcément par Ziguinchor. Se reporter à « Arriver – Quitter » dans les pages consacrées à cette ville.

🚐 *À Cap Skirring, les taxis-brousse et minicars stationnent au niveau du rond-point, au centre du village (plan A1).* Taxis-brousse pour Boucotte Diola et Diembering vers le nord ainsi que pour Oussouye, sur la route de Ziguinchor. Pour Élinkine et M'Lomp, changer à Oussouye.

Comment se repérer et se déplacer ?

La route venant de Ziguinchor débouche en face de l'allée conduisant à l'hôtel *La Paillote.* À droite, la route vers le *Club Med,* le centre de Cap Skirring et l'aéroport (avec le rond-point central pour repère) ; à gauche, celle vers le village de Kabrousse et la Guinée-Bissau, pas très loin. Bon nombre de campements et hôtels se trouvent le long d'une piste quasi parallèle à cette route du sud. La plupart des hébergements sont donc éloignés du centre de plusieurs km.

En ***taxi,*** compter 600-1 000 F.CFA la course selon distance (en ville, ils stationnent au rond-point). Également des ***taxis collectifs*** qui parcourent en continu la route Cap-Kabrousse et s'arrêtent à la demande. Trajet : 150 F.CFA. Pas de couleur particulière pour les identifier. Hormis les 4x4, tous les véhicules en sont potentiellement un. Levez la main, vous verrez bien...

Adresses et infos utiles

Banque, santé

■ ***Banque CBAO*** *(plan A1) : dans la rue principale, à 100 m du rond-point. ☎ 33-938-81-11. Lun-ven 9h-13h, 14h45-16h15 ; sam 9h-12h30.* Distributeur pour cartes *Visa* et *MasterCard.* Service *Western Union.*

■ ***Médecin :*** *Karim N'Diaye. 📱 77-542-62-24. En arrivant de Ziguinchor, tourner à gauche direction Kabrousse ; le cabinet est à côté de la boulangerie.*

■ ***Pharmacie*** *(plan A1,* ***5****) : dans la rue principale, à 300 m au sud du rond-point. ☎ 33-993-51-22. Tlj 8h30-13h, 15h-20h. Également à Kabrousse. ☎ 33-993-53-55. Lun-sam 9h-13h, 15h-20h ; dim 9h-13h.*

Agences et activités touristiques, location de véhicules

■ ***Bureau d'informations touristiques*** *(plan A1,* ***4****) : au centre, sur la route principale, à côté de la CBAO. ☎ 33-993-27-21. 📱 77-653-04-27. • tambadoudou@yahoo.fr • Tlj 8h30-13h, 16h-20h.* Ce n'est pas un office de tourisme officiel, mais une agence privée tenue par un guide professionnel, Doudou Tamba. Excursions dans la région. Billets d'avion et de bateau (avec commission bien sûr).

– Pour une excursion avec un guide local, on peut également contacter ***Lamine Diop Sané,*** président de l'association des guides professionnels de Casamance. *77-533-07-00.* • *laminediopsane@yahoo.fr* •

■ ***Cap Safari :*** *au* ***Mansa Lodge*** *(plan A2,* ***13****), sur la piste des campements. ☎ 33-993-51-47. 77-652-83-15. En France : 06-07-78-84-63.* • *capsafari.com* • Frédérique et Érik sont les anciens gestionnaires de l'*Hôtel de la Pointe Saint-Georges,* c'est dire s'ils connaissent le pays. Reconvertis en agence de tourisme (vente de billets d'avion), ils organisent de sympathiques excursions (safari à thème, bivouac en brousse...), des séjours à la carte, et fournissent pas mal de matériel : 4x4, pirogue, etc. Ils possèdent également une maison d'hôtes (voir « Où dormir ? »).

■ ***Soleil Ebène :*** *77-511-90-96 (Papis).* • *soleilebene.com* • Location de pick-up 4x4 avec banquettes aménagées à l'arrière. Propose aussi des excursions guidées.

■ ***Location de vélos :*** *à l'entrée de l'hôtel* La Paillote *(lire plus bas « Où dormir ? »).* Bien entretenus. Résa plutôt la veille.

■ ***Centre culturel Cisko*** *(plan A1,* ***1****) : à côté de la caserne des pompiers. ☎ 33-990-39-21.* • *ciskocentre.com* • Créé par un joueur de kora parti faire carrière en Suisse, un centre un rien surdimensionné, avec scène de spectacle, hébergements, piscine, resto et même une radio ! Concert de temps à autre, avec parfois des pointures. Demandez le programme !

■ ***Marché artisanal*** *(plan A1,* ***2****) : près du rond-point central.* Touristique, évidemment.

Ravitaillement

■ ***Supérettes :*** en face de l'église, ***Supérette Les Bolongs.*** Une autre, ***Chez le Gros,*** au croisement de la route de Ziguinchor *(plan A-B1,* ***6****)*, à côté de la boulangerie. Enfin, plus loin sur la route de Kabrousse, à gauche, la supérette ***Sara*** *(plan B1,* ***7****)*. Sinon, petit ***marché aux fruits et légumes,*** tlj à côté de la *CBAO (plan A1).*

Où dormir ?

Quasiment tous les établissements sont sur la route de Kabrousse ou sur la piste quasi parallèle qui longe la mer, elle-même reliée à la route de Kabrousse par plusieurs pistes. Sur plus de 2 km, les campements s'y alignent presque côte à côte, et disposent d'un accès direct à la plage.

Attention, de nombreux établissements sont fermés pendant l'hivernage (de juin à octobre).

À proximité de la plage

De très bon marché à bon marché

Campement Chez Mme Mballo *(plan A1,* ***11****) : route de la plage. ☎ 33-993-01-35. 77-447-92-50 ou 77-609-81-35. Compter 6 000 F.CFA pour 2 avec sanitaires à l'extérieur ; 11 000 F.CFA avec douche et w-c. ½ pens possible. Plat env 4 000 F.CFA.* Modeste campement égayé par de nombreuses bougainvillées, géré par une maman africaine, veuve du « roi des pêcheurs ». Chambres bien tenues adaptées à différents budgets. Les plus chères, spacieuses et vraiment nickel, ont même l'eau chaude pour certaines. Les moins chères, en banco, sont plus rustiques et leurs sanitaires communs vraiment sommaires (ils devraient être refaits). Également un appart, pour les longs séjours. Ambiance familiale. Excellente cuisine (ah, les langoustes !), à commander à l'avance, que l'on savoure en contemplant la mer.

La Tortue Bleue *(plan B2,* ***14****) : entre le Cap et Kabrousse, sur une route perpendiculaire à la plage (pas de panneau). 77-490-04-82.* • *latortuebleue.org* • *Double 16 000 F.CFA,* *petit déj et taxe en sus. Repas sur demande 3 000-5 000 F.CFA.* Tenue par une Hollandaise et un Sénégalais, perdue dans un quartier paisible, une gentille villa au milieu d'un grand jardin, qui propose 3 chambres logées dans une coquette bâtisse à part. Au choix, la « bleue », la « rouge » et la « verte ». Cadre plaisant et bon confort : salle de bains, moustiquaire, minibar, ventilo. Copieux petit déjeuner en terrasse. Plage à environ 300 m. Pour amateurs de calme.

De prix moyens à plus chic

Campement No Stress « Chez Seleck » *(plan A-B2,* ***10****) : au bout de la piste de la plage.* *77-614-64-50. • campement-no-stress.fr • Double 30 000 F.CFA, petit déj inclus. Plats 3 500-4 500 F.CFA.* Belle situation, en surplomb de la plage hérissée de cocotiers, pour ce petit complexe tout de blanc vêtu. Les chambres, climatisées, se partagent à plusieurs une poignée de grands bungalows. Agréable resto-bar dominant l'océan. Accueil sympa, no stress...

La Villa des Pêcheurs *(plan A-B2,* ***15****) : sur la route de Kabrousse, tourner à droite en face du Campement* Le Sénégaulois, *puis à gauche ; c'est au grand portail indiquant « Villa Aline Sitoe ». ☎ 33-993-52-53.* *77-431-00-80. • villadespecheurs.com • Double avec petit déj 29 000 F.CFA, taxe en sus. Possibilité de ½ pens. Resto de plage avec, le midi, pour les non-résidents, formule transat + repas à 3 500 F.CFA. Héberge le bureau du voyagiste* Air CM. Complexe balnéaire de charme, en terrasses au-dessus de la plage, avec de jolies chambres confortables et tranquilles, côté mer ou, plus cossues, de l'autre côté de la rue, là où se trouvent piscine, solarium et espace massages. Petite capacité, pour préserver l'intimité des hôtes. Cuisine fraîche et généreuse, servie dans la grande paillote-restaurant au cadre, là encore, très soigné, face à la mer, ou snack-grill sur la plage. En outre, Jean-Pierre et Marie Chiche, les proprios, organisent pour leurs résidents des circuits en 4x4, des balades en pirogue, et proposent différentes formules de séjour : pêche, circuit découverte ou balnéaire.

Maison d'hôtes Mansa Lodge *(plan A2,* ***13****) : mêmes coordonnées que* Cap Safari *(voir « Adresses et infos utiles »). Tte l'année. Selon taille et saison, chambres doubles 20 000-30 000 F.CFA ; bungalows 40 000-60 000 F.CFA (grande terrasse pour le plus cher). Plats autour de 3 500 F.CFA. Menus 7 000-12 000 F.CFA. ½ pens possible.* Frédérique et Érik, qui dirigent l'agence *Cap Safari,* proposent, dans un agréable jardin tropical, quelques bungalows un peu anciens (1 ou 2 chambres, clim), organisés autour d'une grande terrasse avec piscine dominant l'océan. Les plus chers sont prolongés d'une véranda. Accès direct à la plage. Très calme. Au resto, délicieuse cuisine métissée croisant saveurs africaines et françaises dans un cadre de rêve (non-résidents bienvenus). Nombreuses activités possibles.

Bar de la Mer *(plan B2,* ***17****) : plage de Kabrousse, quartier Mossor. ☎ 33-993-52-80. • hotel-capskirring.com • Doubles 30 000-35 000 F.CFA, petit déj inclus.* Petit ensemble hôtelier posé directement sur la plage, dans un coin hyper tranquille. Seulement une dizaine de chambres, très correctes et une suite, toutes ventilées ou climatisées, avec TV satellite, minibar, et un bout de terrasse privée où dodeline un hamac, bercé par le ressac... Resto et bar avec terrasse les pieds dans l'eau. Pour une retraite, seul ou presque, face à l'océan.

Très chic

La Paillote village-hôtel *(plan A1,* ***16****) : juste en face de la route pour Ziguinchor. ☎ 33-993-51-51 et 51-17. • paillote.sn • Ouv de mi-oct à mai. Doubles 65 000-92 000 F.CFA, petit déj inclus suivant saison (supplément lors des fêtes de fin d'année). ½ pens possible. Menu 12 000 F.CFA.* Le complexe de « luxe » du Cap. Bungalows climatisés et confortables, disposés dans un luxuriant jardin de 4 ha cascadant jusqu'à la mer, avec magnifique panorama depuis le belvédère. Déco raffinée avec notamment de magnifiques œuvres du sculpteur local Mané. Les non-résidents peuvent venir y goûter l'excellente cuisine (voir « Où manger ? »). Françoise et Christian Jacquot, les propriétaires, sont particulièrement aimables et efficaces. Ils connaissent la région comme leur poche et se plieront en quatre pour rendre votre séjour agréable. De quoi fidéliser pas mal d'habitués. Nombreuses activités et animations sur la plage, excursions, tennis, centre de massages et de relaxation, etc. Pas de piscine en revanche.

En retrait de la plage

Bon marché

Auberge Dioucé (plan B2, **12**) : *fléché sur la gauche peu avt d'arriver à Kabrousse. 78-280-88-20. • auberge-cap-skirring.com • Doubles ventilées ou climatisées 12 000-15 000 F.CFA, petit déj en sus. Repas sur commande.* Montée par une famille du village, une petite auberge récente et accueillante, bordée d'un joli jardin. Seulement 6 chambres, vraiment impeccables, toutes avec salle d'eau, la moitié climatisées. Terrassette privée pour chacune. Activités et excursions possibles. Un plan tranquille et pas cher.

Prix moyens

Le Fromager Lodge (plan B2, **21**) : *Kabrousse. 77-614-65-22 ou 78-389-09-37. • giulio.selmi@yahoo.it • À 2,5 km du carrefour avec la route de Ziguinchor, fléché sur la gauche. Fermé août-sept. Double 25 000 F.CFA, petit déj inclus. Plat env 5 000 F.CFA (non-résidents bienvenus).* À 800 m environ de la plage, enfoui sous les frondaisons, un petit ensemble de 4 cases charmantes (2 ou 4 lits), construites selon des techniques traditionnelles diola, autour d'un impressionnant fromager auquel s'adosse le bar. Giulio, le propriétaire italien, a conçu les intérieurs de façon originale, chaque case étant consacrée à l'artisanat d'un pays africain. Également, sur le même principe, des bungalows pour 4 personnes. Petite piscine insolite en forme de triangle. Autre plus du lieu, la qualité de la cuisine (authentique, soignée, italienne, bien sûr !) et surtout les délicieuses glaces et sorbets maison... Adresse pour les amateurs de charme tranquille, une de nos préférées, c'est dit !

Bolongs Passion (plan B1, **18**) : *en venant de Ziguinchor, bifurquer sur la droite (panneau), 300 m avt l'intersection de la route qui mène au centre de Cap Skirring. ☎ 33-993-54-18. 77-534-93-83. • bolongs-passion.com • Double 22 000 F.CFA ; studio 28 000 F.CFA ; petit déj inclus. Resto ouvert aux non-résidents (fermé mar). Plats 4 000-5 000 F.CFA.* L'endroit, paisible, est un peu retiré et éloigné de la plage mais bordé par un magnifique *bolong* sur lequel on peut faire un tour en barque. Anne-Cécile, une Sénégalaise, et Thierry, un Belge, y ont aménagé, au cœur d'un grand jardin fleuri, quelques chambres avec ventilo et moustiquaire, ainsi que des studios, climatisés ceux-ci, avec cuisine séparée et terrassette. Bonne cuisine midi et soir, servie dans une paillote bordant la mangrove, avec notamment une gargantuesque *parrillada* de viandes pour les carnivores et, en principe, le vendredi soir, moules-frites *(env 10 000 F.CFA)* et plateau de fruits de mer *(env 13 000 F.CFA).* Propose aussi des excursions en pirogue et sorties pêche. Une bonne adresse.

Hôtel Balafon (plan A1, **19**) : *en plein centre. ☎ 33-993-54-00. 77-816-08-96. • hotel-cap-skirring.fr • Ouv nov-avr. Double 23 000 F.CFA, petit déj en sus.* Dans un jardin rafraîchissant, des chambres spacieuses et confortables (TV et clim), alignées les unes à la suite des autres jusqu'à un *bolong.* Environnement calme, jolie piscine avec bar, mais pas de restaurant sur place. Cela dit, il y en a à deux pas ! Un rapport qualité-prix franchement avantageux.

Où dormir ? Où manger dans les environs ?

🏠 🍽 ***Oudja Hôtel :** à **Boucotte Diola** ; à 10 km env au nord de Cap Skirring. ☎ 33-991-27-81 (à Ziguinchor,* Diatta Tours*). ☎ 33-992-06-48. 📱 77-721-33-16 ou 77-517-58-95. À 3 km env après le village de Boucotte Diola (en direction de Diembering), quitter la piste sur la gauche (fléché ; attention, passages sableux ; 4x4 obligatoire pour les 200 derniers mètres, ou finir à pied). On peut venir vous chercher à Cap Skirring. ½ pens 13 000 F.CFA/pers ; réduc mai-oct.* Dans un site isolé et sauvage, en bord de mer, des chambres toute simples, avec salle de bains, dans un bâtiment en longueur. Moustiquaires, pas de ventilo (il y a toujours une bonne brise). Panneaux solaires. Une adresse pour âmes solitaires, venues déconnecter à l'ombre des cocotiers, bercées par le murmure des vagues... On peut aussi en profiter pour visiter, à quelques km de là, l'écoparc, autre initiative d'Augustin Diatta, au sein duquel on peut aussi loger (lire plus bas « Dans les environs de Cap Skirring »).

🏠 🍽 ***Hôtel Maya :** à **Boucotte Diola** ; à 10 km env au nord de Cap Skirring. ☎ 33-993-23-00. 📱 77-616-33-07 et 77-575-61-77. • hotel-maya.com • Mêmes indications que pour l'hôtel* Oudja *(voir ci-dessus), distant de 2 km env. Possibilité de rejoindre Cap Skirring par la plage en 1h30 env à pied (7 km) ou en 4x4. Double 40 000 F.CFA, petit déj compris. ½ pens 54 000 F.CFA pour 2. Menu 7 000 F.CFA.* 📶 Isolé loin du monde, un hôtel bien intégré au paysage, bordé par un vallon luxuriant qui dégringole jusqu'à la plage et perché au sommet d'une colline offrant une vue imprenable sur la mer. Le site est particulièrement photogénique ! Chambres de très bon confort (certaines communicantes), avec clim et TV satellite, réparties dans des bâtiments au toit de paille autour de la piscine. Accès direct à la plage. Si vous n'y logez pas, vous pouvez très bien y manger et y passer une partie de l'après-midi. Calme et repos assurés !

🏠 🍽 🍸 ***Hôtel Katakalousse :** Boukot Ouolof, base de **Katakalousse**. ☎ 33-993-52-82. En France : ☎ 09-70-44-09-37. • katakalousse.com • À env 8 km de Cap Skirring, route de Ziguinchor, juste après le pont. Double 25 000 F.CFA, petit déj en sus. Menus 7 500-8 000 F.CFA.* 📶 Complexe hôtelier de petit luxe, esseulé au bord d'un bras de mer. Spécialisé dans la pêche (s'attendre à une atmosphère plutôt « pêcheurs et leurs exploits » !). Chambres de bon confort (clim) à prix modérés compte tenu du standing de l'établissement. Grand jardin tropical soigneusement entretenu, belle piscine, resto correct. Diverses formules et forfaits pêche, ça va de soi !

🍽 ⛱ ***Sun Café :** Boukot Ouolof, **Katakalousse**. À env 8 km de Cap Skirring, route de Ziguinchor, juste après le pont, sur la droite. 📱 77-555-24-15. Tlj. Menus 3 500-5 000 F.CFA.* Terrasse presque les pieds dans l'eau, en bord de *bolong*, pour une bonne cuisine traditionnelle de poisson. Organise également des balades en pirogue et parties de pêche.

Où manger ?

Voir aussi les restos des hôtels et des campements que nous indiquons.

Très bon marché

🍽 ***Restaurant Mère Nano*** *(plan A1, **31**) : dans la rue à droite de l'hôtel* Balafon. *☎ 33-990-39-38. Plat du jour autour de 1 000 F.CFA.* Grande salle toute simple, agréablement ventilée, pour une cuisine familiale appétissante, copieuse et à petits prix. Accueil jovial de Nano et son équipe.

🍽 ***Restaurant L'Acacia*** *(Chez Fatou ; plan A1, **30**) : dans la rue de l'hôtel* Balafon. *Plat du jour autour de 1 000 F.CFA ; sinon, plats 3 500-4 000 F.CFA.* Une petite cantine locale et agréable où se côtoient Africains et toubabs de passage. Quotidiennement, 2 plats du jour copieux (*maffé, thiéboudienne, caldou,* poisson *yassa,* etc.) préparés par Fatou, qui vous réserve un accueil chaleureux. Également, à l'ardoise, quelques plats à la française. Une bonne adresse pour se restaurer à petits prix.

De bon marché à prix moyens

Bar-restaurant Le Régal (*plan A1, **32***) : *dans la rue principale. 77-506-57-88. Tlj. Plats et pizzas 3 500-5 000 F.CFA.* Une maison de style vaguement créole avec sa varangue où Adrien concocte une cuisine appétissante, un œil sur les fourneaux, l'autre sur la salle. La mine réjouie des clients a de quoi le rassurer. Carte française, sénégalaise et italienne avec pizzas au feu de bois particulièrement réussies. Quelques plats vedettes : blanquette de lotte, tagliatelle aux huîtres et crevettes, rognons de bœuf... Salle et terrasse joliment apprêtées (nappes et serviettes en tissu) et un vrai effort de déco jusque dans les assiettes. Service délicat et rapide. Notre coup de cœur dans le centre.

Casa Resto (*plan A1, **35***) : *rue principale, sur la gauche en direction de Kabrousse. 77-796-20-71 et 77-290-66-14. Tlj midi et soir. Plats 4 000-5 500 F.CFA.* Grande paillotte en dur en retrait de la route, pour de copieuses et craquantes pizzas (au moins 15 sortes) et des plats bien élaborés. En particulier : onctueuse et parfumée soupe de poisson, filet de zébu... Langouste sur commande *(15 000 F.CFA).* Accueil gentil comme tout !

À la Diaspora (*plan A1, **36***) : *route de l'Aéroport, à env 300 m du carrefour central. ☎ 33-993-03-04. Plats 4 000-6 000 F.CFA.* Un poil à l'écart du tohu-bohu touristique, quelques tables élégamment dressées sous une paillote chic. Bonne cuisine, variée : rougail, pêche du jour, sauces originales, pizza... Du jeudi au samedi, un groupe accompagne le dîner (musique africaine).

Bar-restaurant Le Palet (*plan A1, **33***) : *au rond-point central. 70-206-74-29. Tlj. Plat autour de 3 000 F.CFA ; moins cher pour un hamburger.* Emplacement des plus stratégique pour cet incontournable point de ralliement des toubabs, à la fois bar (cocktails) et resto. Petite terrasse couverte donnant sur la rue ou salle à l'arrière. Aux manettes, Stéphane propose une cuisine revigorante franco-sénégalaise, principalement sous forme de grillades. Vin au verre. Service tout sourire. Une adresse à l'apparence modeste mais où l'on revient volontiers.

La Carpe Rouge (*plan A1, **34***) : *rue principale. 77-651-24-60. Tlj 10h-23h (mai-oct). Plats 3 000-5 000 F.CFA.* Salle quelconque, ouverte sur la rue, pour une cuisine simple et bien faite, avec pas mal de choix au tableau noir : crabe farci, côtes d'agneau grillées et, bien sûr, carpe rouge !

Plus chic

La Paillote (*plan A1, **16***) : *voir « Où dormir ? ». Menu 12 000 F.CFA ; carte 12 000-15 000 F.CFA.* L'endroit idéal pour un dîner en amoureux (mais pas exclusivement !). Terrasse face à la mer, très agréable à l'heure de l'apéro. Cuisine et service raffinés, avec d'excellentes spécialités de poisson. Bonne carte des vins et savoureux desserts. Sur la plage, un grill, ***Le Paillotin,*** ouvert seulement à midi et moins cher, joue la carte de la fraîcheur : salades, brochettes, fruits et glaces. Pour déco, la mer, juste sous vos yeux !

LA CASAMANCE

Où boire un verre ? Où sortir ?

Plusieurs troquets, modestes, se serrent les uns contre les autres sur la rue principale, juste au sud du rond-point. Choisir en fonction de la musique, de l'affluence...

La Case Bambou (*plan A1, **41***) : *sur la rue centrale, pas loin du rond-point. 77-637-47-64.* Ouvert sur la rue, coloré et convivial, un bar-resto-discothèque surtout fréquenté par les touristes. Pour lancer la soirée, cocktails, pizzas et plats traditionnels à prix mesurés, à apprécier au son d'un groupe en live différent chaque soir. Une fois chauffé, on peut s'engouffrer dans le night-club mitoyen *(entrée 2 500 F.CFA + 1 conso ; gratuit pour les clients du resto).*

À faire

Pour toutes les activités ou excursions dans le coin, s'adresser aux hôtels ou aux agences de tourisme (voir « Adresses utiles », plus haut). Pirogue, pêche, randonnée, vélo, kayak, golf... les possibilités ne manquent pas.

DANS LES ENVIRONS DE CAP SKIRRING

Kabrousse et Boudiédiette : situé à 6 km au sud du Cap, ***Kabrousse*** est un village en majorité animiste égayé de fêtes régulières (mariages, enterrements, bals, fête des femmes...). De là, une jolie piste de 4 km (au bout du village à la fin du goudron) mène, à travers les rizières, à ***Boudiédiette,*** village traditionnel au bord d'un *bolong*. On pourra y entrevoir la vie d'un village de pêcheurs : le poisson qui sèche, les hommes qui réparent les filets, les pirogues qui arrivent. Bar (la *Braise*), à l'entrée de la bourgade.

À VOTRE SANTÉ !

En diola, on trinque en se disant « Kiling kidong » *et, selon la tradition, en entrechoquant les verres vers le haut en les inclinant de telle façon qu'une goutte tombe dans celui avec qui on trinque. Une manière de s'assurer, jadis, qu'il n'y avait pas de poison dans le verre...*

L'écomusée Kadiout : *à* **Boucotte Diola,** *à 4 km env au nord en direction de Diembering (taxi-brousse). 77-462-01-15. À l'entrée du village, fléché sur la droite ; l'écomusée se trouve à 1 km. S'il n'y a personne, téléphoner ou taper sur le* bombolong *! Tlj. Pas de prix d'entrée fixé, mais ne pas oublier un pourboire à la sortie.* *Kadiout* désigne l'alcôve que forment les racines aériennes du fromager. En pleine forêt, dans une sorte de fosse entourée de vénérables fromagers, des jeunes du village ont monté un écomusée de plein air, dans lequel ils vous détailleront les objets et traditions qui régissent la vie diola : outils agraires, armes de chasse, ustensiles de cuisine, fétiches, ceinture tressée pour grimper récolter le vin au sommet de palmiers... Une visite intéressante et une balade très agréable !

Casamance Écoparc : *à 7 km au nord de Cap Skirring, 3 km avt d'arriver à Diembering, sur la gauche. 77-240-57-84 (Jean-Michel) ou 77-517-58-95 (Augustin). Ouv tlj jusqu'à 17h. Appeler avt de venir.* Réserve forestière de 32 ha, fondée sur des terres familiales par l'infatigable Augustin Diatta (avec l'appui de partenaires extérieurs), pour lutter contre la déforestation causée par le développement de Cap Skirring. On peut y suivre un ***sentier guidé*** *(env 1h, 2 000 F.CFA/pers),* à la découverte de différentes essences d'arbres et de leur utilisation traditionnelle par les guérisseurs. Possibilité également de ***loger*** sur place, dans 2 bungalows (2 chambres par unité) et une case à impluvium (8 chambres), bâtis au sommet d'un monticule offrant un magnifique panorama sur les rizières et l'océan, au loin, derrière un rideau de filaos. Chambres très simples mais propres, avec salle d'eau et moustiquaire. Électricité solaire. *Env 13 000 F.CFA/pers en ½ pens.*

DIEMBERING

4 000 hab.

Gros village à une dizaine de kilomètres au nord de Cap Skirring par une route goudronnée, Diembering (prononcer « Diemberein ») s'est établi en retrait de l'océan, sur des dunes plantées d'immenses fromagers (voir surtout celui de la place centrale, un monument en soi). Il y règne une

atmosphère sereine et rurale bien agréable, qui séduira ceux qui cherchent à se couler dans un rythme villageois sans pour autant trop s'éloigner du Cap.

➢ ***Pour y aller :*** taxis-brousse depuis Cap Skirring.

Où dormir ? Où manger ?

Bon marché

■ ***Chez Pape et Hélène :*** *au cœur du village (pas de panneau, demander). ☐ 77-654-50-25 ou 77-552-77-69. Selon confort, doubles 10 000-14 000 F.CFA.* L'adresse idéale pour qui veut s'insérer dans la vie d'un village, aller à la rencontre des habitants. Pape et Hélène accueillent chaleureusement dans leur concession familiale, où ils ont aménagé 3 chambres très simples et bien tenues, dont une avec salle de bains privée (douche commune au seau pour les autres). Agréable terrasse au milieu de la cour. Pas de petit déj, mais on peut utiliser la cuisine. Repas traditionnel le soir (ouvert aux non-résidents, prévenir avant).

■ ***Campement touristique Asseb :*** *à gauche à l'entrée du village. ☎ 33-992-05-26. ☐ 77-424-71-47. • campementasseb.com • Compter 7 000 F.CFA/pers, petit déj compris. Repas 3 500 F.CFA (prévenir à l'avance).* Disséminées dans un vaste et paisible jardin, de petites cases peintes en rose, récemment rénovées : salles d'eau nickel, jolies peintures traditionnelles aux murs. Ambiance familiale. Un bon plan à petit prix.

■ ***La Casa Campement :*** *en bordure du village, à 200 m de la plage (pas d'indication ; demander). Sable sur les 500 derniers mètres. ☐ 77-314-56-11 et 78-312-15-23. Doubles 12 000-14 000 F.CFA.* Après avoir traversé un bosquet de gros fromagers, on arrive dans ce coin sauvage, hors du temps. Bordées par un beau potager, 4 chambres sobres, avec salle d'eau, y bénéficient d'un calme intégral. Délicieuse cuisine de la patronne et, bien entendu, accueil franc et cordial tout à la fois de Massimo, un Italien cool comme tout !

Prix moyens

■ ***Akine Lodge :*** *au fromager de Djembering, prendre à gauche en direction de la plage (piste de sable, 4x4 obligatoire). Sinon, téléphoner, on viendra vous chercher. ☐ 77-507-37-75. • akinelodge.com • Doubles à partir de 30 000 F.CFA, petit déj inclus ; ½ pens 26 000 F.CFA/pers.* Un de nos plus gros coups de cœur en Casamance : en retrait de l'océan, sur une énorme dune, au sein d'une sublime végétation, un minivillage de cases construites avec les matériaux locaux par des artisans de talent. Des styles, des décors de charme, toujours originaux... Tout le confort rêvé, électricité solaire, salle de bains, terrasse-salon avec vue... Une de nos préférées, la case *Ayuna*, au charme fou (portes sculptées, intérieur spacieux, coin cuisine...). Quant à la case *Oshun* (la déesse des eaux), elle ravira les familles, et la *Petite Hutte*, les écolos. Pour finir, la case *Toko-Toko* se gagne par un petit pont de liane et, et... on vous laisse la surprise de la découvrir. Des sculptures ornent les allées et, « cerise sur le *yassa* », une savoureuse cuisine et de fines recettes vous attendent (ouvert aux non-résidents sur résa). Bons conseils pour visiter le coin, excursions à la carte... Enfin, est-il besoin de rajouter que l'accueil d'Anne, l'hôtesse, se révèle tout simplement délicieux ?

DANS LES ENVIRONS DE DIEMBERING

Le musée Sangawatt : *env 1 km avt Diembering, sur la gauche. Contacter à l'avance Ousmane « Karfa » Diatta (☐ 77-446-44-26). Pas de tarif fixe.* Ce musée de plein air permet au visiteur de découvrir de manière théâtrale certains aspects de la vie traditionnelle des Diola awatt, un sous-groupe culturel de l'ethnie diola. Pendant environ 2h, l'animateur présente certaines règles et coutumes locales relatives à la vie quotidienne, à l'organisation sociale, aux aspects spirituels... À la fin de la visite, une dégustation de *bounouk* (vin de palme) est proposée, et Karfa se fait un plaisir de répondre aux questions et de prolonger la conversation.

KACHOUANE

Belle excursion jusqu'à ce petit village situé à une dizaine de kilomètres à l'est de Diembering, au bord du *bolong*, juste en face de l'île de Carabane. Un village tout simple, tout propre et tranquille, loin de tout, pied dans le sable et presque dans l'eau. L'avantage : on y trouve des adresses sympas pour dormir ou manger.

Comment y aller ?

➢ À faire en ***4x4*** car la piste est très sableuse à travers la brousse. Se faire guider car pas facile de trouver son chemin. Les plus courageux le feront ***à pied,*** aux heures les moins chaudes, en 2h environ. Très belle balade. Possibilité aussi d'y accéder ***en pirogue*** à partir de Katakalousse (sur la route de Ziguinchor, en face de l'hôtel *Katakalousse*), ainsi que d'Élinkine ou de Carabane (le plus simple est alors de contacter Papis au *Campement Sounka* ; voir ci-après).

Où dormir ? Où manger ?

Campement Sounka *(Chez Papis Sagna)* **:** *au bord du bolong. ☎ 33-99-205-24. 📱 77-645-37-07. En France, juin-oct : 📱 06-61-44-76-46. ½ pens 11 500 F.CFA/pers. Transfert en pirogue depuis Élinkine env 8 000 F.CFA.* Campement tout simple, tenu par un sympathique couple franco-sénégalais, proposant des chambres avec salle d'eau privée et moustiquaire, jolies et très bien tenues. Électricité solaire. Dépaysement assuré dans une ambiance familiale. Nombreuses activités proposées.

Restaurant La Case de l'Oncle Bocuse : *en bord de fleuve, à 200 m à l'ouest du campement. 📱 77-534-93-15. Parfois fermé pdt la saison des pluies. Menu autour de 3 500 F.CFA.* C'est en hommage à Paul Bocuse (voir sa dédicace et le tablier qu'il a envoyés) que le chef, Ndongo Thiaw, a baptisé son resto. Essayez donc sa cuisine, qui vaut bien tous les Bocuse du monde, inventive, originale et assez inattendue dans ce petit bout du monde. Accueil adorable de surcroît. Mieux vaut réserver !

LE NORD DE LA BASSE CASAMANCE

C'est la région située entre le fleuve Casamance et la Gambie, bordée à l'ouest, d'une côte sauvage d'une trentaine de kilomètres, qui a attiré les touristes plus tardivement que Cap Skirring et reste, du coup, bien moins fréquentée. Les voyageurs se mêlent aux pêcheurs – et aux rastas – alors qu'en retrait de la côte se poursuit, comme immuable, la vie villageoise, rythmée, notamment, par la culture du riz. Route en bon état de Ziguinchor à Kafountine.
– ***Attention :*** dernière banque à Bignona, plus rien ensuite. Prévoir suffisamment de liquidités !

BIGNONA

29 000 hab.

À 25 km environ au nord de Ziguinchor. Située au carrefour de la Transgambienne et de la route pour Banjul ou les plages d'Abéné et Kafountine, Bignona est une petite ville sans intérêt particulier, mais on peut y faire étape en cas de besoin. À noter tout de même, son marché hebdomadaire qui mérite une halte si vous êtes de passage dans le coin.
– Distributeurs automatiques à la ***CBAO,*** sur la route principale.

Où dormir ? Où manger ?

Auberge Kayanior : *direction Banjul, piste à droite avt le rond-point de la station* Shell. *33-994-30-14. 77-938-74-83. • kayanior@yahoo.fr • Double 10 000 F.CFA, petit déj non compris. Repas 2 000 F.CFA (commander à l'avance).* Dans un quartier populaire proche du centre mais un peu plus tranquille, cette ancienne maison individuelle reconvertie abrite 6 chambres carrelées et ventilées avec grande salle de bains, assez défraîchies mais propres. Resto sous une paillote dans la cour jardin. Si l'adresse est complète, on peut tenter sa chance chez la voisine, l'***auberge Kayokulo*** *(33-990-42-42. 77-121-24-29).* Même genre, mais en plus cher *(15 000-20 000 F.CFA),* sans que cela se justifie vraiment.

DANS LES ENVIRONS DE BIGNONA

Thionck Essyl : à une vingtaine de km à l'ouest de Bignona, ce grand village (environ 12 000 habitants) s'étend en bordure des *bolongs* et des rizières. Un endroit idéal pour découvrir la vie diola traditionnelle, suivre les travaux des champs, observer les oiseaux, participer aux événements du village : lutte traditionnelle, mariages, fêtes d'initiation... C'est aussi une base de départ excellente pour explorer cette partie de la Basse Casamance. Hébergement possible au ***campement Abeu Koum*** *(77-605-93-57 ; env 6 500 F.CFA/pers avec le petit déj),* qui se trouve un peu à l'écart du village, près des rizières et de l'embarcadère des pirogues, et offre une ambiance reposante au milieu de la nature. Bonis Diatta, qui le dirige depuis de nombreuses années, propose des excursions en pirogue : île des oiseaux de Kassel, île de Kouba, Carabane, etc.

BAÏLA

1 300 hab.

Situé sur la route Bignona-Diouloulou, Baïla se nommait jadis *Banerin,* mais les Mandingues, célèbres guerriers, la rebaptisèrent *Baïla* (« vainqueur »), le village n'ayant connut qu'une seule défaite.
Autrefois, Baïla était profondément animiste, et chaque quartier possédait ses propres fétiches. Aujourd'hui, grâce à l'argent des touristes de passage, les villageois font fonctionner une maternité (on peut y laisser des médicaments) et ont construit une école. Au village également, un centre de formation proposant de l'artisanat à la vente.

Où dormir ?

Campement villageois Lambita : *en sortant de Baïla, direction Diouloulou, petite piste partant sur la droite (pas de panneau ; demander). 77-528-04-84. En ½ pens, env 9 000 F.CFA/pers.* À l'écart du village, en retrait du fleuve, 3 grandes bâtisses en banco abritent plusieurs chambres fraîches et simplissimes, avec moustiquaire et salle d'eau intégrée. Repas sous une grande paillote. Potager dans la cour. Balade dans le marigot, au centre de formation artisanal, etc. Pour vivre au rythme d'une village de brousse.

DIOULOULOU

2 700 hab.

À une cinquantaine de kilomètres de Bignona. Gros bourg situé au carrefour de la route Ziguinchor-Banjul et de celle qui va vers les plages d'Abéné et Kafountine. C'est donc là que vous changerez de véhicule, à moins que vous ayez pris un taxi-brousse direct au départ de Ziguinchor. Vous pouvez aussi y séjourner, le village est agréable.

Où dormir ? Où manger ?

Kent Motel (Chez Laye) **:** *à l'entrée de Diouloulou, après le pont, tourner à gauche et encore à gauche. 77-615-08-95. • kent-motel.com • Double env 15 000 F.CFA, petit déj inclus. Repas sur commande.* Joli jardin au bord d'un large *bolong*, parsemé de 4 belles cases comptant chacune 2 chambres avec ventilo, moustiquaire et salle d'eau. Simple, mignon, assez spacieux et bien tenu. Également une case familiale. Vaste resto dans une grande paillote en bordure de fleuve. Bon accueil de Laye, qui propose balades à pied ou à vélo dans les villages des environs. Pêche possible. Une halte relax.

Sant Yalla : *à gauche après le pont, à 200 m du petit marché, en face du District sanitaire. Tlj midi et soir.* Petit boui-boui en terre crue, certes basique mais propre, servant une bonne cuisine sénégalaise : *yassa, maffé, thiéboudienne*, riz-viande...

LA CASAMANCE

ABÉNÉ

5 000 hab.

À 100 km de Ziguinchor et à 10 km environ au nord de Kafountine. Blotti entre les palmeraies et les filaos, en retrait de la route de Diouloulou à Kafountine et à quelques kilomètres de la Gambie, le village d'Abéné est peuplé de Mandingues et de Diola venus des îles Karone, rejoints par une importante communauté gambienne. On peut toujours y voir les tranchées *tata* (sortes de forteresses à la fois centres militaires et politiques), creusées à l'entrée du village et témoignant d'un passé guerrier entre Mandingues et Diola. Du village, une piste d'environ 1,5 km mène à la plage. En longeant cette dernière vers le sud, on rejoint Kafountine (7 km tout de même). Si le village est resté assez traditionnel, autour de la poignée de campements et paillotes du bord de mer gravitent pas mal de rastas. Ambiance très cool donc, mais qui pourrait évoluer avec la mise en service, à même la plage, d'une petite unité chinoise de transformation de poissons en farine... Ne vous limitez pas au bord de mer et restez dans le coin 1 ou 2 jours pour vivre

au rythme des villageois, dans leur quotidien. Voir notamment l'arbre sacré, en bordure du village, un impressionnant fromager vieux de plusieurs siècles (en fait, 6 fromagers quasi soudés). Petit centre artisanal à côté de l'*Abéné Bistro Café*.

Où dormir ?

Bon marché

Campement touristique Le Kossey : *en bord de mer. 77-223-80-52. Double 16 000 F.CFA, sans le petit déj. Menu 4 500 F.CFA.* Venant mourir sur la plage, un immense et ravissant jardin planté de bougainvillées, de filaos, dans lequel sont disséminés de jolies cases (2 chambres par unité), avec douche et moustiquaire. Au resto, cuisine et produits locaux. Sur la plage, bar paillote, transats. Une invitation au farniente...

Campement les Baobabs : *en bord de plage (à gauche en arrivant à la mer). ☎ 33-992-80-06. 77-382-80-24. • campementlesbaobabs.com • Double 13 000 F.CFA, petit déj inclus, taxe en sus. Plat du jour env 2 000 F.CFA le midi, 3 500 F.CFA le soir.* Posées dans les dunes en retrait de la plage, une poignée de cases simples et bien tenues, avec salle d'eau et ventilo. Grande paillote resto et petit bar de bric et de broc sur la plage. Accueil sympa du jeune patron.

Campement La Belle Danielle *(Chez Mamadou Konta)* **:** *en plein centre du village (fléché sur la gauche en arrivant). ☎ 33-950-43-13. 77-115-12-81. Double 10 000 F.CFA, petit déj en sus. Repas 4 000 F.CFA.* Au cœur du village, des chambres rustiques, organisées autour d'un jardin familial planté d'arbres fruitiers. Sanitaires privés (mais l'eau ne coule pas toujours...) ou communs, très rudimentaires mais propres. Grande salle de resto en dur. Accueil adorable de Mamadou Konta. Conviendra aux budgets serrés qui préfèreraient l'atmosphère du village à celle de la plage.

Où manger ? Où boire un verre ?

En plus des adresses ci-dessous (et des restos des campements), on trouve de nombreuses gargotes-bars le long de la piste menant à la plage. Plat du jour le midi ; le soir, mieux vaut passer commande à l'avance. Pas de souci en revanche pour siffler une Gazelle à toute heure.

Chez Véro : *sur la gauche au dernier carrefour avt d'arriver à la plage. 77-617-17-14. Commande à l'avance conseillée. Repas env 3 000 F.CFA.* Grande paillote en dur, décorée de peintures murales à l'africaine (un des rares bars qu'on connaisse placés sous le signe de la Vierge et l'Enfant...). D'autres tables sont dispersées dans le sable, pour plus d'intimité, ou dans une 2de salle, très colorée aussi, ouverte sur rue. Ambiance décontractée, portée par la gaieté de Véronique et de sa fille Chantal.

Abéné Bistro Café : *dans le village, sur la droite de la piste allant vers la mer (fléché). 77-498-05-83. Tlj, en principe. Plat du jour 1 500 F.CFA.* Modeste et sympathique café-resto dans une cour ombragée, servant un bon plat du jour, genre *thiep*, le midi. Pour dîner, passer commande à l'avance.

Où dormir ? Où manger dans les environs ?

À 10 km environ au nord d'Abéné, vers ***Niafrang (Niafourang),*** voici 2 adresses à proximité de la mer, qui séduiront les adeptes des coins particulièrement retirés ! Pas faciles à trouver et accessibles par une piste depuis la route Diouloulou-Kafountine, à prendre au niveau de Bandiakaky (suivre la direction Kabadio). On peut venir vous chercher (moyennant finances) à Abéné, Kafountine ou aux aéroports de Ziguinchor et de Banjul.

Ici, vous êtes dans un environnement naturel encore très préservé où coexistent forêts, *bolongs* et mangroves, dunes et plages fréquentées par de nombreux oiseaux des milieux humides. Plusieurs programmes tentent de mettre en place des systèmes de gestion villageoise visant à préserver ces écosystèmes très riches. Sur la droite de la piste, peu avant Niafrang, un poignant cimetière, comme abandonné, où sont enterrées des victimes du naufrage du *Joola* en 2002, le bateau qui reliait alors Dakar à Ziguinchor.

Campement villageois de Kabadio : *Mansa Dambel, à env 4 km du village de Kabadio et 1 km du cimetière du Joola. 77-556-40-96 ou 77-709-32-41. En France : 06-82-55-77-36. • campementkabadio.wordpress.com • Prendre à droite juste après la clôture du cimetière (mauvaise piste s'enfonçant dans les broussailles). Double 11 600 F.CFA, petit déj compris. Pens complète 12 800 F.CFA/pers.* Isolé en pleine nature, entre forêt et *bolong*, un minuscule campement pour Robinson dans l'âme. Seulement 4 cases, intégrées à leur environnement, dont 2 sur pilotis avancées sur la mangrove. Énergie solaire et sanitaires individuels. Balades à pied ou à vélo dans les environs.

Tilibo Horizons : *à 200 m de la plage de* ***Niafrang*** *et au bout de 6 km de piste (sable sur les 500 derniers mètres). 77-501-38-79. Après le village, prendre toujours à gauche. Ouv tte l'année. Prévoir 11 000 F.CFA/pers en ½ pens, 15 000 F.CFA en pens complète. Repas 4 000 F.CFA.* Au bord d'un *bolong,* dans un parc luxuriant et ombragé planté d'arbres fruitiers, quelques grandes cases rondes individuelles, avec salle de bains, un peu décaties mais propres. Également une cabane en bois de palétuvier, sans sanitaires (même tarif). Accès à la plage par une passerelle de bois puis un court sentier tracé dans la mangrove. Énergie solaire. Bonne ambiance, familiale, portée par l'accueil de Ousmane Sané, venu de Sedhiou et tombé amoureux du coin. Sorties en kayak, pirogue, etc. On peut aussi rejoindre Abéné à pied, par la brousse (5 km).

Festival

– **Abéné Festivalo :** *1 sem fin déc-début janv.* Un festival pour faire découvrir les nouveaux groupes et talents du Sénégal, et même des pays voisins. On y a vu Touré Kunda, Jaliba Kouyaté, Solo Cissokho... Attire beaucoup de monde, l'endroit est bondé.

KAFOUNTINE

7 000 hab.

• Plan *p. 261*

Étendu en retrait d'une plage sauvage superbe bordée tantôt de filaos, tantôt de brousse échevelée, Kafountine, gros village assez dynamique, vit à la fois de la pêche, qui a explosé ces dernières années (ne manquez pas une visite au quartier des pêcheurs, impressionnant) et du tourisme, dont l'impact reste encore limité. Pensez donc : la plage s'étend sur près de 30 km, de la presqu'île aux Oiseaux jusqu'à la frontière gambienne, alors il y a de quoi faire !
On vient s'y baigner, laisser le temps s'écouler, faire la fête aussi, en profitant d'une ambiance plutôt décontractée ; l'endroit est d'ailleurs surnommé

la « petite Jamaïque » car c'est dans le coin (surtout sur les îles Karone) que pousse le plus gros du stock de cannabis du pays (lire impérativement la rubrique « Dangers et enquiquinements » dans « Sénégal utile » en début de guide).

– ***Carnaval :*** *en principe, sur 1 sem, mi-fév.* Concerts, danses, etc. Il se passe quelque chose tous les soirs et tout le monde est convié ! On ne vous décrit pas l'ambiance... Infos sur • *kafountine.info* •

Arriver – Quitter et adresse utile

Si vous arrivez par la Gambie, reportez-vous à « Comment rejoindre la Casamance depuis Dakar ? » au début du chapitre « La Casamance ».

Gare routière *(plan B2) : à l'entrée de Kafountine, à 500 m env du centre. Taxi-moto pour rejoindre son hébergement.*

➢ ***En minicar ou taxi-brousse :*** liaisons avec Ziguinchor, Bignona et Séléti (poste-frontière avec la Gambie). En « 7-Places », compter 2 500 F.CFA pour Ziguinchor.

■ ***Pharmacie*** *(plan B2, **3**) : en face du marché.*

Où dormir ?

De très bon marché à bon marché

La Case de Marie-Odile *(plan A1, **10**) : sur la piste parallèle à celle fléchant le lodge L'Esperanto (demander). 77-274-76-11 et 77-060-45-35. Double 8 000 F.CFA, petit déj en sus. Repas env 3 000 F.CFA.* Dans un jardin tranquille, légèrement à l'écart du village, un genre de case à impluvium en brique rouge et toit de palme. Les chambres, basiques et proprettes, avec moustiquaire et salle d'eau carrelée, s'ordonnent autour de la courette. Atmosphère familiale et accueil sympa de Marie-Odile et de sa fille.

L'Aloukaow *(plan A2, **11**) : à 150 m en retrait de la rue principale, panneau sur la gauche, avt d'arriver à la plage. ☎ 33-994-45-63. 77-454-59-11. • aloukaow@gmail.com • Compter 9 000 F.CFA pour 2, douche intérieure mais w-c communs ; petit déj en sus. Plat 2 000 F.CFA le midi, menu 4 500 F.CFA le soir sur résa.* Bienvenue chez Catherine, une Française installée ici depuis pas mal d'années. Dans 2 bâtisses au fond d'un jardin, elle loue 5 chambres très simples mais mignonnes, avec carrelage et moustiquaire, chacune décorée selon un thème. Les repas sont partagés autour de la même table (ouverte aux non-résidents). Plats qui ont du corps : ragoût de phacochère, poulet bicyclette mariné et grillé, gratin de brochet et crevettes... Nombreux coins pour se poser à l'ombre des arbres. Bibliothèque. Vélos à disposition. Une atmosphère de maison d'hôtes à un prix imbattable. De quoi fidéliser pas mal d'habitués.

Campement villageois Sitokoto *(plan A1, **12**) : dans le bourg, passer devant le centre artisanal (à gauche) et tourner à droite au* Paradise *; c'est tt au bout à gauche, à proximité de la plage. 77-403-62-18. • manebb@yahoo.fr • Double env 13 000 F.CFA, petit déj inclus. Repas possible.* Coincé entre un marigot et une dune, tout près de la plage, un campement vraiment *roots* mais assez bien tenu dans l'ensemble. Chambres simples, un poil tristounes, à la propreté correcte, pour 2 ou 3 personnes, avec salle d'eau. Grande salle à manger avec bar où est organisée, en principe, une *reggae party* le vendredi soir. Ambiance jeune et relax.

Couleur Café *(plan B2, **16**) : rue du Marché (face au grand baobab). ☎ 33-994-85-66. 77-316-61-11. • couleur.cafeym@yahoo.fr • Double 13 000 F.CFA, petit déj en sus.* C'est avant tout l'un des meilleurs restos de Kafountine, mais il propose également

LA CASAMANCE

quelques chambres dans le jardin, avec salle d'eau et mini télé. Plutôt en dépannage, pour ceux qui souhaitent résider en ville. Yann, le patron, très franc du collier, est ici une institution !

De prix moyens à plus chic

L'Esperanto *(hors plan par A1, **14**) : à env 3 km du bourg, en bordure de mer (lac de Tehousse) ; panneau sur la droite dans la rue principale. 77-305-67-56 ou 77-635-02-80. • esperantolodge.com • Transfert possible depuis l'aéroport de Banjul (60 km), Ziguinchor et Cap Skirring. Tte l'année. Double 33 000 F.CFA ; petit déj 3 500 F.CFA. ½ pens 27 500 F.CFA/pers ; pens complète 35 000 F.CFA/pers. Plats 4 000-6 000 F.CFA ; menu 7 500 F.CFA.* Isolées à plus de 3 km du village par une piste, dans un grand et magnifique jardin ombragé, une poignée de cases (pas plus de 20 clients) très soignées, avec salle de bains, construites de manière traditionnelle et décorées d'objets africains. Resto sous une jolie paillote cernée de bougainvillées. On y mange remarquablement, la propriétaire se révèle une cuisinière hors pair, d'autant que tout est fait maison, jusqu'au miel et aux confitures. Accès à la plage par un ponton traversant un *bolong* (et la plage pour vous tout seul !). Excursions (pirogue, 4x4, observations ornithologiques, etc.) d'une demi-journée à plusieurs jours (bivouac). Une adresse parfaitement tenue par Éric et Justine, un couple franco-ivoirien. Beaucoup de calme, un charme certain. Sans hésiter, notre meilleure option sur le coin.

Cassoumay Resort *(hors plan par A2, **15**) : 1 km au-delà du village de pêcheurs, sur la piste en bord de mer. ☎ 33-994-29-14. 77-241-85-32 et 77-789-87-86. • cassoumay.com • Double 19 500 F.CFA, petit déj inclus. Bungalow 4-5 pers 35 850 F.CFA. Repas 4 000-4 500 F.CFA.* Égaré loin du monde, au début de la presqu'île aux oiseaux, un établissement de plage en dur, les pieds dans le sable, créé par des Suédois. 2 cases-appartements avec 2 chambres chacune et cuisine. Confort correct (tout est carrelé, ventilo, eau chaude). Un cadre sauvage, qui conviendra aux familles ou amis en séjour prolongé souhaitant se la couler douce. Grande paillote carrelée pour les repas.

Où manger ? Où boire un verre ?

Tous les campements et hôtels proposent des repas. On trouve aussi, le long du goudron, plusieurs ***petits restos*** avec terrasse couverte donnant sur la rue, et servant le midi un plat du jour à moins de 1 000 F.CFA, ainsi que quelques plats plus élaborés, genre poulet ou lotte grillés (prévoir de l'attente). Dans le genre, on pourra tenter par exemple **Chez Cathy,** après le village artisanal en allant vers le quartier des pêcheurs *(plan A2, **21**)*, ou **Le Relax – Chez Paul** *(plan B2, **22**)*, à côté du centre de formation *Satang-Diabang* (pas de plat du jour en revanche). Sinon, voici 2 adresses un peu plus originales :

La Paella Africana *(plan A2, **20**) : à côté du Farafina. 76-699-31-53. Tlj 10h-16h, 18h-22h.* C'est le resto d'une ONG catalane, dont les bénéfices servent à faire fonctionner l'école attenante. Plats sénégalais, complétés de quelques spécialités plus ibériques, notamment des *tapas como en casa* (*patatas bravas*, tortilla, etc.), pour accompagner l'apéro. Paella le dimanche ou sur commande.

Couleur Café *(plan B2, **16**) : dans le village, à gauche au niveau du marché. Plats 3 500-5 500 F.CFA. Voir aussi « Où dormir ? ».* Petit bistro tenu par Yann, un personnage. Quelques tables en terrasse pour profiter de l'animation de la rue, d'autres dans le jardin à l'arrière. Cuisine à la française (bœuf au roquefort, lotte, etc.). Jus de fruits pressés. Certains soirs, la fête bat son plein.

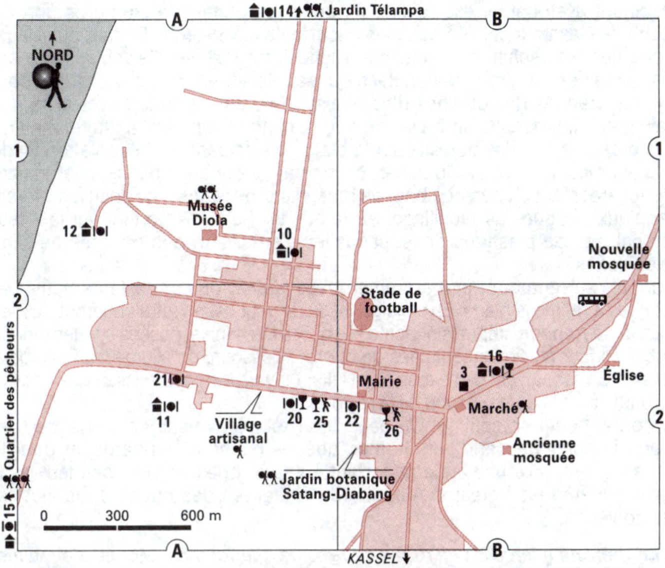

Adresse utile	16 Couleur Café (B2)
3 Pharmacie (B2)	**Où manger ? Où boire un verre ?**
Où dormir ?	16 Couleur Café (B2)
10 La Case de Marie-Odile (A1)	20 Paella Africana (A2)
11 L'Aloukaow (A2)	21 Chez Cathy (A2)
12 Campement villageois Sitokoto (A1)	22 Le Relax - Chez Paul (B2)
14 L'Esperanto (hors plan par A1)	**Où sortir ? Où danser ?**
15 Cassoumay Resort (hors plan par A2)	25 Le Farafina (A2)
	26 Le Black and White (B2)

Où sortir ? Où danser ?

Le Farafina *(plan A2,* ***25****) : sur la route principale, après le marché, sur la gauche en allant vers la mer. 77-570-34-38. Le soir seulement.* Soirées musicales fréquentes, très appréciées des jeunes du coin.

Le Black and White *(plan B2,* ***26****) : sur la rue principale, dans le centre de formation professionnelle Satang-Diabang.* Une boîte gérée par les jeunes du village. Programmation de temps à autre, en général le samedi. Bonne ambiance.

Le vendredi, en principe, c'est *reggae party* au ***campement villageois Sitokoto*** (lire plus haut « Où dormir ? »).

À voir. À faire

Le quartier des pêcheurs *(hors plan par A2) : à 1,5 km env du centre, tt au bout de la route principale.*

LA CASAMANCE

Fascinant. Kafountine est devenu en quelques années le plus gros port de pêche de Casamance, l'un des plus importants du Sénégal. Distant du village, le quartier des pêcheurs est une vraie ruche. Dans l'eau, sur le sable, s'alignent des centaines de pirogues bariolées qui se relaient en mer, embarquant pour les plus grandes des dizaines d'hommes qui tracteront au large les filets à la main des jours durant. Un travail de forçat, quand il faut, aussi, au retour, tirer à la force des bras les bateaux sur la plage, en s'aidant d'un simple rondin de bois pour les faire rouler. Au départ comme au retour de la pêche, chargement et déchargement s'opèrent à bout de bras, dans les vagues, de l'eau à mi-torse, jusqu'aux pirogues au mouillage. Au retour, les hommes portent sur leur tête des caisses de plastique dans lesquelles s'entassent des dizaines de kilos de poissons.

À droite, en regardant la mer, remarquer ***l'atelier,*** où l'on taille de nouvelles pirogues à même la plage. En s'éloignant sur la gauche, en retrait du front de mer, ***la zone de fumage,*** impressionnante elle aussi. Des claies, posées sur des murets de banco, sur plusieurs centaines de mètres. Dessous, on allume les feux, pour fumer le poisson avant de l'expédier à Dakar ou vers les pays voisins. Une activité qui participe à la déforestation de la région...

Le port est actif en continu. On peut, par exemple, y venir en fin de journée, quand le soleil descend vers la mer, que les pêcheurs embarquent pour la sortie de nuit, telle une armada partant à l'assaut des vagues, des feux allumées à même les bateaux. Aux abords s'affairent des nuées de mouettes, des goélands.

Le marché *(plan B2)* **:** *en retrait de la route goudronnée.* Modeste et animé. Entassées sous un auvent de tôle, les femmes des communautés rurales environnantes y vendent leur petite production maraîchère, présentée sur des nattes.

Le village artisanal *(plan A2)* **:** *sur la route principale, côté gauche en allant vers la mer.* Quelques boutiques de batik et de bois sculpté.

Le musée Diola *(plan A1)* **:** *sur le chemin du Sitokoto, puis à droite au carrefour (indiqué). Tlj. Visite guidée (env 30 mn).* Tout petit musée en plein air où un jeune du village explique, à partir d'objets usuels ou emblématiques, de fétiches, de bijoux, d'armes traditionnelles... la richesse de la culture diola. Intéressant, et le guide se donne vraiment du mal pour expliquer ses traditions.

Le Jardin botanique Satang-Diabang *(plan B2)* **:** *à 300 m du goudron, par une étroite piste partant entre le centre de formation du même nom et le resto Chez Paul. 76-231-00-86. Tlj 8h-12h30, 15h-18h30. Visite guidée 1 000 F.CFA.* Escapade rafraîchissante aux heures où le soleil cogne, dans ce jardin clôt, touffu et luxuriant cultivé selon les principes de la permaculture, des buttes de terres et de débris végétaux sur lesquelles sont mêlées différentes essences, sans classification. Un projet expérimental, sur lequel travaillent des jeunes filles en formation de maraîchage. S'y épanouissent aussi bien quelques légumes et fleurs ornementales qu'une grande variété de plantes médicinales que le guide se fera un plaisir de vous détailler. Également des arbres fruitiers, d'ici et d'ailleurs. Vente de savons aromatisés artisanaux et d'infusions aux vertus curatives.

Le Jardin Télampa *(hors plan par A1)* **:** *quartier 7 Palmiers ; suivre la direction du lodge L'Esperanto (pas facile à trouver, prendre un taxi-moto). 77-605-47-95. • jardintelampa@gmail.com • Tlj 9h-12h, 14h-19h.* Une pépinière au sein d'une dense forêt où s'achètent toutes les plantes du Sénégal (et plus encore) : palmiers ornementaux, fleurs originales, arbres fruitiers, plantes insolites... La balade dans cette oasis se révèle un enchantement. Possibilité de faire emplette de sirops et de confitures. Excellent accueil.

LA CASAMANCE

La **plage** de sable s'étend sur des dizaines de km, personne ne vous marchera sur les pieds ! En la remontant en direction d'Abéné (7 km), on tombe sur une épave coréenne rouillée.

➢ ***Excursions dans les environs :*** *se renseigner auprès des hôtels.* On peut, par exemple, explorer la ***presqu'île aux Oiseaux,*** une langue de sable qui s'étire sur 18 km au sud de Kafountine, entre un *bolong* et l'océan. Un air de bout du monde, parcouru par une piste sablonneuse qui démarre à la sortie du quartier des pêcheurs. Les pilotes aguerris pourront louer une moto au village.
Autre excursion prisée : la visite de la ***réserve ornithologique de Kassel,*** à 7 km environ de Kafountine. Elle s'étend sur 90 ha. On peut se rendre au village de Kassel (env 10 km) à vélo, en passant par les rizières, ou en taxi-brousse. De là, location d'un bateau à moteur ou d'une pirogue à rame pour aller faire le tour de ***l'île aux Oiseaux*** (rien à voir avec la presqu'île décrite plus haut) : pélicans, aigrettes, aigles pêcheurs, hérons... y nichent en grand nombre, dans un joyeux vacarme. Compter 1h aller-retour.
Un must sinon, les excursions vers les ***îles Karone,*** mangées par la mangrove, sont à prévoir sur une journée. Plusieurs villages à y découvrir, notamment le village de pêcheurs de **Boune** (on peut manger et dormir sur place), avec, au cours du trajet, toute la palette d'oiseaux de la région au détour d'un méandre ou d'un banc de sable. Sur place, voir les amas coquilliers datant de la fin du Néolithique et témoignant de l'ancienneté de la collecte des huîtres en Casamance. *Compter env 25 000 F.CFA/pers l'excursion d'une journée.*
Enfin, pour les amateurs, possibilité d'organiser pêche à la traîne dans les *bolongs* et surf-casting.

UNE PRODUCTION HALLUCINANTE

Les îles Karone sont connues pour leur culture de... cannabis, totalement proscrite par la loi mais comme tolérée ici. Il faut dire que les revenus générés par cette manne hallucinante servent à financer écoles et dispensaires dans les villages. Surtout, les îles sont disséminées dans un entrelacs de bolongs qui les rendent difficiles d'accès. Et les opérations coup de poing de l'armée se heurtent à l'armada des fétiches...

LA HAUTE CASAMANCE

Finie la mangrove et les forêts de manguiers du pays diola. L'ancien royaume peul du Fouladou, trait d'union entre la basse Casamance et le parc du Niokolo Koba, déroule un paysage de savane arborée qui annonce déjà la chaleur torride des plaines de l'est. Hormis pour la chasse, le tourisme ne s'est pas implanté dans cette région que l'on traverse par la N 6, récemment refaite, pour relier Ziguinchor à Tambacounda (415 km). Si vous l'empruntez un mercredi, immense marché à Diaobé, entre Kolda et Vélingara, lieu d'échange entre marchands sénégalais, gambiens, guinéens et bissau-guinéens.

KOLDA

82 000 hab.

Pas grand-chose n'incite à s'arrêter dans cette agglomération enjambant le fleuve Casamance, assez informe, jonchée de détritus, encore un peu

étonnée de s'être, un jour, retrouvée sous-capitale régionale. Une raison tout de même, couper en 2 étapes la journée de taxi-brousse entre Tambacounda et Ziguinchor par le sud-est.

– Banque *SGBS* avec distributeur dans le centre-ville, au début de la route de Sedhiou (3e à gauche après le pont en venant de Tamba).

Arriver – Quitter

La ***gare routière*** des « 7-places » est excentrée à plus de 2 km au sud-ouest de la ville, sur la route de Sedhiou (quartier Saré Kémo). En arrivant, faites-vous déposer au centre pour ne pas avoir à payer un taxi pour revenir en ville (env 1 000 F.CFA). Véhicules pour Ziguinchor, Sedhiou, Tambacounda.

La compagnie nationale *Sénégal Dem Dikk* assure 3 liaisons/sem pour ***Dakar,*** via Tamba et Kaolack. Départ de l'immeuble de la *Sénélec,* au nord du centre, en principe les mar, ven et dim à 6h ; arrivée à Dakar vers 16h. *Billet : 14 000 F.CFA. Résa au 78-620-04-10 ou 77-537-56-84.* À terme, les bus devraient passer par la Gambie avec des fréquences augmentées.

Où dormir ? Où manger ?

Hôtel Moya : *quartier Escale (dans le centre, derrière la station Total). ☎ 33-996-11-75. • hotel-moya.com • Doubles ventilées ou climatisées 12 800-20 800 F.CFA, petit déj inclus. Plats 1 500-2 500 F.CFA.* Ce n'est pas ce que l'on pourrait appeler un hôtel de charme, encore que la cour intérieure soit agréable, mais les piaules, carrelées et avec salle d'eau, offrent une propreté convenable. Préférer celles donnant sur la cour, moins confinées que le long des tristes couloirs des étages. Resto-cantoche au 2d, pas cher. Ambiance très pieuse, mais l'accueil reste sympa.

Domaine touristique Le Firdou : *☎ 33-996-17-80. 77-567-06-76. • hotelfirdou@orange.sn • Dans le quartier Saré Kémo, à 2 km à la sortie sud-ouest de la ville, sur la route de Sedhiou. Doubles 20 000-25 000 F.CFA, petit déj inclus. Plat env 4 000 F.CFA.* Dans un verger de 2 ha, avec manguiers, citronniers, orangers et anacardiers, des cases colorées, confortables et climatisées, suffisamment espacées les unes des autres. Également des chambres plus classiques dans un bâtiment tout en long, plus chères car dotées de la télé... Paillote resto donnant sur une piscine un peu fatiguée et sur un bras du fleuve Casamance, propre et sauvage à cet endroit. 2de piscine à l'écart, impeccable celle-ci, bordée d'un 2d resto (pizzas) et d'une discothèque active le week-end.

Le Relais de Kolda : *à 3 km du centre sur la route de Tamba. ☎ 33-996-10-10. • horizons-bleus.sn • Double 32 000 F.CFA, petit déj inclus. Menu 7 000 F.CFA.* Semblable aux autres établissements de cette petite chaîne locale présente à Tamba, Kédougou et Kaolack, un hôtel sans charme mais moderne, bien équipé (clim, frigo, belle salle d'eau) et vraiment impeccable, organisé sur 2 niveaux et 2 cours, dont l'une encadre une piscine.

VÉLINGARA

32 000 hab.

À 123 km de Kolda et 311 km de Ziguinchor, la 2de plus grosse bourgade de la sous-région ne présente guère d'intérêt, si ce n'est d'y faire une éventuelle étape. Si besoin, banque *CBAO* (avec distributeur) et pharmacie.

Où dormir ? Où manger ?

🏠 |●| ***Campement touristique Lew Lewal :*** *à 2 km de Vélingara, sur la route de Kolda.* 📱 *77-725-56-36.* • *campementlewlewal.blogspot.com* • *Double env 20 000 F.CFA, petit déj compris. Plat du jour et dessert 4 500 F.CFA.* 📶 À l'écart de la ville, pour mieux profiter du clair de lune (*lew lewal,* en peul) sans doute, Demba Mballo, qui a vécu 20 ans en France, s'est fait bâtir un ensemble d'élégantes cases tout confort (clim, salle d'eau) en brique de terre crue. Possibilité de camper également. Organise des excursions dans les villages du coin et en Guinée-Conakry.

HOMMES, CULTURE, ENVIRONNEMENT

ANIMISME

Cet ensemble de croyances reconnaît l'existence d'une force vitale dans les éléments qui composent la nature, auxquels appartiennent à des degrés différents mais de manière indissociable l'homme, l'animal, un arbre ou une rivière. Les rites animistes, très présents en Casamance ainsi qu'au Sénégal oriental, cherchent donc à capter ces forces vitales qui habitent l'univers et qui gouvernent la vie des individus ou du groupe. Ainsi, bien qu'il existe souvent aussi pour eux une force créatrice à l'origine de la Terre – mais finalement peu préoccupée du sort des humains –, les animistes se préoccupent avant tout d'entretenir, par le biais de cérémonies, de sacrifices et d'offrandes, les bonnes relations avec ces forces, en particulier lors des événements importants (retour des pluies, semailles, moissons) ou les grandes étapes de la vie (naissance, initiation, mariage, funérailles, etc.). La notion de péché – si chère aux religions du Livre (judaïsme, christianisme et islam) – n'existe pas ; mieux vaut parler de transgression d'interdits, quand bien même un équivalent de la confession existe bel et bien chez les Diola, en Casamance. La maladie, la sécheresse, la faim sont toujours ressenties dans l'esprit des animistes comme les conséquences d'une faute ou d'un manquement aux règles édictées par l'environnement dans lequel ils vivent. L'attachement aux croyances traditionnelles est encore très vif dans la population. Même les fidèles musulmans ou chrétiens sont nombreux à perpétuer des rites animistes ancestraux.

BOISSONS

Outre les incontournables jus de fruits exotiques (mangue, goyave, papaye, etc.) que l'on trouve à partir de décembre-janvier, le Sénégal possède une variété de jus naturels tout autant appréciables.
IMPORTANT : lire aussi en début de guide la rubrique « Santé » dans « Sénégal utile ».
– ***Le bissap :*** infusion faite d'une décoction des calices de fleurs (rouges) provenant d'une variété d'hibiscus, qu'on appelle aussi oseille rouge, d'environ 1 m de hauteur (la variété blanche sert, elle, à la préparation de condiments). On le boit surtout froid, en jus. Ceux qui connaissent les Caraïbes y ont peut-être bu du jus de *sorrel* : c'est la même chose. En décembre, on peut voir de nombreux champs en fleur, par exemple entre Dakar et Thiès, sur la Petite Côte ou en Casamance. À noter, les fleurs d'un rouge plus sombre produisent un *bissap* d'une belle couleur bordeaux veloutée, très recherché et donc plus cher. Vous pourrez en goûter et en acheter dans n'importe quel marché. On commence aussi à produire du *bissap* bio.
– ***Le gingembre :*** décoction de gingembre à laquelle on ajoute de la menthe et de la muscade. Assez pimenté mais très désaltérant. Les femmes en donnent à leur mari pour ses vertus bien connues (attribuées aussi, d'ailleurs, mais dans une moindre mesure, au *bissap*).
– ***Le tamarin (ou daqaar) :*** de couleur brun clair, c'est la décoction de fruit du tamarinier. Très riche en phosphore et en vitamine B1.
– ***Le bouye :*** boisson de couleur laiteuse faite à partir du pain de singe, le fruit du baobab. La pulpe est riche en vitamines B1 et C. Contrairement au jus de tamarin et de *bissap*, il est connu pour lutter contre les diarrhées.

– ***Le ditakh*** (***ditax*** ; vers décembre-janvier) **:** jus obtenu à partir d'un fruit qui rappelle par sa forme et par la couleur de sa chair le kiwi, que l'on presse à la main dans de l'eau et auquel on ajoute sucre, fleur d'oranger ou un autre jus de fruits. Réputé pour sa teneur en fer et en vitamine C.
À noter toutefois qu'il est impossible de trouver ces jus de fruits dans la partie orientale du pays.
– ***Le thé vert (l'Ataya) :*** servi partout, tout le temps. La préparation est un rituel minutieux, qui semble durer une éternité. Un prétexte pour engager les « palabres » et aussi pour passer le temps. On le boit dans de petits verres, en 3 étapes : le 1er thé est amer comme la mort, le 2e doux comme la vie, le 3e sucré comme l'amour... Selon les régions, il peut aussi être amer comme la vie, fort comme l'amour et suave comme la mort... À méditer, tout ça...

LE ROUGE EST MIS, ON PASSE AU VERT !

Ce sont les Anglais basés à Gibraltar, incapables d'écouler leur stock de thé vert à cause de la guerre de Crimée (1854), qui introduisirent le thé en Afrique. Du coup, il fut adopté en masse par les populations musulmanes qui, de part et d'autre du Sahara, ne consommaient jusqu'alors que de la sauge (dans le nord) ou du bissap (dans le sud). Le thé n'étant réservé qu'aux rois jusqu'au milieu du XIXe s, personne n'en avait vu la couleur !

– ***Le café Touba :*** un café filtre classique mais aromatisé au poivre de Guinée ou piment noir. Consommé, en particulier, par les Mourides dont le chef spirituel, Amadou Bamba, avait découvert le poivre de Guinée pendant son exil au Gabon. Au quotidien cela dit, les Sénégalais consomment surtout du café soluble.
– ***Le vin de palme :*** spécialité de la Casamance et du pays bassari, cet alcool naturel est issu de la fermentation de la sève du palmier à huile ou du rônier. On le récolte en pratiquant une incision au sommet de l'arbre (qu'il faut donc escalader...). Doux, laiteux, presque pétillant et très léger lorsqu'il est frais. Puis il fermente rapidement et devient fort ; c'est ainsi que les locaux le préfèrent. En Casamance, on le boit traditionnellement dans une sorte de louche en coque de noix que l'on passe de main en main.
– ***La bière :*** *Flag* et *Gazelle* en bouteilles sont les plus répandues (issues des brasseries sénégalaises), mais on trouve parfois des blondes occidentales (dans les pubs et bons restos des grandes villes). La *Gazelle,* qu'on appelle aussi « l'ordinaire », est très légère et existe surtout en 63 cl. La *Flag* est plus alcoolisée et servie en bouteille de 33 cl (parfois en 50 cl, mais c'est plus rare). Rarement à la pression.
– ***La bière de mil (le dolo) et l'hydromel :*** surtout dans le Sud et en pays bassari.
– ***Le vin :*** importé bien sûr, et souvent français. Vous en trouverez dans les restos un peu chic ou touristiques, mais il est assez cher.
– *Remarque :* la population sénégalaise, très majoritairement musulmane, consomme assez peu d'alcool (quoique la bière soit relativement répandue). On entend dire qu'un musulman est « de gauche » quand il ne suit pas strictement les prescriptions de l'islam dans ce domaine.

CUISINE

Ce n'est pas le choix qui manque pour se sustenter au Sénégal. Cela va de la *dibiterie,* où l'on consomme le mouton grillé essentiellement (très bon marché et copieux), au restaurant gastronomique (en général européen et surtout implanté dans les villes principales ou les endroits touristiques), en passant par les petits restos sénégalais, libanais (pour le *chawarma* en sandwich ou sur assiette, les falafels – boulettes de fèves – et autres spécialités pas chères du tout), franco-sénégalais, italiens, asiatiques...

Quelques spécialités sénégalaises

– ***Thiéboudienne*** (orthographié de façon approximative et variée selon les endroits, par exemple ***tiebou dien,*** l'orthographe officielle étant ***ceebu jën***) **:** plat national, appelé aussi « riz au poisson », accompagné de légumes. Se consomme traditionnellement au déjeuner. Le *tiebou yapp* est servi avec de la viande à la place du poisson.
– ***Yassa (yaasa) au poisson :*** *thiof,* ou mulet, mariné dans du jus de citron avec une bonne quantité d'oignons émincés, du piment, du sel, du poivre, puis grillé et ensuite mijoté avec la marinade (saveur légèrement acidulée). Cette préparation d'origine casamançaise est servie avec du riz.
– ***Yassa (yaasa) au poulet :*** même principe que le *yassa* au poisson, toujours accompagné de riz.
– ***Maffé (maafe) :*** viande de bœuf ou poulet avec de la pâte d'arachides, des tomates et du riz (ou le niébé, haricots locaux). Attention, ça peut parfois être un peu lourd à digérer.
– ***Thiou (cu) aux crevettes :*** crevettes à la sauce tomate, avec du riz bien sûr.
– ***Thiof (coof) :*** poisson très commun au Sénégal (de la famille du mérou), servi braisé le plus souvent.
– ***Soupe kandia (suppu kànja) :*** riz avec un mélange de feuilles, de poisson séché, de viande hachée, d'huile de palme et de gombos (d'où l'aspect visqueux).
– ***Caldou (kaldu) :*** poisson cuit à l'eau, accommodé avec du riz blanc et une sauce blanche.
– ***Beignets de poisson (pastel), beignets de mil (beñe dugub) :*** on en trouve partout. Ils comblent les petits creux.
– ***Lakh (laax) :*** c'est une bouillie de mil et de lait caillé, que l'on consomme à la Korité, la grande fête de clôture du ramadan.
– ***Ngallax :*** mélange de pâte d'arachides, de pain de singe et de mil.
– ***Poisson farci à la saint-louisienne :*** le mulet que l'on vide et écaille ne doit conserver que la tête et la peau. Après avoir haché la chair avec de la mie de pain, du poivre, du piment, de l'ail, de l'oignon et du persil, on remplit la bête de cette farce. On recoud et on passe au four ou on le cuit au court-bouillon.
– ***Le bouillon cube :*** c'est le secret des cuisinières africaines. On retrouve ce concentré d'aromates, épices et lauriers dans la plupart des recettes traditionnelles. Cet ingrédient bon marché est devenu indispensable dans pratiquement toute l'Afrique de l'Ouest. On sait moins que le cube Maggi est une invention suisse et est fabriqué par Nestlé.

Le riz

Dans certaines régions (Casamance et Fouta, productrices de riz), le riz est un élément sacré, symbole de l'unité, de la richesse, de la puissance (rappelons qu'il n'y a pas si longtemps, on consommait essentiellement le mil et que le riz était vu comme un aliment de luxe ; aujourd'hui, il constitue 11 à 16 % des dépenses alimentaires). Il est l'offrande faite aux fétiches, la nourriture des ancêtres.
Même l'habitat traditionnel témoigne de la prédominance de cette céréale : les cases sont surmontées d'un grenier. Les femmes sont en charge du grenier pour la consommation courante et les hommes de celui pour les réjouissances.
Traditionnellement, le meilleur riz provenait de Casamance, mais les rizières, pourtant nombreuses, ont un rendement malheureusement trop faible pour assurer l'autosuffisance du pays, d'autant plus qu'on exporte le riz de qualité pour importer à la place des brisures de riz provenant, la plupart du temps, d'Asie. Leurs qualités nutritives sont faibles et expliquent en partie la malnutrition des enfants.
La vallée du fleuve Sénégal est l'autre grande région productrice de riz, avec des rendements plus élevés. En 2017, la production de riz paddy sénégalais aurait atteint les 1,15 million de tonnes (l'autosuffisance est fixée à 1,6 million de tonnes), et les importations, du coup, ont significativement baissé.

DROITS DE L'HOMME

À l'approche de la présidentielle de 2019, la situation politique se tend quelque peu. Les élections législatives de juillet 2017, où des manifestations de l'opposition ont été violemment réprimées, et plusieurs atteintes à la liberté de la presse constatées, ne laissent pas présager d'une campagne apaisée. Des utilisateurs des réseaux sociaux ont également été arrêtés. En août 2017, le procureur de la République a prévenu que tout commentaire ou image à caractère « injurieux », ainsi que les administrateurs des sites hébergeurs, pouvaient être poursuivis en vertu du code pénal relatif à la criminalité. Plusieurs membres de l'opposition ainsi que des défenseurs des droits humains ont par ailleurs été détenus arbitrairement selon Amnesty International. Plusieurs procès ont eu lieu, qui ont été dénoncés par l'opposition comme des procès politiques. Les ONG dénoncent régulièrement le manque d'indépendance de la justice dans certaines affaires, dont celle de l'ancien maire de Dakar, Khalifa Sall, condamné à une peine de 5 ans de prison pour corruption.
Mais le mécontentement est également social. Né dans l'opposition à la politique de l'ancien président Abdoulaye Wade en 2011, le collectif « Y en a marre » continue de dénoncer, cette fois-ci en s'en prenant à Macky Sall, la précarité des jeunes et les inégalités au sein de la société sénégalaise. Les Nations unies et de nombreuses ONG ont en outre demandé au gouvernement de revenir sur la loi sénégalaise qui criminalise l'avortement. Des homosexuels sont toujours condamnés, parfois à de lourdes peines pour « actes contre nature ». De la prison ferme qui s'accompagne souvent de campagnes de presse homophobes. Le problème des talibés – ces enfants pauvres éduqués dans des écoles coraniques et forcés à la mendicité – perdure également, en dépit des promesses de Macky Sall. Pays de transit pour des milliers de candidats à la traversée vers l'Europe, le Sénégal voit également ses jeunes désœuvrés tenter une traversée plus que périlleuse, suivant leur devise : *Barça Wala Barsakh* (« Barcelone ou la mort »). Selon certaines ONG, une des raisons de ce désespoir serait la difficulté à trouver des terres, dont un grand nombre sont de plus en plus accaparées par des entreprises transnationales.
En dépit de négociations très laborieuses, le conflit en Casamance se poursuit de façon sporadique. Les pouvoirs des forces de l'ordre ont enfin été renforcés en raison de la menace terroriste. De nombreuses personnes – dont des imams –, ont été arrêtées pour des accusations liées au terrorisme et détenues sans procès pendant de longues périodes selon Amnesty International.
Pour tout renseignement complémentaire, contacter :

■ ***Fédération internationale des Droits de l'homme (FIDH) :*** *17, passage de la Main-d'Or, 75011 Paris.* *☎ 01-43-55-25-18. Fax : 01-43-55-18-80. • fidh.org • Ⓜ Ledru-Rollin.*

N'oublions pas qu'en France aussi, les organisations de défense des Droits de l'homme continuent de se battre contre les discriminations, le racisme et en faveur de l'intégration des plus démunis.

ÉCONOMIE

Le Sénégal est un pays pauvre. Les indicateurs économiques sont ceux d'un pays dit « en développement ». Si la croissance est restée plutôt satisfaisante ces dernières années (elle se maintient autour de 6,5 %), elle ne profite que très peu aux Sénégalais. En effet, le chômage est très élevé (officiellement, 22,7 % de la population active au 1er semestre 2017, selon l'Agence nationale de la statistique et de la démographie, mais le taux d'emploi est assez faible), et le secteur informel est très développé parmi les petits commerces, l'artisanat ou la pêche. Près de 40 % de la population vit sous le seuil de pauvreté.

Plusieurs raisons à cela. Le Sénégal est un pays rural : le ***secteur primaire*** (agriculture et pêche) emploie environ 50 % de la population active. Mais l'***agriculture*** ne rapporte que 18 % du produit intérieur brut (PIB). Et le Sénégal est loin d'assurer son autosuffisance alimentaire : le rendement est faible et dépendant des aléas climatiques, les machines rares, et beaucoup d'exploitations sont de modestes lopins de terre seulement destinés à nourrir la famille. Dans le cadre de la NASAN (Nouvelle alliance pour la sécurité alimentaire et la nutrition), initiative mise en place par le G8 en 2012 (dont la France s'est retirée en 2018) et visant au développement de l'agriculture (« croissance agricole durable pour tous »), le pays cherche à passer à la vitesse supérieure. L'objectif de l'autosuffisance en riz (la base de l'alimentation sénégalaise) a été annoncé dès 2008, mais il est difficile à réaliser quand on sait que les ⅔ de la consommation annuelle de riz étaient encore importés il y a peu. Régulièrement reporté, il est annoncé pour 2019.

Les produits de la ***pêche*** représentent près de 21 % du total des exportations. Mais la pêche est en crise, car, en 30 ans, les ressources halieutiques du Sénégal ont diminué de ¾, à cause de la surpêche causée par les gros chalutiers étrangers (européens, russes, chinois) qui, en vertu d'accords bilatéraux passés avec différents pays d'Afrique de l'Ouest, sont venus piller, et pillent encore, les fonds marins particulièrement poissonneux. Certes, l'État sénégalais a touché au passage de coquettes sommes (la Communauté européenne lui a versé, au titre de redevance, 220 millions d'euros, entre 1980 et 2006, pour que chalutiers et thoniers puissent venir opérer dans ses eaux territoriales et des accords plus récents permettent aux chalutiers européens de pêcher, par exemple, 14 000 t de thon par an). Aujourd'hui, une législation existe qui défend les eaux territoriales contre la pêche industrielle pratiquée par les navires étrangers, mais rien de plus facile que de la contourner en créant une société mixte à 51 % de capitaux sénégalais et 49 % de capitaux étrangers... De plus, les navires profitent de l'existence d'accord bilatéraux avec les pays voisins : quand la Russie s'entend avec la Guinée-Bissau ou la Mauritanie, et pas avec le Sénégal, cela n'empêche pas ses chalutiers de déborder des zones autorisées pour venir pêcher dans les eaux sénégalaises... En 2015, un rapport de l'antenne de Greenpeace basée à Dakar a également dénoncé la « razzia chinoise ». Des bateaux s'approchent des zones côtières la nuit, tous feux éteints, et puisent dans les réserves que le secteur artisanal devrait être seul à exploiter. Par exemple, ils pêchent même les petits poissons pélagiques, comme la sardinelle, qui constituent plus de 60 % des prises effectuées par les pêcheurs artisanaux. Quelque 300 navires chinois croiseraient au large des côtes d'Afrique de l'Ouest. Une nouvelle campagne de Greenpeace (2017) a permis de chiffrer à 261 000 t par an le produit de la pêche illégale dans les eaux sénégalaises. À court terme, sont menacés une partie des 63 000 pêcheurs artisans et des 600 000 emplois indirects, soit 17 % de la population active, du secteur. Il faut dire que les Sénégalais sont de gros mangeurs de poisson (21 kg par personne et par an, soit environ 70 % des apports nutritionnels en protéine d'origine animale). Autre problème dans ce secteur de la pêche : une bonne douzaine d'usines de transformation de poisson frais en farine ont été construites sur la côte, entre Kayar et Joal. Ces usines (chinoises, coréennes, russes...) produisent la farine de poisson destinée à l'aquaculture en Asie et en Europe : elles ont besoin de plus de poisson que ne peut en fournir l'océan, avec le déclin de la ressource (pour 1 tonne de farine produite, il faut 10 tonnes de poisson pêché). C'est l'ensemble de la filière traditionnelle qui est remise en cause : les usines promettent des emplois, s'engagent à suppléer localement aux missions de l'État, mais la ressource s'épuise petit à petit.

Le secteur industriel connaît un certain dynamisme (24 % du PIB total), tiré par le secteur du BTP, mais voit son élan stoppé par les fréquentes coupures d'électricité. Le plan Takkal, décidé en 2011, a promis la fin des délestages, mais les nouvelles centrales électriques se sont fait attendre. Un nouveau plan (Yeesal) a pris le relais et cette fois il mise sur le solaire. Plusieurs centrales solaires

sont opérationnelles et fin 2017, l'objectif de 20 % d'électricité renouvelable a été atteint. On estime aujourd'hui que 3 Sénégalais sur 5 ont accès à l'électricité.
Le Sénégal mise sur le ***secteur minier,*** pourvoyeur d'emplois. La production d'or, dans l'est du pays, n'est pas négligeable, mais surtout, on compte beaucoup sur une nouvelle mine de zircon et d'ilménite, 2 minéraux lourds utilisés, pour le 1er dans les écrans plasma et l'industrie aérospatiale, et pour le 2d, dans l'industrie chimique. Située à Diogo (sur la côte, à mi-chemin entre Dakar et Saint-Louis), cette mine, la 6e au monde pour le zircon, la 7e pour l'ilménite, doit assurer 7 % de la production mondiale. Deux géants du secteur, français et australien, se sont associés et ont investi 650 millions de dollars. L'exploitation du site (une concession qui s'étend sur pas moins de 106 km de long) a débuté en 2014. Évidemment, tout cela n'est pas sans causer des dégâts environnementaux considérables...
Quant au ***secteur tertiaire,*** c'est le plus performant, grâce au développement rapide des télécommunications et de l'informatique. Mais, là aussi, s'il contribue à hauteur d'environ 60 % au PIB total, il ne fait vivre que 15 % de la population active.
Le tourisme est une importante source de revenus, mais l'argent qu'il génère profite plus aux agences de voyages et aux organismes gérés par des toubabs qu'aux habitants. Et surtout, on est très loin des chiffres espérés et annoncés en début de mandat du président Wade : l'objectif était d'atteindre 1,5 million de touristes à l'horizon... 2010 ! Or, depuis 2007, les statistiques aéroportuaires indiquent une stagnation, voire une baisse des arrivées... même si les statistiques officielles sont tout autrement optimistes... On a noté une certaine désaffection de la part des Français, qui constituent plus de la moitié des visiteurs. L'abandon du visa biométrique, en 2015, a, semble-t-il, permis une certaine relance du tourisme, qui reste à confirmer.

Une économie précaire

L'économie du Sénégal est sous surveillance. Dans un passé pas si lointain, le FMI a imposé un programme de privatisations massives, notamment de la Société nationale des eaux (Sonees), des télécommunications (Sonatel), de l'électricité (Sénélec) ou encore des ***arachides*** (Sonacos, ex-Lesieur-Afrique, devenue Sunéor). Ce dernier secteur, vital pour le Sénégal (on dit qu'il fait vivre 3 millions de personnes), est en crise depuis plusieurs années. À cela plusieurs raisons : la dégradation des sols, les semences de mauvaise qualité et, en conséquence, la faible qualité de l'arachide sénégalaise qui condamne le Sénégal à n'exporter que de l'arachide oléagineuse alors que sur le plan international, c'est l'arachide dite « de bouche » qui tient le haut du pavé. Un ministre de l'Agriculture a même annoncé la fin de l'arachide à moyen terme ! Même s'il est allé un peu vite en besogne, les grands jours de l'arachide semblent appartenir au passé... Quand on pense qu'à la fin des années 1970, 80 % des recettes d'exportation du pays provenaient de ce secteur qui comptait pour 10 % de la production mondiale (aujourd'hui, seulement 4 %)... Car, paradoxe, le Sénégal exporte son huile d'arachide, notamment sur le marché chinois, et consomme de l'huile de palme, achetée brute à l'Indonésie ou à la Malaisie et raffinée par... la Sunéor ! Mais, fin 2015, l'actionnaire majoritaire de la Sunéor a jeté l'éponge, et début 2016, après une nationalisation temporaire, l'État cherchait un nouvel investisseur. La privatisation est annoncée pour la fin 2018 ou le début 2019. Pas facile quand on sait que la dette de la société avoisinerait les 80 milliards de F.CFA.
Certains pans de l'économie ont connu des moments difficiles : en 2013, la quasi-faillite des Industries chimiques du Sénégal (ICS) a même fait craindre la banqueroute du secteur bancaire. Un groupe indien, *Indorama,* a injecté 225 millions de dollars dans l'entreprise et lui a permis de souffler mais la production de phosphate est en baisse. La dette du pays est élevée, et l'aide européenne, en particulier française, a visé, ces derniers temps, à réduire cet endettement (le Sénégal est parmi la vingtaine

de pays qui ont vu leur dette annulée en 2006). Pour développer l'activité économique, l'État sénégalais cherche à attirer les investisseurs étrangers, dans le cadre de partenariats Sud-Sud, et cela passe aussi bien par la suppression des lourdeurs administratives que par une certaine transparence vis-à-vis de l'argent. Rien de gagné : le rapport *Doing Business* 2018 sur la réglementation des affaires pour les PME, réalisé par la Banque mondiale, classe le pays à la 140e place mondiale (sur 190 économies passées en revue). Plusieurs pays d'Asie sont néanmoins prêts à relever le défi : une unité de production d'automobiles, Seniran Auto, a vu le jour à Thiès, à l'initiative du constructeur iranien Khodro qui possède 60 % des parts, et les minibus sont des véhicules indiens Tata assemblés également à Thiès, par Senbus Industries (mais là, il a fallu un nouvel investisseur, cette fois mauricien, pour que l'entreprise reparte de l'avant). Le nouvel aéroport de Dakar, longtemps ensablé, a été sauvé par un partenariat avec des entreprises de BTP turques. Et, bien entendu, comme partout en Afrique, les Chinois ne sont pas en reste... Pour alimenter sa croissance économique, la Chine s'est installée dans la plupart des pays africains, notamment les plus riches en matières premières. Ils recherchent aussi les produits agricoles et le bois mais ils investissent également, de plus en plus, dans de nombreux secteurs de l'économie (on parle de 210 millions de dollars pour le Sénégal).
Le Sénégal a besoin de ces investissements : fin 2013 a été lancé le *PSE* (Plan Sénégal émergent), avec 28 projets. Pour leur réalisation on estime que 10 000 milliards de F.CFA, que le Sénégal n'a évidemment pas, sont nécessaires...

Sous les palmiers, la rage

Mais le principal combat à livrer reste la lutte contre la ***corruption.*** Aucun pays n'y échappe, certes, mais au Sénégal, c'est un mal chronique, à tous les niveaux de la société. C'est tout un état d'esprit qu'il faut changer. La corruption coûte cher... et quand on sait que le Sénégal est l'un des pays les plus aidés du continent africain (l'équivalent de 100 US$ par habitant et par an), on voit qu'il y a de quoi aiguiser les appétits. Et chacun fait preuve de mauvaise volonté lorsqu'il s'agit d'assainir un système dont tout le monde profite. « Ici, le sens civique est inexistant », s'est-on entendu dire. Bien sûr, ces problèmes ne sont pas spécifiques au Sénégal. Mais le pays se targue d'être le plus développé et le plus démocratique d'Afrique de l'Ouest. Les Sénégalais attendent de voir si Macky Sall saura mettre fin à cette situation. Une agence a été récemment créée pour lutter contre cette corruption endémique (l'OFNAC). Pour l'instant elle fait des constats, reste à la voir passer à l'action.

ÉDUCATION

Le taux d'alphabétisation des adultes est d'environ 56 %, guère mieux que les pays voisins (c'est une moyenne, le taux étant bien moins élevé chez les hommes que chez les femmes). 85 % des enfants sont effectivement scolarisés en école primaire et seulement 40 % d'entre eux poursuivent leur scolarisation dans le secondaire. Les quelque 7 % qui ont décroché leur bac continuent dans le supérieur.
L'enseignement officiel ne donnant pas les résultats attendus, il existe une multitude d'écoles informelles : « écoles des coins de rue », le soir, animées par les instituteurs dans leurs quartiers, *daara* (école coranique), écoles privées franco-arabes, cours d'alphabétisation communautaire, etc.
Au niveau supérieur, le Sénégal compte de nombreuses écoles privées en management, marketing ou communication, qui détournent les étudiants de l'université, au niveau bien faible, et attirent des étudiants de toute l'Afrique de l'Ouest francophone, même si moins de 40 % des jeunes diplômés trouvent un emploi. L'exode des cerveaux vers Dakar devient également un grave problème pour les régions. Tous les jeunes qualifiés partent gagner leur vie là où l'économie tourne le mieux,

c'est-à-dire dans la capitale, espérant y trouver un emploi. Et pendant ce temps, les autres régions ont un véritable déficit de gens compétents...
En dehors de Dakar et des zones touristiques, la pratique du français reste rudimentaire, voire inexistante. Il vous sera donc utile de connaître quelques mots et expressions du wolof, parlé par 80 % des Sénégalais (voir en début de guide la rubrique « Langue » dans « Sénégal utile »).

ENVIRONNEMENT

Alors que le pays compte 6 parcs nationaux et que près de 10 % du territoire sont classés en réserves ou parcs, à première vue, on se dit que la situation est plutôt encourageante en matière de protection de l'environnement. Mais en y regardant de plus près, on s'aperçoit vite que le pays est confronté à de sérieux problèmes et doit relever des défis majeurs.
La mauvaise qualité de l'air, à Dakar surtout, constitue un problème en raison d'un parc automobile ancien, mais il est clair que le Sénégal est loin de rejeter autant de CO_2 que les grands pays industrialisés... Le système d'évacuation des eaux usées est défaillant. Les rivières et nappes phréatiques sont contaminées comme la mer est polluée par les rejets d'eaux souillées. Plus visibles, les décharges sauvages font souvent partie du paysage aux abords des villes. Les sacs plastiques disséminés par les vents sont un véritable fléau. Le gouvernement a essayé de faire interdire leur usage, sans succès. Quelques entreprises de recyclage des déchets plastiques ont vu le jour ces dernières années et les résultats sont prometteurs.
Autre problème qui semble d'ailleurs s'accélérer : l'érosion côtière. On enregistre ainsi, à hauteur de Rufisque, un recul des terres de 1,30 m par an... La Petite Côte est particulièrement touchée. Selon une étude réalisée en 2013 par la Banque mondiale, la plage au niveau de Saint-Louis a perdu près de 5 m par an ces derniers temps ! Les mangroves, dont on connaît le rôle de barrière naturelle entre l'océan et les terres, sont en danger. Des actions de reboisement à grande échelle ont été menées par l'*Océanium* (association de protection de l'environnement) : depuis 2006, 150 millions d'arbres ont été plantés en Casamance et dans le Sine Saloum. Quand on sillonne ces régions, on peut voir toutes ces petites pousses alignées à perte de vue. L'initiative ne plaît pas à tout le monde : en Casamance, certains disent qu'elle contribue à la destruction de la riziculture... Conséquence sournoise de l'augmentation du niveau de la mer : la salinisation des nappes phréatiques et des terres agricoles. On estime que 700 000 à 1 000 000 ha du Sine Saloum ont été affectés par ce phénomène en 30 ans.
Les ressources du pays s'épuisent, que ce soit le bois, l'eau, le poisson ou les terres cultivables, au moment où croît la pression démographique. Un rapport de la FAO a montré que la superficie des forêts naturelles est passée de 11 millions d'ha dans les années 1960 à 6,3 millions d'ha 50 ans plus tard. Feux de brousse, charbon de bois, bois de chauffe en sont la cause. Chaque année, d'octobre à mai, 200 000 ha sont détruits par les seuls feux de brousse, souvent causés par des négligences (mauvaise maîtrise des feux domestiques) ou même provoqués par des chasseurs...
Quant au poisson, dans un pays qui est le 1er d'Afrique de l'Ouest pour sa consommation, il est pillé notamment par les navires étrangers de gros tonnage.

FÊTES ET JOURS FÉRIÉS

Fêtes nationales civiles et religieuses fériées

- ***1er janvier.***
- ***4 avril :*** fête de l'Indépendance.
- ***Le lundi de Pâques.***
- ***1er mai :*** fête du Travail.
- Le jour de l'***Ascension.***

– ***Le lundi de Pentecôte.*** Pèlerinage chrétien à Popenguine, au sud de Dakar en allant vers la Petite Côte.
– ***15 août :*** Assomption.
– ***25 décembre.***
Les fêtes musulmanes dépendent du calendrier lunaire. Au Sénégal, il existe habituellement 1 jour de décalage par rapport aux dates officielles en vigueur dans les pays arabes.
– ***La Tamkharit*** (*Achoura* dans les autres pays musulmans) ***:*** le 10e jour du mois de Muharam, 1er mois du calendrier lunaire, soit le 21 septembre 2018, le 10 septembre 2019 et le 29 août 2020. Jour de bienfaisance et de générosité, où le jeûne est facultatif. Les enfants se déguisent (les filles en garçons, les garçons en filles) et demandent des étrennes en parcourant les rues.
– ***Le Maouloud :*** célébration de la naissance du Prophète. Imposants pèlerinages vers les mosquées de chacune des confréries. Grands rassemblements à Kaolack et à Tivaouane, la Mecque des Tidjanes, à 20 km au nord de Thiès. Prévu le 21 novembre 2018 et le 10 novembre 2019.
– ***La Korité (Aïd-El-Fitr) :*** grande fête qui célèbre la fin du ramadan. Le ***ramadan*** se déroulera du 6 mai au 5 juin 2019 et du 24 avril au 24 mai 2020.
– ***La Tabaski (ou fête du Mouton, Aïd-El-Kébir) :*** le 12 août 2019 et le 31 juillet 2020. Pour commémorer le sacrifice d'Abraham, chaque musulman se doit, dans la mesure où il en a les moyens, d'acheter un mouton, de l'égorger, de le faire griller en famille et d'en offrir à ses voisins. C'est la fête la plus populaire : durant plusieurs jours, on a le sentiment que le pays fonctionne au ralenti. Les Sénégalais voyagent énormément pendant les 3 jours qui précèdent la fête (les « 7-places » sont pleins à ras bord), et il faut ensuite compter autant de jours au moins pour un retour à la normale. Si vous voyagez à cette période, pensez bien à intégrer cette réalité qui rend assez compliquée la vie des touristes.
– ***Le Magal :*** à Touba (le lieu saint des mourides, voir la rubrique « Religions » plus loin). Date variable dépendant du calendrier lunaire (le 18e jour du mois de Safar ; en 2018, il a lieu vers le 26-27 octobre et, en 2019, vers le 15-16 novembre). Le *Grand Magal* commémore le départ en exil du fondateur de la confrérie, cheikh Amadou Bamba, et le *Petit Magal* sa mort. De partout, y compris des pays voisins ou d'autres plus lointains, des centaines de milliers de pèlerins mourides affluent, abandonnant leur travail, quoi que puissent en dire leurs employeurs. Impressionnant !

Quelques fêtes locales

– ***Le Fanal :*** *entre les 24 et 31 déc, à Saint-Louis (se renseigner).* Défilé, au son des tam-tams et des chants, de lampions confectionnés par les habitants et qui, à force de rivaliser d'imagination et d'originalité, sont devenus de gigantesques monuments multicolores.
– ***Masque Kankourang :*** *en mai, en Casamance.* Fête malinké. La sortie du masque est précédée d'un sacrifice en l'honneur des ancêtres. Également fêté à Mbour, avant le ramadan.
– ***Fêtes de l'Initiation :*** *en Casamance et en pays bassari.* Elles ont souvent lieu pendant les vacances scolaires (mars-avril et juillet-août), quand les initiés ne vont pas à l'école. Si on ne peut pas assister à la cérémonie rituelle, on peut le faire pour les danses qui s'ensuivent et on peut même les photographier. Se renseigner dans les villages, surtout si on entend des chants ou des coups de fusil !
– ***Fêtes rituelles bédik :*** *en mai-juin, dans la région de Kédougou.*
– ***Nitj :*** *en avr-mai.* Combats d'initiation des jeunes Bassari. Ils n'ont pas lieu tous les ans cela dit.

Festivals

Il existe un certain nombre de festivals au Sénégal, le plus souvent de musique. Plusieurs d'entre eux se déroulent à Saint-Louis (voir, dans le chapitre Saint-Louis, la rubrique « Fêtes et manifestations »). Citons aussi, dans la vallée du fleuve Sénégal, le festival Les Blues du Fleuve à Podor (● *festivalbluesdufleuve.com* ●) et le festival Sahel Ouvert (● *sahelouvert.com* ●), qui a eu lieu tous les 2 ou 3 ans à Mboumba, à une centaine de km à l'est de Podor. Co-organisé par une association parisienne (Globe) il s'accompagne d'un important volet développement. La dernière édition a eu lieu en février 2018. Côté arts contemporains, la biennale des arts (Dak'Art) à Dakar a lieu tous les 2 ans (années paires) : ● *biennaledakar.org* ●

GÉOGRAPHIE

Le Sénégal est à la fois un pays qui regarde vers l'ouest (la péninsule du Cap-Vert est le point le plus occidental du continent africain) et un pays qui trouve ses racines dans le continent profond (avec, par exemple, le grand fleuve qui donne son nom au pays, né dans les montagnes guinéennes du Fouta-Djalon).

– ***Les régions naturelles*** vont du type sahélien au nord (région du fleuve Sénégal), voire semi-désertique dans le Fouta et dans l'est du Ferlo, au type subtropical (humide) au sud (Gambie et Casamance), où l'on commence à voir la grande forêt dense, en passant par le type soudanien au centre, avec savane arborée. Le fleuve Gambie marque une frontière très nette entre les types soudanien et subtropical.

– ***Le relief*** est peu accentué ***:*** de la frontière mauritanienne à la Gambie s'étend une immense plaine sablonneuse en forme de calebasse (enfin, pas aussi creuse !) dont le pourtour oriental s'élève sensiblement vers Podor, Matam, Bakel, où le fleuve Sénégal se trouve encaissé de plusieurs dizaines de mètres. Puis au sud-est, les collines, dont le point culminant est à 581 m, se font de plus en plus nombreuses au fur et à mesure que l'on approche du Fouta-Djalon (en Guinée). Du côté occidental, on retrouve quelques escarpements, notamment à Cap Skirring, au nord de la Petite Côte (Popenguine, Toubab Dialaw), puis sur la Grande Côte entre le lac Rose et Saint-Louis : c'est la région des Nyayes, cordon dunaire creusé çà et là d'anciens lacs asséchés dont les fonds cultivés sont aujourd'hui de riches vergers.

GRIOTS

Les griots, ces musiciens ambulants, professionnels presque de naissance – ils font partie d'une caste –, qui vont de village en cour royale chanter les louanges d'un lignage et de ses descendants, sont une caractéristique de bon nombre de sociétés traditionnelles d'Afrique de l'Ouest. On les connaît chez les Mandingues, les Soninkés, les Wolofs (chez qui on les appelle les *Geuweul*), les Toucouleurs, les Sérères, les Songhaïs et les Peuls... bref, dans toute l'Afrique subsaharienne jusqu'à la lisière de l'Afrique centrale. Leur existence est attestée dès les XIIIe et XIVe s. Ils jouent un rôle social particulier, puisqu'il n'y a pas d'interdit pesant sur eux. Ils sont en effet les seuls à pouvoir dire aux puissants ce que le peuple pense d'eux, les familles nobles devant de leur côté assurer leur subsistance ainsi que celle de leur famille. Mais au-delà de cette fonction critique, les griots chantent bien plus souvent les louanges de leur employeur, rappelant les hauts faits de leurs ancêtres à travers des récits épiques, transmis oralement de génération en génération, et jouant le rôle de conseiller. Ils s'accompagnent de leur instrument de musique (traditionnellement, la kora chez les Mandingues, le *ngoni,* guitare à 3 ou 4 cordes, chez les Bambaras, appelée *hoddu* chez les Peuls, l'*ardin* chez les Maures). Les griots sont généralement des hommes, mais on appelle « griottes » les femmes qui accompagnent ces hommes en chantant et en dansant.
Aujourd'hui, ce rôle a évolué, mais les griots continuent à trouver leur place dans la vie moderne. Certains atteignent la célébrité et passent à la télé, passionnant le public pour les exploits, connus depuis toujours, de tel grand monarque africain. D'autres font le tour du quartier, surtout à l'occasion d'une fête où l'on ne peut pas refuser leur présence. Ils se plantent bien droit à l'entrée devant le maître de

maison, avec ou sans kora, leur instrument de musique, et, selon l'argent qu'ils espèrent gagner, récitent toute la saga ou en chantent une bribe. Aussi, quand un griot est signalé dans le quartier, souvent, le maître de maison se cache en espérant ne pas se faire prendre, car le griot est à la fois paria et respecté pour ses connaissances (dans certaines sociétés traditionnelles, les griots étaient écartés des cérémonies d'initiation). Il fera rire tous les voisins avec une bonne chanson aux dépens du radin. Dans le passé, les griots n'ont pas tous été attachés à des familles nobles : certains sont associés à la religion (musulmane) et leur art consiste à réciter les louanges des saints ou des marabouts.
Aujourd'hui, beaucoup de chanteurs et musiciens faisant une carrière commerciale rappellent qu'ils sont issus d'une lignée de griots, même si leur activité s'est éloignée de la tradition.

HISTOIRE

Les recherches archéologiques ont permis d'identifier des sites remontant au Paléolithique (presqu'île du Cap-Vert, fleuve Sénégal et la Falémé, à la frontière avec le Mali). Plus proches de nous, les structures funéraires que sont tumulus et mégalithes (IIe-XVIe s), notamment à Sine Ngayène, le plus grand site mégalithique au Sénégal, ont apporté énormément de données, pas toujours faciles à interpréter.
Le peuplement du Sénégal actuel s'est fait très progressivement : différents groupes sont arrivés petit à petit, surtout de l'Est. On pense que les Wolofs, par exemple, viennent de la vallée du Nil, qu'ils se sont d'abord fixés dans la vallée du fleuve Sénégal d'où ils ont fui les Almoravides, conquérants et musulmans (les Wolofs étaient alors animistes), pour progresser vers l'ouest et le sud.

COMPLIQUÉ D'ÊTRE RACISTE

On sait tous que l'homo sapiens vient d'Afrique. Il était noir. Puis, il y a 70 000 ans, il partit se répandre dans le monde entier. Dans les pays tempérés, la peau blanchit afin de mieux absorber les rayons du soleil. Ils sont porteurs de vitamine D nécessaire contre le rachitisme. Le généticien Axel Kahn confirme que les blancs descendent des noirs. La notion de race n'existe donc pas.

Les anciens royaumes

Le Sénégal ne semble pas avoir connu d'« empire » comme au Mali, même si l'existence du royaume du Tekrour (région du Fouta-Toro) est attestée dès le VIIe s (sa capitale, du IXe au XIe s, se situait sans doute vers l'actuel Podor, dans la vallée du fleuve Sénégal).
Selon la tradition, le 1er roi wolof, Ndiadiane Ndiaye, fondateur du royaume de Djolof, vers le XIIIe ou le XIVe s, regroupant les 6 ou 7 « États » et correspondant plus ou moins aux frontières du Sénégal actuel, surgit un jour des eaux pour arbitrer un conflit entre 2 pêcheurs : on distingue alors en lui le chef qu'attendait le pays, ou plus exactement qu'attendaient les chefs locaux.
Cette unité ne durera pas très longtemps : le Grand Djolof, attaqué au XVIe s par les Peuls, va se morceler, et les petits « États » du Cayor, du Walo, du Baol et du Sine reprennent leurs guerres contre le voisin, ce qui facilitera, plus tard, la colonisation. Chacun de ces « États » a son roi, qui porte un nom distinct : le Brak au Walo, le Damel du Cayor, le Bourba du Djolof, le Bour au Sine et au Saloum, et le Mansa du Gaabu (territoire mandingue correspondant en gros à la haute Casamance et à l'intérieur de la Gambie actuelle). Les régions du Sénégal contemporain sont d'ailleurs calquées sur les frontières de ces anciens royaumes.

L'arrivée des Européens

Pendant ce temps, les Européens font leurs premières incursions dans la région : d'abord, les Portugais (les premiers à pratiquer la traite des esclaves depuis leurs comptoirs d'Afrique de l'Ouest) qui ne fondent pas d'établissement et se contentent de commercer. Le navigateur portugais Dinis Dias découvre Gorée en 1444, qui passera ensuite sous contrôle hollandais. Puis les Français, en particulier des Normands et plus particulièrement encore des Dieppois, qui reviennent plus nombreux dans la 1re moitié du XVIIe s : ils fondent alors le 1er établissement européen à l'embouchure du fleuve Sénégal, le futur Saint-Louis.

ET VOGUE LA PIROGUE

On lit souvent que l'origine du nom Sénégal est « suñu gaal », signifiant en wolof « notre pirogue ». Un explorateur aurait demandé à des pêcheurs le nom du fleuve qui coulait derrière eux : en se retournant, ils auraient indiqué leur pirogue, sans comprendre la question. Depuis, les Sénégalais savent qu'ils sont tous sur le même bateau...

À l'époque, on vient donc pour les marchandises (la gomme arabique, l'or), mais assez vite, la « traite » va prendre le pas. Le ***commerce triangulaire,*** en tant que système organisé, à l'origine, par les Espagnols et les Portugais, est attesté dès le début du XVIe s. Les différentes compagnies commerciales qui se succèdent fixent alors leur attention sur la vallée du fleuve Sénégal, remontant toujours plus loin mais très prudemment. Malgré cela, elles subissent de lourdes pertes, les fortins établis n'ayant qu'une existence éphémère. Car ces établissements sont toujours en butte à l'hostilité des Maures, principalement sur la rive nord du fleuve, qui pratiquent fréquemment des razzias, mais aussi à celle des populations noires de la rive sud. Plus au sud, si l'on excepte Gorée, il faut descendre jusqu'aux fleuves Gambie et Casamance pour trouver des comptoirs « commerciaux » où, là aussi, la traite négrière est pratiquée.
Difficile d'évaluer exactement l'importance de la traite en Sénégambie : selon les auteurs, ils auraient fourni entre 5 et 15 % de l'ensemble des esclaves africains déportés dans le Nouveau Monde (ce qui ne prend pas en compte les esclaves capturés par les marchands arabes), soit entre 500 000 esclaves et 1,7 million selon les estimations (sur environ 11 millions). Les historiens débattent vivement sur le sujet...

La colonisation française

La Compagnie du Sénégal est créée par Colbert en 1673 : basée à Saint-Louis, elle a pour objectif de favoriser l'implantation française au Sénégal, mais les projets, tout au long du XVIIIe s, seront contrecarrés par les Anglais qui occupent Saint-Louis à 3 reprises.
Ce n'est qu'à la chute de l'Empire napoléonien que la France récupère pour de bon Saint-Louis. Mais ça commence mal. Parmi les vaisseaux partis au printemps 1816 avec tout le personnel administratif et politique, l'un d'eux passe à la postérité : la frégate amirale *La Méduse,* qui s'échoue lamentablement sur le

UN MOUSSAILLON QUI REVIENT DE LOIN

On ignore généralement que le convoi qui avait à sa tête la frégate amirale La Méduse *(celle dont le radeau a été immortalisé par le peintre Géricault) était en fait composé de 5 vaisseaux, dont 4 arrivèrent tout de même à bon port à Saint-Louis du Sénégal. Sur l'un d'eux se trouvait un jeune homme qui devint célèbre en découvrant Tombouctou : René Caillié. Âgé d'à peine 17 ans, il s'était fait engager comme moussaillon à Rochefort. Il fut le 1er Européen à séjourner à Tombouctou et à en revenir vivant.*

banc d'Arguin (à hauteur de l'actuel parc d'Arguin, en Mauritanie)... Le gouverneur Schmaltz est parmi les rescapés et il peut gagner son poste. Il ne brillera guère dans ses fonctions.

Puis tout s'accélère : en 1854, ***Faidherbe*** est nommé à Saint-Louis gouverneur du Sénégal, poste qu'il occupe pendant une dizaine d'années. Sous son impulsion, la colonisation est lancée et elle va très rapidement prendre de l'ampleur. Faidherbe repousse l'offensive des Toucouleurs qui ont lancé le djihad sous l'autorité de ***El Hadj Oumar Tall,*** et établit une base militaire loin sur le fleuve Sénégal, à Médine (région de Kayes, Mali actuel). Le *damel* du Kayor, Lat Dyor, cherche bien à résister lui aussi, mais le chemin de fer reliant Saint-Louis à Dakar, inauguré en 1885, est l'arme fatale qui finit d'abattre la résistance de ses troupes. La ville de Dakar est fondée, les forts militaires sur le fleuve Sénégal se multiplient et les maisons de commerce, de plus en plus nombreuses, prospèrent : c'est l'âge d'or des huileries. Faidherbe crée également le régiment des Tirailleurs sénégalais. Loin d'être tous des Sénégalais, les soldats appartenant à ce corps combattront pour la France sur de très nombreux fronts jusqu'à la fin des années 1950 et seront bien mal récompensés puisque leurs pensions, bien souvent, ne seront pas versées après les indépendances.

Le Sénégal est alors le fer de lance de l'armée française pour la colonisation de l'Afrique de l'Ouest, du « Soudan » (en gros le Mali actuel) jusqu'au Dahomey (Bénin actuel) et au Tchad en passant par le Niger. ***En 1895, l'Afrique occidentale française (AOF) est constituée, avec Saint-Louis-du-Sénégal comme capitale,*** avant que Dakar ne prenne le relais. En Casamance, Ziguinchor, de portugaise, devient française, et toute la région, malgré une vive résistance des Diola, est bientôt sous le contrôle du colonisateur français, à l'exception de l'enclave de la Gambie, dont les frontières sont définitivement fixées avec les Anglais en 1889. Le Sénégal n'est donc qu'une partie de l'immense AOF (4 600 000 km^2 environ), mais pas la moindre. Cette façade atlantique de l'Empire est même perçue comme la plus « avancée » de l'AOF car elle est riche d'une élite francisée et abrite la capitale, ainsi que 4 communes françaises de plein exercice (Dakar, Gorée, Rufisque et Saint-Louis), dont les habitants sont des citoyens français.

L'indépendance

Le 4 avril 1960, le Sénégal devient juridiquement indépendant, mais dans le cadre de la Fédération du Mali, dont la capitale est Dakar. Cette tentative de fédération englobant, à partir de décembre 1958, les anciens « morceaux » de l'AOF – Soudan français (Mali actuel), Haute-Volta (Burkina Faso), Dahomey (Bénin) et Sénégal, puis le Sénégal et le Soudan français seuls – est un échec. La Côte-d'Ivoire reste à l'écart, car elle ne veut pas « payer » pour les pays les plus pauvres, et la France est opposée à ce projet. Le 20 août 1960, le Sénégal proclame son indépendance, suivi par le Soudan. La Fédération vole en éclats. ***Léopold Sédar Senghor*** devient président de la République le 5 septembre, après l'adoption d'une nouvelle Constitution. En décembre 1962, Mamadou Dia (1911-2009), alors président du Conseil, est partisan d'une rupture franche avec l'ancienne colonie, mais Senghor et la France ne l'entendent pas de cette oreille : Dia est accusé de tentative de coup

L'AFRIQUE EN 1945 ? UNE GRANDE COLONIE EUROPÉNNE

Eh oui, récemment encore, l'Afrique ne comptait que 4 pays indépendants : l'Union sud-africaine (qui deviendra l'Afrique du Sud), l'Égypte, l'Éthiopie et le Libéria. Tous les autres États étaient des colonies subordonnées au bon vouloir des nations européennes. Les années 1960 verront le glas de cette soumission.

d'État. Condamné à la prison à perpétuité, il ne sera libéré qu'en 1974. Une nouvelle Constitution instituant un régime présidentiel (sans président du Conseil) est approuvée en 1963.
En 1981, ***Abdou Diouf,*** longtemps Premier ministre de Senghor, devient le 2e président de la République du Sénégal. Il est réélu en 1988 et en 1993 malgré d'importantes tensions sociales générées par la dégradation de la situation économique, tandis que la ***Casamance*** est agitée, à partir de 1982, par une rébellion armée menée par le Mouvement des forces démocratiques de la Casamance (MFDC). Lire à ce sujet « Histoire » dans l'introduction du chapitre « La Casamance ».

2000-2012, les années Wade

Une réforme constitutionnelle permet à M. Diouf de briguer un nouveau mandat en l'an 2000. Mais c'est le libéral Abdoulaye Wade – qui se présente pour la 4e fois – qui est élu. Après l'habituel état de grâce, la désillusion de la population devient vite perceptible, les uns regrettant que l'amélioration des conditions de vie promise par Wade se fasse toujours attendre, les autres déplorant une certaine dérive des hautes sphères du pouvoir, genre culte de la personnalité, ou encore un effritement de l'esprit de laïcité qui caractérisait le Sénégal, vu l'influence des mourides au plus haut niveau de l'État.
Pourtant, les élections présidentielles de 2007 voient Wade triompher facilement, dès le 1er tour, face à 14 adversaires dont son ancien Premier ministre, Idrissa Seck. Le « Vieux » a frôlé les 56 %... Il est vrai qu'il avait, pendant la campagne, promis à tour de bras, allant par exemple jusqu'à annoncer une... centrale nucléaire en pleine Casamance ! L'opposition dénonce des fraudes et décide de boycotter les législatives de 2007. Avec moins de 40 % de participation, elle est écoutée, au moins en partie. En 2009, pour les élections locales, changement de stratégie. 35 partis et organisations de la société civile s'unissent en une coalition, Benno Siggil Senegal, qui remporte la victoire dans la plupart des grandes villes du pays (Dakar, Saint-Louis, Thiès, Kaolack). Le parti au pouvoir, le PDS, reste cependant très bien implanté dans les zones rurales, ce qui lui permet de garder de nombreux conseils régionaux.

2012 : changement de style

S'il faut bien reconnaître chez Wade un « animal politique » hors du commun (on l'a souvent surnommé *Ndiombor,* le « lièvre »), il est plus difficile de s'accorder sur ses réussites effectives. Le Sénégal a reculé, ces dernières années, au classement du PNUD selon l'Indice de développement humain. Et sa gestion parfois brouillonne des dossiers, des dépenses inconsidérées et peu populaires, symbolisées par le très controversé « monument de la Renaissance africaine » à Dakar, ses relations difficiles avec l'opposition et la presse, voire avec les membres de son propre camp (tombant parfois en disgrâce aussi vite qu'ils étaient montés en puissance) en faisaient quelqu'un d'imprévisible. Ultime pied de nez : la candidature de Wade aux élections présidentielles de 2012, validée par le Conseil constitutionnel, alors qu'il avait lui-même réformé la Constitution pour empêcher la possibilité d'un 3e mandat présidentiel. Des émeutes éclatent, à l'initiative du ***Mouvement du 23 juin (M23),*** ainsi nommé pour rappeler les émeutes du 23 juin 2011, le jour où Wade avait annoncé un projet de loi (non adopté) qui lui aurait permis d'être élu avec 25 % des voix au 1er tour. Résultat des urnes : si Wade arrive bien en tête devant son ancien Premier ministre ***Macky Sall,*** il n'a pas de réserves de voix, les 11 autres candidats se rangeant derrière son rival. Le 2d tour n'est qu'une formalité pour Macky Sall, qui l'emporte avec ⅔ des suffrages.
Né en 1961, ingénieur géologue de formation, Macky Sall fut Premier ministre de 2004 à 2007, puis président de l'Assemblée nationale de 2007 à 2008. Tombé en disgrâce, il avait quitté le PDS pour créer son parti, l'Alliance pour la

République. Surnommé par certains *Niangal Sall* (« Sall le sévère »), il forme un gouvernement restreint de 25 membres, issus de son propre parti mais aussi des partis de la coalition anti-Wade, qui remporte la même année une large majorité lors des élections législatives.
Relance des investissements dans les infrastructures (routes, électrification, etc.), extension de la couverture maladie, baisse des déficits... Les premiers résultats du nouveau président semblent plutôt positifs mais n'empêchent pas les ***élections législatives de juillet 2017*** de se tenir dans un climat tendu. Si le parti du président sort finalement vainqueur, remportant 125 sièges sur 165, le déroulement du scrutin connaît plusieurs ratés et l'opposition accuse le pouvoir de trucage, d'autant que l'un des principaux opposants au président, ***Khalifa Sall*** (aucun lien de parenté), par ailleurs maire de Dakar, passe les élections sous les verrous, poursuivi pour détournement de fonds publics. Ses défenseurs dénoncent un procès politique visant à disqualifier un rival potentiel aux élections présidentielles de février 2019, aucun enrichissement personnel n'ayant pu être prouvé. Alors qu'il a été élu député depuis sa prison, en juillet 2017, Khalifa Sall a été condamné à 5 ans de prison.

MARABOUTS

De toute évidence, il ne s'agit pas ici du « grand oiseau des marais d'Afrique, dont l'attitude fait penser à un moine en prière » (dixit *Le Petit Robert*), que vous apercevrez peut-être lors de balades dans les parcs naturels. Mais voici 2 explications non exhaustives concernant le « marabout » qui nous intéresse ici : en arabe du Maghreb, *al-murâbit* signifie à la fois « ermite » (en prière), « saint populaire » ainsi que son « tombeau » donnant lieu à pèlerinage, mais aussi « religieux conquérant » (*al-mourãbit* signifie en arabe « celui du *ribat* » ou « celui qui habite le monastère fortifié », un moine-soldat en quelque sorte).
2e possibilité, pas incompatible puisque le mot a la même étymologie : les 1ers colons portugais installés en Afrique de l'Ouest désignaient par *moràbitos* les représentants de l'islam propagé par les Almoravides, aussi bien dans la péninsule Ibérique qu'en Afrique de l'Ouest. Quand, ultérieurement, les Français s'installèrent au Sénégal, ils se contentèrent de franciser le terme, ce qui donna « marabout ». Depuis, le mot a fait un peu de chemin, ou plutôt, il s'est adapté au contexte...

MARABOUTS CADILLAC

Les marabouts mourides, enrichis grâce au commerce de l'arachide, roulent généralement en grosse voiture, d'où le surnom de « marabouts Cadillac ». Bon, aujourd'hui, le progrès aidant, ils se déplacent surtout dans de gros 4x4 rutilants, mais l'expression est restée. Prestige de la marque : après tout, leurs consœurs togolaises ou béninoises qui ont réussi dans le commerce des tissus sont bien appelées « Mama Benz » !

Au Sénégal, on distingue 3 sortes de marabouts.
– ***Les marabouts animistes :*** en Casamance, on les consulte pour un oui ou pour un non, pour se préserver des influences maléfiques ou de la maladie, mais aussi pour rencontrer chance et amour. Quand l'un d'entre eux atteint une réputation tenue pour irréfutable, la nouvelle vole aussi vite que le message transmis par le *bombolong* (le tam-tam), on accourt de loin, on fait la queue comme chez le dentiste... Ici, le titre de marabout a remplacé celui de fétichiste, sorcier ou jeteur de sort, mais la fonction est la même : le marabout communique avec la nature et recherche l'unité naturelle des choses et des êtres pour en déceler l'esprit global. Dans cette catégorie, les vrais marabouts ne réclament pas d'argent, mais acceptent les offrandes... après résultats. Ils sont donc assez sûrs de leur pouvoir.
– ***Les marabouts religieux :*** musulmans, leur pratique s'inspire, en principe, des préceptes du Coran. Certains sont à la tête de confréries religieuses, d'autres d'un

village, d'un quartier ou tiennent des écoles coraniques (7 ans d'études par cœur et d'exégèses). Ils hébergent alors des enfants, les talibés, souvent des orphelins, qui suivent les cours et qui, en général, sont tenus de mendier leur nourriture. Ne vous étonnez pas de les voir, le crâne rasé, se tenir près de certains restos ou au milieu de la circulation, une boîte de conserve à la main : elle est destinée à récupérer les restes des repas. Mais il arrive aussi que le statut du talibé ressemble à celui de l'esclave (mauvais traitements, éducation délaissée au profit de tâches humiliantes ou méprisées, mendicité pour le compte de l'enseignant, etc.). Parfois aussi, les parents abandonnent leur très jeune enfant ou tirent parti de cette mendicité. Cela dit, en général, les disciples font preuve d'une infinie déférence à l'égard de leur « maître spirituel ». Dans les villes, ce sont des notables dont les avis sont pris très au sérieux.
Les grands marabouts religieux, du moins les plus riches, occupent une place de plus en plus importante dans la vie politique du Sénégal (voir, plus loin, la rubrique « Religions »). Ils sont souvent bien nourris, habillés de riches vêtements, les *basins,* et affichent ostensiblement leur richesse (ils ont autant de maisons que d'épouses – il leur arrive même de dépasser le nombre de 4 conseillé par le Coran).
– ***Les marabouts ficelles :*** les déviants des 2 précédentes catégories ; on veut dire les charlatans qui ne voient que le côté financier de la situation.

MÉDIAS

Le Sénégal a souvent été considéré comme l'un des pays africains les plus respectueux de la liberté de la presse. Les journalistes sénégalais ont pensé que l'avènement du président Wade en 2000 ouvrirait une ère de liberté pour les médias. Si le paysage audiovisuel s'est bien libéralisé, les attentes des journalistes de pouvoir librement traiter de tous les sujets ont été déçues.
Il reste dangereux d'évoquer certaines affaires de corruption touchant le chef de l'État et son entourage, ou de critiquer trop ouvertement la pratique politique du président, y compris de façon satirique. La police, la justice ou les instances de régulation réagissent alors immédiatement, parfois même brutalement. Les mises en demeure et les procès pour diffamation se sont multipliés. Les menaces physiques, la censure déguisée, le brouillage volontaire des ondes ou des sites d'informations ont été fréquents. Dans ce climat de liberté sous surveillance, certains titres sont prêts à tout pour vendre de la copie, et la presse à scandale fait florès.
Élu en 2012, le président Macky Sall s'est publiquement déclaré pour la « dépénalisation des délits de presse », mais à ce jour, des journalistes continuent d'être emprisonnés.

Votre TV en français : TV5MONDE, la première chaîne culturelle francophone mondiale

Avec ses 11 chaînes et ses 14 langues de sous-titrage, TV5MONDE s'adresse à 320 millions de foyers dans plus de 190 pays du monde par câble, satellite et sur IPTV. Vous y retrouverez de l'information, du cinéma, du divertissement, du sport, des documentaires...
Grâce aux services pratiques de son site voyage • *voyage.tv5monde.com* •, vous pouvez préparer votre séjour et une fois sur place rester connecté avec les applications et le site • *tv5monde.com* • Demandez à votre hôtel le canal de diffusion de TV5MONDE et contactez • *tv5monde.com/contact* • pour toutes remarques.

Radio

Les radios privées sénégalaises ont acquis leurs lettres de noblesse pendant l'élection présidentielle de 2000. À l'époque, tout le monde a reconnu la grande qualité de leur travail et leur rôle primordial dans la prévention des fraudes

électorales. Ainsi, les stations annonçaient en direct les résultats des scrutins au fur et à mesure des dépouillements dans les bureaux de vote du pays. Résultat, leur audience a augmenté, et on a assisté à l'émergence d'une multitude de petites stations privées nationales ou locales. Du coup, ces radios ont gagné en puissance, notamment avec l'usage des langues locales et l'introduction d'émissions de libre antenne. Elles ont encore une fois manifesté leur vitalité à l'occasion de l'élection présidentielle de 2012. Cependant, leurs relations avec le gouvernement ne sont pas toujours faciles.
Au total, il existe aujourd'hui près de 15 radios privées commerciales et une soixantaine de radios communautaires. On peut également capter *Radio France Internationale (RFI),* la *BBC, Africa n° 1* et *Radio Chine Internationale,* en FM à Dakar et dans plusieurs villes du pays.

Télévision

Les 2 chaînes de la *Radio-télévision sénégalaise* (*RTS1* et *SN2*) proposent des programmes variés, allant du sitcom aux clips musicaux, en passant par les films français, le sport et les émissions religieuses. Mais n'escomptez pas y trouver une information de qualité : les journaux télévisés sont les vecteurs de communication du pouvoir.
En 2005, la chaîne privée *2S TV* a vu le jour. Celle-ci s'est d'abord cantonnée à des programmes « culturels » avant d'accorder peu à peu du temps à l'information, avec des débats politiques et des éditions du JT. Dans le même temps, de nouvelles chaînes privées d'information, comme *Canal Info, RDV Music* et *Sport* et *Walf TV,* la chaîne du groupe de presse Walf Fadjri, ont pu faire leur apparition, non sans problème parfois. Et en 2010, la star de la musique sénégalaise Youssou N'Dour, propriétaire du groupe de presse Futurs Médias, qui comprend la radio RFM et le quotidien l'*Observateur,* a obtenu une licence pour la télévision privée *TFM,* que l'État refusait de lui accorder depuis 2008.
On peut également recevoir plusieurs chaînes privées internationales par satellite en s'abonnant à l'un des bouquets opérationnels actuellement en service dans le pays.
En 2011, la chaîne panafricaine *Africa 7* a vu le jour à l'initiative du groupe Citizen Média Watch.
Le groupe D-Médias a lancé en 2012 la chaîne de télévision *Sen TV,* puis *Mourchid TV, Lamp Fall TV, Touba TV* (avec des programmes à dominante religieuse) et la télévision *LCS.*

Journaux

Entre une quinzaine de quotidiens (parmi lesquels *Le Soleil, Sud Quotidien, Walf Fadjri* ou encore *Le Quotidien*), 5 hebdomadaires et 3 mensuels, les Sénégalais ont le choix. La presse people a connu un essor considérable. Plusieurs titres apparus ces dernières années se consacrent exclusivement aux faits divers et aux affaires de mœurs les plus sordides, n'hésitant pas parfois à les inventer purement et simplement. Les organisations professionnelles et les autorités ont dénoncé de concert ces manquements graves à l'éthique et à la déontologie professionnelles. Mais ces journaux se vendent très bien et concurrencent dangereusement la presse d'informations générales, qui a, du coup, tendance à s'adonner au sensationnalisme, elle aussi. Des observateurs locaux estiment qu'une partie du lectorat est fatiguée des informations politiques.

Liberté de la presse

En 2004, face au tollé provoqué par l'incarcération d'un journaliste, le président Abdoulaye Wade avait promis de réformer la loi sur la presse. Un nouveau code de la presse a finalement été adopté au Conseil des ministres en juin 2017. Élu

en 2012, le président Macky Sall s'était publiquement déclaré pour la « dépénalisation des délits de presse », mais cette promesse a été abandonnée. Il est toujours possible de fermer des entreprises de presse en cas d'incitation à la haine ou au meurtre, ou en cas d'atteinte à la sécurité de l'État. S'il n'y a pas à l'heure actuelle de journalistes emprisonnés au Sénégal, quelques affaires sont encore dans les mémoires. En 2016, 3 journalistes ont été condamnés pour avoir révélé un trafic avéré de faux billets. La diffamation a été retenue contre eux. Il faut dire que l'inculpé (fils d'un célèbre musicien) avait porté plainte.
En 2015, 4 responsables et journalistes d'un groupe de presse avaient été arrêtés pour « offense au chef de l'État » : il leur était reproché d'avoir repris les informations parues dans le journal français *Le Monde* au sujet d'accusations de corruption visant l'ancien président de la Fédération internationale d'athlétisme (le sénégalais Lamine Diack).
Peu avant, l'accusation de violation du secret défense avait été retenue contre des journalistes de *L'Observateur* (appartenant au groupe de presse du chanteur Youssou N'Dour) : ils informaient sur l'envoi d'un contingent militaire sénégalais au Yémen en soutien à l'Arabie Saoudite, au sujet duquel le gouvernement ne semblait pas vouloir communiquer.
Dans un pays jugé plutôt respectueux de la liberté de la presse, ces affaires ont été considérées comme significatives et traduisent une crispation du pouvoir. En 2017, le Sénégal figurait à la 58e place dans la classement mondial de la liberté de la presse de Reporters sans Frontières.
Ce texte a été écrit en collaboration avec ***Reporters sans frontières.*** Pour plus d'informations, n'hésitez pas à contacter :

■ ***Reporters sans frontières :*** *CS 90247, 75083 Paris Cedex 02.*
☎ 01-44-83-84-84. • rsf.org •

MUSIQUE ET DANSE

« Afrique » rime avec « musique ». Cependant, il ne faut pas s'attendre à parcourir ce continent au rythme de cette musique, dont le moindre reportage vante les attraits. Ces danses et chants, qui évoquent aussitôt l'Afrique dans nos esprits, ne se produisent que lors de cérémonies bien précises, ou alors sur l'incitation mercantile de quelques organisations touristiques. En revanche, il arrive souvent que, à la nuit tombée, sur la place du village, au milieu d'échoppes, les gens dansent au son du djembé et du balafon, instruments typiques, ou écoutent le griot qui, accompagné de sa kora, chante les hauts faits de telle ou telle famille.
À la base de la vie en société presque autant que la religion, la musique occupe une place toute particulière. Très exubérante et festive, elle puise ses racines mélodieuses dans des traditions ancestrales, en ce qui concerne aussi bien le choix des instruments que celui des paroles et des sujets des chansons.

Sons pluriels

Il faut parler des musiques au pluriel. Chacune est un dialecte, et chaque instrument est accordé à son propre dialecte : 2 musiciens venus de villages voisins ne pourront pas forcément jouer ensemble. L'instrument traduit les intonations, les tons, les sons de la langue. Tout est instrument, y compris les voix de gorge, le nez pincé, les coups résonnant sur la jambe ou le ventre, ou encore l'air brusquement coincé sous l'aisselle pour émettre le son d'un pet.
La musique, comme la danse, traduit la complète communion de l'homme et de la nature. Elle sert aussi à transmettre des messages. Par exemple, avec le tambour d'aisselle, on module des sons plus ou moins hauts selon la tension des cordes (comme la parole), compréhensibles de tous. En revanche, les sons émanant des troncs percés d'une fente – la bouche – ne sont compris que des spécialistes. On ne cherche pas toujours à faire joli, on traduit simplement la vie.

L'instrument de musique revêt partout une valeur symbolique : il représente pour le spectateur sa cosmogonie, l'acte sexuel, l'accouchement ou la vie, et chacun reconnaît la valeur du moindre détail ainsi que sa signification profonde.
Vous vexerez peut-être un vrai musicien en cherchant à acheter son instrument. Si les pagayeurs disparaissent avec les moteurs, que les chasseurs sont loin dans la forêt, vous pourrez tout de même entendre souvent les chants de travail qui rythment les activités des champs (l'origine du blues !), et surtout les jeux musicaux rythmiques des enfants.
Par ailleurs, la musique ne se cantonne pas à la brousse. Dans les grandes villes, les « vieux » avaient fêté l'indépendance sur les rythmes venus de Cuba (notamment le *merengue*). Ceux-ci continuent d'ailleurs d'électriser les boîtes de nuit, à tel point qu'un groupe sénégalais (Africando) s'est taillé un beau succès en chantant en espagnol et en wolof ses propres morceaux afro-cubains. Les instruments et les sonorités de l'Amérique noire ou ceux propagés par la *world music* ont également beaucoup de succès.
– À Paris, pour aborder l'Afrique en spécialiste ès musiques, rendez-vous tous les jours sur les ondes d'Africa nº 1 (FM 107.5), pour connaître les musiciens ou les morceaux à la mode. Visitez aussi leur site, ● *africa1.com* ●, qui vous indiquera les dates de concerts des artistes africains en France et ailleurs, ainsi que les fréquences de la radio partout en Afrique.

Quelques instruments typiques

La kora

La kora, instrument à cordes (16, 21 ou 28) dont la forme rappelle celle du luth, a une sonorité proche de celle de la harpe. Sa caisse de résonance est une calebasse tendue d'une peau de chèvre.

Le balafon

L'élaboration d'un balafon est tout un art, et un beau balafon se vend très cher. Sorte de xylophone, il se compose de lames de bois de différentes tailles et épaisseurs, montées sur un châssis. Des calebasses percées de trous et disposées en dessous servent de caisses de résonance. Les lames, cuites au four, contribueront à produire des sonorités très pures et musicales. Le balafon est ensuite accordé suivant la langue du joueur, car il accompagne le plus souvent les chants de son ethnie. Dans la région, ce sont les Balantes, une petite communauté ethnique vivant au sud de l'axe Ziguinchor - Cap Skirring, qui le fabriquent (à noter que les Balantes, avec 25 % de la population, sont la 1re ethnie de Guinée-Bissau). On peut en acheter à Ziguinchor ou à Dakar.

Tam-tams

Vous ne pourrez ignorer les tam-tams, dont l'avatar moderne est le djembé. Ne serait-ce que parce que votre cousin ou votre petit-neveu vous a demandé de lui en rapporter un. Ils sont de différentes tailles : le *tama,* le plus petit, se place sous l'aisselle gauche et on le frappe de la main droite, avec une baguette recourbée. Instrument sénégalais par excellence, il est indissociable du *m'balax* et des fêtes ; le *sabar,* posé par terre ou placé entre les cuisses, donne un son plus grave. Il accompagne souvent le *tama.*
En Casamance, pas de fêtes ou de cérémonies sans le *bombolong,* un tambour de forme allongée, que l'on frappe avec 2 bâtons. On utilise aussi les tambours *bugarabus* (une batterie de 4 djembés, 2 grands et 2 petits).
Des années avant la renommée internationale d'un ***Youssou N'Dour,*** d'un ***Ismaël Lô,*** d'un ***Baaba Maal,*** d'un ***Doudou N'Dyaye Rose*** (le célèbre percussionniste de Gorée, virtuose du *sabar,* décédé en 2015) et, récemment, du groupe ***Positive***

« INDÉPENDANCE CHA-CHA »

En 1960, la plupart des pays africains devinrent indépendants presque en même temps. Pas question de reprendre les hymnes colonialistes. Les peuples s'entichèrent de cette chanson écrite par des Congolais. Partout, elle symbolisait la libération du continent noir. Peu d'Africains savaient que la musique était, elle, d'origine... cubaine.

Black Soul (précurseur du rap sénégalais), les frères casamançais ***Touré Kunda*** avaient déjà contribué à faire connaître la musique sénégalaise en France.
Formés à l'école de la rue dakaroise, ***Youssou N'Dour*** et son groupe Super Étoile faisaient des ravages dans leur pays bien avant que Peter Gabriel ne leur ouvre les portes de sa formation World Music, qui allait les « révéler », selon le terme consacré, dans le monde entier au milieu des années 1980. Depuis, Youssou, qui parlait à peine le français et encore moins l'anglais, chante et s'exprime aussi aisément dans ces 2 langues que dans la sienne, le wolof. À travers ses textes, il apparaît comme un grand frère, un guide (d'ailleurs, *Womat,* le titre d'un de ses albums, signifie « le guide » en wolof) qui prône, entre autres, le civisme auprès des jeunes. Resté fidèle à son pays où il se produit régulièrement, il y a fondé une maison de production et des studios d'enregistrement (il fait vivre près de 150 personnes !), avec pour objectif de promouvoir les jeunes talents africains. Lokua Kanza (non sénégalais) et Cheikh Lô en ont été les 1ers exemples. L'engagement en politique de Youssou N'Dour pour la présidentielle de 2012 a connu un raté puisque sa candidature, sans doute redoutée par le pouvoir, n'a pas été validée par le Conseil constitutionnel. Son opposition à l'ancien président a toutefois été récompensée, puisqu'il a occupé la fonction de ministre de la Culture et du Tourisme dans le nouveau gouvernement formé en mars 2012. Depuis septembre 2013, il est conseiller à la présidence, avec rang de ministre.
Cheikh Lô a repris le rythme du *mbalax* (prononcer « mbalakh ») cher à son maître, pour ponctuer des textes très marqués par son appartenance religieuse au mouridisme. D'ailleurs, de par son look un tantinet rasta – dreadlocks et vêtements en tissu africain assemblé façon patchwork –, il revendique son appartenance aux *baye fall,* les héritiers spirituels d'Ibrahima Fall, un disciple d'Amadou Bamba (voir, plus loin, la rubrique « Religions »).
Wasis Diop, quant à lui, est plus connu en France, où il réside, que dans son pays. Des rythmes traditionnels et contemporains accompagnent de très beaux textes à thème comme l'évocation des immigrés, des tirailleurs sénégalais, de l'unité africaine...
Bien d'autres vedettes et groupes, tels que ***Super Diamono*** (le groupe d'Omar Pène, grand rival de Youssou N'Dour), ***Xalam*** (du nom wolof du luth à 5 cordes), ***Africando*** (rythme afro-cubain), pour n'en citer que quelques-uns, n'ont pas attendu d'être consacrés par le show-biz international pour faire danser les foules, que ce soit dans les concerts ou les discothèques.
Allez, à vous de jouer ! Essayez d'apprendre cette danse sexy qu'est le *mbalax* sur un morceau de Youssou N'Dour ou de Super Diamono. Il y a quelque temps, une danse encore plus sexy a fait fureur dans les boîtes : le *songama* (« attaque-moi » en wolof ; pas de commentaire, s'il vous plaît), contesté par les partisans de l'ordre moral.
Mais au Sénégal, on apprécie aussi les rythmes lascifs des musiques cap-verdiennes, ceux qui émeuvent le corps. Après tout, les « îles » ne sont pas si loin (500 km), et une importante communauté cap-verdienne est installée de longue date dans les quartiers populaires de Dakar. Quand les mélodies s'échappent de leurs habitations, c'est comme si elles venaient vous prendre par la taille pour vous entraîner dans un *funana* irrésistible (une des danses de là-bas) ou une salsa tout aussi électrisante.
De manière plus générale, les auteurs sénégalais, comme leurs homologues d'Afrique de l'Ouest, sont de plus en plus attirés par une sorte de syncrétisme

musical qui les amène à dépasser les frontières musicales : en 2004, un Youssou N'Dour enregistre *Égypte,* un album inspiré par les influences orientales. La salsa sénégalaise mélange *mbalax* et salsa cubaine. À l'opposé, un groupe comme le ***Kora Jazz Trio,*** composé de 2 Sénégalais (Abdoulaye Diabaté au piano et Moussa Cissoko aux percussions) et d'un Guinéen (le joueur de kora Djeli Moussa Diawaré, demi-frère de Mory Kanté), illustre une tendance plus occidentale, celle de l'afro-jazz. La musique malienne est également très populaire, ainsi que le coupé-décalé ivoirien (très tendance dans les boîtes) et la musique zaïroise.
Enfin, pour entendre l'une des plus belles applications que l'on connaisse de la kora, le bon plan est d'assister aux offices du monastère de Keur Moussa (voir « Dans les environs de Rufisque »), où elle est même associée au djembé. Pas besoin d'être croyant pour apprécier.

PÊCHE SPORTIVE

Les côtes de l'Afrique occidentale sont très poissonneuses et propices à la pêche. En effet, elles sont le point de rencontre des courants chauds équatoriaux et des eaux froides des Canaries. De nombreux clubs spécialisés dans la pêche sportive, aux tarifs certes élevés, ont pignon sur plage. La haute saison pour la pêche sportive s'étend de mai à novembre, car l'ensoleillement y est maximal. Plusieurs types de pêche sont pratiqués selon les régions : pêche au lancer, dite *surf-casting,* à la traîne, au gros. Les passionnés du moulinet ou de la canne comme les amateurs de poisson frais seront donc particulièrement bien accueillis. On trouve : espadons, thons, thiofs, capitaines, barracudas, carangues, merlus, carpes rouges et perroquets... Bientôt, morts ou vifs, ils n'auront plus de secrets pour vous !

PERSONNAGES

– ***Cheikh Amadou Bamba Mbacké*** *(1853-1927)* **:** issu d'une illustre famille de marabouts lettrés et solidement formé à la *qadria* (la 1re confrérie musulmane), ce religieux magnétisait les foules. Le pouvoir colonial, très inquiet d'une telle popularité dans une région où la production et l'exportation d'arachides rapportaient gros, l'accusa de préparer une guerre sainte et le fit exiler au Gabon en 1895. Évidemment, la sanction et les 7 ans que dura l'absence de Bamba renforcèrent son prestige et apportèrent une légitimité supplémentaire au mouridisme naissant. Après un 2d exil en Mauritanie, les autorités françaises le laissèrent à peu près tranquille (enfin, on le plaça en résidence surveillée...). Depuis sa mort, ses descendants se succèdent en tant que « califes » des mourides.
– ***Cheikh Anta Diop*** *(1923-1986)* **:** à la fois historien (thèse de doctorat sous la direction de Marcel Griaule) et scientifique (spécialiste de physique nucléaire), il s'est rendu célèbre en soutenant dans ses travaux que l'Égypte antique était peuplée de Noirs, et que la langue et la culture égyptiennes s'étaient ensuite lentement diffusées en Afrique, constituant le creuset dont les différentes cultures africaines sont redevables. Engagé pour l'indépendance du Sénégal, il s'est révélé un opposant à la politique du président Senghor. Son nom a été donné à l'université de Dakar.
– ***Blaise Diagne*** *(1872-1934)* **:** né à Gorée, l'une des 4 communes du Sénégal à avoir le statut de commune française, cet ancien fonctionnaire des douanes dans les colonies a été le 1er député africain élu à l'Assemblée nationale, en 1914. Sous-secrétaire d'État aux Colonies, il fut, pendant la Première Guerre mondiale, un actif propagandiste en faveur du recrutement de soldats de l'empire colonial dans l'armée française.
– ***Abdou Diouf*** *(né en 1935)* **:** gouverneur de la région du Sine Saloum à seulement 25 ans, il succède à Senghor en 1981 comme président de la République du

Sénégal. Dans la continuité de son illustre prédécesseur, il maintient le cap de la démocratie et entreprend une politique de libéralisation (dévaluation du F.CFA en 1994), mais il est battu par Wade en 2000. Il prend alors la tête de l'Organisation internationale de la Francophonie (OIF) en 2002. Ses plus hautes fonctions ne l'empêcheront pas de subir une fouille au corps à son arrivée au Canada en 2006, donnant lieu à un incident diplomatique entre les 2 pays !

– ***Ousmane Sembène*** *(1923-2007)* **:** né à Ziguinchor, ce militant infatigable de la cause des hommes et des femmes fut tirailleur (sénégalais !), docker à Marseille, romancier (voir « Livres de route » dans « Sénégal utile », en début de guide), puis cinéaste (on lui doit le 1er long-métrage négro-africain, *La Noire de...*, en 1966). Tantôt célébré, tantôt censuré, on retient tout particulièrement dans son œuvre *Le Mandat* (1968), adapté de son propre roman et considéré comme son chef-d'œuvre, et *Mooladé* (2003), vigoureux réquisitoire contre l'excision.

– ***Léopold Sédar Senghor*** *(1906-2001)* **:** né à Joal dans une famille catholique, il accomplit la plus grande partie de ses études en France, décrochant l'agrégation de grammaire et se destinant à l'enseignement et à la littérature (il reprend le concept de « négritude » forgé par son ami Aimé Césaire). Il se lance dans la politique après la Seconde Guerre mondiale et fonde le Bloc démocratique sénégalais. Député, puis maire de Thiès (1956), c'est lui qui prend les rênes du Sénégal en 1960. Il démissionne en 1980, avant la fin de son 5e mandat, et se retire dans sa demeure de Normandie. Il est le 1er Africain élu à l'Académie française, en 1983. L'absence de hauts représentants français à ses obsèques, fin décembre 2001, fut perçue par les Sénégalais comme un outrage.

– ***Ousmane Sow*** *(1935-2016)* **:** un des grands sculpteurs contemporains, kinésithérapeute de formation, dont l'œuvre puissante, inspirée aussi bien par l'Afrique (séries nouba, massai, zoulou, peul) que par des figures universelles (Hugo, Gavroche), est mondialement connue.

– Parmi les personnalités françaises d'origine sénégalaise, une mention spéciale pour l'acteur ***Omar Sy*** (né en France en 1978). Il s'est d'abord fait connaître par son duo avec Fred et les sketchs décalés du *Service après-vente (SAV)* sur Canal+. Mais c'est le film *Intouchables* en 2011 (2e plus gros succès du cinéma français) qui révèle réellement ses talents d'acteur (et de danseur !) et le propulse sur le podium des personnalités préférées des Français. Et ça, c'était avant qu'il soit césarisé !

– Clin d'œil enfin à l'acteur ***Richard Bohringer*** (né en 1942), qui possède la nationalité sénégalaise depuis... 2002. Quant à ***France Gall*** (1947-2018), elle avait ouvert un restaurant vers la pointe des Almadies, à Dakar.

POPULATION

« Les racistes sont des gens qui se trompent de colère. »

Léopold Sédar Senghor

Selon le recensement de 2013, le Sénégal compte 13,5 millions d'habitants, avec un taux annuel de croissance de plus de 2,5 % (soit un accroissement annuel de plus de 350 000 nouveaux petits Sénégalais). Le niveau de fécondité reste élevé : en moyenne, chaque Sénégalaise a un peu moins de 5 enfants. Les moins de 14 ans représentent 43 % de la population, et l'espérance de vie à la naissance est d'environ 65 ans. L'agglomération de Dakar, avec plus de 3 millions d'habitants, concentre à elle seule environ 25 % de la population. Viennent ensuite, par ordre d'importance, les agglomérations de Thiès (274 000 habitants), Kaolack (186 000), Mbour (181 800), Saint-Louis (180 000), Ziguinchor (170 000) et Rufisque (162 100). La population reste en majorité rurale, puisque 55 % des Sénégalais vivent en dehors des villes.

Ethnies

Carrefour géographique, le Sénégal est aussi un carrefour humain, où les peuples n'ont cessé de circuler au gré des migrations. C'est pourquoi la république est composée d'un kaléidoscope d'ethnies (on en dénombre 22), la plupart mêlées mais révélant encore d'importantes caractéristiques qui rendent ô combien intéressante la visite du pays.

– ***Les Wolofs :*** l'ethnie la plus importante du Sénégal sur le plan démographique, avec plus de 40 % de la population (les estimations varient selon les sources, comme pour toutes les ethnies au Sénégal). Les Wolofs sont aussi les plus influents sur les plans socio-économique et culturel. Enfin, plus de 80 % des Sénégalais parlent le wolof comme 1re ou 2e langue.

Principalement concentrés dans les grandes zones urbaines où ils deviennent fonctionnaires ou commerçants (quelquefois les deux !), les Wolofs se répartissent traditionnellement de la région de Saint-Louis jusqu'au sud de Dakar, en passant par Touba, Diourbel et Thiès. Mais on les retrouve également dans le Sine Saloum, du côté de Fatick et de Kaolack, ex-grand port arachidier. En fait, c'est la région de l'arachide et du mil, dont ils étaient les grands spécialistes.

LA PARENTÉ À PLAISANTERIE, C'EST DU SÉRIEUX !

Le phénomène de la parenté (ou cousinage) à plaisanterie est étonnant. Si vous entendez 2 personnes qui se mettent tout d'un coup à s'invectiver, en se traitant de voleurs ou pire, il s'agit souvent de « cousins à plaisanterie ». Certains sont autorisés à se moquer ou à s'insulter sans que cela prête à conséquence : cette pratique cathartique, fondée sur des liens ancestraux entre ethnies, est ritualisée et permet, dit-on, de prévenir les conflits.

Même s'ils n'ont été acquis que très lentement et tardivement à l'islam, aujourd'hui les Wolofs sont musulmans à 95 %, en grande partie membres de la confrérie des mourides. En même temps, leurs croyances préislamiques sont restées profondément ancrées dans leurs mœurs, comme la crainte des sorciers et des génies (les djinns) d'une part, bienveillants ou malveillants, et, d'autre part, le rattachement à un totem symbolisé aussi bien par un ancêtre que par un animal. Certains djinns errent dans la brousse et peuvent se manifester n'importe quand. Pour les amadouer ou pour se préserver des maléfices qu'ils peuvent apporter (maladies notamment), les Wolofs portent au cou, au bras ou à la taille des amulettes et gris-gris en tout genre, prescrits par leur marabout, et leur adressent offrandes et sacrifices sur un autel familial consacré à cet effet.

Autrefois, les royaumes wolofs vivaient sur le modèle d'une structure de castes très hiérarchisée. Au sommet de la pyramide trônait le souverain, le *damel* ; en dessous, l'ordre des *gor,* composé des *diambour,* les notables, et des *garmi,* les familles princières, les nobles et les *badolo,* les paysans. En dessous des *gor* venait l'ordre des gens de caste ou *nyenyo,* tous artisans à la spécialisation héréditaire (griots, forgerons, tisserands, cordonniers, sculpteurs sur bois...). Méprisés et redoutés par l'ordre supérieur mais néanmoins indispensables... Tout en bas de cette hiérarchie se trouvaient les *diamés,* les esclaves. Cette subdivision a bien sûr disparu, mais les traditions sont tenaces, les familles nobles jouissent toujours de privilèges et la tradition de la spécialisation professionnelle persiste, car, par l'obligation d'endogamie, on est toujours griot, forgeron, tisserand ou sculpteur de père en fils.

Si vous êtes féru de contes et de légendes, de maximes et de proverbes, sachez que le griot wolof est réputé pour son talent de conteur et d'orateur, voire d'acteur. On vous conseille vivement de vous plonger dans *Les Contes d'Amadou Koumba* (un griot justement) de Birago Diop, éd. Présence africaine (réédition 2004), ainsi que dans les *Contes wolofs du Baol,* de J. Copans et P. Couty, éd. Karthala (2000).

– ***Les Lébous :*** parents des Wolofs (à tel point que certaines statistiques les assimilent à ces derniers) ; en fait, ce sont des dissidents des Wolofs du Cayor qui, après un ras-le-bol de leur tyrannique souverain, ont choisi au début du XIXe s de faire cavalier seul. Ils occupent la presqu'île du Cap-Vert, en particulier Yoff et ses environs, et appartiennent dans leur majorité à la confrérie des Layènes (la 4e par ordre d'importance).

Beaucoup d'entre eux vivent d'agriculture et sont de fantastiques pêcheurs dont la témérité en mer fait toujours la renommée. Leurs frêles embarcations, creusées dans le tronc des fromagers, sont reconnaissables aux deux longues cornes qui y sont fixées et qui servent à conjurer le mauvais sort.

– ***Les Sérères :*** principalement installés sur la Petite Côte et dans le Sine Saloum côtier, mais aussi dans la région de Thiès (ils représentent 16 % de la population). Ils auraient fui, vers le XIIe s, la région du fleuve par refus d'islamisation.

Sur le plan religieux, on pourrait les définir comme animistes christianisés en cours d'islamisation (le temps les rattrape !). Ils représentent toujours la 2de communauté catholique du pays. Les fétiches tiennent une place importante dans leur vie : on dépose au pied des arbres où ils vivent moult offrandes. Ne vous étonnez donc pas, lorsque vous passerez par là, de ces petits tas de pierres, de brindilles, d'objets divers, posés ici et là. Les Sérères adorent les fêtes : funérailles, circoncision, travaux des champs...

Ils ont la réputation d'être d'excellents cultivateurs de mil, d'arachide et de riz ; une partie d'entre eux, les Niominkas, sont pêcheurs ou paludiers.

Si le mode hiérarchique de type féodal, à l'instar des Wolofs, caractérise l'organisation de leur société, il est quand même moins strict, et les castes plus floues. Cela dit, il était en vigueur au moins jusqu'au début de l'indépendance du pays.

– ***Les Peuls :*** environ 13 % de la population du Sénégal. Ce sont historiquement des nomades. Ils sont ainsi une bonne douzaine de millions à transhumer à travers une quinzaine de pays d'une rive à l'autre au sud du Sahara. En gros, le Sahel est leur terrain de prédilection, un territoire sur lequel ils nomadisent avec leurs immenses troupeaux de bovins. Quand ils se sédentarisent, certains d'entre eux deviennent cultivateurs ou commerçants. Leur langue est le *pulaar.* Au Sénégal, les Peuls sont souvent appelés *halpulaar,* c'est-à-dire « ceux qui parlent le pulaar ». Au Sénégal, les 1res traces de leur existence apparaissent au XIe s, lors de la fondation du royaume du Tekrour par les Toucouleurs, eux-mêmes métissés de Sérères noirs et de Peuls Sarakholés clairs.

De nos jours, on les retrouve un peu partout dans le pays mais plus particulièrement dans l'Est. La religion musulmane leur permet de se métisser facilement avec d'autres ethnies. Néanmoins, les nomades et les sédentaires ne se mélangent pas et constituent des formes sociales différentes. Pour le nomade, l'unité de base est la famille. D'abord réfractaires à l'islam, les Peuls n'ont pas hésité à prendre les armes pour le combattre, mais une fois convertis (surtout les sédentaires), ils en sont devenus des propagateurs zélés. Comme les autres ethnies islamisées, ils font cohabiter les superstitions et les rites ancestraux avec leur nouvelle religion et cumulent toutes les fêtes. Le retour des troupeaux est sujet à des festivités d'une splendeur indescriptible. C'est à cette occasion que jeunes garçons et filles vont se choisir au cours d'une danse rituelle de séduction.

La transmission orale des traditions et des légendes est très importante chez les Peuls. Enseignée auprès des adolescents par les chefs, elle véhicule l'histoire du peuple, ses exploits, ses rites et des vertus comme le courage et l'accueil à travers les épopées des anciens.

Leurs troupeaux sont sacrés puisque, à la base, l'élevage est leur mode d'existence. C'est autour du zébu, qui confère un prestige social dont ne bénéficie pas le sédentaire, que s'est tissée toute leur tradition orale. Les Peuls ont pendant longtemps pratiqué l'endogamie (mariage entre eux), de peur de voir se disperser les troupeaux. Les vaches sont leur richesse essentielle : on ne les vend pas, on les laisse en héritage aux enfants. Pour le troupeau, composé également de moutons, il est nécessaire de rechercher continuellement des pâturages afin de l'engraisser et de bien vendre les bêtes au marché. En échange, ils se procureront des produits indispensables à leur subsistance et à leur culture : calebasses pour le lait des vaches, tissus, cuir et laiton pour les gris-gris et amulettes, mais surtout bijoux pour les parures : fondamentales ! La beauté des femmes et des hommes peuls est encensée dans toute l'Afrique de l'Ouest et perpétuée par des concours de beauté.

– ***Les Toucouleurs :*** issus vraisemblablement d'un métissage entre Peuls et Sarakholés (ces derniers sont plus connus, hors du Sénégal, sous le nom de Soninkés ; ils vivent, pour la plupart, au Mali et en Mauritanie, mais quelques centaines de milliers sont établis au Sénégal, dans le nord-est du pays). À l'époque du royaume du Tekrour (IXe s), les Toucouleurs, qui représentent 10 % de la population, occupent principalement la vallée du fleuve Sénégal. Ils furent également les zélés propagateurs de l'islam. De tradition nomade comme les Peuls, les Toucouleurs émigrent volontiers (il existe une communauté relativement importante en France).

– ***Les Diola :*** on les trouve essentiellement en Casamance (et dans les pays limitrophes tels que Gambie et Guinée-Bissau), mais aussi dans les grandes villes. Ils représentent 10 % de la population sénégalaise. Majoritairement animistes et/ou chrétiens, ils ont pendant longtemps résisté farouchement à l'influence musulmane de leurs plus proches voisins, les Malinkés du groupe mandingue. Pour l'animisme et les aspects culturels, se reporter au chapitre « La Casamance ».

– ***Les Mandingues :*** ils sont présents à travers toute l'Afrique de l'Ouest. Plusieurs ethnies comme les Bambaras, les Sossés ou les Malinkés s'y rattachent. Au Sénégal, ce sont surtout les Malinkés que l'on rencontre, dans toute la région de Tambacounda et du Sénégal oriental, ainsi qu'en Casamance. Originaires des bords du Niger, les Mandingues conquirent la haute Casamance puis la moyenne, où ils se heurtèrent à la farouche résistance des Diola. C'est à travers leurs guerres de conquête et, plus tard, par leurs fonctions d'agents de l'administration française que les Mandingues, fervents musulmans, jouèrent un rôle important dans la propagation de l'islam. Avec la colonisation, les guerriers sont devenus des producteurs (d'arachides principalement), et les femmes ont dû assurer les tâches ménagères tout en continuant à travailler dans les rizières. Bien que les tâches soient réparties entre les sexes et les classes d'âge, les femmes mandingues sont reléguées à une place secondaire et sont dans toute la société sénégalaise les plus mal loties. Il s'agit d'une société strictement hiérarchisée où ni les femmes ni les jeunes n'ont droit à la parole.

– ***Les Bassari :*** hommes de la brousse, ils vivent à cheval sur la frontière guinéenne, au sud du parc de Niokolo Koba, à l'ouest de Kédougou. Ils se nomment eux-mêmes « Belyan », ce qui signifie : « ceux de la latérite ». Ils sont certainement arrivés par l'est, fuyant, à l'instar des Bédik, leurs voisins, la persécution des Peuls qui voulaient les islamiser. Du coup, ils se sont établis sur les contreforts du Fouta-Djalon. Ils vivent en cultivant le mil et le maïs, pratiquent la cueillette (fruits, feuilles de fromager...) ainsi que la chasse. Les forgerons fabriquent armes et outils.

Mais ce qui fait leur force et leur rayonnement, c'est d'avoir su conserver, malgré les assauts du progrès, leurs mythes, leurs rites, et cette immense ferveur qui accompagne leurs cérémonies.

Leur fête d'initiation est encore très suivie. Elle se déroule en général au printemps et pendant les vacances scolaires, de manière à permettre aux jeunes Bassari étudiant à Dakar désireux

UN JEU DE SEPT FAMILLES

Parmi les nombreuses singularités de la culture bassari, les noms de famille : il n'y en a que 7 et ils commencent tous par la lettre « B ». À noter que pendant longtemps, le nom de famille s'est transmis par la mère. De même, les prénoms, avec un choix de 9 pour les garçons et 9 pour les filles, sont toujours attribués dans le même ordre. Au 10e enfant du même sexe, on reprend la liste au début !

de s'initier, de pouvoir le faire. Si vous vous trouvez dans le coin en mai, vous aurez une petite chance... Mais les cérémonies n'ont pas lieu tous les ans, ça dépend du nombre d'enfants à initier (voir le paragraphe consacré aux Bassari dans le chapitre « Le pays bassari et le pays bédik »).

– Enfin, d'autres petits groupes ethniques, tels que les ***Bédik,*** voisins des Bassaris, les ***Diallonkés,*** en bordure de Guinée, ou les ***Balantes,*** les ***Manjaks,*** les ***Mankagnes,*** les ***Baïnouks,*** les ***Pepels*** (vivant en Casamance, en bordure de la Guinée-Bissau), complètent la palette ethnique du Sénégal.

– Bien sûr, s'y ajoutent d'autres populations d'origine étrangère : des Cap-Verdiens, des Maures, des Maliens, des Guinéens, des Syro-Libanais, sans doute autour de 25 000, et des Européens, dont environ 20 000 Français inscrits au registre des Français de l'étranger...

Parmi ces populations non africaines établies au Sénégal, c'est la communauté chinoise qui fait le plus parler d'elle aujourd'hui. Même s'ils ne sont officiellement que quelques milliers, les Chinois prennent une part active et très visible dans la vie économique du pays : ouvriers travaillant sur les chantiers de BTP, comme ceux de la réhabilitation de stades (les entreprises chinoises raflant des marchés qui, il n'y a pas si longtemps, étaient promis aux entreprises... françaises !), mais aussi médecins venus aider leurs confrères sénégalais dans la lutte contre le paludisme ou ingénieurs agronomes dispensant des formations, notamment dans le domaine de la riziculture... Et que dire des petits commerçants ayant pignon sur rue dans les centres-ville ou dans les marchés de Dakar et même de province, capables de louer des boutiques à des prix tels que beaucoup de Sénégalais ne peuvent pas suivre... au point de provoquer de temps en temps une fronde de ces derniers qui disent se sentir comme dépossédés.

Au niveau inter-États, tout va pour le mieux : l'argent chinois tombe dans les caisses, sous forme de prêts et de subventions. De plus en plus de jeunes Sénégalais partent se former en Chine, qui fait moins de difficultés à leur délivrer des visas que certains pays européens. Quand on pense que les relations diplomatiques entre le Sénégal et la Chine n'ont été rétablies qu'en octobre 2005, après 10 ans de brouille due à la reconnaissance de Taiwan par le Sénégal...

RELIGIONS

Aujourd'hui, plus de 90 % des Sénégalais sont musulmans. Chrétiens et animistes se partagent les quelques % restants, quand ils ne sont pas un peu des deux à la fois. La religion tient une grande place dans la vie de la population. Elle renforce l'intégration et le statut d'un individu dans sa communauté. Elle permet aussi d'accepter et d'expliquer un quotidien difficile où la mort est très présente et où le moindre pépin déstabilise pour longtemps les familles qui n'arrivent pas à épargner. Les lobbies religieux sont puissants, et le poids de la tradition, surtout dans les villages, écrase celles et ceux qui seraient tentés d'avoir une vie « déviante ». Ainsi, en théorie, une jeune femme « correcte » ne doit pas sortir, danser et draguer les *gazous.* À l'âge requis, ses parents arrangent le mariage avec les parents du promis ; ils se marient, point final. Certes, les citadines ont tendance à s'émanciper, et les contraintes s'assouplissent. N'empêche. Le divorce a beau être autorisé par la loi, il est encore très mal vu et provoque la plupart du temps l'exclusion de la famille. Bien souvent, les femmes seules et un peu délurées que l'on rencontre dans les bars des grandes villes fumant une cigarette en public (c'est un signe qui ne trompe pas) ont été bannies de leur milieu.

L'islam

Depuis son arrivée, au XIe s, sur le territoire sénégalais actuel, l'islam s'est adapté peu à peu aux diverses structures sociales et mentales des groupes ethniques ou des royaumes animistes rencontrés en chemin, et il fait fortement partie de

la vie idéologique et morale de chacun. Il faut dire que grâce à ses organisations charitables et ses règles d'entraide, il n'a pas eu trop de mal à se calquer sur les habitudes africaines. Ainsi, les marabouts musulmans ont-ils réussi à adapter le fétichisme et le culte des ancêtres ; ils ont remplacé le chef et le sorcier, dont le pouvoir soudait la tribu, face aux calamités naturelles et aux affres de la vie quotidienne (voir, plus haut, la rubrique « Marabouts »). Tandis que de leur côté, les missionnaires blancs, eux, refusaient tout compromis, notamment sur la polygamie, et combattaient ces valeurs ancrées au plus profond de la culture autochtone.
Le ***ramadan,*** jeûne de 29 ou 30 jours, est suivi par tous les musulmans. Les fidèles ne mangent ni ne boivent du lever au coucher du soleil. Chaque famille se retrouve à la maison pour prier et manger. L'islam sénégalais se répartit en ***confréries*** qui correspondent à des tendances ayant vu le jour au XVIIe s, mais qui se sont cristallisées dans le contexte de la colonisation. Chacune d'elles se regroupe autour d'un marabout (ou cheikh, ou encore *serigne*), sorte de fusion entre le guide spirituel propre à l'islam et la fonction ancienne d'autorité que détenait le chef de la tribu traditionnelle. Les confréries sont quasiment devenues des institutions officielles. Ceux qui se trouvent à la tête des différentes confréries sont incontournables dans le paysage politique : difficile de gouverner sans leur soutien et leurs consignes de vote, très suivies. Ils sont reçus par le chef de l'État avec les mêmes égards que des diplomates ou des ministres étrangers.
Une suggestion amicale : n'hésitez pas à demander à quelle confrérie religieuse et à quelle ethnie appartiennent les gens avec qui vous sympathiserez. Ça leur fera plaisir et vous leur montrerez ainsi que vous vous intéressez à leur culture.
– ***La tidjanyia,*** dont le propagateur chez les Wolofs fut El Hadj Malick Sy, est d'origine toucouleur et s'inscrit dans la lignée de l'islam maure répandu au Maroc et en Mauritanie. Elle représente un tiers des musulmans sénégalais. Son principal lieu saint est Tivaouane (au nord-est de Thiès), où réside le grand khalife. Malick Sy, imprégné de culture théologique, fonde à Tivaouane, en 1902, une université populaire islamique. Mais, dans la *tidjanyia,* tout le monde n'a pas la pensée aussi débonnaire et pacifiste. Dans le Sénégal oriental, à Médina Gounas, existe une tendance rigoriste, voire « intégriste », les *omariens,* qui se réclament d'El Hadj Omar (début du XIXe s), véritable combattant de la foi contre la pénétration coloniale. Et comme les choses ne sont pas aussi schématiques, la *tidjanyia* actuelle est également pénétrée de l'influence du mouridisme, l'autre grande confrérie, notamment en ce qui concerne la valorisation du travail.
– ***Le mouridisme*** (de *mourid* : « aspirant » en arabe) a été fondé par Amadou Bamba vers la fin des années 1880, dans le Baol, la région où fut érigée la fameuse mosquée de Touba. Chaque année, le *Magal,* grand pèlerinage, y rassemble plusieurs centaines de milliers de pèlerins venus de tout le pays et même de l'étranger. Le mouridisme, de par son influence, est la confrérie musulmane la plus importante du pays et, par rapport à la *tidjanyia,* celle qui a le vent en poupe. Pour ses adeptes, Cheikh Amadou Bamba fait figure de symbole : il représente à la fois l'autorité morale, le père, mais aussi l'identité (au sens large).
Amadou Bamba, issu d'une illustre famille de marabouts lettrés très liée au roi du Cayor, et solidement formé à la *qadryia* (la voie islamique d'origine), magnétisait les foules. De surcroît, ses préférences politiques penchaient plutôt pour le nationalisme. Le pouvoir colonial, très inquiet d'une telle popularité (toutes classes confondues) dans une région où la production et l'exportation d'arachides rapportaient gros, le fit exiler au Gabon en 1895. Non mais ! Avec Malick Sy, au moins, c'était un islam « soft », ça ne gênait pas trop les affaires !... Évidemment, la sanction et les 7 ans que dura l'absence de Bamba déchaînèrent davantage les sympathies chez ses compatriotes. On ne compte plus les légendaires anecdotes qui circulent sur sa vie en exil et qui se veulent autant de preuves de sa « sainteté ».
Ce qui différencie le mouridisme de la *tidjanyia* et qui fait sa force aujourd'hui, c'est sa doctrine et la structure qui en découle. Après l'indépendance, ce sont les marabouts de l'arachide qui ont contribué à un espoir de reprise en faisant tourner

une activité qu'ils connaissaient bien, et donc en procurant du travail. Quand on sait que les 3 clés maîtresses de la doctrine sont la soumission personnelle au marabout, le mysticisme et la sanctification par le travail, on comprend que la machine fonctionne avec efficacité. En faire partie, c'est y trouver solidarité, sécurité matérielle et morale. C'est particulièrement visible chez les jeunes que le système scolaire sénégalais n'a pas réussi à former : ils se tournent vers les valeurs communautaristes et cherchent la protection d'un marabout, ce qui se traduit par l'appartenance à la *daara* (école coranique) de leur quartier ou de leur groupe professionnel, par des soirées ou des nuits passées à chanter les louanges du marabout, à la limite de la transe. Les adeptes donnent de leur temps et de leur force de travail en participant à des « retraites » où ils collectent l'arachide gratuitement, parfois sur de longues périodes.
Le mouridisme imprègne donc la vie quotidienne de nombreux Sénégalais : il est dans le nom que l'on donne à son nouveau-né, il est dans le commerce, l'entreprise et la vie politique (l'influence des marabouts se monnaie en politique, à travers des consignes de vote, la distribution des cartes d'électeur, etc.), sans parler de la religion, le poids des marabouts se jaugeant au nombre de leurs fidèles et aux cadeaux qu'ils leur prodiguent ainsi qu'aux revenus qu'ils leur procurent, ces derniers étant en principe redistribués aux pauvres qui deviennent leurs obligés.

- ***La qadryia,*** celle qui était majoritaire au moment de l'islamisation du Sénégal, est réduite à la portion congrue depuis que sa réputation en a pris un coup au moment de la traite esclavagiste, puisqu'elle est devenue la religion des Maures trafiquants d'esclaves et pilleurs.
- ***Les Layènes,*** quasi exclusivement lébous, sont concentrés sur la presqu'île du Cap-Vert. On peut les voir tout de blanc vêtus, près du village de Yoff à Dakar. Ils se démarquent nettement des obligations habituelles d'un musulman : pas de pèlerinage à La Mecque, chants en wolof plutôt qu'en arabe, les femmes participent aux cérémonies au même titre que les hommes, application souple du ramadan.

Aujourd'hui, la tradition plutôt spirituelle de l'islam du Sénégal est battue en brèche par l'idéologie salafiste qui, petit à petit, pénètre dans les mosquées, même si c'est encore très minoritaire. Comme ailleurs, l'Arabie Saoudite finance de nombreux lieux de culte. Craignant la radicalisation de fidèles, l'État a fait arrêter quelques imams en novembre 2015 (notamment à Dakar, Rufisque, Kaolack et Kolda). Et on sait que Boko Haram, depuis le Nigeria, essaie aussi de placer ses pions...

Le christianisme

Deux ethnies ont principalement embrassé le catholicisme : les Diola et les Sérères, au départ animistes, qui ont intégré à leur façon des préceptes catholiques. L'évangélisation est arrivée avec la colonisation française. L'église catholique a recruté un clergé autochtone qui connaissait les pratiques animistes. Les chrétiens ne constituent que 5 % de la population du pays, mais une partie des élites (politiques notamment) a été formée dans les établissements d'enseignement catholique.

SAVOIR-VIVRE ET COUTUMES

On est souvent frappé, lorsqu'on voyage au Sénégal ou ailleurs en Afrique, par la ***pauvreté*** qui nous entoure. Elle nous interpelle, nous Occidentaux, par rapport à nos critères de misère et de malheur.
Pour les Africains, au-delà du dénuement économique, c'est l'absence de relations sociales, le rejet de la communauté et l'isolement qui choquent le plus dans nos modèles de sociétés occidentales. L'individu est tellement attaché à son nom (les lignées paternelle et maternelle lui confèrent une sécurité psychologique et l'intègrent dans un réseau de relations aux ramifications très étendues) que sa mise à l'écart rime avec mort sociale, puis mort économique. Un choc des cultures à méditer sans modération !

Chacun à sa place

La société est régie par une série de principes qui obligent chacun à tenir le rôle qui est le sien dans l'univers. Bousculer l'ordre établi est perçu comme un sacrilège.

– ***Un système bien huilé :*** la communauté est organisée de façon telle que solitude et individualisme en sont exclus. Ce système suppose des interdits très forts. Cela dit, des interdits disparaissent lentement malgré tout, avec les villes, l'argent, la sécheresse et le besoin accru de coopérations que cette dernière demande, et au contact d'autres mentalités ou pratiques.

– ***Une hiérarchie élaborée :*** la grande famille, l'unité de base, rassemble les habitants d'une concession, c'est-à-dire de plusieurs petits bâtiments groupés autour d'une cour, comprenant une cuisine, une ou plusieurs chambres, une pièce d'eau, des greniers, des autels familiaux, l'abri des bêtes.

Le chef de famille est le souverain absolu. Il gère le patrimoine, arbitre les disputes familiales. Pour les cas extraordinaires, il réunit le conseil de famille qui, souvent, se contente d'entériner ses décisions. S'il est mauvais gestionnaire, on le verra dilapider le bien de tous sans qu'aucun membre ne puisse le critiquer. L'homme le plus âgé de la maison, son frère cadet ou son fils aîné, lui succédera à sa mort.

– ***La place des « vieux » :*** le « vieux » est une personne très respectée pour le savoir et la sagesse que le temps lui a conférés. Aussi, c'est dans une grande incompréhension que les Sénégalais, et les Africains en général, se sont trouvés en découvrant que des milliers de « vieux » étaient morts seuls, abandonnés, pendant la canicule de l'été 2003 en France...

– ***Un sens aigu des devoirs et responsabilités de chacun :*** observez, si vous le pouvez, le ballet des sièges, lorsque plusieurs personnes ont sorti quelques fauteuils et prennent le frais dans la rue, sous l'arbre à palabres familial. Dès qu'un nouveau venu se présente, la personne de rang moindre cède son fauteuil et va s'asseoir par terre. Vu l'affluence des visites, les places changent sans cesse, sans que cela donne lieu à la moindre parole : c'est évident et presque instinctif.

La cérémonie du thé est elle aussi très révélatrice : elle doit toujours être préparée par le cadet du rang le plus élevé. On sert 3 fois 3 verres, et cela vous révélera bien la place de chacun dans la famille, certains n'auront leur 1er verre que 2h après que les autres l'auront terminé. Si vous êtes invité, on vous traitera sans doute à la 2e place, juste après le chef de famille, comme ses frères. Chez les femmes, la 1re épouse du chef domine ses coépouses et celles des frères de son mari, mais ici, le caractère joue un grand rôle.

– ***Règle d'or : partager.*** Chaque salarié de la concession rapporte l'intégralité de sa paie à sa mère. C'est elle qui lui en rendra une partie comme argent de poche. Elle prélèvera le nécessaire pour l'entretien de la maison et donnera le reste au chef de famille. Il arrive encore que, même immigré depuis des années, un travailleur doive demander à sa famille l'autorisation de prélever ce qui lui est nécessaire pour vivre. Avant de rentrer au pays pour les congés, l'immigré emprunte à son entourage des sommes considérables, car il sait que là-bas, il sera sollicité par tout le voisinage, qui considère comme un dû quelques miettes de cette « fortune », preuve de sa réussite.

Mentionnons également la ***tontine,*** une sorte de caisse d'épargne entre amis. Les membres d'une tontine mettent en commun une certaine somme d'argent, et chacun à son tour en fin de mois en empoche la totalité. Cet argent sert en général à monter ou à renflouer une affaire. Aucun papier n'est signé, toutes les relations sont fondées sur la confiance. Et puis on se connaît : on appartient à la même famille, au même village ou quartier.

Plus qu'une épargne forcée, c'est avant tout un état d'esprit, l'occasion de se retrouver, de s'épauler. La tontine peut aussi prendre en charge des initiatives à caractère social, comme l'école d'un village. Elle remplit également le rôle de la Sécurité sociale : aucun membre ne sera laissé seul en cas de maladie ou d'accident.

Cette entraide est fondamentale. Il est fréquent de voir la famille des malades faire la cuisine dans les cours des hôpitaux publics, où les repas ne sont pas pris en charge.

Elle les assiste, elle reste proche à la différence des Européens qui confient leurs parents à la maison de retraite.
Les personnes souhaitant un peu plus de liberté ressentent ce système comme une contrainte. Mais selon la philosophie « le groupe t'a permis de vivre, à toi de faire vivre le groupe », ces abus ne peuvent être facilement dénoncés. Les jeunes valorisent ce partage devant les étrangers, mais en sourdine, la grogne monte... Car, comme partout, la société et ses valeurs évoluent.

La vie au jour le jour

– ***Le temps de travail*** africain en ville, souvent décrié, est très différent du nôtre. Les journées commencent tôt et finissent tard, avec des pauses régulières tout au long de la journée. La coupure entre vie professionnelle et vie privée n'existe pas, et il n'est pas rare de traiter les dossiers lors de visites de courtoisie d'un partenaire le soir au dîner ou le week-end. Ces échanges « informels » sont le moteur du travail, la culture de l'écrit n'étant pas très implantée. En outre, les nombreuses fêtes privées et religieuses permettent à la population de bénéficier de jours chômés.
– ***Les ressources*** générées par le travail sont irrégulières. Les femmes sont attachées aux tâches ménagères et peuvent parfois tenir un petit commerce. Ce phénomène est de plus en plus fréquent dans les villes. Les bonnes viennent des campagnes en espérant réunir assez d'argent pour leur mariage, mais leur exploitation, voire la maltraitance frisant l'esclavagisme sont régulièrement dénoncées. Beaucoup de jeunes hommes sont victimes du chômage, qui n'épargne pas les diplômés. La migration est pensée comme la seule alternative par de nombreux jeunes, vers des pays d'Europe, du Moyen-Orient, ou d'autres pays africains plus « riches ».
Les fonctionnaires sont souvent sous-formés et sous-payés. La corruption naît de ce phénomène et de toute la pression familiale et de voisinage sur leur salaire mensuel. Les inégalités entre riches et pauvres se creusent un peu plus chaque année, la classe moyenne peinant à émerger.

Quelques temps forts

– ***La naissance :*** chez les Wolofs, la maman doit accoucher sans une plainte ni un cri, sous peine de perdre son honneur et de porter malheur à son enfant. Le nom est donné à l'enfant environ une semaine après sa naissance (sinon, les génies apporteront le malheur), lors de son baptême musulman. Celui-ci est célébré par les hommes à la mosquée. S'ensuit une fête avec griots, cadeaux pour l'enfant... qui sera choyé, même si on ne peut qu'être surpris par le mélange de sévérité physique, de corvées et de liberté pour jouer.
– ***La polygamie :*** on dit souvent que le 1er mariage est imposé par les parents et que le 2e est un mariage d'amour. La polygamie domine encore. Si le mari a signé un contrat de mariage « monogamie stricte », il ne pourra par la suite prendre une autre épouse, à moins de divorcer, son épouse ayant alors beaucoup de droits. C'est pourquoi la plupart des hommes signent un contrat « ouvert ». Mais les jeunes commencent à se rebeller un peu contre les unions arrangées. En effet, soit qu'ils aient vu la souffrance de leur mère, soit qu'enfants ils aient été au cœur et victimes des conflits entre coépouses, les garçons veulent éviter ce genre de tensions (les luttes entre coépouses se cristallisent souvent sur les enfants des autres, allant jusqu'à la maltraitance).
– ***Le mariage :*** jusqu'au mariage, les filles jouissent d'une assez grande liberté (sorties entre amies). Une fois mariées, elles ne sortiront plus qu'accompagnées par le mari ou avec son autorisation.
La mariée participe peu à la fête (ce sont ses demoiselles d'honneur qui assurent l'animation du mariage). Elle restera enfermée entre 3 et 7 jours dans la chambre, où elle recevra de précieux conseils d'une « vieille », sera soutenue par sa

meilleure amie et sera rejointe par son époux. L'apparat de la fête permet de situer la famille sur l'échelle sociale et détermine de futures alliances et toute une gamme de rapports sociaux entre les uns et les autres.

Aujourd'hui, une véritable crise du mariage bouscule les traditions établies : les jeunes se marient de plus en plus tard, et se choisissent de plus en plus. Les jeunes filles éduquées exigent souvent un contrat de mariage « monogamie stricte » et contestent le modèle classique où les frais du ménage incombent à l'homme seul. Mais certaines, au contraire, voient dans la polygamie en ville une sorte de chance, en tant que 2e ou 3e femme qui jouit d'une certaine liberté, car vivant fréquemment dans un logement distinct, à l'écart de l'autorité de la belle-mère.

Les jeunes hommes, de leur côté, sont de plus en plus critiques vis-à-vis du mariage polygame. Mais, soucieux de se faire respecter (la menace de la polygamie serait un moyen de « tenir » leur épouse), ils optent souvent pour le contrat « ouvert » à la mairie. Cette évolution des rapports au sein du couple se traduit par l'apparition des discussions entre l'époux et l'épouse, alors que, traditionnellement, le mari ne se confiait qu'à sa mère et à sa sœur, alliées indéfectibles car portant le même nom.

– ***Le décès :*** lorsque quelqu'un décède, tous ses parents et connaissances doivent faire le déplacement et participer aux sacrifices au moins une fois. Plusieurs cérémonies, onéreuses, se succèdent à plusieurs jours d'intervalle.

Ces grands traits généraux de la société ne doivent pas nous faire oublier les spécificités culturelles de chaque ethnie.

CADEAU LUMINEUX

La lampe-tempête a eu 100 ans en 2011. En fait, 90 % de la production est exportée en Afrique. La faiblesse du réseau électrique en fait un produit de première nécessité. Il est même fréquent d'en offrir comme dot à la mariée !

Comment se comporter ?

La 1re richesse des Sénégalais est peut-être le temps. Il faut savoir prendre le temps de parler, d'écouter. D'attendre, aussi.

Il faut savoir qu'au Sénégal, ***entrer dans un village africain, c'est comme entrer dans la maison de quelqu'un.*** Dans certains villages, il existe des lieux sacrés. D'où, si l'on ne connaît pas les us et coutumes d'un pays, la nécessité d'être accompagné d'un guide.

Par ailleurs, ***il est extrêmement important de dire bonjour avant toute entrée en matière,*** y compris lorsque l'on demande son chemin, et de serrer la main de la personne que l'on souhaite aborder.

SITES INSCRITS AU PATRIMOINE MONDIAL DE L'UNESCO

En coopération avec le

Organisation des Nations Unies pour l'éducation, la science et la culture · Centre du patrimoine mondial

Pour figurer sur la liste du Patrimoine mondial, les sites doivent avoir une valeur universelle exceptionnelle et satisfaire à au moins un des 10 critères de sélection. La protection, la gestion, l'authenticité et l'intégrité des biens sont également des considérations importantes.

Le patrimoine est l'héritage du passé dont nous profitons aujourd'hui et que nous transmettons aux générations à venir. Nos richesses culturelle et naturelle sont deux sources irremplaçables de vie et d'inspiration. Ces sites appartiennent à tous les peuples du monde, sans tenir compte du territoire sur lequel ils sont situés.

Pour plus d'informations : • *whc.unesco.org* •

– Sites inscrits : l'***île de Gorée,*** l'***île de Saint-Louis,*** le ***parc national du Djoudj,*** le ***parc national du Niokolo Koba,*** les ***cercles mégalithiques de Sine Ngayène et de Wanar*** (Nioro du Rip), le ***delta du Saloum*** et le ***pays bassari.***
Noter que le ***Kankourang,*** rite d'initiation mandingue (principalement en Casamance), a également été inscrit au Patrimoine immatériel de l'Unesco en 2005.

SPORTS ET JEUX

La lutte : mélange de beaux muscles et de gris-gris

Plus qu'un sport national, la lutte avec frappe (*laamb* en wolof) révèle l'âme du pays, à travers une mise en scène qui mêle la danse, la musique et la religion. Il s'agit là du 1er sport individuel pratiqué dans le pays.
Les combats se déroulent dans une sorte d'arène, sur le sable, et attirent un large public. Lorsque le lutteur fait son entrée, les griots se déchaînent sur leurs tam-tams et chantent les prouesses des champions pendant que des femmes dansent. Le lutteur se met alors à tournoyer sur lui-même, puis, toujours soutenu par la musique, il récite les *baks,* poèmes qui proclament sa gloire. La foule lui hurle sa joie, son soutien. Au même moment, les jeteurs de sorts s'affairent : cornes mystérieuses pointées vers l'adversaire, fluides pour le champion, gestes et maraboutages divers font partie du rituel. Le mysticisme africain trouve là de quoi s'exercer : chaque combattant est accompagné par un marabout qui lui prescrit différents rituels à suivre pour mettre toutes les chances de son côté. On considère d'ailleurs que les combats sont parfois des assauts à distance entre marabouts.
Le combat se termine quand l'un des lutteurs chute (la tête, les fesses ou le dos touchent le sol) ou s'il doit prendre appui sur le sol avec les 2 mains et les 2 genoux. Les meilleurs lutteurs sont des gloires nationales et touchent des cachets phénoménaux (il y a quelques années, Yekini et Tyson, 2 stars nationales, ont combattu pour un cachet de... 100 millions de F.CFA à l'occasion du combat du « siècle » gagné par le 1er, au bout de 6 mn de lutte). Les meilleurs lutteurs font partie d'« écuries » et bénéficient d'un marketing qui n'a rien à envier à ce que l'on peut connaître autour de nombreux sports chez nous...
À Dakar, le stade Demba-Diop est le haut lieu de la lutte, tout au long de l'année. Grand tournoi également au stade Léopold-Sédar-Senghor le 1er janvier.

Le football

Si la lutte demeure le sport traditionnel populaire du Sénégal et donne lieu à des combats déchaînant tous les paris et les passions dans de grands stades, cela n'est rien en comparaison avec le football. Les résultats de l'équipe nationale à l'échelle internationale (finaliste de la Coupe d'Afrique des nations en 2002 et victorieuse contre la France en match d'ouverture de la Coupe du monde 2002) catalysent les folies des supporters des *Lions de la Téranga.* Et quand l'équipe réalise une piètre prestation, comme lors de la CAN 2012 ou à l'occasion des éliminatoires pour la Coupe du Monde 2014, c'est une tragédie nationale.
– Dans une bien moindre mesure, le *basket* et l'*athlétisme* sont les autres sports les plus pratiqués.

Jeux

À l'image de nombreux peuples africains, le jeu est très présent dans la vie des Sénégalais. L'***awalé,*** jeu de stratégie simple, demeure un chef-d'œuvre d'intelligence ludique. Différents autres jeux à même le sable méritent que l'on s'y intéresse. Quant au jeu de ***dames,*** il est pratiqué par beaucoup de Sénégalais sur les trottoirs des villes ou villages, et les meilleurs joueurs sénégalais font partie de l'élite mondiale.

TOURISME ET RAPPORTS NORD-SUD

Le passé colonial a marqué le Sénégal, mais il semble que la décolonisation pacifique a eu un aspect positif : les contacts entre les deux civilisations sont restés assez faciles.

Cela dit, la pénétration massive du tourisme, depuis les années 1970-1980, a, on s'en doute, eu des conséquences, dont celle de modifier sensiblement la perception qu'ont les autochtones des Européens. Certes, cette « invasion touristique » des pays riches a créé des emplois, mais à quel bénéfice local au regard des gros profits perçus directement dans le pays d'origine ? De plus, il ne faut pas oublier que le tourisme relève du domaine du loisir, notion qui ne fait pas partie des cultures africaines en général : quand un Africain voyage, c'est le plus souvent par nécessité, pour rendre visite à la famille ou pour affaires, très rarement pour « découvrir » un pays ou pour le « farniente ». Alors, quelle image donnent les Européens qui choisissent pour leurs vacances de rester parqués dans des ghettos luxueux, tous frais payés, à se la couler douce, se prélasser au soleil et se balader en tenue légère, contraire à la coutume locale ? Cette image inspire-t-elle toujours du respect ? N'oublions pas que nous sommes en pays musulman... même s'il est d'une grande tolérance.

Au fond, le tourisme ne risque-t-il pas d'être perçu comme une sorte de résurgence, sous une autre forme, du colonialisme ? Et dans cette confusion, les « vrais » routards et touristes individuels, ceux qui voyagent en respectant les us et coutumes des pays visités, qui paient toutes leurs prestations sur place, ne risquent-ils pas d'être mis dans le même sac et de faire les frais d'une rancœur mal digérée à l'égard du *toubab* ? Des lecteurs se plaignent que certains endroits touristiques, comme le lac Rose, la Petite Côte ou le centre de Dakar, deviennent moins hospitaliers en raison de l'agressivité latente de la part d'une portion de la population. Que ces quelques notes négatives ne refroidissent pas nos lecteurs, le Sénégal reste le merveilleux pays que nous décrivons au fil de ces pages et que nous recommandons chaleureusement.

Si vous souhaitez faire un don, rapprochez-vous d'associations impliquées dans la vie locale, de l'instituteur du village, du responsable du dispensaire... qui eux, connaissent les besoins.

Donner... ou pas

Si la pauvreté, ou du moins le dénuement, peuvent mettre mal à l'aise, on ne les combat pas en distribuant des F.CFA au petit bonheur. Trop de voyageurs le font ou l'on fait, créant des rapports aux « toubabs » pour le moins malsains, qui poussent parfois les enfants à réclamer au voyageur blanc un « cadeau » (argent, stylos, bonbons) que rien ne justifie, sauf soulager sa « bonne » conscience. D'autant que donner de l'argent peut inciter les enfants à délaisser l'école, puisqu'ils rapportent alors à leur famille des sommes non négligeables, ce qui peut aussi nuire à l'autorité parentale, pourtant un fondement en Afrique.

Si la générosité vous démange, adressez-vous aux ONG locales. Idem pour les médicaments, à ne remettre qu'aux dispensaires ; les fournitures scolaires, qu'aux responsables des écoles.

En revanche, un service rendu, une longue explication culturelle, peuvent justifier une petite rétribution (pour peu que vous les ayez sollicités... Gare aux pros de la vente forcée). Pour autant, ne tendez pas un billet dès qu'on vous indique une direction ou qu'on vous offre un verre de thé. Une rencontre entre un Sénégalais et un Européen n'est pas nécessairement intéressée ni marchande, mais l'écart des richesses est si béant que l'égalité ne se décrète pas non plus. Tout est question de subtilité.

On croise aussi dans les rues de nombreux mendiants (infirmes, le plus souvent) qui vivent de la générosité des passants, noirs ou blancs. Leur donner ou pas, à vous de voir ! Le cas est en revanche plus complexe pour les enfants *talibés,* crâne rasés et boîte en fer à la main, qui sont pour beaucoup contraints à la mendicité par leur marabout qui gardera pour lui-même le produit de la quête (lire plus haut « Marabouts »).

– ***Important :*** si vous voulez jouer les pères Noël de brousse, achetez plutôt les fournitures dans les boutiques des grandes villes à mesure de vos déplacements, c'est bien meilleur marché et ça fait fonctionner le commerce local... Alors, l'idéal est d'offrir à l'instituteur du village.

À propos de l'aide humanitaire

Depuis de nombreuses années, des ONG, associations diverses, comités de jumelage ont apporté au Sénégal un réel soutien économique, médical, technique... Beaucoup de lecteurs impliqués de longue date dans ce travail de terrain nous font régulièrement part des réflexions qui, aujourd'hui, les animent et des conseils qu'ils trouvent urgent de faire connaître aux néophytes de l'aide humanitaire. En voici donc quelques-uns :

– Il faut absolument que les ***populations*** soient partie prenante dans les choix et les investissements, qu'ils soient financiers ou en temps, et veiller à éviter les ***jalousies dans le village ou le quartier.*** De très nombreux projets sont morts dès l'arrêt de l'aide occidentale. Alors, n'allez pas trop vite en besogne.

– Pour cela, le mieux est de ***préparer son action*** en demandant conseil à des organismes qui ont de l'expérience, aux missions catholiques et protestantes ainsi qu'aux techniciens du pays, qu'on oublie souvent de contacter. Vous pouvez aussi vous adresser aux comités de jumelage et voir s'il n'y a pas une collectivité près de chez vous qui travaille avec une commune partenaire du pays. Renseignez-vous auprès de l'organisme *Cités unies du monde / France* (• *cites-unies-france.org* •).

– Parmi les dérives de ce mouvement d'aide Nord-Sud, on observe parfois des projets qui se créent dans le seul dessein d'extorquer de l'argent à des Blancs par le biais d'associations bidon. Important donc de ***s'assurer du devenir des aides,*** en vérifiant régulièrement leur utilisation. De même, l'assistance tend parfois à se systématiser, ce qui n'aide pas toujours les populations à se battre pour avancer.

– Préparez très prudemment votre projet, ***en vous assurant qu'il correspond à un réel besoin et qu'il constitue une réponse adaptée*** : les bouquins scolaires ne correspondent pas forcément aux programmes sénégalais, l'envoi de médicaments peut ruiner les efforts de mise en place d'une politique de santé, le matériel envoyé nécessite des compétences en matière de maintenance, etc.

les ROUTARDS sur la FRANCE 2019-2020

(dates de parution sur • *routard.com* •)

Découpage de la FRANCE par le ROUTARD

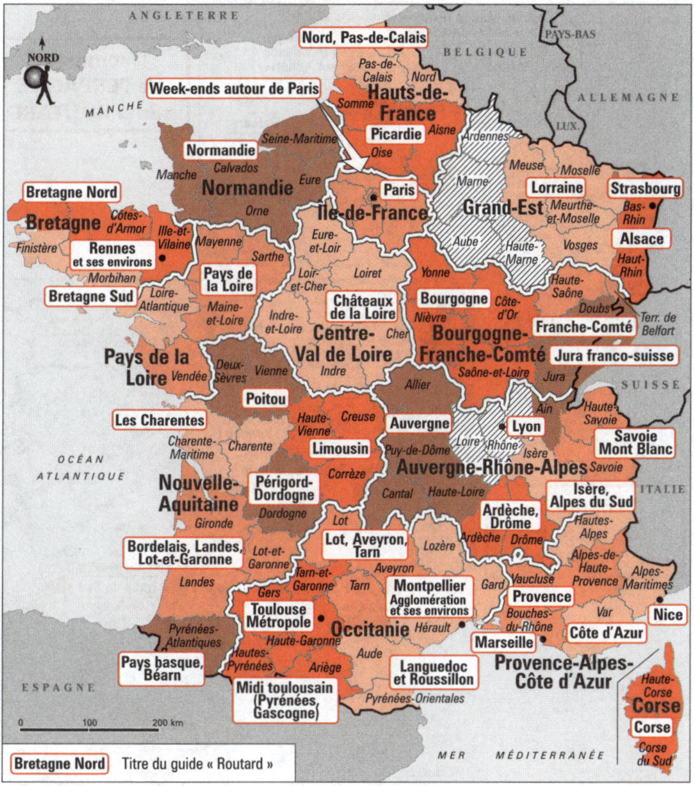

Autres guides sur la France

- Hébergements insolites en France
- Canal des 2 mers à vélo
- La Loire à Vélo
- Paris Île-de-France à vélo
- La Vélodyssée (Roscoff-Hendaye)
- Nos meilleurs campings en France
- Nos meilleures chambres d'hôtes en France
- Nos meilleurs restos en France
- Les visites d'entreprises en France

Autres guides sur Paris

- Paris
- Paris balades
- Paris exotique
- Restos et bistrots de Paris
- Le Routard des amoureux à Paris
- Week-ends autour de Paris

les ROUTARDS sur l'ÉTRANGER 2019-2020

(dates de parution sur • **routard.com** •)

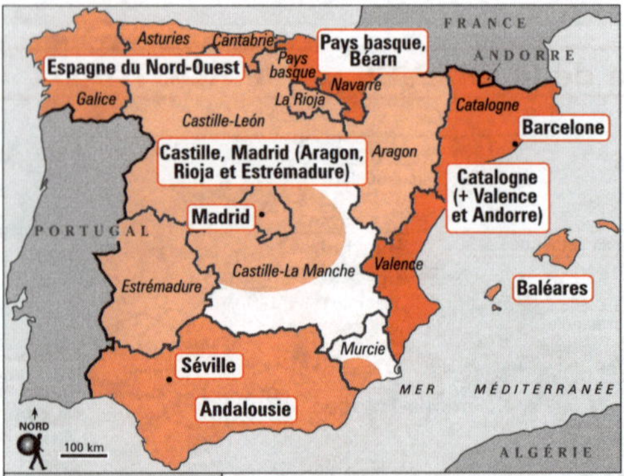

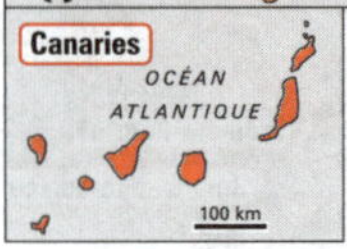

Découpage de l'ESPAGNE par le ROUTARD

Découpage de l'ITALIE par le ROUTARD

Autres pays européens

- Allemagne
- Angleterre, Pays de Galles
- Autriche
- Belgique
- Bulgarie
- Crète
- Croatie
- Danemark, Suède
- Écosse
- Finlande
- Grèce continentale
- Hongrie
- Îles grecques et Athènes
- Irlande
- Islande
- Madère
- Malte
- Norvège
- Pays baltes : Tallinn, Riga, Vilnius
- Pologne
- Portugal
- République tchèque, Slovaquie
- Roumanie
- Suisse

Villes européennes

- Amsterdam et ses environs
- Berlin
- Bruxelles
- Budapest
- Copenhague
- Dublin
- Lisbonne
- Londres
- Moscou
- Naples
- Porto
- Prague
- Saint-Pétersbourg
- Stockholm
- Vienne

les ROUTARDS sur l'ÉTRANGER 2019-2020

(dates de parution sur • *routard.com* •)

Découpage des ÉTATS-UNIS par le ROUTARD

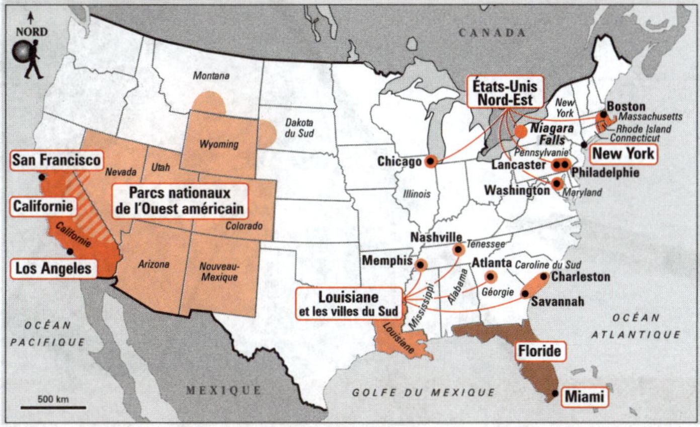

Autres pays d'Amérique

- Argentine
- Brésil
- Canada Ouest
- Chili et île de Pâques
- Colombie
- Costa Rica
- Équateur et les îles Galápagos
- Guatemala, Belize
- Mexique
- Montréal
- Pérou, Bolivie
- Québec et Ontario

Asie et Océanie

- Australie côte est + Red Centre
- Bali, Lombok
- Bangkok
- Birmanie (Myanmar)
- Cambodge, Laos
- Chine
- Hong-Kong, Macao, Canton
- Inde du Nord
- Inde du Sud
- Israël et Palestine
- Istanbul
- Jordanie
- Malaisie, Singapour
- Népal
- Shanghai
- Sri Lanka (Ceylan)
- Thaïlande
- Tokyo, Kyoto et environs
- Turquie
- Vietnam

Afrique

- Afrique du Sud
- Égypte
- Kenya, Tanzanie et Zanzibar
- Maroc
- Marrakech
- Sénégal
- Tunisie

Îles Caraïbes et océan Indien

- Cuba
- Guadeloupe, Saint-Martin, Saint-Barth
- Île Maurice, Rodrigues
- Madagascar
- Martinique
- République dominicaine (Saint-Domingue)
- Réunion

Guides de conversation

- Allemand
- Anglais
- Arabe du Maghreb
- Arabe du Proche-Orient
- Chinois
- Croate
- Espagnol
- Grec
- Italien
- Japonais
- Portugais
- Russe
- G'palémo (conversation par l'image)

Livres-photos Livres-cadeaux

- L'éphéméride du Routard (septembre 2018)
- Voyages
- Voyages : Italie (octobre 2018)
- Road Trips (40 itinéraires sur les plus belles routes du monde ; octobre 2018)
- Nos 120 coins secrets en Europe
- Les 50 voyages à faire dans sa vie
- 1 200 coups de cœur dans le monde
- 1 200 coups de cœur en France
- Nos 52 week-ends dans les plus belles villes d'Europe
- Nos 52 week-ends coups de cœur en France (octobre 2018)
- Cahier de vacances du Routard (nouveauté)

Visa
Guide
Médocs
Passeport
Assurance
AVI
Assurance voyage et bien plus

Nous tenons à remercier tout particulièrement Loup-Maëlle Besançon, Thierry Bessou, Gérard Bouchu, François Chauvin, Grégory Dalex, Fabrice Doumergue, Cédric Fischer, Carole Fouque, Guillaume Garnier, Nicolas George, Michelle Georget, David Giason, Claude Hervé-Bazin, Emmanuel Juste, Dimitri Lefèvre, Fabrice de Lestang, Romain Meynier, Éric Milet, Pierre Mitrano, Jean-Sébastien Petitdemange et Thomas Rivallain pour leur collaboration régulière.

Jean-Jacques Bordier-Chêne
Laura Charlier
Agnès Debiage
Coralie Delvigne
Jérôme Denoix
Tovi et Ahmet Diler
Clélie Dudon
Sophie Duval
Alain Fisch
Bérénice Glanger
Adrien et Clément Gloaguen
Bernard Hilaire et Pepy Frenchy Kupang
Sébastien Jauffret
Alexia Kaffès
Jacques Lemoine
Caroline Ollion
Martine Partrat
Odile Paugam et Didier Jehanno
Céline Ruaux
Prakit Saiporn
Jean-Luc et Antigone Schilling
Jean Tiffon
Caroline Vallano

Direction : Nathalie Bloch-Pujo
Contrôle de gestion : Jérôme Boulingre et Adeline Cazabat Barrere
Secrétariat : Catherine Maîtrepierre
Direction éditoriale : Hélène Firquet
Édition : Matthieu Devaux, Olga Krokhina, Gia-Quy Tran, Julie Dupré, Emmanuelle Michon, Pauline Janssens, Amélie Ramond, Margaux Lefebvre et Elvire Tandjaoui
Ont également collaboré : Muriel Lucas, Pauline Margain, Brigitte de Vaulx, Clémence Toublanc, Élisabeth Thebaud et Christine de Geyer
Cartographie : Frédéric Clémençon et Aurélie Huot
Fabrication : Nathalie Lautout et Audrey Detournay
Relations presse France : COM'PROD, Fred Papet. ☎ 01-70-69-04-69.
• *info@comprod.fr* •
Direction marketing : Adrien de Bizemont, Clémence de Boisfleury et Charlotte Brou
Informatique éditoriale : Lionel Barth
Couverture : Clément Gloaguen et Seenk
Maquette intérieure : le-bureau-des-affaires-graphiques.com, Thibault Reumaux et npeg.fr
Relations presse : Martine Levens (Belgique) et Maureen Browne (Suisse)
Contact Partenariats et régie publicitaire : Florence Brunel-Jars
• *fbrunel@hachette-livre.fr* •

INDEX GÉNÉRAL

LISTE DES CARTES ET PLANS

IMPORTANT : DERNIÈRE MINUTE

Sauf rare exception, le *Routard* bénéficie d'une parution annuelle à date fixe. Entre deux dates, des événements fortuits (formalités, taux de change, catastrophes naturelles, conditions d'accès aux sites, fermetures inopinées, etc.) peuvent intervenir et modifier vos projets de voyage. Pour éviter les déconvenues, nous vous recommandons de consulter la rubrique « Guide » par pays de notre site • *routard.com* • et plus particulièrement les dernières ***Actus voyageurs.***

Remarque importante aux hôteliers et restaurateurs

Les enquêteurs du Routard travaillent dans le plus strict anonymat. Aucune réduction, aucun avantage quelconque, aucune rétribution n'est jamais demandé en contre-partie. Face aux aigrefins, la loi autorise les hôteliers et restaurateurs à porter plainte.

Avis aux lecteurs

Le Routard, ce n'est pas comme le bon vin, il vieillit mal. On ne veut pas pousser à la consommation, mais évitez de partir avec une édition ancienne. Les modifications sont souvent importantes.
Les réductions accordées à nos lecteurs ne sont jamais demandées par nos rédacteurs afin de préserver leur indépendance. Les hôteliers et restaurateurs sont sollicités par une société de mailing, totalement indépendante de la rédaction, qui reste donc libre de ses choix. De même pour les autocollants et plaques émaillées.

Avec routard.com, choisissez, organisez, réservez et partagez vos voyages !

✓ Rejoignez la plus grande communauté francophone de voyageurs : **plusieurs millions d'internautes.**

✓ Échangez avec les routarnautes : forums, photos, avis d'hôtels.

✓ Retrouvez aussi toutes les informations actualisées pour choisir et préparer vos voyages : plus de 300 guides destinations, une centaine de dossiers pratiques et un magazine en ligne pour découvrir tous les secrets de votre destination.

✓ Enfin, comparez les offres pour organiser et réserver votre voyage au meilleur prix.

Les **Routards** *parlent aux* **Routards**

Faites-nous part de vos expériences, de vos découvertes, de vos tuyaux et de vos coups de coeur. Aidez-nous à remettre l'ouvrage à jour. Indiquez-nous les renseignements périmés. Faites profiter les autres de vos adresses nouvelles, combines géniales... On adresse un exemplaire gratuit de la prochaine édition à ceux qui nous envoient les meilleurs courriers, pour la qualité et la pertinence des informations.
Quelques conseils cependant :
– Envoyez-nous votre courrier le plus tôt possible afin que l'on puisse insérer vos tuyaux sur la prochaine édition.
– N'oubliez pas de préciser l'ouvrage que vous désirez recevoir, ainsi que votre adresse postale.
– Vérifiez que vos remarques concernent l'édition en cours et notez les pages du guide concernées par vos observations.
– Quand vous indiquez des hôtels ou des restaurants, pensez à signaler leur adresse précise et, pour les grandes villes, les moyens de transport pour y aller.
Si vous le pouvez, joignez la carte de visite de l'hôtel ou du resto décrit.
En tout état de cause, merci pour vos nombreux mails.

122, rue du Moulin-des-Prés, 75013 Paris

● ***guide@routard.com*** ● ***routard.com*** ●

Routard Assurance *2019*

Enrichie année après année par les retours des lecteurs, *Routard Assurance* est devenue une assurance voyage incontournable. Tout est compris : frais médicaux, assistance rapatriement, bagages, responsabilité civile... Vous avez besoin d'un médecin, d'un conseil médical ou d'une prise en charge dans un hôpital ? Appelez simplement le plateau *AVI Assistance* disponible 24h/24, leur réseau est l'un des plus complets actuellement. Vous avez eu des frais de santé en voyage ? Envoyez les factures à votre retour, *AVI* vous rembourse sous une semaine. Avant votre départ, n'hésitez pas à les appeler pour des conseils personnalisés. Et téléchargez l'appli mobile pour garder le contact avec l'assistance 24h/24 et disposer de l'un des meilleurs réseaux médicaux à travers le monde. *40, rue Washington, 75008 Paris. ☎ 01-44-63-51-00. ● avi-international.com ● Ⓜ George-V.*

Édité par Hachette Livre (58, rue Jean-Bleuzen, CS 70007, 92178 Vanves Cedex, France)
Photocomposé par Jouve (rue de Monbary, 45140 Ormes, France)
Imprimé par Jouve 2 (Quai n° 2, 733, rue Saint-Léonard, BP 3, 53101 Mayenne Cedex, France)
Achevé d'imprimer le 24 août 2018
Collection n° 13 - Édition n° 01
20/3074/5
I.S.B.N. 978-2-01-626712-7
Dépôt légal : août 2018

PAPIER À BASE DE FIBRES CERTIFIÉES